普通高等学校体育专业教材

排球

张欣 主编

中国教育出版传媒集团

高等教育出版社·北京

内容提要

本书依据普通高等学校运动训练专业学科课程的内容和要求编写而成。以传播排球文化、实现价值引领为思政目标，以提升学生自主学习能力为技能目标，关注排球运动自身发展以及与其他学科之间的交叉融合关系。全书共九章，围绕排球运动的历史与文化传承、技战术理论与实践、教学理论与师资培养、训练理论与实践、参赛与竞赛工作、科学研究与信息技术、多种形式的排球、排球健身与伤病预防、产业概述与发展趋势等方面，全面系统地阐述了排球运动的理论与实践知识，以图文并茂和视频链接的方式，生动形象地展示了排球运动的魅力。

本书使用对象以全国体育院校和普通高等学校体育系排球专项学生为主，兼顾普修类学生、体育高职院校及各级体校学生。此外，本教材也可作为其他排球爱好者的参考书。

图书在版编目（ＣＩＰ）数据

排球 / 张欣主编. -- 北京 : 高等教育出版社，2025.6

ISBN 978-7-04-061716-0

Ⅰ. ①排… Ⅱ. ①张… Ⅲ. ①排球运动－教材 Ⅳ.①G842

中国国家版本馆CIP数据核字(2024)第038617号

Paiqiu

| 策划编辑 | 汪 鹂 | 责任编辑 | 汪 鹂 | 封面设计 | 裴一丹 | 版式设计 | 于 婕 |
| 责任绘图 | 裴一丹 | 责任校对 | 高 歌 | 责任印制 | 刘弘远 | | |

出版发行	高等教育出版社	网　　址	http://www.hep.edu.cn
社　　址	北京市西城区德外大街4号		http://www.hep.com.cn
邮政编码	100120	网上订购	http://www.hepmall.com.cn
印　　刷	湖南天闻新华印务有限公司		http://www.hepmall.com
开　　本	787mm×1092mm 1/16		http://www.hepmall.cn
印　　张	23.75		
字　　数	510千字	版　　次	2025年6月第1版
购书热线	010-58581118	印　　次	2025年6月第1次印刷
咨询电话	400-810-0598	定　　价	52.00元

编 委 会

主 编：张 欣

成 员：（以姓氏笔画为序）

王梦阳　白　净　刘　亚　孙延林　李庆雯

杨　珍　张　婷　张永奎　孟庆华　胡　月

高永强　傅　涛　谢　云　鲍春雨　廖　鹏

前　言 »»»

党的二十大报告提出，要"广泛开展全民健身活动，加强青少年体育工作，促进群众体育和竞技体育全面发展，加快建设体育强国"，为新时代体育工作发展明确了目标和方向。天津体育学院拥有国内一流的排球教学资源和师资力量，2016年成立了由中国排球协会和天津体育学院合作共建的中国排球学院，成为高层次排球人才的培养基地、教育基地和文化交流基地。本教材由天津体育学院张欣教授牵头编写。

本教材为教育部首批新文科研究与改革实践项目《新文科建设背景下体育教育专业改革探索与实践》（天津体育学院）的成果之一，按照高等教育高质量发展要求，依据科学性、系统性和实用性等编写原则，结合新时代学校体育教学改革发展和排球专业人才培养需求，构建了科学、系统、完善的排球课程教学内容体系和训练体系。本教材主要具有以下特点：

1. 强调排球文化，将素质教育有机地融入教材。坚持立德树人根本任务，以"价值引领"为中心进行内容设计，发掘我国排球运动的历史闪光点，并以女排精神为主要切入点，深入挖掘排球课程的育人元素，从而使教材内容在提升学生排球运动技能的同时，发挥体育育人的基本职能。

2. 深入贯彻"体育强国"战略思想，将排球专业人才培养和师资培养作为核心知识体系之一。本教材特别设置专门章节详细介绍了排球人才培养过程中关于选材与培养、排球教学及训练以及校园排球等方面的内容。

3. 强调多学科融合，注重构建全面、完整的知识体系。教材注重排球运动技能训练，还涵盖并融合了与排球运动相关的运动生理学、运动营养学、运动心理学等方面的学科知识，旨在帮助学生建立较为完整、全面的知识结构体系。

4. 教材"跳出排球看排球"，从产业化角度解析排球市场。随着社会主义市场经济的多元化蓬勃发展，排球运动市场化、社会化也是大势所趋。国际排联在不同历史时期都出台过推广排球运动的相关政策。本教材开辟专门章节，从体育产业的角度，解读排球竞赛组织、排球项目培训等相关内容，为学习者全面了解排球产业提供第一视角。

本教材共分九章，编写分工如下：张欣、杨珍（第一章），白净、孟庆华（第二章），张永奎（第三章），谢云、鲍春雨、孙延林、胡月、廖鹏（第四章），刘亚（第五章），张欣、张婷（第六章），白净、刘亚（第七章），傅涛、李庆雯（第八章），王梦阳（第九章）。高永强教授对本书第一章的编写提供了积极的指导。

　　由于编者学识水平和时间所限，书中难免存在不足之处，恳请广大读者提出宝贵意见。

编写组
2023 年 11 月

目　　录 »»»

第一章 排球运动的历史与文化传承

📖 本章导言

现代体育是一个全球文化体系，是不同国家文化的交流与融合媒介。没有一项体育运动是可以脱离其缘起、社会背景、全球影响而独立存在、发展的。

体育强则中国强，国运兴则体育兴。体育承载着国家强盛、民族振兴的梦想，中国排球在逆境中崛起，排球运动发展之路与中国改革开放伟大历程同期、同向、同步。在改革开放大背景、大思维和大战略下，中国排球积累了丰厚的历史经验，取得了显著的历史性成果，凝练成了"女排精神"，为中国排球和"三大球"发展不断贡献力量，在体育强国建设的伟大进程中具有突出的地位和作用。

⚙ 学习目标

1. 了解排球运动的项目文化及其在中国本土化的发展历程。

2. 学习排球运动的特点、社会价值，感受排球运动带领我国体育事业走上世界舞台的伟大魅力。

第一节　世界排球运动的起源、传播与发展

一、排球运动的起源

排球运动诞生于 1895 年，创始人是美国马萨诸塞州霍利约克城基督教青年会干事威廉·G. 摩根（William G. Morgan）。

摩根出生于 1870 年 1 月 23 日，曾就读于以培养体育人才而著称的美国马萨诸塞州春田学院，加入基督教青年会后，摩根热衷于推广体育运动，在辅导人们进行各种体育锻炼的实践中逐渐意识到，不同的对象应该采用不同的锻炼方法。19 世纪末基督教青年会中逐渐流行詹姆斯·奈史密斯（James Naismith）发明的篮球运动，但摩根认为篮球比较适合年轻人，对年纪稍大的人来说则过于剧烈。

1895 年，摩根创造了一种结合篮球、棒球、网球以及手球的游戏。他在篮球场上架起了网球网（高约 1.98 m），以篮球胆为球，让人们像打网球一样用手隔网来回托传球，球在哪一方落地一次就算哪一方失败一次。由于篮球胆太轻，在空中飘忽不定，玩起来很不方便，摩根尝试将篮球胆换成了篮球，但篮球又过于沉重，飞行速度太慢且很难用手将其隔网击打。司伯丁体育用品公司（Spaulding Company）为改良这一新式比赛用球试做了圆的周长为 63.5～68.8 cm，重量为 255～346 g，外表为皮制，内装橡皮球胆的球——这就是第一代排球，其规格与现代国际比赛用球已经非常接近，排球这项运动也由此正式诞生了。

1896 年，摩根制定了世界上第一个排球竞赛规则，发表在当年 7 月出版的美国《体育》杂志上。同年，春田专科学校举行了首次排球表演赛，这也是世界上最早的排球赛。排球最初曾被称为 Mintonette，即小网子，随后，春田市立学院的霍尔斯特德教授根据排球要在空中飞行、不能落地的特点，将其命名为 "Volleyball"（意为 "空中连续击球"）。

1900 年左右，排球自美国传入加拿大。1905 年，排球传入古巴、巴西等国家，成为当时风靡美洲的一项时尚运动。

二、排球运动的全球传播

（一）促进因素

南北战争之后，体育运动在美国得到迅速发展。1876 年，全国棒球联盟作为管理棒球运动的新机构，取代了投机性质的全国职业棒球运动员协会；由普林斯顿大学、耶鲁大学、哈佛大学、哥伦比亚大学和拉特格斯大学在马萨诸塞州的斯普林菲尔德成立美国校际橄榄球协会，标志着美国近现代体育运动时代的开始。随后，各体育项目逐步有了类似的职业或业余协会组织。19世纪后半叶，美国举办了一系列重大赛事，排球比赛也被包含在内。

基督教青年会在1896年初公开展示排球运动使其受到大众关注，同年出版第一本排球运动规则，1897年，排球运动写入北美基督教青年会运动联盟官方手册，为排球运动的进一步发展提供了机会；因其组织在美国影响广泛，大力促进了本土排球爱好者的增加，组织内部的体育指导员们及春田学院的毕业生还将排球运动传播到了世界各地。

战争同样加速了排球运动的传播。20世纪的前20年，世界动荡、战事不断，排球这项新兴运动随战事传播到了世界各地。一些认为排球是培养士兵作战素质的有效手段的官员将其列入美国武装力量教育课程与军人训练营课程，在一定意义上弥补了基督教青年会体育指导员传播在区域上的不足，使更多的人认识和了解了排球运动。

（二）传播轨迹

19世纪末20世纪初，体育现代化尤其是奥林匹克运动的传播，使排球运动的全球化也开始加速。排球运动先后从美国传到加拿大、古巴、乌拉圭、巴西等美洲国家，后来又传到亚洲、欧洲等地。排球在各地传入时间、方式、规则等的不同，使其在世界各地的发展也有所不同。

在亚洲，排球于1900年传入印度，1905年传入中国，1908年传入日本，1910年传入菲律宾。在我国，排球首先在广东、香港等地开展，又相继传到上海、福建、北京等地。传入亚洲时，排球运动规则、方式等尚处于不完备的阶段。先后经历了16人制、12人制、9人制的比赛形式及相应模式，直到20世纪50年代初才正式进行6人制排球运动（图1-1-1）。

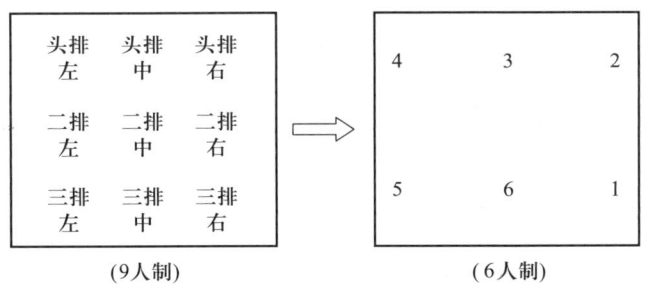

（9人制）　　　　　　　　　　（6人制）

图1-1-1　排球比赛模式变化

1914年第一次世界大战在欧洲爆发，排球运动被指定为军事体育项目，美国军队中设有排球中心，由专人负责并派遣排球指导员进行指导。排球随着军事体育传入欧洲，由于欧洲当时体育运动的现代化程度较高，排球运动很快得到了发展。第一次世界大战以后，排球运动在苏联各地普遍开展起来，并于1923年成立了排球协会。1925年苏联将排球列入群众性体育项目，提出了"百万人参与排球运动"的号召，使排球运动得到了前所未有的推广和发展。1948年在意大利的罗马举行了第1届欧洲排球锦标赛，欧洲各个国家都以俱乐部或国家队的名义参加比赛。1960年在国际排球联合会的支持下，举行了欧洲俱乐部排球锦标赛，又称为欧洲杯锦标赛。排球运动在欧洲大陆逐渐呈现蓬勃发展的趋势，随着竞技化程度的提高，各个国家之间的排球交流增多，国家间举办比赛的需求日益旺盛。

排球传入非洲的时间相对较晚，1923年才开始传入埃及、突尼斯和摩洛哥等国家。非洲排球至今开展普及水平和竞技水平不高，这和非洲地区复杂的宗教问题、经济问题等密切相关。

（三）组织机构及竞赛制度

排球国际组织机构的建立及竞赛制度的确立也在一定程度上体现着各国的体育发展水平。随着社会的进步发展，体育在经济全球化的进程中也实现了自身全球化的发展。

1946年4月26日，国际排球组织委员会建立，捷克斯洛伐克、法国、苏联、南斯拉夫、波兰5国任委员国。1947年4月14日，在法国巴黎召开了有17个国家排协代表参加的大会，正式成立国际排球联合会（简称国际排联），选举了法国人鲍尔·黎伯为第一任国际排球联合会主席，并正式出版了通用排球竞赛规则，这标志着排球运动从此摆脱了娱乐游戏的性质而进入了竞技排球的新阶段。

国际排联成立后组织了一系列国际性大赛，如1949年首届男子排球世界锦标赛，1952年首届女子排球世界锦标赛，1964年第18届奥运会男、女排球赛（排球被列为奥运会正式比赛项目），1965年第1届男子世界杯赛，1973年第1届女子世界杯赛等等。1988年国际排球联合会制订了"世界排球发展计划"。世界级的排球赛主要包括世界锦标赛、世界杯赛、奥运会排球赛、世界沙滩排球锦标巡回赛、残疾人奥运会排球赛等。虽然排球运动的问世晚于篮球、棒球、橄榄球等，但它是体育文化乃至人类文化的重要组成部分，折射出人类的智慧，反映了社会思潮与思想意识。排球文化伴随着经济和社会的发展，从娱乐消遣的手段逐渐走向竞技发展，这也是排球文化积淀的过程。

三、排球运动的发展态势

（一）排球市场全球化

推向社会、占领市场、走职业化道路是排球运动之所以迅猛发展的主要原因，也是其今后发展的必然方向。

排球运动与市场经济结合，促使排球运动的发展更具有活力和竞争力，并且使排球运动对社会的影响也越来越大。排球运动走市场经济道路，使高水平运动队、职业运动员得以参加各种类型的商业性比赛，这不仅扩大了国际排球运动的交流，也促进了排球竞技水平的提高，另外，排球运动走市场化道路，可以拓宽排球运动资金的来源渠道，利用市场机

制合理配置和高效利用体育资源，掌握发展排球运动的主动权，使排球事业更加兴旺繁荣。

（二）排球赛事智能化

目前无论在选材、训练、比赛还是管理过程中以计算机技术为代表的高端技术的使用变得迅速而广泛。使用计算机高端科技手段辅助教练员进行运动员（队）选材、训练、管理、计划的制订、技战术分析、模拟训练、情报的收集、分析与指导。同时，运动队接受科学技术评估的能力、分析自身和对手的能力、整合复杂观察报告的能力，也得到了大幅度提高。借助高科技辅助选材、训练、比赛与管理，已成为高水平运动队必备的基本条件之一。随着计算机水平和现代科技的高速发展，未来国际排球运动的发展必将与高端科技紧密结合。

（三）比赛训练大数据化

伴随体育向复杂化、现代化、国际化、科学化、社会化方向的不断前进，比赛竞争越来越激烈，科技在体育中的作用也越来越大，高科技成果渐渐被应用于现代竞技体育运动中，对现代体育产生极大的推动作用，体育已经驶入科技体育的新航道。"金牌数量的身后是各国科技的较量"已成为体育界的共识，这就要求我们借助于科学技术，对排球比赛的规律进行探究，使排球运动成为科学运动、智慧运动。竞赛所得的数据是科学有效训练与比赛最好的信息来源，排球竞赛数据统计的结果对教练员、运动员以及其他工作人员都非常重要。准确而有效地分析相关信息和数据，充分利用计算机进行大数据分析和预测，从而提高运动员的竞技能力和运动队的成绩。

第二节　排球运动在中国的发展

排球运动在 20 世纪兴起并迅速发展成娱乐性的运动项目，深受社会各界人士的喜爱和追捧。它自身带有的拼搏合作精神以及公平公正的比赛规则是最大的亮点，并且随着时间的推移，排球运动慢慢孕育出文化内涵。排球运动作为映射人类智慧的一种实践过程，它所产生的思想观念、管理体系以及技战术方法等，已经在人类社会中形成独特的文化现象。

一、排球运动传入中国

（一）时间界定

排球传入我国的时间地点并无明确记载，根据早期中国排球人的回忆，"1905 年广州、香港的一些学生开始打排球"；体育史学家吴文忠先生认为 1905 广州南武中学和香港皇仁学院的学生开始打排球。此后有关排球史的著作如《中国排球运动史》《中国体育通史》《排球运动发展史》等也都沿用了这一说法，因此判断中国排球文化始于 1905 年。

（二）社会环境

1840 年鸦片战争后，近代中国遭到了帝国列强的入侵，闭关锁国政策被打破，国门被打开，中国开始沦为半殖民地半封建社会，政治上一步步丧失主权；经济上遭受西方的经济入侵，殖民者在华倾销商品；教育上中国传统封建社会教育受到西方文化的冲击，一些城市开办了新式学堂，这些学堂引入了学校体育，为排球文化的传入开辟了空间。1904 年"癸卯学制"的实施完善了学校体育制度，为小范围的排球文化传播创造了稳定的环境。1923 年在自然主义思想的影响下，"壬戌学制"得以施行，学校体育面貌焕然一新，球类项目成为主要教学内容之一。

（三）发展历程

1905 年，排球运动首先在广州的南武中学和香港的皇仁书院开展，当时称之为"华利波"。后来通过基督教青年会体育部、留学生等以教学、游戏、表演的方式陆续传播到上海、北京等地。最初只是聚在一起进行游戏，比赛并不常见。1914 年，在第 2 届排球运动会上改名为"队球"，译为成队比赛。由于比赛是成排站立，来回排击，于是在 1930 年第 4 届全运会前夕，将"队球"改成"排球"并一直沿用至今。

1913 年，我国参加了在菲律宾举行的第 1 届远东运动会排球赛，这是世界上第一次正式的排球国际比赛，但是此次运动会参赛国只有中国、日本、菲律宾和印度尼西亚。女子排球只有中国和菲律宾参与。我国男排和女排屈居菲律宾之后获得亚军。

在远东运动会的影响下，我国排球运动经历了 16 人制—12 人制—9 人制—6 人制的演变过程。1915—1919 年我国排球比赛采用 16 人制，每方上场 16 名队员，分成 4 排，每排 4 人进行站位，比赛中位置固定，不轮转。1919—1927 年我国排球比赛采用 12 人制，双方各 12 名队员上场，分成 3 排，每排 4 人站位，场上位置仍固定，不进行轮转。当时已出现上手发球、正面扣球、单人拦网及倒地救球等技术动作。1927—1951 年我国排球比赛采用 9 人制，双方各有 9 名队员上场，分成 3 排，每排 3 人站位，位置同样采用固定，不进行轮转法。当时又出现了勾手大力发球、勾手扣球和鱼跃救球等技术动作，尤其在第 8、9 届远东运动会上，为了突破菲律宾高大队员的拦网，我国队员创造了"快板球"技术和快球及快球掩护下的两边拉开战术。9 人制排球在我国延续了 24 年之久，是采用 6 人制前，我国开展排球运动时间最长的一种比赛方法。

二、新中国成立之前排球运动的推进

（一）基督教青年会将排球运动引入中国

基督教青年会将排球运动引进中国，并在早期主导着排球文化的传播和发展。广州和香港的新式学校中最早在 1905 年就已经有了排球运动的踪迹，最先开展排球运动的是广州和香港的新式学校，1908 年排球运动传入华东地区，1910 年左右排球运动传入华北地区。基督教青年会的工作扩大了早期排球文化的影响。基督教青年会于 1844 年在伦敦成立，最初以宗教活动为主。该组织以改善青年的灵魂、精神和身体为目标，活动内容包括以"德、智、体、群"为宗旨的社会活动，非常重视体育对青年的影响。1876 年上海成立了中国的第一个基督教青年会。1885 年开始成立学校青年会，到 1922 年，青年会遍及中国 17 个省，动员青年人积极参加体育锻炼；在体育文化中间层引进推广篮球、排球、网球、乒乓球等项目，建设运动场地并且组织了各类体育活动和赛事，开办体育训练班培养体育人才，选派干事出国深造等。

（二）新式学校体育大力推广排球运动

在"西学东渐"的影响下，西方体育逐渐进入中国，随着《奏定学堂章程》和《钦定学堂章程》的颁布，体育成为学校的必修课程。辛亥革命后，无论是接受军国民体育思想，还是接受西方自然主义体育思想的政府官员、学者与教育家，都大力呼吁学习西方现代体育。在不断更新的思想文化所产生的内驱动因素与民国复杂的社会条件的外驱动因素作用下，排球运动也不断发展壮大。

华南地区是中国最早开展排球运动的地区之一，广州、香港等地的学生们放假期间自发在家乡组织排球活动，将这项运动的影响力辐射到周边地区。人们不拘泥于任何形式，只用简单的球网就可以在各处场地进行运动，发挥排球文化的娱乐属性，并融入当地的生活之中。

1920 年以前，广东和海南的广大农村地区就兴起了排球活动，有些地方以排球而闻名，比如广东台山，海南文昌、长流等地，在各种传统节日期间，总会有排球赛事举行，逐渐形成了当地节日的固定活动。1908 年上海基督教青年会开展了排球运动，将排球带到华东地区，还开办了体育干事训练班，培养了大量排球人才。华东地区的排球运动在上海开展的历史最为悠久。1915 年第 2 届远东运动会在上海举行，中国队夺得冠军。在当时的中国排球代表队中有 4 名上海约翰大学的学生。这一届比赛对上海排球运动的开展有一定的促进作用，但开展这项运动的范围主要局限在基督教青年会，当时著名的华东大学体育联合会并未把排球列入每年的竞赛项目中去。其他较有影响的赛事是 1926 年开始举办的江南大学体育协会的排球赛。最初排球在协会章程中虽被列为竞赛项目，但属于"非主要运动"。第 1 届比赛有复旦、南洋、持志、暨南、光华、中国公学 6 所大学参加了排球项目的角逐，复旦大学获得冠军。这项赛事一直持续到 20 世纪 30 年代中期，每年举办一次。1926 年 6 月华东公开运动会把女子"队球"也列为表演项目，万国女子排球赛始于 1937 年，比赛规则有 12 人制、9 人制和 6 人制，这在当时的中国是独树一帜的。

早期华北的排球运动以京、津开展较好，实力比较强，但亦多集中于学校。当时在北平，大学中排球较好的有：燕京大学、清华大学、辅仁大学、民国大学等。中学有艺文、汇文、育英、志成、师大、附中等学校。活跃于北平大学间的排球比赛是北平五大学排球联赛。五大学是指清华、燕京、北大、师大及辅仁。女排开展较好的有北平女子文理学院及 1928 年华北球类比赛排球冠军队燕京大学。天津早期的排球运动首倡于著名的南开学校。南开以至后来的南敏排球队历来为天津市各校之冠，其极盛期在 20 世纪 30 年代。抗战胜利后，天津排球新的一代崭露头角，由廖蔚苏组建的白鸥队，拥有郑必达、李安格等，而南星队则拥有王博智兄弟等，活跃在津门排坛直到新中国成立初期。

由此可见，排球运动在华北开展比较好的是京津的高等学府，但并没有立刻出现类似南方那种由学校向全社会辐射传播的现象，直到 20 世纪 30 年代后期，排球才渐渐走出校门，走向社会。

（三）中国共产党领导下革命根据地兴起排球运动

中国共产党领导下的革命根据地的排球活动改变了中国排球文化的内涵，使之真正成为面向工农的大众文化。

1927 年由于革命斗争形势的需要，中国共产党开始建立自己的革命武装，并创建井冈山革命根据地，建立红色政权，随后又开辟了湘赣革命根据地、中央革命根据地、湘鄂赣革命根据地、闽西革命根据地、鄂豫皖革命根据地等红色政权。在中国共产党的领导下，排球运动得到了大力推广，是苏区经常开展的项目。苏区体育出发点是提高革命群众的身体素质，同时起到教育群众的作用，强调体育的民族性、军事性、教育性。尤其是中央苏区，体育机构健全，赛事开展频繁，排球也比较普及。到了延安时期，排球活动开展得更加广泛，不论战士、学生、工人还是机关干部群体，都形成了打排球的习惯，排球运动蔚然成风。

新民主主义革命时期开展的排球比赛

毛泽东明确提出苏维埃文化教育的总方针："在于以共产主义精神来教育广大的劳苦民众，在于使文化教育为革命战争与阶级斗争服务，在于使教育与劳动联系起来，在于使广大中国民众都成为享受文明幸福的人。"在这样的方针指导下，排球文化的核心层就与中国革命紧密结合，拥有了为政治斗争而服务的价值追求，这使得根据地的排球文化与青年会主导的排球文化存在本质上的不同，使得排球在农村地区也能正常开展。排球文化的中间层迅速发展，革命根据地出台了一系列有关体育的政策法规，强调体育在学校教育中的重要地位，积极在学校和各类机构中开展排球运动。

这一时期中国排球文化的核心层基本等同于近代自然主义体育思想的价值观，主张用自然的跑、跳、游戏强身健体、愉悦身心，将体育融入生活之中。此时也普遍存在体育强国保种的观念，也出现了通过排球运动表达爱国情怀和民族精神的现象。苏区虽然地处偏僻，土地、人口都少，但中国共产党在指导思想上具有先进性，苏区排球文化为工农大众和革命者服务，开展了一定规模的排球比赛，为排球文化的发展积累了经验。

三、新中国排球事业的发展

1949 年新中国成立后，排球被作为重点运动项目加以推广，逐渐成为全国上下喜闻乐见并发展迅速的运动项目之一。1950 年 7 月，在全国体育工作者暑期学习会上，中华全国体育总会引进了 6 人制排球竞赛规则和方法，并于 8 月组建了新中国第一支男子排球队——中国学生代表队，赴布拉格参加了世界学生第二次代表大会的排球比赛。6 人制排球正式在我国落地生根。

1951 年 5 月，全国篮、排球比赛大会在北京举行，这是新中国成立后第一次全国性比赛。同年，中国青年男排参加了第 11 届柏林大学生冬季运动会和第 3 届世界青年联欢节，中国青年女排也于 1953 年首次组建并参加了布加勒斯特第 1 届国际青年友谊运动会排球赛。

20 世纪 50 年代，处于世界排坛领先地位的是苏联和东欧各国，1954 年中国男女排球队先后出访苏联等国，并邀请了多支东欧强队来华交流比赛，排球战术和意识均获得了显著进步。

1953 年，中国排球协会成立，1954 年被国际排联接纳为正式会员。1956 年 8 月，中国男女排球队赴巴黎参加了男子第 3 届、女子第 2 届世界锦标赛，男排获得第 9 名，女排获得第 6 名。

1964 年，周恩来总理亲自邀请了"魔鬼教练"大松博文率日本女排来华访问，大松博文还指导了中国女排的训练。当时分管体育事业的贺龙副总理明确提出了"从难、从严、从实战出发，坚持大运动量训练"的"三从一大"训练方针。

1976 年中国排球重新起步，新组建的中国男女排球队在 1977 年世界杯比赛中分获第 5、第 4 名，并于 1979 年双双获得亚洲锦标赛冠军，同时获得了奥运会参赛资格。

1981 年，中国女排在日本第 3 届世界杯比赛中一路过关斩将，最终以 7 战 7 胜的成绩首次荣获世界冠军，全国掀起了学习女排精神的热潮，中国女排一鼓作气，接连获得1982 年世界锦标赛、1984 年洛杉矶奥运会、1985 年世界杯、1986 年世界锦标赛冠军，这就是至今仍为国人所津津乐道的"五连冠"。

与此同时，中国男排也获得了巨大的突破，不仅创造了"前飞""背飞""拉三""拉四"等新战术，而且成为当仁不让的亚洲霸主，在一系列世界大赛中也多次获得前 8 名的好成绩，最高时世界排名第 5 位。北京大学的青年学生在 1981 年世界杯预选赛中国男排战胜韩国队的比赛后喊出了"振兴中华"的著名口号。

20 世纪 80 年代后期开始，中国男女排先后陷入了低谷。1995 年进行了排球赛制改革，1996 年推出了第 1 届全国排球联赛。改革和排球职业化为我国排球注入了新的发展动力，女排在 1995 年获得亚洲锦标赛冠军和世界杯第 3 名，在 1996 年亚特兰大奥运会上勇夺亚军，在年底的超霸 6 强赛中又摘得冠军。男排也在 1997 年重夺亚洲锦标赛冠军，并与女排一起双双夺得 1998 年亚运会冠军。

　　虽然在 2000 年悉尼奥运会上表现欠佳，但随后重新组建的中国女排迅速展现了强劲的势头，在主教练陈忠和的率领下，中国女排在 2003 年的世界杯上获得了惊人的 11 连胜，重夺阔别 17 年的世界冠军，再次激活了国人对女排和排球运动的热情。2004 年雅典奥运会，中国女排更是一路凯歌，决赛中以 3∶2 力克强大的俄罗斯队，为中国增添了分量最重的一块金牌。

　　从 2013 年到 2021 年，郎平率队完成了两个奥运会周期的征战，拿下了 2015 年世界杯冠军、2016 年里约热内卢奥运会冠军、2019 年世界杯冠军，在前辈们辉煌战绩的基础上，完成了中国女排历史上世界大赛"十冠王"传奇。

第三节　排球运动中的文化传承

世界排球运动的起源、传播与发展

　　当今排球运动的现实意义已不仅限于体育比赛的范畴，排球文化是体育文化乃至整个人类文化的一部分，是人们在排球运动历史延续中所创造的物质财富和精神财富的总和，包括排球物质文化、排球制度文化和排球精神文化三个层面。排球物质文化包括排球场地、设施、器材以及各种身体活动形式等，它们以排球文化物质载体的形式存在；排球制度文化主要包括排球运动技术规范标准、排球比赛规则以及排球运动管理措施和管理方式；排球精神文化是排球文化的核心，主要包括排球认知、排球情感、排球价值、排球道德等。这三个层面是互相适应、互相联系的。

一、排球运动的项目文化特点

　　随着历史的发展，排球已经发展成为一项重要的奥林匹克竞技运动。中国女排的光辉成绩不仅为中国排球运动在世界排坛赢得一席之地，也谱写了世界排球历史的新篇章，极大地振奋了民族精神。作为一项竞技体育项目，排球文化丰富着项目文化的内涵。排球运动的项目文化特点主要包括以下几个方面：

（一）传承性

　　排球运动一经产生，就有其自身的发展规律和发展历史。排球运动经历了百年的承袭、演化与发展，排球文化伴随着经济的发展和社会的进步，具有历史的传承性，其传承过程就是弃旧扬新的过程，也是排球文化积淀的过程。19 世纪末排球运动问世之初，是以娱乐游戏的萌芽形式从潜文化形态中剥离出来，逐渐向竞技对抗方向发展。半个世纪之后，国际排联成立，排球运动开始走向国际化。当前，排球运动已在世界 230 多个国家开展，通过各地排球文化的融合与积累，排球运动中有继承和发展价值的成分为人们所接受。

（二）时代性

排球运动作为人类的一种社会实践活动，它的发展受到社会发展尤其是经济水平的制约。生产方式的进步对排球运动的发展和变化起着决定作用，并同时制约着各时代排球运动的性质、内容及特征。看排球文化要从社会经济、文化发展的时代角度综合考量。19世纪末，随着以电力技术为标志的产业革命的兴起和经济的迅速发展，排球运动成为人们娱乐和体育活动需求的产物。20世纪中叶，国际环境趋于平和，大工业、大机器的生产方式促进了排球运动向全球扩展，使其理论体系化、战术多样化、组织规范化、规则严谨化、竞赛制度化，进入竞技排球时代。到20世纪80年代，大工业生产创造了庞大的生产力，世界经济体系以市场经济为主，全攻全守的整体排球技战术打法为排球走向社会化、商业化和职业化奠定了基础，各种形式的排球运动应运而生，以满足不同社会群体和环境的需要，形成了竞技排球和大众排球互相关联、互相依托、双轨共存的排球文化格局，随之迎来现代排球时代。

（三）民族性

每个民族的文化都是适应本民族的特点而形成发展的，具有独立的民族性格和社会意识，在其一代又一代自我复制的历史渊源中，不断承接外来影响而有所变化，逐步形成并充实本民族的文化积淀。国际排联是世界上最大的、拥有会员国最多的单项运动协会，排球文化相应呈现出地域广大、民族众多的特征。由于各地区、各国家、各民族所处的地理环境、生活条件、文化水平、民族习惯、先天遗传等因素的不同，人体的机能、体格、素质、技战术发展水平和认识方法等呈现差异，形成了不同特色的风格和打法，体现了排球文化的不同社会形态，反映出不同地域特点，这些也是民族性的映射。

二、排球文化的社会价值

排球运动以其丰富的文化内涵和独特的文化特性在世界各地广泛传播，并为人们所接受和喜爱。排球文化的社会价值主要体现在以下几方面：

（一）政治价值

体育运动以人的行为为载体，不仅充分体现个人的思想素质和道德素质，更能体现一个国家与民族的体育精神。体育在处理国际关系和民族关系等方面具有独特的功能。从政治角度来看，排球文化帮助国人增强民族自信，并在国际上建立一定程度的文化认同。

在政治文化建设的过程中，对排球文化进行发掘，以其规则意识、公平意识、合作精神作为政治文化的载体，能够充分体现出中华民族的体育精神。将体育精神中的规则意识和道德意识等文化内容提取出来，能够作为政治文化中具有思想政治教育的内容，继而促进政治文化建设。

（二）经济价值

随着排球运动大众化程度的提高、竞赛制度的完善、配套法律法规的实施、经济体制的改革以及世界性排球比赛的成功举办，排球运动产生了一定的经济价值，各类比赛门票、广告和电视转播的收入都直接体现为经济效益，对体育产业发展起到积极的推动作用。企业可以通过排球特殊的媒介影响力扩大自身知名度，排球运动也由此获得了强大的经济支撑，并产生一系列连锁效应实现"双赢"局面，形成良性循环。

（三）教育价值

排球运动具有身体教育价值，不同年龄、不同性别、不同技术水平的人都能参与其中。经常参加排球运动，不仅能改善人体中枢神经系统和内脏器官的功能状况，而且能提高人的力量、速度、弹跳、灵敏、耐力等专项身体素质和运动能力，从而起到防病治病、延缓衰老的作用，使人们在运动中增进愉悦，强健体魄。

排球运动具有文化教育价值。排球运动所传递出的不畏艰难、敢于拼搏的精神能感染参与者，使其在运动中养成坚韧、乐观、积极、向上的可贵品质，这不仅有利于人们在排球运动精神的启发下树立起高度的文化自觉与文化自信，而且有利于营造健康、科学的体育运动氛围。

三、"女排精神"

5000 年文明史生成了中华民族永不低头的倔强、愈挫愈勇的耐力、从容应对的智慧。过去的 30 多年，中国女排创造了"五连冠"的神话，9 次获得世界冠军，成为中华民族历经苦难艰辛而重新屹立于世界民族之林的生动见证，也将世界目光聚焦于中国力量。

"女排精神"是我国竞技体育运动项目文化的先进代表，在我国加快建设体育强国等过程中，播撒精神火种、固牢精神支撑、赓续精神基因，勾勒出一部逆境奋起的奋斗史。

弘扬女排
精神思政
示范课

习近平总书记在 2019 年 9 月 30 日会见中国女排代表时指出："广大人民群众对中国女排的喜爱，不仅是因为你们夺得了冠军，更重要的是你们在赛场上展现了祖国至上、团结协作、顽强拼搏、永不言败的精神面貌。女排精神代表着一个时代的精神，喊出了为中华崛起而拼搏的时代最强音。"

（一）为体育事业播撒火种

1979 年，我国恢复了在国际奥委会的合法席位，这也成为我国竞技体育登上国际舞台、展现民族形象的有效途径。袁伟民带领刚刚成立的中国女排，率先贯彻"三从一大"科学训练原则，将顽强拼搏及艰苦奋斗的精神注入团队管理之中，通过训练及参与国内外竞赛，不断重塑民族意识与体育精神，"女排精神"逐渐凸显。

改革开放之后，中国女排第一次参加世界杯赛即获得了冠军，这是新中国成立以来大球项目获得的第一个世界冠军，成为我国第一个冲出亚洲、走向世界的三大球项目，改写了中国三大球的历史，也创造了我国竞技体育发展的光辉历史。1984年，中国女排参加改革开放后的第一次奥运会，历史性地取得了第一个奥运会冠军，并实现了中国女排世界大赛的三连冠。1986年世锦赛，中国女排又创造了世界大赛五连冠的辉煌，开创了世界体坛的一个中国时代。21世纪以来，中国女排又获得了雅典奥运会和里约热内卢奥运会的冠军。中国女排用一个个冠军，一个个辉煌，将中国排球展示给了世界，让世界瞩目中国体育事业的发展。

（二）为筑牢体育强国梦添砖加瓦

伴随时代改革的浪潮，"女排精神"代代相传，激励中华民族奋勇前进。在建设体育强国、推进竞技体育均衡发展、全面提升竞技水平的背景下，面对竞争日益激烈的国际赛场，中国女排传承了"只要穿上带有中国的球衣，就是代表中国出征，我们的目标就是升国旗，奏国歌"的祖国至上精神及"没有最好的个人，只有最好的团队"的集体主义优良传统，体现了党的领导下的中国体育迅速实现崛起的制度优势。

习近平总书记曾指出，"中国正在发生日新月异的变化，我们比历史上任何时期都更加接近实现中华民族伟大复兴的目标。实现我们的目标，需要英雄，需要英雄精神。""女排精神"也是英雄精神的直接体现。中国女排前主教练郎平曾在动员社会力量做慈善事业时表示"为贫困山区做体育活动帮扶，这是我们女排应该肩负的责任"。中国女排明星运动员惠若琪在退役后，创立"惠若琪女排发展基金"，积极从事公益事业，促进青少年体育运动发展；担任世界女排联赛形象大使和颁奖人，宣传推广排球运动，为中国女排和中国排球做了充分的国际宣传。中国女排前二传手魏秋月走进校园巡回宣讲"女排精神"，为中国排球发展传递新希望。被誉为"世界女子第一主攻手"的朱婷，在世界排球竞技舞台上绽放中国女排的光辉形象，扩大了国际影响力，使"女排精神"呈现出新内涵。

"女排精神"是我国体育强国建设的宝贵精神财富、强大精神支撑和巨大精神动力。"女排精神"的文化价值形成了排球运动项目的精神内核和文化标识，在确立竞技体育精神特质、展现运动项目多元功能、研究国际体育发展趋势及建立融合传播体系等方面都具有重要作用，其文化价值及赓续精神基因，能有效提升体育的吸引力、亲和力、影响力、传播力等软实力，助推体育强国建设。

（三）为坚定文化自信提供源泉

在中国"三大球"体育团队项目中，中国女排是一支可以创造出具有"中国精神"的队伍。中国女排的王者归来重新激起了所有中国人对女排比赛的关注度，让新时代的中国人再次感受到女排精神带来的力量，民族精神再次凝聚人心，激发出了强烈的民族自豪感。因此，中国女排值得我国体育以及其他领域共同学习与借鉴，为以爱国主义为核心的民族精神提供丰富养分，让世界看到"中国力量"。

中国女排是一面精神旗帜，在多个关键时间节点，唤起了国人的民族自豪感，提振了国人的奋斗激情。观赏中国女排精彩比赛的过程是一次次"祖国至上、团结协作、顽强拼搏、永不言败"等精神洗礼和教育的过程，这种"教育"在潜移默化中，增强了整个社会的爱国情怀、责任意识、规则意识和奉献意识，有助于每个人张弛有度地涵融于社会集体之中，推进整个社会的文明进步。

"女排精神"的出现弥足珍贵，形成了中国排球运动的精神内核和文化标识，是一种民族符号的象征，成为增强我国体育软实力的独特标识，有助于传承中华优秀传统文化，提升文化自信，不断增强民族凝聚力、向心力和自信心。

 思考与实践

1. 排球运动的发源地在哪里？

2. 排球运动是如何传入中国的？

3. 未来排球运动将有哪些新发展？

4. 排球运动的项目文化特点和社会价值有哪些？

5. 简要谈谈你对"女排精神"的理解。

第二章 排球技战术理论与实践应用

💬 本章导言

排球运动是一项对抗性较强的集体运动项目。要在比赛中得心应手、挥洒自如就必须做到熟练掌握各项基本技术，并在此基础上创造性地应用各项战术。可以说技术全面、攻防均衡是球队获胜的法宝。

排球技术分类角度不同，提法各异，各项技术使用条件也不尽相同，只有熟练掌握各项技术动作并在不同场景中反复磨炼，才能在复杂的比赛中优质高效地完成击球。

排球战术是排球项目发展到一定水平的产物。当运动员技术差别微乎其微时，如何创造性地运用技术就成了制胜关键，排球战术由此应运而生。技战术之间是内容与形式的关系，技术是战术的基础，没有过硬的技术，战术组织就成为无源之水；战术是技术的灵魂，没有战术支撑的技术应用就显得墨守成规。此外，战术的发展还对技术的创新起到了极大的促进作用，成为技术发展的重要动力之一。

⚙️ 学习目标

1. 全面掌握排球运动各项常见技术动作的方法及要点，掌握技术动作运动生物力学原理，并能够据此进行技术动作合理性分析。

2. 掌握排球战术的概念、分类、阵容配备形式等基础内容，重点掌握集体战术与个人战术的各种形式与变化。

3. 理解"四攻系统"的基本内涵，并据此提升技战术实战能力。

第一节　排球技术理论与实践

一、排球技术概述

（一）排球技术的概念

排球技术是指运动员进行训练比赛时，在恪守排球竞赛规则、遵从人体运动科学原理条件下所采用的各种合理击球动作及其配合动作的总称。排球技术是排球运动的基本构成要素之一，也是排球战术发展的基础。随着排球运动不断发展，排球技术的内涵也在不断丰富与完善，随着每球得分制规则的使用，现代排球比赛中各项技术都具有了攻防二重性，因此想要学好排球，就必须做到熟练掌握各项技术。

（二）排球技术的特点

1. 瞬时性

排球竞赛规则规定，比赛中球只能从身体被弹出，而不能被接住或抛出，即运动员击球动作必须迅速，使排球与身体的接触在瞬间完成。

2. 空间性

排球竞赛规则规定，运动员所击打的球都必须是在空间运行中的，因此所有技术的实施对象都是飞行中的排球，从而使击球技术具有较强的空间特征，球在空中的不同位置都会对技术运用的细节产生影响。

3. 攻防两重性

随着每球得分制投入使用，任何一次球落地都可直接导致比赛的得失分变化，因此只要运用得当，每项技术都可以成为进攻或防守的武器，不同之处仅在于技术侧重点有所不同。

4. 全面性

排球竞赛规则规定，运动员身体各部位都能击球，因此排球技术的全面性不仅指运动员要熟练掌握各项技术，同时也要求运动员能够灵活运用身体各部位进行击球。

（三）排球技术的分类

排球技术的分类，角度不同，提法各异。其中最为常见的是以动作方法为区分依据，将排球技术分为发球、垫球、传球、扣球和拦网。这五项技术均与球发生直接接触，因此被称为有球技术；另一类作为伴随动作，但不直接接触排球的重要技术是准备姿势和移动，也称为无球技术（图 2-1-1）。

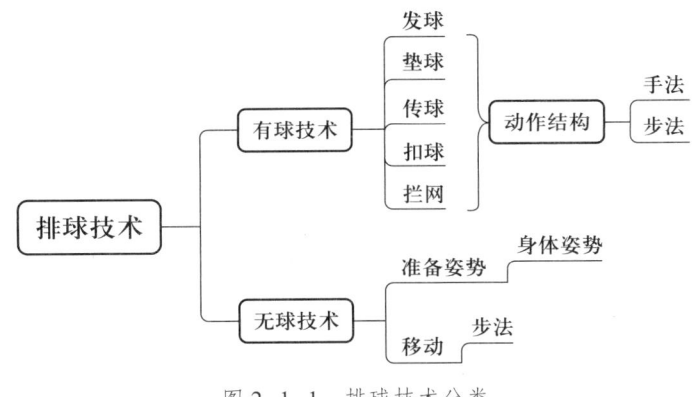

图 2-1-1 排球技术分类

实际上，任何一项技术的正确掌握与合理运用，都离不开脚步、手法、躯干、视野和意识（思维）等多维一体的协调配合与良好发挥。运动员在掌握与运用各项技术的过程中，脚步是击球行动的前提，手法是完成技术的关键，躯干是协调全身的枢纽，视野是临场判断的依据，意识是运用技术的灵魂。只有这几方面的行动配合密切、融会贯通，才称得上是比较完美的技术。

（四）排球技术的力学分析

在排球技术动作中包含力学问题。研究排球技术影响人体运动的起动、制动起跳、挥臂等技术动作的力学原理，有利于找出技术动作的关键和难点，有利于学习者正确领会动作要领，提高掌握、运用技术的能力。以下将从这六部分：准备姿势与移动、发球动作、垫球技术、传球技术、扣球技术、拦网技术分别进行相应的力学分析。

排球技术
概述

1. 准备姿势与移动中的力学分析

（1）稳定角

人体重心与地面的垂线和人体重心与支撑面边缘连线所形成的角称为稳定角。稳定角越大，人体越平衡稳定。排球运动员在场上的平衡、稳定与支撑面大小、重心的高低、稳定角的大小三个因素有密切关系。运动员在场上不是静止不动的，而是会随着场上情况的变化，随时做出快速的起动、变化步法及制动起跳等动作。例如，半蹲准备姿势采用的就是身体成半蹲的准备姿势，符合稳定角原理，以便运动员对接发球、拦网和各种传球更好地做出反应。

（2）蹬地角

人体蹬地作用力与地面的夹角称为蹬地角。在支撑反作用力一定的条件下，蹬地角越小，支撑反作用力的水平分力就越大，即起动时的速度越快，初速度就越大。例如，防守时为了提高向前的速度，除增加蹬地的作用力外，适当缩小蹬地角，有利于获得最大的速度。

（3）起动

起动是队员在球场上由静止状态变为运动状态的一种脚步动作。起动是移动的开始，起动的快慢是移动的关键。在进攻中，突然快速地起动，是加快进攻节奏、提高进攻的有效手段；防守时，迅速地起动是保持或抢占有利位置、防止对手进攻的首要环节。据统计，在防守中，向前和向侧前方的移动最多。因此，身体重心的投影点应落在两脚支撑面的前部或适当超出支撑面，这样更有利于加快向前移动的起动速度。移动技术是排球运动中用得最多、最广的技术，是完成各项击球技术（传、垫、发、扣、拦等）的前提和基础（杨国良，1987）。在排球比赛中，要求运动员起动快，移动快，要完成这项技术动作必须符合以下几个原理：

① 起动的力学原理是破坏原有的身体平衡。人体向前抬腿时，身体失去平衡而向前倾，起到移动的目的。加之收腹，上体前倾，有利于身体重心前移，从而使后蹬角减小，增大了后蹬的水平分力，达到加速起动的目的。以向左移动为例，在准备姿势的基础上，迅速抬起左腿，左脚尖外转向左，上体向左方向探出，同时右膝内扣，右脚以前脚掌内侧为旋转轴撑地并内转，右腿迅速用力蹬地，使整个身体向左方加速起动。抬左腿使身体失去平衡而左倾，加上上体向左倾斜，有利于身体重心的左移和降低，从而减小了右腿蹬地的角度，增大了蹬地的水平分力。蹬地腿肌肉收缩的时间越短，爆发力越大，起动的加速度就越大（杨国良，1987）。

② 在起动方向上的稳定角要小。如向前起动时，上体迅速向前倾斜，或提起一只脚，使身体重心垂线远离支撑点。上体前倾，重心靠前，膝部投影应落在脚尖的前面。由于比赛中向前和斜前移动较多，因此，身体前倾有利于身体重心向前或斜前移动（杨国良，1987）。运动员做起动准备姿势时，腿部应处于弯曲状态，准备迅速推进并获得速度。

③ 支撑反作用力要大。支撑反作用力是运动员蹬地的反作用力，运动员的蹬地力量越大，克服静止惯性带来的动力也就越大。在排球运动员扣球起跳过程中的缓冲阶段，是人体在抵抗外力（主要是重力）作用过程，下肢由伸展状态变为屈曲状态，克服重力作用人体才能跳起腾空（熊峰，2011）。在排球比赛中，当运动员达到一定的助跑速度后，基于基础步法，他们会执行起跳。起跳通常包括向右踏步，然后向左变向，随后起跳。这个过程中，支撑腿承受身体的重量，并在地面上产生支撑反作用力，使得身体不立即离地。运动员等待对方拦网队员的晃动动作，然后才起跳。这个起跳动作的目标是在产生向上的支撑反作用力的同时进行腾空，以便进行扣球。运动员通常可以选择在起跳后再次跳起扣球，或者进行第二次起跳扣球。

在这个过程中，运动员的肌肉爆发力起着关键作用，使得他们的身体能够腾离地面。运动员向地面施加的冲力越大，他们离地的时间越短，加速度也越大。这有助于他们达到更高的腾空高度，这在比赛中具有控制比赛主动权的优势（杨国良，1987）。蹬地腿预先拉长的肌肉爆发力越大，起动速度就越快。

④ 蹬地角要小。在支撑反作用力一定的情况下，蹬地角的大小决定这个水平分力的

大小。重心前移，蹬地角减小，蹬地的水平分力增加。所以，起动时应采用较小的蹬地角，以获得较大的支撑反作用力的水平分力。为了使身体重心迅速前移，有时还可以在抬腿之前，后腿适当向后垫一步，以起到减小蹬地角、增大水平分力的作用，如向左移动，则抬左腿，身体向左移动并倾斜，右脚蹬地起动。膝关节保持一定的弯曲，预先拉长肌肉群，增加起动时的后蹬力量，也便于起跳、下蹲或倒地（杨国良，1987）。

蹬地角的支撑反作用力是互为影响的。当蹬地角发生变化时，人体的发力条件也发生改变。如果蹬地角过小，蹬地力也会减小，支撑反作用力也随之减小，其水平分力也会减小。此时起动的加速度会受到影响，因此应选择适合的蹬地角。一般腿部力量强的队员，其蹬地角可小一些；腿部力量弱的队员，其把握好适宜的重心倾斜角度，蹬地角可适当大一些，以使身体在短时间内获得最大的加速度，但其前提是掌握好适宜的重心倾斜角度。

（4）制动

人体从运动到静止的过程叫制动。制动与起动是完全相反的过程。制动力与重力形成合力的方向与人体运动方向相反，从而使身体移动速度减慢时，最后跨出一大步，跨出脚蹬地，获得一个地面对人体的支撑反作用直到停止。移动中的制动方法按其移动速度的快慢（即前冲力的大小），分别采用一步制动和两步制动。一步制动多用于移动冲力不大的短距离移动之后。一步制动时，移动的最后跨出一大步，同时降低身体重心，使身体重心垂线在两脚所构成的支撑面以内。两步制动在移动冲力较大的情况下使用，是在快速移动中先以倒数第二步做第一次制动，同时两膝弯曲，降低身体重心，使身体重心的垂线保持在两脚所构成的支撑面以内，为击球或做下一个技术动作创造条件（杨国良，1987）。

影响制动快慢的因素有两个：

① 支撑反作用力的大小。支撑反作用力越大，制动越快。

② 支撑反作用力与地面夹角的大小。夹角越小，制动越快。

（5）判断与反应

任何的准备姿势与运动员的移动动作都要建立在运动员对场上形势的判断与自身反应速度的基础上，在复杂的比赛中，运动员能及时准确地做出各种判断，并随机应变地做出相应的动作，这样才能更好地发挥其技术和战术水平。如接拦回球技术，由于被拦回球的速度和落点可变性很大，又没有接扣球、发球时的预判时间，一般移动较少或来不及移动，只能在原地运用各种手法，用反射性动作将球垫起。这种反射性的击球动作，正是排球运动员反应能力的最典型、最突出的表现之一。

2. 发球动作的力学分析

在排球的发球环节中，最重要的三步是：第一是将球抛出，排球发球的抛球环节属于抛体运动，是有效完成发球的基础，是决定发球效果的重要环节。抛体运动是一种曲线运动，它在空中运动的轨迹是抛物线。抛体主要受抛出初速度、抛出高度、抛出角度以及初始旋转速率等条件的影响。第二是排球发球的挥臂环节，这是发球中最关键的技术动作，也是力量传递的主要渠道。鞭打动作是人们在克服阻力或自体位移过程中，肢体依次加速与制动，使末端环节产生极大速度的动作形式。排球发球的挥臂环节属于典型的无器械打击性鞭打动作。第三则是运动员在空中对躯体的控制，排球发球的腾空、引臂和击球前瞬间都是典型的相向运动。相向运动是通过调整人体转动惯量，控制动作的角速度。相向运动的肌肉收缩形式是超等长收缩，可以拉长原动肌，积蓄能量；动作基本是绕人体基本轴的转动，完成动作时，遵循大关节带动小关节活动的原理（李小虎，2010）。从力学角度分析排球运动员发球，可以分别从加速、角度、作用力、旋转入手，其中飘球是最典型也是最特殊的一种发球。

（1）加速

发球击球动作用力的特点是加速，是根据运动中的具体情况适当调整作用力的大小及其作用力时间的长短。根据动量定理，$f\Delta t = mv_2 - mv_1$，物体动量的改变量是由内力和外力的合力与作用时间的乘积决定的。由于规则的限制，击球时力的作用时间的变化不明显，而主要通过用力的变化来使球体获得不同程度的动量变化。在完成发球动作时，手（或手臂）的运动方向与球体原来运动的方向相反，二者呈相向运动。球体受到很大的作用力，使冲量的值大大增加，从而使球体的动量变化很大，球出手的速度加快。

（2）角度

球的飞行轨迹受开始飞行时的角度影响，发球时，假设用同等力量击球，作用力与水平线所形成的仰角大小不同，球飞行的抛物线和落点也不相同。当球飞行的起点和落点在同一水平线上，仰角为45°时球的落点最远，仰角大于或小于45°时，球的落点都较近。当球的初速度方向一定时，初速度越大，球的落点也就越远。

（3）作用力

在击球角度固定的情况下，球飞行的抛物线受击球时作用力大小的影响。作用力大，球的落点远；作用力小，球的落点近。如发球时仰角固定，击球用力越大，球的飞行距离就越远。

（4）旋转

旋转球是由于球体表面并非绝对光滑，击球动作所产生的作用力在作用到球体时，未通过球的重心，使球在飞行过程中发生偏离。球旋转时，因受空气的黏滞性和摩擦力的作用，球体外部一定区域内可产生与球体旋转方向一致的空气环流，越靠近球体表面，空气环流的旋转速度与球体的旋转速度相差越小。球如此旋转向前运动，在球体环流与空气流线相互作用的影响下，球体将以曲线的运行轨迹向前飞行，即马格努斯效应。它的力学依据是流体力学的伯努利定律。当旋转着的球体向前运行时，空气流与球流相互作用，使流线分布产生变化，与球体环流方向一致的空气流线速度快，球体一侧的压力降低，形成低压区；球体另一侧的空气流线方向与球体环流方向相反，流线速度慢，这侧压力升高，形成高压区。在球体向前运行中，球体两边压力差的结果是球体受到合力作用，使球逐渐偏离直线运动路线，而变为曲线飞行。

假如用同样的角度、同等力量击球，球飞行的路线还受到球体本身旋转的影响。旋

转有上旋、下旋、左侧旋和右侧旋，各种旋转都会影响球的飞行轨迹。在排球比赛中，运用旋转的原理指导具体实践，对提高排球技术有很大的促进作用。例如，发球时，使作用力通过球体的上半部，利用手和球皮的摩擦，加之手腕的推压作用，可发出上旋转球。同理，作用力通过球体的下半部可以发出下旋球，作用力通过球体的左半部，可以发出左侧旋球，作用力通过球体的右半部，可以发出右侧旋球。

（5）飘球

发球时，运动员击球作用力过球体重心，使球体在空气中飞行时不产生旋转。空气对球体作用方向的不断改变，导致球体在空中左右、上下晃动（魏庆鼎，1991）。关于飘球的成因，目前尚无定论，还有待于进一步深入研究探索。它的特点是球过网后出现一种类似周期性摆动的轨迹，或球过网后不是一直按抛物线运动，而是轨迹突然以接近垂直下降方式运动的下吊飘球。这方面，国内外已做了大量的理论分析，介绍如下：

① 当作用力通过球体重心，球将不旋转向前飞行。由于没有旋转轴，其物体的飞行轨迹是不稳定的，球体会摇摇晃晃地前进。

② 球体的振动可以使球体变形。球体的变形与击球时球体所受到的单位面积的压力有关。球体振动时，一侧凸起，一侧凹陷，不断地振动变形。凸起的一侧和凹陷的一侧，空气的流速不同，球体两侧空气流速又不断发生变化，这样球体两侧不断地产生不同的压强差，使球的飞行路线随着球体振动的变形而随时改变，从而产生飘晃。

③ 不旋转的球因受空气阻力影响，速度逐渐减慢，到飞行 5～10 米／秒时，球就会遇到近两倍的强大压力，球会突然失速，改变飞行路线。

④ 当不旋转的球飞行时，球体后面的空气稀薄，压力迅速降低。压力大的气流就向压力小的地方压缩，在球的后面形成许多旋涡。旋涡越大，对球产生的阻力就越大。它能阻止和干扰球的飞行，造成球体在空中飞行时出现摇晃现象。

⑤ 球体表面黏合线与空气的流动方向顺逆不一，会引起空气流速的变化，造成阻力差，改变球的正常轨迹。

⑥ 经过试验，在确保球飞行时不转动的情况下，对击球的同一部位给予同样的力，向同一方向发出球，球嘴向上，过网点高，球易出界；球嘴向下，过网点低，球不易过网；球嘴向左，球过网后向左偏；球嘴向右，球过网后向右偏。

此外，影响飘晃的因素还有球体自身的重量、球的形状、球内的气压和球的外皮质量等。虽然排球是由 18 块对称结构的球皮缝合而成，但球体表面的光滑程度是不均匀的。从现象上看，飘球的运动轨迹类似周期摆动，或是以突然失速下掉的方式运动，不是沿抛物线轨迹运动；从发球技术上分析，发飘球时，要使作用力通过球体的中部，使球不发生旋转。击球时，手和球接触面要小，发力突然、短促，手腕击球的时间要短。关于飘球的原理分析，随着现代科学技术的理论与方法不断应用到排球科研领域中来，必将会揭开长期以来该原理研究的"奥秘"。

3. 垫球技术的力学分析

（1）手臂角度对垫击球的影响

手臂垫击平面与地面夹角的大小直接影响着击球的效果。夹角大，垫击球弧度低；夹角小，则垫击球弧度高。若来球不旋转，可利用入射角与反射角的原理击球：来球弧度高，球体由上向下落时，手臂与地面所形成的夹角应小；来球弧度平低，则手臂角度应大些，使来球以适当速度反弹飞向目标。若来球旋转、碰击手臂时，除球给手臂一个作用力和手臂给球一个反作用力外，球的旋转力也作用于手臂，而手臂也要给球的旋转一个大小相等、方向相反的反作用力，这样球触手后反弹方向为反弹力和旋转反作用力的合力方向。总之，手臂角度对控制垫球的方向、弧度和落点的影响较大。

（2）垫球技术中对反弹力的控制

在比赛中，常常可以看到虽然手臂垫击的角度很好，但由于没有控制好球的反弹力量而垫不到位或垫过网。主要原因是没能根据来球的力量，掌握和调整好手臂垫击球的力量和垫球时的缓冲动作。在排球的垫球动作中，当运动员的两臂接触球面的时候，排球因为受到外力的影响发生弹性形变，将运动员进行击打排球的动能转换为弹性势能储存起来，当球面与运动员的肢体分离时，储存的弹性势能就转换为排球的动能。这个过程中能量的转换是以弹性力为主导进行的。

在一般情况下，球体在与固定的垫击面碰撞后，反弹的速度将小于碰撞前的速度。当来球的力量大、垫球的距离短时，必须采用相应的缓冲动作，避免因反弹力过大而使球飞越过网的现象。反之，如果来球力量小，要求垫球的距离又远时，则应加大抬臂迎击球的力量，才能将球送到位。这是因为在来球力量相等的条件下，当球碰撞手臂时，球体形变的大小和形变速度的快慢与手臂主动迎击球的力量成正比。如果手臂迎击球的动作速度快、撞击球的力量大，缩短球与手臂的接触时间，球体的形变大、速度快，反弹力也就大；若手臂迎击球的动作慢、速度均匀、力量小，伴随着一定的缓冲动作时，能延长球与手臂的接触时间，球体的形变小、速度慢，反弹力就小。垫球时要想得到理想的反弹速度和控制好垫出球的落点，必须根据来球的力量，运用适当的缓冲动作和掌握好击球的力量，才能将球准确地垫向目标。

（3）垫球技术的肌电学分析——垫球时主要发力肌肉积分肌电

骨骼肌在兴奋时，会由于肌纤维动作电位的传导和扩布而发生电位变化，这种电位变化称为肌电。用适当的方法将骨骼肌兴奋时发生的电位变化引导、记录所得到的图形，称为肌电图（electromyogram，EMG）。肌电图对评价人在人机系统中的活动具有重要意义。可以采用专用的肌电图仪或多导生理仪进行测量。静态肌肉工作时测得的该图呈现出单纯相、混合相和干扰相三种典型的波形，它们与肌肉负荷强度有十分密切的关系。当肌肉轻度负荷时，图上出现孤立的、有一定间隔和一定频率的单个低幅运动单位电位，即单纯相；当肌肉中度负荷时，图上虽然有些区域仍可见到单个运动单位电位，但另一些区域的电位十分密集不能区分，即混合相；当肌肉重度负荷时，图上出现不同频率、不同波幅且参差重叠难以区分的高幅电位，即干扰相。该图的定量分析比较复杂，必须借助计算机完成。常用的指标有积分肌电图（IEMG）、均方振幅（RMS）及由功率谱密度函数派生的平均功率频率（MPF）和中心频率（MF）等。其中积分肌电是更为重要的指标。

李学淞（1996）等人通过采集排球运动员小腿三头肌、股外侧肌等14块肌肉的肌电积分发现，向近距离垫球时（3 m），上、下肢肌肉普遍肌电积分值很小，唯有上肢肌肉中的三角肌前束和旋前圆肌肌电积分值较大，说明力量的来源主要是抬臂动作。向远距离垫球时（6 m），上、下肢肌电积分值普遍增大，但仍是上肢肌电积分值大于下肢肌电积分值，说明下肢肌肉也需参与工作，以加大击球力量，但仍以上肢的抬臂力量为主。

4. 传球技术动作的力学分析

传球动作的用力顺序是蹬地、伸膝、伸腰、伸臂、伸肘、抖腕、弹指，通过手臂的屈伸以及来球的反弹力，将球传出。最重要的是伸臂和手腕、手指的紧张用力，利用球压在手指上产生的反弹力将球传出。传球时，要根据来球的速度、弧度和力量，而适当控制手臂和手指、手腕的紧张程度，加强或缓冲传球速度，控制好传球的弧度和距离，提高准确性。

人体在某一时刻或通过运动轨迹某一点时的速度，称为人体在这一时刻或这一点的瞬时速度（instantaneous speed）。瞬时速度等于时间趋于无限小时的平均速度极限值。排球运动实践中所提的"起跳速度""出手速度"等都是瞬时速度。研究表明，击球瞬间，手触球至离手时间一般为0.075 s左右，传球手型拇指形状不同，时间略有差异，"一字"型为0.073 4 s，"朝前"型为0.077 5 s。手臂、手腕、手指对球的本体感觉和进行精确而巧妙的微调，也是传好球的关键。

根据传出球的弧度、距离的不同，全身协调用力击球的技术规格也有所差别，如传远距离和调整传球时，主要由踝关节和膝关节的伸展蹬地所产生的作用力来增加传球力量，即下肢用力较多。从生理学的角度分析，肌肉收缩时产生的力量与收缩前的初长度有关。若在收缩时肌肉适当被拉长，其收缩时产生的力量更大，因而获得加速度。传平拉开、背传、变向球时，依靠腰腹力量展体送髋，转体动作使用较多。

从运动学角度分析，传球出手是一个匀速运动，应遵循牛顿第二定律的运动规律。加速度（acceleration）是描述物体速度变化快慢的物理量，人体运动的速度变化量与发生这种变化所用的时间之比为平均加速度。物体在力的作用下，产生加速度，球的质量是个常数，因而加速度的大小取决于作用力的大小。因此，传球手法和全身的协调用力是传球中不可忽视的重要环节。它关系到出球的速度，可增加出球点，扩大出球面，提高传球的灵活性，从而增强传球的质量。

5. 扣球技术的力学分析

扣球技术包括准备姿势、助跑、起跳、空中击球和落地。空中击球动作是扣球技术动作结构中的关键环节，它直接影响着扣球的质量和效果。

（1）制动和起跳

人体从运动状态恢复到静止状态的整个过程称为制动。制动时，最后跨出一大步，跨出脚支撑地面，地面对人体产生支撑反作用力，这时支撑反作用水平分力与原重心移动的方向相反，从而使重心移动速度减慢，直至停下。制动时，支撑反作用力越大，即人体向前的蹬地力越大，则减速越快。在支撑反作用力相同的情况下，人体重心越低，蹬地角越小，越容易制动。重心下降、蹬地角减小、上体后倾等都可起到制动作用。在现代排球比赛中，若要控制球的方向、路线和落点，就必须在快速移动之后、击球之前做制动动作，才能顺利地完成击球动作。在排球扣球技术动作的落地期，扣球结束后最重要的一个环节就是落地保护自己，避免和拦网队员发生碰撞造成运动损伤，落地的技术也有一定的要求，人体在没有外力的作用下，完成空中击球动作之后，紧接着是人体自然落地，由于空中击球时右肩抬得较高，所以下落时往往是左脚先着地，为了避免左脚负担过重，损伤膝关节，应力争双脚同时落地，落地时应由前脚掌过渡到全脚掌，同时顺势屈膝收腹，以自身肌力来缓冲下落时重力带来的影响（刘闯，2011），以便身体为接下来的接球与扣球动作做好准备，也可预防运动员落地以后速度太快、太急可能对膝关节、踝关节这些主要承重关节的损伤。

起跳是指排球技术中的各种跳跃动作。跳跃动作是利用下肢猛烈的蹬地动作而获得地面对人体的支撑作用力，及上体和手臂向上做加速动作而引起的向下的惯性力，通过支点作用于地面而产生支撑反作用力，这些支撑反作用力和重力的合力产生了使人体向上的加速度，推动人体跳离地面。下肢各关节肌群的蹬地爆发力越大，地面产生的反作用力也越大，身体重心离开地面的加速度也越大，跳离地面就越高。上体和手臂的加速度越快，地面的支撑反作用力也越大，跳离地面的速度也越快。人体或器械的定轴转动，由于单位时间内人体或器械上的各点角位移相同，因而角速度相同。然而，由于人体或器械上的各点到转动轴的距离（转动半径）不同，因而其位移是不同的，因此，人体或器械上各点的线速度是不同的，越是远离转动轴的点，其线速度就越大，在转动轴上的点的线速度为零。线速度、角速度或半径的关系是：当角速度不变时，线速度与半径成正比；半径一定时，线速度与角速度成正比，即线速度等于角速度和半径的乘积。

原地起跳时，蹬地速度越快，起跳就越高，使人体跳离地面的合力 F 是支撑反作用力 R 和重力 W 的差，即 $F = R - W$。

助跑起跳时，主要借助身体重心向前移动的速度，发挥上体和手臂向上的加速作用，通过制动增加踏跳时给地面的作用力，从而增加了支撑反作用力。因此，在助跑起跳的发力中，双腿给地面以向前下方的作用力，从而获得向上方的支撑反作用力。支撑反作用力的水平分力，使人体获得向后的加速度，以减小向前的冲力（即助跑速度）。而垂直分力和重力的合力，使人体获得向上的弹跳力。另外，研究结果表明，下蹲时，髋关节角度为 $90° \sim 100°$、膝关节角度为 $100° \sim 110°$、踝关节角度为 $80° \sim 90°$ 才能获得更高的弹跳高度。从力学角度讲，这样的角度容易发挥各肌肉群的最大力量。因此，助跑起跳要特别强调下蹲的角度。

影响助跑起跳的原因有以下三个方面：

① 助跑速度过大，来不及制动。

② 支撑反作用力过小，造成支撑反作用力的水平分力小，向后的加速度也小，故不能迅速减小向前的速度。

③ 蹬地角过大，造成支撑反作用力的水平分力小。在教学训练中应注意加强制动速度；减小助跑速度，加大下肢的蹬地力；加速上体和上肢的上摆；减小蹬地角，并使重心下降，上体后倾。

（2）挥臂击球中的鞭打动作

鞭打是指队员手臂挥动击球时，以上臂带前臂、前臂带手腕的抽打动作。从力学观点看，一个链状物体，在其质量大的一端先进行微加速运动，在制动过程中，其动量向游离端传递，使其末梢部分产生极大的运动速度，这便是鞭打动作的力学原理。转动运动（rotational motion）是指物体绕着一个固定点或固定转轴做旋转运动，如髋关节和肩关节的旋内、旋外、屈、伸、单杠大回环等。各种各样的体育动作，包括最简单的走、跑、跳等都是人体各环节绕关节轴转动而实现的，因此，人体各环节的转动是人体运动的基础。在排球运动中扣球时，手臂屈肘至头侧，肘高于肩，身体成反弓形，在完成扣球这一动作过程中，上臂以肩关节的额状轴为轴向下做屈曲运动，此时就要进行转动动力学分析。

线速度：物体上任一点对定轴做圆周运动时的速度称为线速度（linear velocity）。手击球时的速度即为线速度，从 $v = \omega r$ 的公式中可以看出，线速度（v）是角速度（ω）和转动半径（r）的乘积，角速度和转动半径的值越大，线速度的值也就越大。在排球运动中，当强攻手发挥自己扣球最大力量时，手击球的速度由手臂伸直的程度和手臂的挥动速度而决定。所以说要加大手击球速度的第一个条件是必须要加大手臂的挥动速度（ω），另一个条件就是要使手臂充分伸直，加长手与肩之间的距离来增加转动半径（r），以达到增加手臂末端线速度（v）的目的。当球运行到最佳击球点的位置时，强攻手挥臂的角速度（ω）已经处于较大值。此时肱三头肌急剧收缩，使前臂迅速伸直，由于有转动的惯性，角速度（ω）仍保持不变，再加上屈腕肌的收缩，可以使手臂获得较大的线速度，以加大扣球的击球速度。挥臂时，以迅速转体、收腹动作发力，依次带动肩、肘、腕各部分关节向前上方成鞭甩动作挥动。上臂甩得越直，挥动半径越大，线速度也越快，击球越有力。

角位移：转动物体上的各个质点在同一时间间隔内的线位移不同，但转过的角度是相同的。因此在描述转动时，一般采用物体转过的角度来描述，称为物体转动的角位移（angular displacement）。以逆时针方向为正。角位移的单位为度（°）。国内外的研究已经证明，运动员扣球挥臂时髋角位移的大小，与击球后击球手的速度、挥臂时间有关，其基本关系为：髋角位移越大，击球手的速度越大，击球挥臂的时间越短。因此排球运动员在重视腰腹力量训练的同时，还应采取科学、有效的训练手段提高腰腹的爆发力，特别是身体腾空时的"动态爆发力"训练（邢红林等，2002）。

角速度和角加速度：角速度（angular velocity）是描述物体转动运动快慢的度量，以弧度/秒（rad/s），或度/秒（°/s）、周/秒为单位，物体在单位时间内转过的角度叫角速度。角加速度（angular acceleration）是描述角速度变化快慢的物理量，单位为：弧度 / 秒平方（rad/s^2）或者度 / 秒平方（$°/s^2$）。

人体运动链在鞭打动作中动量的传递，也同样遵循鞭打动作的力学原理，但人体并不是一个简单的鞭子或是一个机械的链状物，而是由许多块灵活而有力的肌肉组成，动量传递仅仅是上肢鞭打动作快速有力的一个原因。另一个主要原因是上肢各个环节的依次发力，斜方肌上部、下部在前锯肌接近固定下肢收缩克制工作，使肩胛骨上回旋，实现上臂上举，随后胸大肌和三角肌前部猛然引上臂内收和向前下方运动。与此同时，肱三头肌和肘部肌肉在近端固定下快速收缩，做克制工作完成伸臂动作。同时前臂屈肌群的屈腕、屈指肌群屡发式收缩，做克制工作，使手及手指在腕、掌指、指关节处屈曲，这样使上肢各环节的动量逐步积累。而末梢环节（手及掌、指）的运动速度就是由其各近侧环节的运动速度依次叠加而成的。扣球挥臂鞭打动作的力量传递，是通过各关节相互作用力的冲量来实现的，起止于相邻环节肌肉的收缩力，使远端环节产生加速度，而远端环节的惯性力，又通过收缩着的肌肉及骨作用于近端环节，使其产生制动，在制动过程中，近端环节的动量又传递到远端环节。但人体上肢并不是一个机械的链状和鞭子，在扣球挥臂过程中，附在上肢各环节的肌肉都依次收缩，这样经各环节的动量叠加，使手获得巨大的动量和速度（丁向东，2004）。

从力学角度分析，在挥臂初期手臂在肘关节的弯曲是必要的，这样能缩短半径，增加上臂转动的角速度。然后上臂制动，肱三头肌及时收缩引起小臂在肘关节处迅速伸直，以增加线速度，向前上方猛烈摆动，最后小臂突然制动，小臂的力量经手腕传递给手掌，以满掌击球，以最后力量击中球体，整个挥臂动作就像一根鞭子。"鞭打"的各环节依次连续摆动可使手获得最大运动速度，即符合多环节摆动速度叠加原理。古巴队队员路易斯，扣球时平掌击球瞬时速度为 15 m/s，美国女排队员克罗克特为 17.5 m/s，她们扣球时肩、肘、腕三个关节的最高速度分别为 4~6 m/s、8~12 m/s、16~19 m/s，扣出的球速均值为 30 m/s 左右，具有挥臂击球点高、手快的特点。从高水平运动员技术录像的慢动作可以明显看出以大关节带动小关节活动的规律，其力学原理一般解释为：当一个链状物（把身体的躯干、上臂、前臂、手臂看成是一个运动链），在其质量大的一端先做加速运动，制动过程中其动量向游离端传递，使末端部分产生极大的运动速度。

扣球技术中的空中击球动作，人体的展体屈臂后振或拉臂动作，依据转动惯量和转动定律，以及 $v_{线}=\omega r$ 的力学原理，先是屈臂减小转动半径（r）、从而增加角速度（ω），在转动角速度保持较大值的条件下，加大半径 r，从而增大上肢末端手掌的线速度（$v_{线}$），获得最大的转动惯量，即快速的屈体挥臂、击球动作要求动作连贯，以获得最大的击球力量。挥臂方法：当起跳身体腾空后，左臂摆至身体前方，协助保持上体的空中平稳。此时，击球手臂应屈肘置于头侧，肘高于肩，身体成反弓形。挥臂前合理的屈肘动作，可以缩短挥臂时以肩为轴的转动半径，减少转动惯量，提高挥臂的初速度。随之边挥臂边伸肘，加长转动半径，增加挥臂的线速度。在挥臂转动的角速度不变的情况下，上臂甩得越直，挥动半径越大，线速度也越快，扣球越有力。这种挥臂方法既能扣高弧度球，也能扣低平弧度球，适应范围较广。击球动作：击球时，要求击球的手有巨大的动量和速度，而扣球中全身协调的击球力量是由于手臂的鞭打式动作，最后通过手臂的甩动和加速，由全手掌作用于球体的。因此，只有用全手掌击球，手腕关节才能很好地参与整个鞭打动作，传递并加大击球的力量。

排球扣球的四阶段（图 2-1-2）是：助跑（A→B）、手臂上举（B→C）、手臂加速（C→D）和跟进（D→E）。排球扣球或跳发球的关键环节包括：起跳（B）、最大外旋（C）和（D）。

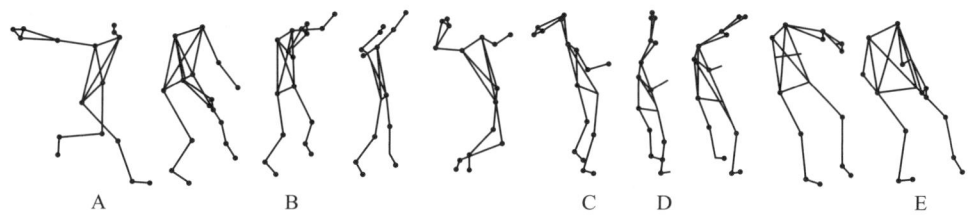

图 2-1-2　排球扣球的四阶段

值得指出的是，非击球臂在"鞭打"过程中的作用也不可忽视，非击球臂在"鞭打"前，在"背弓"形成过程中同时上摆，在躯干摆动前应先前摆非击球臂，使得击球臂肌群进一步被动拉长，在加大击球挥臂力量的同时，加长挥臂肌群的工作距离，从而加大躯干、击球臂前摆角动量、非击球臂的前摆，减少非击球臂对腰轴的转动惯量，加大击球臂的角速度。上肢鞭打的特点是大关节带动小关节，大小关节依次活动，每一环节的最大活动速度，都是在前一环节达到最高速度之后获得的。因此，手臂挥动击球时，上臂带动前臂，前臂带动手腕的抽打动作（即鞭打动作的末端环节）是快速有力的。在做上肢鞭打前，各环节的肌肉放松才能加快挥动臂的速率，只有加速挥动，才能有较大的爆发力。

6. 拦网技术的力学分析

拦网起跳前要充分利用手臂的摆动协助起跳，若来不及，在体侧前方划小弧用力上摆，以带动身体垂直向上起跳。要充分利用身体前倾姿势处理好人、球、网三者之间的关系。髋的角度为 90°，膝的角度为 100°～110°，踝的角度为 80°～90°，一般腿部力量强的队员下蹲可深一点。

国外学者曾对拦网起跳动作的生物力学特征进行研究，发现在拦网纵跳时的预备阶段，即下蹲阶段指向地面的加速度最大值越大越好。因此，要获得其加速度最大值，肌肉应尽量放松，使下蹲阶段近似于自由落下，拦网起跳时下蹲阶段加快速度，有利于起跳蹬地腾空时更好地利用拉长的肌肉的收缩力。

从国外研究现状看，日本学者前田健（1985）研究认为，拦网的支点应在肩而不是腹部。原因是，以腹部为支点，就要从腰弯曲，这样会降低高度，又易造成触网犯规。所以他认为肩伸到对方场区，身体姿势呈"<"字形，这样可以提高拦网高度。拦网时要巧

妙地使用 1 步或 2 步距离助跑，可增加起跳高度，但在空中仍要保持身体稳定。对中间拦网队员而言，快速向两侧移动是最重要的，而交叉步起跳时间最短。美国学者 H. 巴克通过在 1989 年日本世界杯赛中拍摄的 1 000 余张照片中，选出 23 张有代表性的男性拦网照片，对高水平男排运动员拦网的准备姿势、选位、网上手臂动作进行了分析研究，结果表明：一般情况下，三个网前队员为了拦阻对方的快球进攻，彼此靠得很近（1~2 m），但也要根据对方采用的进攻战术和球的特点进行适当调整。为了保证能快速起跳拦网，拦网队员应举手高于肩，甚至目光盯住对方二传手的手，并靠近对方的快攻手，做好起跳或移动的准备。起跳之后，拦网队员不仅需向前伸展手臂或将手伸过网，还要求其根据对方的大致意图向着球或球过网的方向积极地移动手臂。拦网手要尽可能大地占据网上空间来拦阻球过网，以及阻止球击到后排防守较弱的区域，进攻性的拦网要求双臂应通过提肩向上伸并过网，伴随着手腕动作下压，双臂向前向下拦网。防守性拦网要求拦网手无须过分伸展手臂，手也不用伸过网，球只要触及手臂能弹起即可，这样球触手后飞到本方场地速度降低，有利于后防队员防起并组织成功的反击进攻。

二、准备姿势与移动

准备姿势和移动，统称为无球技术，是完成各项击球技术不可或缺的重要组成部分。合理的准备姿势不仅可以帮助运动员击球前保持适宜的身体重心，为移动和完成各种击球动作提供便利，同时也使人体肌肉保持适度紧张，提升动作完成的速度。良好的移动技术则有助于运动员及时迎接来球，保持好人球关系，为击球提供充分条件。因此，掌握好准备姿势和移动是完成各项有球技术的必要前提。

（一）准备姿势

为了便于完成各种技术动作而采取的合理的身体姿势称为准备姿势。一般可根据身体重心的高低，将准备姿势分为稍蹲准备姿势、半蹲准备姿势和低蹲准备姿势。

准备姿势

1. 半蹲准备姿势（图 2-1-3）

（1）动作方法：两脚左右开立，略比肩宽，脚跟稍提起；屈膝，膝关节垂直面超过脚尖；含胸收腹，上体前倾，身体重心置于两脚之间，肩部垂直面超出膝部；两臂弯曲，两肘下垂，双手自然置于胸腹之间；注意力高度集中，两眼注视来球，观察全场动向；两腿保持微动，全身处于"蓄势待发"的状态。

（2）技术分析：屈膝、含胸收腹等动作有助于身体重心前移和预先拉长伸膝肌群，为及时起动或下蹲提供便利；两臂自然弯曲有助于移动时迅速摆臂或随时伸臂击球；两眼注意观察，可以在第一时间捕捉来球信息，使大脑及时发出动作指令。

图 2-1-3　半蹲准备姿势

（3）技术要领：屈膝提踵、含胸收腹、微动。

2. 稍蹲准备姿势（图 2-1-4）

（1）动作方法：稍蹲准备姿势比半蹲准备姿势重心稍高，动作要领相同。

（2）动作分析：稍蹲准备姿势主要应用于准备快速移动的场景下，相比其他准备姿势，手臂更靠近身体，上体不要过度前倾，使身体保持便于起动的状态即可。

（3）动作要领：稍蹲、看球、微动。

3. 低蹲准备姿势（图 2-1-5）

（1）动作方法：低蹲准备姿势比半蹲准备姿势的身体重心更低、更靠前，两脚左右、前后距离更宽一些，膝部弯曲程度更大一些；肩部投影过膝，膝部投影过脚尖，手置于胸腹之间。

图 2-1-4　稍蹲准备姿势

（2）动作分析：低蹲准备姿势的身体重心是三种准备姿势中最低的，因此需要将两脚间距加宽以便下降重心，加宽的步幅增大了稳定角的角度，保证了身体的稳定性，利于接力量大、下降速度快的来球。此外，如果

图 2-1-5　低蹲准备姿势

在前场区保护拦回球则要求降低重心的同时，上体直立，从而便于观察拦回球的位置以及伸臂接球。

（3）动作要领：宽步幅、低重心、保持稳定。

（二）移动

从起动到制动的过程为移动。移动的目的主要是及时接近球，保持好人与球的位置关系，从而使身体以最有利的姿势击球。队员能否及时移动到位，直接影响着技术的发挥以及战术的组成。移动有多种不同的步法，可根据实际需要进行选择。但从结构上划分，任何移动均是由起动、移动步法和制动三个环节组成。

1. 起动

起动是移动的开始，是在准备姿势的基础上，破坏身体平衡，变换身体重心位置，使身体向目标方向移动。

（1）动作要领：根据场上情况，采取不同的准备姿势，有利于迅速移动和随时改变移动方向。以向前起动为例，在正确准备姿势基础上，后腿迅速用力蹬地，前腿向前抬腿收腹，上体重心前移，使整个身体具备急速向前的趋势。

（2）动作分析：① 起动的力学原理是破坏平衡。当向前抬腿时身体失去平衡而前倾，起到了起动的目的。收腹和上体前倾，有利于身体重心前移和降低，减小蹬地角，增大后

蹬水平分力，达到快速起动的目的。② 起动时主要动力来源于蹬地腿的肌肉爆发式收缩，爆发力越大，起动就越快。

（3）动作要领：抬腿蹬地，破坏平衡。

2. 移动步法

起动后根据临场技战术需要，灵活地采用各种步法进行移动。

（1）动作方法

① 并步与滑步（图 2-1-6）：如向两侧移动，则移动方向异侧腿蹬地，移动方向同侧腿向来球方向跨出一步，异侧腿迅速跟上做好击球准备。连续并步即是滑步。以向右侧移动为例，左腿蹬地，右腿向右侧跨出一步，左腿迅速跟上做好击球准备。

图 2-1-6　并步移动

② 跨步与跨跳步（图 2-1-7）：如向前移动，则后腿用力蹬地，前脚向来球方向跨出一大步，膝关节弯曲，上体前倾，身体重心移至前腿上。跨步过程中有跳跃腾空即为跨跳步。

图 2-1-7　跨步移动

③ 交叉步（图 2-1-8）：以向右交叉步为例，上体稍向右转，左脚从右脚前面向右交叉迈出一步，然后右脚再向右跨出一大步，同时身体转向来球方向，保持击球前的姿势。

④ 跑步：跑步时两臂配合摆动，如球在侧方或后方时应边转身边跑。

图 2-1-8　交叉步移动

（2）动作分析

① 并步移动时后腿迅速跟进，便于转换方向且较易保持身体平衡，便于做各种击球动作，多与传球及拦网技术合用；滑步多用于接距离短但并步无法触及的来球。

② 跨步移动时步幅较大，身体重心较低，且速度很快，便于接 1～2 m 处低球，但是由于跨步后身体较难再进一步移动，因此也可作为跑步等长距离移动后的最后一步使用，从而便于迅速降低身体重心接近来球。

③ 交叉步采用两步移动，所以移动距离比跨步移动更远，交叉步的优势是便于移动过程中随时观察来球，因此在侧向移动中应用更多，利于网前二传或拦网。

④ 跑步适用于长距离来球，需要注意转体跑步时务必回头观察来球位置与飞行速度。

（3）动作要领

① 并步要抬腿快，重心稳。

② 跨步要猛蹬地，跨大步，降重心。

③ 交叉步要转体快，对正球。

④ 跑步要快起动，观察球。

3. 制动

在快速移动后，为保持稳定的击球姿势和克服身体惯性冲力，必须运用制动技术。

（1）动作方法

① 一步制动：一步制动时，最后跨出一大步，同时降低重心，膝和脚尖适当内转，全脚掌横向蹬地，抵住身体重心继续移动的趋势，并用腰腹力量控制上体，使身体重心的投影落在两脚所构成的支撑面内。

② 两步制动：两步制动时，以倒数第二步做第一次制动，紧接着跨出最后一步做第二次制动，同时身体后仰，重心下降，双脚用力蹬地，使身体处于有利于做下一个动作的姿势。

（2）动作分析

① 制动的本质是恢复平衡。在最后跨出一大步，跨出脚蹬地的同时，地面给人体一个支撑反作用力，其水平分力与身体的移动方向相反，从而使身体重心移动速度减慢。

② 最后跨出一大步时，上体后仰和降低身体重心，使蹬地角减小，稳定角增大，有利于制动。

（3）动作要领

跨大步，降重心。

拓展知识

　　起动、移动速度的快慢，主要取决于人体重心转移的速度和腿部肌肉的爆发力，也同正确的准备姿势、灵敏反应速度、临场判断能力、身体协调性等因素有关。运动员在场上要根据来球的方向、弧线、速度和落点，及时地做出预见与判断，才能迅速完成起动、移动和制动等动作，使身体处于合适位置，并做出相应的击球行动。根据来球的远、近、高、低、快、慢、难、易等不同情况，可以采用滑步、交叉步、跑步、跨步、前扑、滚翻和鱼跃等移动方法去迎击来球。

（三）准备姿势与移动的运用

　　准备姿势与移动不是一个独立的、完整的技术，它的临场运用都与各项技术结合在一起。不同技术的准备姿势，其两脚开立的大小、屈膝弯腰的程度，以及身体重心的位置，各有不同的要求。例如，接发球与接扣球，后者准备姿势要低一些；站在左半场位置的人应左脚在前，身体略向右转；站在右半场要右脚在前，身体稍向左转；前排准备拦网的队员，则两脚平行开立等。

三、发球

　　比赛中，后排右（1号位）运动员在发球区内，将球抛起并单手击出，从而进入比赛的行为称为发球。发球技术诞生之初，仅仅作为比赛的开始而出现。但随着发球区的扩大、发球不可触网取消等鼓励性规则的出现，现代排球比赛中的发球技术具备了突出的攻防二重性，发球成为进攻的开始：一方面发球可以破坏对方接发球，干扰对方一攻，从而减轻本方防守压力；另一方面，发球也是破坏对方战术意图、动摇对方阵脚、冲击其心理防线的有力武器。

　　在实战中，发球技术根据需要衍生出多种方式：按照发出球的性能可分为发飘球和发旋转球；按支撑方式可分为原地发球和跳发球；按击球点位置又可分为上手发球和下手发球。

拓展知识

　　在20世纪50年代，主要采用勾手大力发球和正面上手发球技术，发出球的特点主要是力量大、速度快。20世纪60年代，广泛采用发飘球技术，由于发出的球飞行时飘晃，给接发球造成很大困难。20世纪70年代，发球技术没有重大突破，但在发球技术运用上有很大提高，如采用相似的发球动作发出不同性能的球，找人找区发球等。进入 20 世纪 80 年代以后，广泛采用大力跳发球技术，给接发球带来一定的威胁。

（一）发球技术

1. 正面上手发旋转球

正面上手发旋转球是正面面对球网站立，充分利用蹬地、转体，收腹带动手臂加速挥动，同时运用手指手腕的包击推压动作，使击出球呈上旋的发球方式。

（1）动作方法（图 2-1-9）

以右手发球为例，队员面对球网，两脚前后自然开立，左脚在前，左手托球于胸前，用抬臂和手掌的平托上送，将球平稳地垂直抛于右肩前上方或右手直接将球抛起，高度适中。在左手抛球同时，右臂抬起，屈肘后引，肘与肩略高，上体稍向右转。击球时，利用蹬地、转体和收腹带动手臂挥动，在右肩前上方伸直手臂的最高点，以全手掌击球的中下部。

正面上手
发旋转球

图 2-1-9　正面上手发旋转球

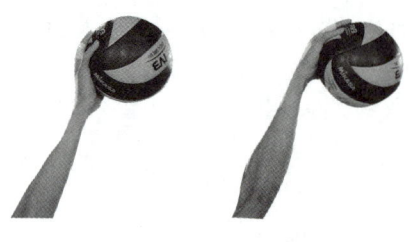

图 2-1-10 击球手法

击球时，手指自然张开吻合球，手腕迅速做推压动作，使击出的球呈上旋飞行（图 2-1-10）。为了加强发球的力量和攻击性，也可采用一步、两步助跑发球方法。

（2）动作分析

① 准备姿势时，左脚在前，便于右臂后引和身体自然右转，同时也便于向左转体挥臂击球。

② 抛球平稳、准确、高度适中，是为了提高击球的准确性。抛球位置与发球质量息息相关：抛球过前，易造成推球，不易过网；抛球过后，不能充分发挥转体和收腹力量；抛球过高，不易掌握击球时机；抛球过低，来不及充分挥臂用力。

③ 挥臂前肘关节后引，可拉长胸腹和手臂的部分肌肉，积累一定的弹性势能，同时延长挥臂距离，有利于加快转体和挥臂速度，从而加大挥臂力量。

④ 击球时转体和收腹发力，腰带动肩，肩带动大臂，大臂带动小臂，小臂带动手腕，最后传递到手上，使手获得最大的速度。

⑤ 击球时两脚蹬地，使上体做加速的向前运动，加快了手臂挥动的速度，有利于加大击球力量。

⑥ 以全手掌击球的中下部，能够增大击球面积，延长手作用在球上的时间，便于控制球。手腕的推压动作能够使球呈上旋飞行，不易出界。

（3）动作要领

抛球，弧线挥臂，包击推压。

2. 正面上手发飘球

正面上手发飘球是采用正面上手的形式，发出的球不旋转、呈不规则飘晃飞行的一种发球方式。运动员发球时面对球网，便于观察对方接发球情况，同时发出球的路线较难预测，因此在不同水平比赛中均被广泛使用。

（1）动作方法（图 2-1-11）

正面上手
发飘球

图 2-1-11 正面上手发飘球

准备姿势同正面上手发球，左手抛球比正面上手发球稍低稍靠前。击球前，手臂自后向前做直线挥动。击球时，五指并拢，手腕稍后仰，用掌根平面击球的中下部，作用力通过球体重心。击球瞬间，手指、手腕紧张，手型固定，不加推压动作（图 2-1-12），手臂并有急停动作。

图 2-1-12 击球用力

（2）动作分析

① 抛球比正面上手发球稍前稍低，便于挥臂击球时向前。同时，为了保证发球稳定性，抛球手应采用平托上举的抛球方式。

② 击球挥臂轨迹呈直线，便于作用力通过球体重心，球不旋转地向前飞行。此外，发球距离与挥臂距离有关，远距离飘球需要增加手臂后引幅度，以延长挥臂距离，获得较大的初速度；反之，则减小挥臂动作幅度。

③ 用掌根或手部其他坚硬部位击球，击球面积小，力量集中、短促有力，易造成飘晃。

④ 击球时手指、手腕紧张，可使球体迅速脱离击球手，缩短手对球的作用时间，从而使球产生较大变形，易产生飘晃。

⑤ 击球时手臂的急停动作，避免多余动作干扰击球作用力通过球体重心。

（3）动作要领

抛球，直线挥臂，击球短促有力，作用力通过球体重心。

3. 大力跳发球

跳发球是为了加强发球攻击性，运动员采用助跑起跳的方式，在空中将球击入对方场区的发球方式。大力跳发球因跳起在空中击球，击球点较高，身体充分伸展发力，使得发出的球具有力量大、速度快、旋转性强、过网点低和攻击性强的特点。同时大力跳发球技术也对运动员身体素质和技术熟练度有较高要求，一般多为高水平运动员所采用。

（1）动作方法（图 2-1-13）

跳发球

队员面对球网，距端线 2~4 m，利用单手或双手将球抛在前上方高 3.5~5 m 处，落点在端线附近，抛球后向前助跑两三步起跳，起跳时两臂协调大幅度摆动。空中击球时利用收腹和转体动作带动手臂。击球点保持在右肩前上方，手臂伸直，利用全手掌击球的中下部，且有推压动作，使球呈上旋飞行。击球后双脚缓冲落地，迅速入场。

图 2-1-13　跳发球

（2）动作分析

① 抛球位置、抛球距离和高度与运动员身体条件有关，身材较高、身体素质优秀的运动员可以将球抛得距离身体略远且更高一些；反之，则要注意控制抛球距离和高度，太远容易引起前冲踩线、太高则容易击不到球。

② 助跑起跳不但使身体获得了一定的水平方向初速度，增强了击球力量，同时也提高了击球点，降低了球的飞行轨迹的弧度，使球更具有威胁性。

③ 击球的后中部，是因为跳发球的击球点高，在保证过网的前提下，压低球的飞行弧度和过网点，加大威力，并且不易出界；全手掌包击推压的方式击球，可以增加控球力

并有效提升击出球的旋转效果。

（3）动作要领

抛球，助跑起跳，人球关系，腰腹发力，包击推压。

4. 跳发飘球

跳发飘球是助跑起跳后采用发飘球手法将球击出的发球方式。跳发飘球与跳发大力球不同之处在于，击出的球不会发生旋转；与原地上手发飘球不同之处在于，跳发飘球借助起跳获得了更高的击球点。

（1）动作方法（图2-1-14）

队员面对球网，距端线2~4 m，向前助跑两三步，助跑的同时利用单手或双手将球抛在体前上方，可采用单脚或双脚起跳的方式，起跳后采用发飘球手法在较高击球点迅速将球击出，使击出球以不规则的飘晃方式飞向对方。

图2-1-14　跳发飘球

（2）动作分析

① 抛球是跳发飘球的关键之一。两步助跑时，跨步与抛球同时进行；三步助跑时则在跨出第二步时再将球抛出，从而有利于起跳与击球的配合。

② 助跑采用两步或三步的方式均可，其中一步助跑更容易掌握。

③ 起跳主要是为了获得更高的击球点，并不需要身体的充分伸展，因此不需全力起跳，更应注意的是力争在起跳至最高点时将球击出。

④ 击球时尤其要控制击球手臂的稳定性，避免受起跳影响产生摆动，从而降低球的飘晃效果。

（3）动作要领

先起动，后抛球，直线挥臂，高点击球。

5. 正面下手发球

正面下手发球是指发球队员面对球网，手臂由后下方向前摆动在体前腹部高度击球过网的发球方式。这种发球方式动作简单，准确性高，利于初学或力量不足者掌握。

（1）动作方法（图2-1-15）

以右手发球为例，运动员面对球网两脚前后开立，左脚在前，两膝微屈，上体稍前倾配合左手持球置于腹前，左手将球轻轻抛起在体前右侧约一球高度，抛球同时右臂伸直并以肩为轴向后摆，其后伴随右脚蹬地，重心随着右臂向前摆动而前移，在腹前采用半握拳的拳面、掌根或鱼际部位击球后下部，击球后迅速向前移动，进场比赛。

图2-1-15 正面下手发球

（2）动作分析

抛球在腹前右侧，有利于右臂直线摆动击球，提高击球准确性；抛球不高，便于由后下向前上方击球，使球以较为合适的抛物线飞过球网；反之抛球过高，则容易击中球的下部，从而使击出球以较大仰角向上飞行，影响飞行距离。

（3）动作要领

低抛球，直臂摆，不屈肘。

6. 侧面下手发球

侧面下手发球是侧对网站立转体，带动手臂由体侧后下方向前挥动，在体前肩部以下的高度击球过网的一种发球方式。这种发球动作是借助转体力量来击球，便于用力，适合于力量较小的初学者。

（1）动作方法（图 2-1-16）

以右手发球为例，左肩侧对网，两脚左右开立约与肩同宽，两膝微屈，上体稍前倾，重心落在两脚之间，左手持球于腹前。左手将球平稳上抛于胸前，水平距离身体约一臂远，球离手高度约 30 cm，抛球同时右臂摆至右侧后下方，利用右脚蹬地向左转体击球的力量，带动右臂向前上方摆动，在腹前用全掌、虎口或掌根击球的后下方，击球后身体转向球网并顺势进场。

图 2-1-16　侧面下手发球

（2）动作分析

注意抛球位置应在腹前，偏向左右均会影响转体发力，同时注意抛球不可过高，否则会导致击出球仰角过大，难以过网。转体摆臂击球是充分发挥转体蹬地力量，有助于增加发球力量。

（3）动作要领

低抛球，在腹前，蹬地转体，摆臂击球。

（二）发球技术运用

1. 临场运用提示

发球技术的运用，纯属独立操作，不需同伴配合，不受其他技术制约，不被对手干扰，也无法被队友弥补，主要是依靠发球者自身掌握，灵活运用。

发球时需要注意的规则

（1）胆大心细。通过训练熟练地掌握发球技术，才能有底气，为自己壮胆鼓劲，但在比赛运用时，则要把动作过程做得细致扎实，一丝不苟。

（2）量力而行。根据自己所掌握的技术能力，以及当时的信心和体力状况来运用发球；不盲目冒进，也不保守怕失。

（3）有的放矢。根据不同对手的特点和当时表现的不同情况，来运用不同的发球策略，不千篇一律，也不照方抓药。

（4）审时度势。根据当时双方的比赛形势和比分消长情况，来运用不同的发球策略，不照猫画虎，也不一成不变。

总而言之，在具体运作中，应根据临场的不同对手，不同态势，运用不同的发球策略。

2. 个人战术运用

发球的临场运用，目的在于直接得分或破坏对方的一攻战术，在上述要求的前提下，可采用如下方法：

（1）意在攻击。发出大力快速的旋转球或飘荡不定的飘球，以摧毁对方的接发球。

（2）寻找弱点。发给一传较差、信心不足、连续失误、情绪不稳、精力分散或刚换上场的人。

（3）伺隙攻之。发至端线两角、边线附近、"中间地带"或近网空隙等不容易接好球的位置。

（4）变化性能。无论发旋转球还是飘球，应运用不同的击球手法，发出不同性能的攻击性的球。

（5）变换落点。根据对方接发球的站位情况，变换不同的发球落点。

（6）破坏战术。判断对方接发球阵式及可能采用的进攻战术，发出足以干扰其战术组成的攻击性发球。

（7）削弱攻势。发给对方主要进攻队员（如主攻手或接应队员），以减少其进攻威力，或干扰其进攻准备。

（8）相机行事。根据双方的比赛形势、轮次强弱、本方所处的地位以及临场变化等情况，来决定采用不同的发球策略。

四、垫球

（一）垫球技术

1. 正面垫球

正面垫球是双手在身体正面垫击来球的一种垫球方式，是各种垫球技术的基础，适合于接各种发球、扣球和拦回球，在困难时也可以用来组织进攻。

（1）动作方法

正面垫球的基本手型有抱拳式和叠掌式（图 2-1-17），但无论采用哪种手型都应注意手腕下压，两臂外翻，在前臂形成一个垫击球的平面。正面双手垫球按来球力量大小可分为垫轻球、垫中等力量来球和垫重球。

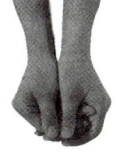

抱拳式　　　叠掌式

图 2-1-17　正面垫球基本手型

① 垫轻球（图 2-1-18）：采用半蹲准备姿势，来球时双手成垫球手型，手腕下压，两臂外翻形成一个浅 "V" 形平面；当球飞到腹前一臂距离时，两臂夹紧前伸，插到球下，向前上方蹬地、跟腰、抬臂，迎击来球。击球时注意提肩、压腕、顶肘，利用腕关节以上 10 cm 左右处的桡骨内侧平面击球的后下部，身体重心随击球动作前移。击球点保持在腹前一臂距离。由于来球力量较小，因此主要靠手臂上抬力量，以增加反弹力。击球离手后，两臂继续向出球方向做伴送动作，同时身体重心继续适当前移以维持身体稳定。

正面垫球

图 2-1-18　垫轻球

② 垫中等力量来球：动作要领与垫轻球相同，由于来球有一定力量，因此击球动作要小，速度要慢，手臂适当放松，主要依靠来球自身反弹力顺势将球击出。

③ 垫重球：根据来球的高低和角度，采用半蹲或低蹲准备姿势，击球时采用含胸、收腹的动作，帮助手臂随球后撤，适当放松，以缓冲来球力量。在撤臂缓冲的同时，用微小的前臂和手腕动作控制垫球方向和角度。

（2）动作分析

① 准备姿势的高低应根据来球的高低、角度以及队员腿部力量大小来决定，在不影响快速起动的前提下，适当降低重心，有利于双手插到球下，同时也便于低垫高挡。

② 触球部位在腕关节以上10 cm左右的桡骨内侧平面，因为该处面积大而平，肌肉富有弹性，可适度缓冲来球力量，起球比较稳、准。

③ 击球点保持在腹前一臂距离，便于控制用力大小、调整手臂击球角度和控制球的落点及方向。

④ 击球用力方法和大小应根据来球的力量、速度、弧度不同而有所变化。垫球用力的大小与来球力量成反比，同垫出球的距离和弧度成正比。来球弧度不同，垫球用力方法也不同。如来球过高，垫球时可利用伸膝、蹬腿以提高身体的重心，必要时还可稍稍跳起垫球，以保持正确的击球点；如果来球较低，可采用低蹲垫球。

⑤ 手臂的角度与来球弧度、旋转及垫球目标、位置有关：来球弧度高，手臂应当抬得平些；来球弧度低平，则手臂与地面夹角应大些。这样才能使球以适当的弧度反弹飞向目标。垫球的目标在侧前方时，手臂的垫击面要适当转向侧前方的垫击目标。来球带有较强的旋转时，应调节手臂形成的平面，以抵消由旋转引起的摩擦。

（3）动作要领

击球点、击球部位、对正来球、协调用力。

2. 体侧垫球

体侧垫球简称侧垫，是在身体侧面垫球的一种垫球方式。其特点是控制面宽，但较难把握垫击的方向、弧度和落点。

（1）动作方法（图2-1-19）

以左侧垫球为例。右脚前脚掌内侧蹬地，左脚向左前跨出一步，身体重心随即移至左脚，并保持左膝弯曲，两臂夹紧向侧伸出，左臂高于右臂，右肩向下倾斜，再用向右转腰和收腹的力量，配合两臂在体侧截击球的后下部。

体侧垫球

图2-1-19　体侧垫球

（2）动作分析

① 左脚向左侧跨出一步，是为了扩大控制面积，更接近球，采用近于正面垫球的方法垫击球，以便更好地控制球。

② 左臂高于右臂，右肩向下倾斜，是为了使双臂组成的平面与水平面成合适的角度，提肩向内转臂，以便截击来球。

③ 手臂需提前到位，右后向前迎击来球，切忌随球后摆，以保证侧垫动作的稳定。

（3）动作要领

侧方跨步，提前伸臂，转腰收腹，提肩转臂。

3. 背垫

背对出球方向的垫球方法叫背垫。大多用于接应同伴垫飞的球或将球处理过网。其特点是垫击点较高，但准确性不足。

（1）动作方法（图 2-1-20）

背垫时，首先判断来球的落点、方向和离网的距离，迅速移动到球的落点处，背对出球方向，两臂夹紧伸直、插到球下。击球时，蹬地、抬头挺胸、展腹，直臂向后上方摆动击球，击球点一般在肩部以上。在垫低球时，也可利用屈肘、翘腕动作，以虎口处将球向后上方垫起。

图 2-1-20　背垫

（2）动作分析

① 背对出球方向使背垫的方向准确。

② 两臂夹紧伸直插到球下有助于保证正确击球部位。

③ 击球点高低与垫球轨迹有关，垫高球可适当降低击球点，垫低球则击球点要升高。

④ 蹬地、抬头挺胸、展腹等，有助于形成向后的垫击合力，使击出球稳定飞行。

（3）动作要领

正面背对，肩上击球，挺胸展腹，直臂抬送。

4. 挡球

来球较高，不便于用手臂垫击时，用双手或单手在胸部以上挡击来球的击球动作称之为挡球。双手挡球时，多用于挡击胸部以上力量大、速度快的来球；单手挡球多用于来球较高、力量较轻，在头部上方或侧上方的来球。运用挡球可扩大防守控制范围，善于挡球的队员，防守时可前压，提高前区的防守效果。

（1）动作方法

① 双手挡球，手型有两种，一种是抱拳式，两肘弯曲，一手半握拳，另一手外抱（图 2-1-21）；另一种是并掌式，两肘弯曲，两虎口交叉，两臂外侧朝前，合并成勺形（图 2-1-22）。挡球时手臂屈肘上举，肘部向前，手腕后仰，用双手手掌外侧和掌根所组成的平面挡击球的后下部。击球瞬间手腕紧张，用力适度（图 2-1-23）。

图 2-1-21　抱拳式　　　　图 2-1-22　并掌式　　　　图 2-1-23　双手挡球

② 单手挡球，挡球时，手臂屈肘上举，肘部向前，手腕后仰，用掌根或拳心平面击球的后下部（图 2-1-24、图 2-1-25），击球瞬间手腕要紧张。如球较高，还可跳起单手挡球（图 2-1-26）。

图 2-1-24　掌根挡球　　　　图 2-1-25　拳心挡球　　　　图 2-1-26　跳起单手挡球

（2）动作分析

① 屈肘和手腕后仰是为了在击球时，能够根据来球的具体情况，加大或缓冲来球的力量，以便更好地控制球。

② 用双手掌外侧、掌根及拳心面击球，是为了扩大挡球的触球面。

③ 挡击球的后下部，是为了挡起的球有一定的弧度和高度。

（3）动作要领

手型稳定，手腕紧张，击球部位。

5. 跨步垫球

队员向前或向侧跨出一步的垫球方法称为跨步垫球。适合于来球距身体 1 m 左右，来球较低或速度较快来不及移动对正来球时采用。

（1）动作方法（图 2-1-27）

判断来球的落点，及时向前或向侧跨出一大步，屈膝制动，重心落在跨出腿上，上体前倾，臀部下降，两臂插入球下垫击球的后下部。

图 2-1-27　跨步垫球

（2）动作分析

及时跨步有助于手臂的快速下插，如球落在侧前面，则要根据出球方向及时调整手臂垫击面和发力角度。

（3）动作要领

及时跨步，手臂角度。

6. 跪垫球

跪垫球适用于来球低而远时采用。

（1）动作方法（图 2-1-28）

在低蹲准备姿势的基础上，向来球方向跨出一步，跨出腿膝关节外展，后腿脚内侧和膝关节内侧着地，取得稳定的支撑，上体尽量前倾，塌腰、塌肩、屈肘，使两臂贴近地面插入球下，用翘腕动作以及双手虎口部位将球垫起。

图 2-1-28　跪垫球

（2）动作分析

膝关节外展为身体下降留出空间；塌腰、塌肩、屈肘便于保证正确击球部位；翘腕动作补偿了半跪姿势带来的身体发力不便。

（3）动作要领

及时跨步，膝部外展，上体前倾，屈肘翘腕。

7. 滚翻垫球

当来球距身体远而低，用跨步垫球不能触及来球时，可采用滚翻垫球。滚翻垫球的特点是能够充分发挥移动的速度接近球，控制范围较大，能够保护身体不受伤，并可迅速起立转入下一个动作。

（1）动作方法（图 2-1-29）

迅速向来球方向移动，跨出一大步，重心下降，上体前倾，使胸部贴近大腿，重心完全落在跨出腿上。双臂或单臂伸向来球，同时两腿向前用力蹬地，使身体向来球方向伸展，用小臂、虎口或手腕部位击球的下部。击球后，在身体失去平衡的情况下，顺势转体，依次用大腿外侧、臀部外侧、背部、跨出腿的同侧肩着地，同时低头含胸收腹团身，通过跨出腿同侧肩部做后滚翻动作，并顺势迅速起立。

（2）动作分析

移动最后跨出一大步有助于降低身体重心并使上体前倾；支撑腿用力蹬地使身体进一步接近来球，并缩短迎球时间；击球后低头团身有助于身体滚动，为迅速起立提供帮助。

滚翻垫球

图 2-1-29 滚翻垫球

（3）动作要领

跨步蹬腿，手臂前伸，团身滚翻。

8. 侧身倒地垫球

侧身倒地垫球也适用于接距离身体远而低的来球，是重要的接扣球技术之一。

（1）动作方法（图 2-1-30）

迅速向来球方向移动，跨出一大步，重心下降，上体前倾，使胸部贴近大腿，重心完全落在跨出腿上。双臂或单臂伸向来球，同时两腿向前用力蹬地，使身体向来球方向伸展，用小臂、虎口或手腕部位击球的下部，击球后身体顺势向内转，由髋关节外侧过渡到腰背着地，以侧卧姿势向前滑行。

侧身倒地
垫球

图 2-1-30 侧身倒地垫球

（2）动作分析

跨步蹬腿有利于降低身体重心并迅速接近来球，以身体内转侧面着地滑行便于缓冲地面对于身体的反作用力。

（3）动作要领

跨步蹬腿，手臂前伸，侧卧滑行。

9. 前扑垫球

当运动员来不及向前跨步、移动去接近球时，可采用前扑垫球。前扑垫球主要用于接前方低而远的球，同时相较于高难度鱼跃垫球而言，对运动员身体素质的要求稍低，因此应用更为广泛。

（1）动作方法

前扑垫球的准备姿势要低，上体前倾，重心偏前，下肢用力蹬地，身体向前扑出，同时单臂（图 2-1-31）或双臂（图 2-1-32）插入球下，用前臂、虎口或手背将球垫起。击球后，两手迅速撑地，两肘顺势弯曲缓冲，以胸腹部和大腿着地，膝关节伸直以免触地。

前扑垫球

图 2-1-31　单臂前扑垫球

图 2-1-32 双臂前扑垫球

（2）动作分析

向后蹬地时，两腿依次顺序发力，使身体跃向更远的位置；单手垫球时，非击球手屈肘缓冲，并注意用击球手一侧身体着地滑行；双手垫球时，击球后两手迅速撑地，同时以胸腹着地便于缓冲地面对于身体的反作用力。

（3）动作要领

跨步蹬腿，手臂前伸，屈肘缓冲。

10. 鱼跃垫球

若来球低而远，可采用防守中难度较大的鱼跃垫球技术，其特点是飞跃距离远，控制范围大，但动作难度也大。

（1）动作方法（图 2-1-33）

采用半蹲准备姿势，上体前倾，重心前移，向前做一两步助跑或原地用力蹬地，使身体向来球方向腾空跃出，手臂向前伸展，插到球下，用单手或双手击球的后下部。击球后，双手在体前身体重心运动的方向线上着地支撑，两肘缓慢弯曲，同时抬头、挺胸、展腹，两腿自然弯曲，使身体成反弓形，以手、胸、腹、大腿依次着地。如前冲力量大时，可在两手着地支撑后，立即向后做推撑动作，使胸、腹着地后，贴着地面顺势向前滑行。除正面鱼跃，还可向两侧跃出救球。侧向鱼跃时，一般采用单手击球。

图 2-1-33　鱼跃垫球

（2）动作分析

鱼跃救球时身体腾空时间和距离均较长，因此对跃出后的手部着地部位需要格外关注，应尽量控制在身体重心前下方的延长线上，过远则身体容易直接平落，过近则难以有效控制前冲力，导致腰部向前翻折（图 2-1-34）。

图 2-1-34　手部支撑点位置

（3）动作要领

跨步蹬腿，腾空前跃，手部支撑，依次着地

11. 单手垫球

（1）动作方法

当来球较远，速度快，来不及或不便用双手垫球时，可采用单手垫球（图 2-1-35）。单手垫球动作快，垫击范围大，但触球面积小，不易控制。单手垫球可采用各种步法接近球，可采用虎口、半握拳、掌根、手背以及前臂内侧击球（图 2-1-36）。

图 2-1-35 单手垫球

图 2-1-36 单手垫球手型

（2）动作分析

单手垫球触球面积小，因此正确触球部位对控球很重要；同时为保证击出球有足够力量飞行，也要尽可能使身体协同发力。

（3）动作要领

快伸臂，插球下。

（二）垫球技术的运用

垫球技术在比赛中主要用于接发球，接扣（吊）球，接拦回球及在困难时作二传组织进攻。

1. 接发球

接发球是比赛的重要环节，是组织战术进攻的基础，其质量直接影响着进攻效果、心理变化和比赛胜负。

接发球主要采用正面双手垫球，但由于各种发球的性能不同，接发球的方法也有所不同。但不管采用何种方法，都应全神贯注，注意力集中，全身要保持放松状态；根据发球人的站位和动作特点，做好预判，快速移动，对正来球，协调用力；在胸腹前用前臂击球，保持好手臂与地面适度的夹角。

根据各种不同性能的来球，接发球垫球的击球动作与发力控制略有区别（表 2-1-1）：

表 2-1-1　接不同性能发球垫球技术要点

发球技术	来球特征	垫球技术要点
一般飘球	球速较慢，轻度飘晃	要在判断好来球并移动取位后，降低身体重心，待球体开始下落时，将手臂插入球下垫起
下沉飘球	球飞行过网后，突然减速下沉	要迅速移动取位，采用低姿垫球的方法将球垫起
平冲飘球	速度快，弧度平，球体飘晃，平冲追胸	身体移动对正来球后，身体重心升高，膝关节伸直，有时还可轻轻跳起，以保持击球点在腹前。如果来球较高，不适于高位垫球，还可采用侧位让垫或上手传球
大力发球或跳发球	速度快，力量大，旋转力强	采用半蹲或低蹲的准备姿势，移动对准来球后，根据来球力量大小和垫出球的距离，控制好击球用力；来球力量大时，还需含胸、收腹、曲肘或后撤手臂，以缓冲来球力量。如击球点低时，可采用翘腕垫球
侧旋球	球向左或右旋转飞行	身体要对向来球一侧，同侧手臂抬高，手臂反射面对准来球，以便把球垫至预定目标
高吊球	球飞行弧度高，下降速度快，有一定力量	两臂向前平伸，手臂肌肉适当放松，等球落到胸腹间再垫击，击球点不宜过低，不必多加抬臂动作，把球控制好向前上方弹出

　　总之，垫球用力的大小与来球的速度和力量成反比，与垫出球的距离成正比。这主要取决于运动员对来球性能的判断和自身手感的调控。

　　2. 接扣（吊）球

　　接扣（吊）球防守是反攻争取得分的基础。根据排球比赛规律，对方的扣球约有 70% 由后排防守承担，防守的重要性不言而喻。防守本身很少直接得分，但可以减少失分，是球队从被动转向主动的关键点。成功的防守能鼓舞士气，激励斗志，彰显良好的精神风貌，故提倡积极防守、顽强防守，为进攻而防守，变被动为主动。接扣球主要以各种垫球技术为主，一般采用上挡下垫。接扣球时应及早判断，迅速移动卡位，做好正确的准备姿势，根据不同的来球采用不同的垫球方法。

　　由于来球的力量和角度均有较大差别，故接扣（吊）球垫球技术与接发球垫球技术在应用上存在一定区别（表 2-1-2）：

表 2-1-2　接发球及接扣球垫球技术区别

	接发球垫球	接扣球垫球
击球部位	主要运用双手小臂垫球	一般在小臂或手腕上，可用双手或单手击球，亦可根据不同情况采用挡、传、踢等方法
击球动作	大都采用直臂伸肘击球	主要运用含胸、收腹、稍微屈肘或手臂回撤等动作去击球，以缓冲来球力量
垫球技术种类	以正面双手垫球为主	常用滚翻、前扑、鱼跃等技术去击球

在防守过程中，要及早判断，迅速移动，卡好位置，并根据不同的来球，采用不同的垫球手法（表 2-1-3）：

表 2-1-3　接不同扣（吊）球垫球技术要点

技术种类	来球特征	垫球技术要点
轻扣球和吊球	来球速度不快，力量较小，但突然性大	如能预料或判断到对方要轻扣或吊球，应及时跟进将球垫起，如未能及时判断或来不及跟进时，可采用前扑或鱼跃等防守方法
快　球	速度最快、力量较大、线路短、落点前	在预先判断的前提下，适当向前取位，重心要低，身体不要过于前倾，手臂也不宜太低，并做好上挡下垫的准备，单、双手灵活运用
强攻重球	力量最大，速度较快	在前排队员拦网的情况下，取位适当靠近后场，保持由后向前或由外向内微动状态，身体不要过早深蹲，以免影响移动；接球时为缓冲来球，要运用含胸、收腹或屈肘的动作去击球
拦网触手的球	① 拦起的球弧度较高，难度不大 ② 拦网触手后，球落在拦网者身边（含"窝裹球"） ③ 拦网触手后，方向不知所踪，落点变化莫测，没有规律可循	① 应准确将球传、垫到位组织反攻，或直接传球给前排队员进行两次球进攻 ② 拦网者应迅速落地，随球屈膝下蹲，把手插入球下，击起行将落地的球 ③ 要求防守者精力高度集中，注意判断球触手后的去向，随时做好起动、移动和变向移动的快速反应，尽快接近来球，并根据具体情况采用适当击球方法，将球击高或送到利于反攻的位置上

3. 接拦回球

拦回球是指本方队员进攻后被拦回的球，由于拦网水平的不断提高，拦回球的比例有所增加。拦回球一般速度快、路线短，落点大多在扣球队员身后、两侧或进攻线左右。

接拦回球取位重点应在前场。准备姿势宜采用半蹲、低蹲准备姿势，上体基本保持正直，两手不宜太低，应置于胸前，以增加控制范围，接快速下降的拦回球可采用前扑、跪垫、侧倒等方法，击球手法要多样，尽可能双手垫球。无论采用双手或单手，都要使手臂伸到球的底部，贴近地面，从下向上击球。在身体附近且较高的拦回球，可用双手或单手将球挡起，来不及用手垫的球，可用上臂、肘部外侧或脚将球垫起。在击球动作上，要有明显的屈肘、抬臂或翘腕动作，使球尽量垫向2、3号位之间的二传位置。扣球队员自己也应参加接拦回球，即"自我保护"。运动员要在扣球后落地迅速降低身体重心接拦回球。

4. 接其他球

（1）垫二传

当一传来球低而远，来不及移动到球下做上手传球时，可进行垫击二传。垫二传一般采用正面双手垫球。击球前降低重心，面向垫球方向，两臂平伸插入球下。击球时，全身协调用力向上抬臂，击球的下部。这种方法也叫抬垫。

各项击球技术（垫球、传球、扣球）共同涉及的排球规则

（2）垫入网球

比赛中常有球失控飞入网内，因来球速度、入网部位不同，反弹的方向、角度、速度、落点也不相同。一般落入网上半部的球，顺网下落的多；落入网中间的球，反弹也不远；只有落在网下半部网绳附近的球，可以反弹起来。垫入网球时，要判断入网的方向和落点，然后迅速移动到落点上。侧身或正面对网，降低重心，手臂插到球下，由低向上向外垫起。垫击时，应加大屈肘翘腕，增加起球高度。若是第三次击球，则外侧臂要抬高，垫球时有"兜球"动作，使球上旋，有利于过网。

五、传球

（一）传球技术

传球是排球基本技术之一，是主要利用手指手腕的弹击动作将球传至一定目标的击球方式。

传球技术的主要击球动作由手指手腕完成，由于手指手腕灵活，感觉灵敏，双手控球面积较大，因而传球的准确性较高。由于传球的击球点较高，在传球瞬间可用手指手腕的动作来改变传球的方向、路线和落点，变化比较灵活。

传球技术主要用于二传，为进攻创造条件，在比赛中起到组织进攻的作用；传球技术也经常用来接发球，接对方的处理球、吊球和被拦回的高球，从这一角度讲，传球也是一项防守技术；传球还可用来吊球和处理球，起着进攻的作用。

传球的技术精细，种类繁多，但可归纳为正传、背传和侧传三种基本形式。跳传等其他二传技术，均由此派生而来。

1. 正面上手传球

面对出球方向的传球动作，称为正面上手传球。正面上手传球是最基本的传球方法，是其他一切传球技术的基础。

（1）动作方法（图 2-1-37、图 2-1-38）

采用稍蹲准备姿势，抬头看球，双手自然抬

图 2-1-37 传球手型

起，放松置于脸前。当来球接近前额时，开始蹬地、伸膝、伸臂，两手微张经脸前向前上方迎球。击球点在额前上方约一球距离处。当手触球时，两手自然张开成半球形，手腕稍后仰，两拇指相对成"一"字形，两手间有一定距离，用拇指内侧、食指全部、中指的二三指节触球的后下部，无名指和小指在球两侧辅助控制传球方向。两肘适当分开，两前臂成"八"字形，成约 90° 角；传球时主要依靠蹬地、伸臂和手指手腕力量，以及球的反弹力将球传出。

图 2-1-38 传球用力

正面上手传球

（2）动作分析

① 由于传球的击球点较高，采用稍蹲准备姿势，有利于快速移动。

② 击球点在额前上方一球距离，便于观察来球和传球目标，有利于控制传球的准确性，同时有利于伸臂击球。

③ 拇指相对成"一"字形传球，使手型与球体较吻合，触球面积比较大，容易控制球，增加传球的准确性。同时，由于触球面积大，有利于缓冲来球力量。

④ 传球所需要的力量由多种力量合成，如：伸腿蹬地的力量，伸臂的力量，手指、手腕的力量以及球的反弹力，根据来球的具体情况及传球的要求，采用不同动作要领，运

用不同力量击球。一般来说，来球力量轻时，手指手腕动作柔和一些；来球力量大时，手指手腕应用力大些，以抵消来球对手部的冲击，从而更好地控制出球方向。

（3）动作要领

对正目标，半球手型，额前击球，指腕弹击。

2. 背传

背对传球目标的传球动作叫背传。

（1）动作方法（图2-1-39）

传球前身体背对传球目标，上体保持正直或稍后仰，身体重心在两脚之间，双手自然抬起，放松置于脸前。迎球时，抬上臂、挺胸、上体后仰。击球点保持在额上方，比正面传球稍高、稍后。触球时，手腕后仰，掌心向上，击球的下部，手型与正面上手传球相同。背传用力主要靠蹬地、展腹、抬臂、伸肘和手指手腕的弹力，把球向后上方传出。

图 2-1-39　背传

（2）动作分析

① 传球前上体保持正直或稍后仰，有利于蹬地、抬臂等动作向后用力，使球向后传出。

② 击球点保持在额上方，比正面传球稍高、稍后，有利于向后用力。

（3）动作要领

上体稍直，额上击球，手腕后仰、展腹抬肘。

3. 侧传

身体侧对传球目标，并将球向体侧方向传出的传球动作叫侧传。

（1）动作方法（图2-1-40）

准备姿势、迎球动作、手型与正面传球相同，击球点偏向传球目标一侧，上体和手臂向传球方向伸展，传球方向异侧手臂的动作幅度、用力距离和动作速度要大于同侧手臂。

图2-1-40 侧传

（2）动作分析

① 击球点偏向传球方向一侧，有利于侧向传球。

② 上体和手臂向传球方向伸展，异侧手臂的动作幅度、用力距离和动作速度大于同侧手臂，有利于向侧发力，并保持好手型向侧向传球。

（3）动作要领

击球点，用力方向。

4. 跳传

跳起在空中进行单、双手传球叫跳传。

（1）动作方法（图2-1-41）

跳传的起跳动作，无论是原地起跳，还是助跑起跳，最好都能做到向上垂直起跳，保持好身体的平衡，当身体上升到最高点时，靠迅速伸臂以及加大指腕弹力将球传出。跳传可以做正面传球、背传和侧传，其传球手型、击球点分别与正传、背传、侧传的手型和击球点基本相同。

（2）动作分析

① 跳传的起跳应垂直向上，以减少影响传球的准确性。

② 在身体上升到最高点触球，才能有充足的时间来完成迎球、击球、伴送球的动作，否则将会导致击球乏力或动作失调。

③ 跳传应加大伸臂动作的幅度和速度及手指手腕的力量，因为跳传时，身体没有支撑点，无法借助蹬地的力量。

图 2-1-41　跳传

（3）动作要领

全力起跳，最高点触球，加大手指、手腕用力。

（二）传球技术运用

1. 二传

传球技术在比赛中主要用于组织进攻，即用作二传。二传是从防守转入进攻的桥梁和纽带，二传质量的好坏，直接影响进攻的质量和技战术的发挥。二传质量好可以弥补一传和防守的不足，还可以用假动作迷惑对方，达到助攻的目的。二传也可直接吊球或扣二次球，出其不意，攻其不备。如果二传质量不高，则不能充分发挥扣球队员的作用和威力，不能保证战术配合的质量并组成最有效的进攻，往往造成被动挨打。

传球时，二传队员应做到取位恰当、善于观察、动作隐蔽、手法熟练、把控节奏。

（1）顺网正面二传

顺网正面二传是二传中最简单最常用的技术。传球动作与正面传球相似，其区别在于顺网正面二传传球时身体不宜面对来球，要转向传球方向，尽可能保持正面传球，使球顺网飞行。如果来球角度较大，可偏对传球方向，将击球点适当移向传球方向，边传边转体、边控制球，把球传向目标。当来球较高而且近网时，可采用跳传。如果来球较低，可采用下蹲传球，由于身体姿势较低，难以运用下肢蹬地和身体协调伸展的力量，主要依靠手臂、手指、手腕动作来传球和控制球。正面传一般拉开球时应充分利用下肢蹬地和全身协调力量，并结合上肢伴送动作。正面传集中球时，主要依靠伸肘动作和手指、手腕的力量传球。

（2）调整二传

将不到位且离球网较远的一传球传至便于进攻队员扣击的位置及高度，称为调整二传。调整二传应根据传出球的目标和位置来确定传球的方向、弧度和距离，充分利用蹬地、伸臂及手指、手腕等协调力量。传球路线与网的夹角越小越易扣球。传球目标越远，传球的弧度应越高。调整传球不宜距离标志杆过近，以便于扣球队员观察和上步扣球。

（3）背向二传

背向二传便于利用球网全长组织进攻，增加进攻机会和进攻点，并具有一定的隐蔽性和突然性。传球前先移动到球下，背对传球方向，利用球网、标志杆等参照物确定自己位置和传球方向，并利用"手感"控制传球的角度、速度和落点。一般背传拉开高球，要充分利用挺胸、展腹和向后上方伸臂等动作。如果来球较高，击球点比正传应稍靠后一些；如来球较平，击球点可适当前移；如来球较低，应迅速移动至球下，尽力保持准确的击球点。

（4）侧向二传

二传队员背对球网向两侧传球称侧向二传。这种传球适用于来球近网或平冲网的球，可以增加进攻的隐蔽性和突然性，也可用于二传吊球，但难度较大，准确性差，不便于控制球。

（5）跳起二传

跳起在空中给进攻队员的传球称跳起二传。这种传球过去主要用于传网上沿的高球和抢传即将飞过网的球。目前，许多强队为了加快进攻节奏，缩短进攻时间，或运用两次球进攻战术，大量地运用跳起二传。

① 跳起双手二传：跳起双手二传要掌握好起跳时间，在身体上升到最高点时传球，这样既可传高球，又可加快传球节奏，也有利于两次球进攻。

② 跳起单手二传：在一传高而冲网，跳起后无法运用双手二传时，可用单手二传。当来球接近网上沿时，二传队员侧身对网起跳，在空中最高点时，靠近网一侧的手臂上举，手腕后仰，掌心向上，五指适当收拢，构成一个小的半球形手型，用伸肘动作及手指、手腕力量将球向上传起。

跳起单手二传适用于传低球。一般是在被动的情况下，用来组织简单快攻战术。当来球过高时，单手传球只需要轻轻一"点"即可；如需要传高远球时，上臂要适当弯曲，以增加伸臂的距离和传球的力量，手指手腕的紧张程度也相应大些。

（6）二传快球

传出高度低、节奏快的二传球称传快球。传快球是二传队员最基本的传战术球技术。二传队员应根据一传来球的弧度、速度、落点和扣球队员的助跑路线、上步速度、起跳时间、起跳点和挥臂的快慢以及弹跳高度等来决定相应的传球速度、高度、距离和出手时间。传快球的关键是主动与扣球队员配合，具体方法有两种：一是二传队员利用升高或降低击球点的方法来调整传球时间，如扣球队员上步起跳较迟，可有意降低击球点来推迟传球的时间；反之，可以升高击球点来加快节奏，使传球的速度与扣球队员的起跳在时间上相匹配。二是二传队员利用手指、手腕动作控制传球的时间与速度，如扣球队员上步起跳稍迟时，手指、手腕可以有意放松，从而加长球在手上的缓冲时间，减慢传球速度；反之，则手指、手腕要适当紧张并加快传球出手的速度，以达到与扣球队员准确配合的目的。

传快球按其特点可分为两种，一是传低快球，二是传平快球。

① 传低快球：传低快球包括传近体快、背快、时间差、位置差、空间差及各种交叉、梯次、夹塞等的半高球。传低快球，主要靠加大指腕的弹力和适当的伸肘动作来控制传球的力量，并应适当提高击球点，以提高快攻节奏。由于球向上传，击球点不宜靠前。

传近体快球：当扣球队员做起跳动作时，二传队员开始手触球。传球时击球点稍高，肘关节微屈，手腕后仰，指腕放松。当扣球队员跳起在空中最高点时，球也传到最高点。如来球较高而近网，可采用双手跳传快球；如来球高而冲网，也可采用单手跳传快球。

传背快球：传背快球既有背传的特点，又有传近体快球的要求。由于背向传球不容易配合，故传球的弧度、高度应尽量固定，便于扣球队员主动适应。传球前，队员侧身对网站立，击球点保持在头上，手腕后仰，用手指、手腕动作，将球传向头后。如球稍低时，也可采用"翻"腕动作，将球传出；如来球高而且又近网，也可用跳传背快球。

调整快球：在一传不到位且距网稍远时，可采用传调整快球。传球前，迅速移动到球的落点上，上体稍向右转，击球点在右肩前上方，将球向网上沿传出，传到扣球队员的前上方合理的高度和位置。

传后排快球：二传队员可直接将球传给在限制线以后起跳扣远网快球的队员，这种传球高度比近体快球稍高，距网要视后排队员的冲跳能力而定，一般距网 $1 \sim 2$ m，传球时可用任一种双手传球方法。

传交叉半高球：在前快和背快的基础上，将球向前或向后稍拉开并稍微传高，即可组成各种交叉进攻战术。传球时，击球点不变，稍加大指腕的弹力即可。

传"夹塞球"：在一队员扣短平快上步起跳的同时，二传队员佯作传短平快球，但突然翻腕向上传半高球，把球传至扣短平快队员和二传队员之间。传球时的击球点可适当降低至面前。

传时间差球：在传近体快球的基础上，不改变任何动作，仅适当加大指腕的弹力，将传快球变为传半高球，以便佯作扣快球的队员晃过对方拦网后，再做原地起跳扣半高球。

传位置差球：传球动作同传夹塞球，但传球弧度稍高，传球距离在佯跳地点旁约一步之远。

传空间差球：传前飞时，二传队员佯做传短平快，但突然向上翻腕，将球传在身前近体快的位置上，高度略高于近体快球。传背飞时动作同传背快球，但突然向后翻腕，将球传在身后背平快的位置上，高度略高于背平快。距离可根据扣球人起跳位置远近和扣冲跳能力而定。如果传单脚起跳的背飞球，传球的弧度可适当降低，距离可适当延长。

② 传平快球：一般指短平快、背平快、平拉开和背飞等。向前传各种平快球时，要

适当降低击球点，注意伸肘和指腕的推压动作，以加快球的飞行速度和进攻的节奏。向后传球时，要有翻腕动作。

传短平快球：击球点保持在脸前，以便伸肘平推，使球快速向前平飞。为了加长球在网沿上空平飞的距离，加宽击球区，可采用跳传短平快。二传与扣球的配合，主要靠传球的速度来控制。

传平拉开球：二传队员在2、3号位之间向4号位标志杆处平传拉开快球，即为传平拉开球。这种传球速度快，弧度平，距离长，击球点多，攻击区域宽。

传平拉开球的技术与传短平快球基本相同，但需要加速伸臂和指腕推压充分送球。当来球较低时，可利用后腿向后蹬地、伸膝和收腹动作来加快伸臂速度；当来球较高时，可采用跳传。击球时，靠伸肘和主动加大手指弹力及屈腕把传球路线压平。

传背平快球：二传队员背向2号位，以网为参照物，凭方向感觉控制传球方向，凭手感控制传球弧度、速度和距离。传球时，要迎击来球的下部，击球点后移，利用抬臂、翻腕、展腹和挺胸动作，把球向后平传到2号位标志杆附近，传球速度和弧度要尽量固定，以便扣球队员主动适应。

传背飞球：传球动作与传背平快基本相同。传球的速度和距离要根据扣球队员的起跳时间和冲跳能力加以调节控制。传球前，做传近体快球的准备动作。传球时，突然抬肘、翻腕、挺胸展体向后传出。如传单脚起跳背飞，传球的速度和节奏都要加快。

2. 其他传球技术运用

（1）接发球

在对方发球，如球速较慢的飘球、追胸飘球、力量不大的旋转球时，可采用正面上手传球，保证一传准确到位。传球时应根据来球力量、速度适当控制手指、手腕的紧张程度，主动用力将球传给二传。

（2）二传吊球

二传吊球是二传队员进攻的一种手段。在对方没有防备的情况下，二传突然吊球，往往奏效。吊球时，可采用双手或单手。双手吊球时，以侧传吊球为主，动作隐蔽，比较突然；单手吊球时，手指适度紧张，轻拨球的侧下部，将球吊入对方空当。

六、扣球

扣球是排球基本技术之一，是队员跳起在空中，将高于球网上沿的球击入对方场区的一种击球方式。

扣球在比赛中占有重要的地位，是得分的主要手段，是进攻中最积极有效的武器，是一个球队摆脱被动、争取主动的途径，是攻击力强弱的表现。扣球的成败体现着队伍的战术质量和效果，是夺取胜利的关键。扣球效果好，可以鼓舞全队士气，振奋精神，从而挫伤对方的锐气，给对方造成强大的心理压力。

拓展知识

　　随着排球运动的发展，扣球技术也在不断提高和创新。20世纪50年代，一般采用正面扣球、勾手扣球，在快球中采用近体快球和半快球；20世纪60年代，我国创造了平拉开扣球技术；20世纪70年代出现了短平快、背平快、时间差、位置差等扣球技术，之后我国又创造了空间差扣球技术，如前飞、背飞、拉三、拉四等，以及单脚起跳扣快球和快抹技术；20世纪80年代出现了后排扣球技术。现代排球进攻充分利用网长与纵深，形成了立体进攻的战术体系。

（一）扣球技术

1. 正面扣球

　　正面扣球是最基本的扣球技术。其他扣球技术都是在此基础上发展和派生出来的。由于面对球网，便于观察来球、对方拦网和防守布局。由于挥臂动作灵活，能根据对方拦防情况，随时改变扣球路线和力量，控制击球的落点，因而进攻效果好。

　　（1）动作方法（图2-1-42）

　　正面扣球包括助跑、起跳、击球、落地4个要素。

　　以右手扣球为例：助跑时先迈出左脚一小步，然后右脚跨出一大步，左脚跟上，踏在右脚的前面制动。在助跑跨出最后一步的同时，两臂绕体侧向后引，左脚在并上踏地制动的过程中，两臂自后积极向前摆动。随着双腿蹬地向上起跳，两臂快速上摆，配合起跳。两腿从弯曲制动的最低点，猛力蹬地向上起跳。起跳后，挺胸展腹，上体稍向右转，右臂向后上方抬起，身体成反弓形。挥臂时，以迅速转体、收腹动作发力，依次带动肩、肘、腕各部位成鞭打动作向前上方挥动。击球时，五指微张呈勺形，并保持紧张，以全手掌包满球，掌心为击球中心，击球的后中部。同时主动用力屈腕向前推压，使扣出的球加速上旋。落地时，以前脚掌先着地，同时顺势屈膝、收腹以缓冲下落力量。

正面扣球

图2-1-42　正面扣球

（2）动作分析

① 助跑：助跑目的是为了接近球，选择适宜的起跳地点，同时也起到增加弹跳高度的作用。

助跑方法：助跑步法有一步、二步、三步、多步、原地垫步等。

一步助跑适合于扣球队员距球较近时采用，以右手扣球为例，助跑前，两脚前后开立，左脚在前；助跑时，右脚向前跨出一步，左脚迅速并上，立即起跳。

两步助跑时，第一步跨左脚，步幅较小，便于寻找和对正上步方向；第二步跨右脚，左脚迅速并上，步幅较大，获得向前的速度，有利于获得起跳高度，第二步脚跟先着地便于制动。

三步助跑在两步助跑的基础上再增加一步。准备姿势左脚在前，助跑时右脚先向前跨出一小步，用以调整身体重心和助跑方向，后两步基本与两步助跑起跳方法相同。

助跑节奏：先慢后快。如一传出手后，即可开始缓慢轻松移动，然后根据二传的情况逐步加快步伐以寻找起跳时机和起跳点。有时也可加快助跑的节奏，以争取时间和空间。

助跑时机：助跑时机取决于二传球的高度、速度以及扣球队员的个人动作特点。二传球低时，助跑起动要快些，球高则慢些；动作慢的队员可提前起动，动作快的队员则可慢些起动。

助跑路线：助跑路线根据传球的落点来决定。以4号位扣球为例，扣集中球时，应采用斜线助跑，扣一般球时采用直线助跑，扣拉开球时则采用外绕助跑（图 2-1-43）。

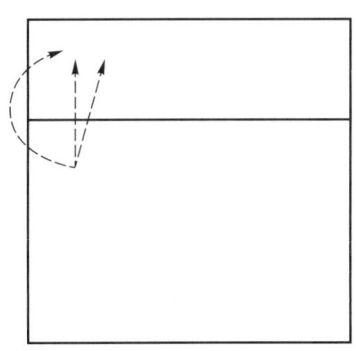

图 2-1-43　助跑路线

助跑过程中身体重心应保持平稳下降，减少起伏，以提高助跑的速度和减少能量损耗。

助跑制动：制动由脚跟着地过渡到全脚掌蹬地起跳，这种方法动作幅度大、制动力强，有利于增加起跳高度。另一制动方法由前脚掌着地迅速蹬地起跳，这种方法动作快速，有利于加快起跳速度，快攻队员运用较多。

② 摆臂：摆臂的目的，一是借助手臂向上摆动的速度力量，充分发挥弹跳高度；二是摆臂的形式决定摆臂后手臂抬起高度及挥臂方式，现代排球更多地运用双臂直臂前后同时摆动，有利于摆臂后的高点击球。

③ 起跳：起跳的目的不仅是获得高度，还为了选择适当的扣球时机和击球点。

起跳高度：高度与起跳前膝、踝和髋等关节的弯曲程度有关，在一定范围内，弯曲程度越大，越有利于提高起跳高度。但下肢各关节的弯曲程度与个人的腿部力量和腰腹力量有关，腿部和腰部力量大的运动员，下蹲可深些，反之，下蹲可浅些。此外，起跳的高度与摆臂的速度有很大关系，摆臂速度越快，越有利于提高起跳高度。

起跳方法：起跳有并步法和跨步法。并步法即一脚跨出后，另一脚迅速向前并步，落于该脚之前，随即蹬地起跳。这种起跳方法适应性强，能调整起跳时间，现在大多数运动员都采用该起跳方法。跨步法即一脚跨出的同时，另一脚也跨出去，两脚几乎同时着地和蹬地。这种起跳方法可利用人体下落时的重力加速度，增大下蹲时腿部肌肉的张力，增加弹跳高度，但不便加快助跑速度，影响起跳节奏。

起跳点：应距球一臂距离，为空中击球创造合理的用力位置。

起跳时机：一般选择在二传出手后，如果是高球，起跳可稍晚些，反之，则起跳稍早些。

④ 空中击球：空中击球动作的好坏直接影响着扣球的质量。

跳起后：身体成反弓形，便于击球时与上肢做相向运动，加大挥臂距离和挥臂速度，使扣出的球更有力量。

击球时：由腰腹发力，上肢各关节做鞭打动作，有利于全身用力集中于手上，以加大击球力量。

挥臂初期：屈臂可以缩短以肩为轴的转动半径，提高转动的角速度，随之伸肘，以加大挥臂的线速度，加大扣球力量。

击球点：在跳起的最高点和手臂伸直最高点前上方，充分利用水平和垂直空间，扩大进攻范围，增加扣球路线和角度变化的可能性。

⑤ 落地：击球后落地缓冲，以免造成膝部受伤，尽量运用双脚落地，也可单脚落地；另外屈膝缓冲落地，还可为完成下一个技术动作做准备。

（3）动作要领

助跑起跳时机，人球位置，上肢鞭打，全掌包击，屈腕。

2. 单脚起跳扣球

单脚起跳扣球是指助跑后的最后一步第二只脚直接向上摆动帮助起跳的一种扣球方式。由于单脚起跳下蹲较浅，又无明显的制动过程，故比双脚起跳速度更快，而且还能在空中移动，网上控制面积更大，具有较强的突然性。有时在来不及用双脚起跳扣球时，也采用单脚起跳的方法。

（1）动作方法（图 2-1-44）

采用与球网成小夹角或顺网的一步、两步或多步助跑，如扣近体快球时（包括背快球），有时来不及助跑，可采用一步助跑，直接出左腿一步踏地起跳，起跳后扣球与正面扣球动作相同；在扣球距二传身体较远时，则采用两步或四步助跑。两步助跑，右腿先跨出一大步，左腿再跨出最后一大步，在借助右腿摆动起跳时，迅速蹬地起跳；如扣球距离较远，可用四步助跑，即在两步助跑基础上，继续在相同的助跑方向依次先跨右腿，再左腿跨出更大一步，左脚踏地起跳，起跳后扣球与正面扣球技术动作相同。

图 2-1-44　单脚起跳扣球

（2）动作分析

助跑路线与网成小夹角或平行于网，以免前冲力过大，造成触网或过中线犯规。起跳时右腿的摆动，其作用与摆臂作用相同，增大左脚蹬地的力量，从而有助于提高弹跳高度。

（3）动作要领

助跑路线，摆动腿。

3. 双脚冲跳扣球

冲跳扣球是指队员助跑后，向前上方起跳，而且在空中有一段位移，击球动作在空中移动过程中完成。在后排扣球进攻和空间差中运用较多。

（1）动作方法

采用两步助跑的方法，第二步的步幅要小于一般正面扣球。踏跳过程中，双脚向后下方蹬地，使身体向前上方腾起，在空中抬头、挺胸、展腹，形成背弓，击球时快速收腹，挥臂并手腕推压击球的后中部。

（2）动作分析

助跑第二步稍小，避免身体后仰，减小制动力，便于双脚向后下方蹬地。双脚向后下方蹬地，是为了使身体获得一个向前上方的速度，以便既能跳起一定高度，又能向前飞行一段位移。

（3）动作要领

助跑步幅，蹬地方向，收腹发力，手腕推压。

（二）扣球技术的运用

1. 扣近网球

击球点在球网附近的扣球称为扣近网球。扣近网球的特点是击球点高、路线变化多、威力大，但易被拦网。扣近网球时，要向上垂直起跳，以免前冲力过大，造成触网或过中线犯规。跳起后，主要利用收胸动作发力，以肩为轴，向前上方挥臂，以全手掌击球的后

中上部。击球后，手臂要顺势回收，以防止手触网。

2. 扣远网球

击球点距球网较远的扣球称为扣远网球，这种扣球力量大，过网面宽，对方不易拦网。扣远网球时，跳起后击球点要保持在右肩前上方最高点，充分利用腰腹力量，用全手掌击球的后中部，击球瞬间手腕要有明显的推压动作，使球呈上旋飞出。

3. 扣调整球

扣由后场调整至网前的球称为扣调整球。扣调整球难度较大，要求扣球队员能适应来自后场不同方向、角度、弧度、速度和落点的球，以灵活的步法和空中动作，及时调整好人、球、网的关系，运用不同手法，控制扣球的力量、方向、路线和落点。在助跑时可边助跑边观察来球，对小角度二传来球，要后撤斜向助跑，对大角度二传来球，可采用外绕助跑。

4. 后排扣球

由后排运动员面向球网助跑，在进攻线后采用冲跳技术，在前场区的空域完成击球动作称为后排扣球。扣球时，手臂击球的运动轨迹，要有较明显的推打动作，以加强对球的控制能力，提高扣球准确性。空中击球时，从腰腹发力，带动手臂挥动，充分运用全身协调动作，以加长击球工作距离，增强扣球的速度与力量，并避免运动创伤。

5. 扣快球

扣球队员在二传队员传球前或传球的同时起跳，把球扣入对方场区的一种扣球方法。这种扣球速度快，时间短，突然性强，牵制性大，能在时间上和空间上争取主动。快球可分为：近体快球、背快球、短平快球、背短平快球、背平快球、平拉开球、调整快球、后排快球等。不管扣哪种快球，都应注意：助跑步法要轻松、快速、灵活、有节奏；起跳动作要下蹲浅，起跳快，起跳时间准确。空中击球时上体动作和挥臂动作的幅度要小，主要利用前臂和手腕加速甩动击球。挥臂时间要早，球来之前就要挥臂，球到时正好击球。

（1）扣近体快球

在二传队员体前或体侧 50 cm 左右扣出的快球，统称为近体快球（图 2-1-45）。由于近体快球的传球距离短，所以速度快，节奏快，与队友战术配合有很强的掩护作用。扣近体快球时，应随一传助跑到网前，当二传传球时，扣球队员在其体前或体侧近网处迅速起跳，起跳后要快速挥臂，将刚刚传出网口的球扣入对方场区。击球时，利用收胸动作，带动前臂和手腕迅速鞭打甩动，以全手掌击球的后上部。

（2）扣背快球

在二传背后约 50 cm 处扣的快球，称为背快球（图 2-1-46）。这种扣球与近体快球打法相同。因为是在二传队员背后，这需要扣球队员主动配合去适应二传。

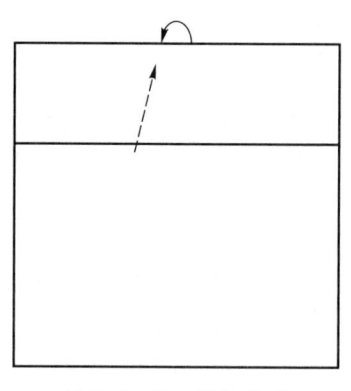

图 2-1-45　近体快球

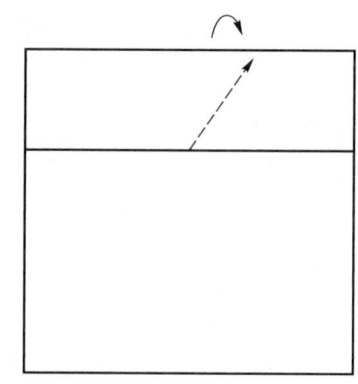

图 2-1-46　背快球

（3）扣短平快球

距二传队员体前 3 m 左右，扣二传队员传过来的高速平快球，称为短平快球（图 2-1-47）。这种扣球由于传球速度快，因而进攻的节奏快；二传球弧度平、进攻区域宽，有利于避开拦网。扣短平快球，一般采用外绕或小于 45° 角助跑，在二传传球之前或同时起跳并挥臂截击平飞过来的球，扣球手法与近体快球相同，还可根据对方拦网的位置提前或错后击球。

（4）扣背短平快球

在二传队员背后 1.5 m 处扣背传过来的高速平快球，称为扣背短平快球（图 2-1-48）。打法与短平快一样，由于是在二传队员背后，二传队员看不见扣球队员动作，扣球队员应主动适应二传队员传来的球。

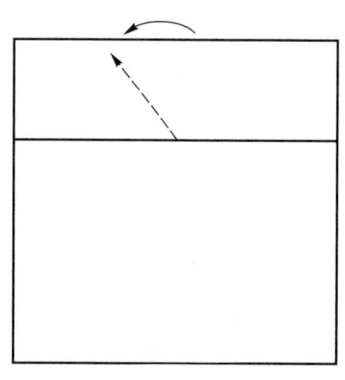

图 2-1-47　短平快球

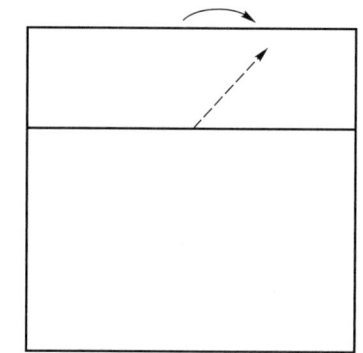

图 2-1-48　背平快球

（5）扣平拉开球

在 4 号位标志杆附近扣二传传来的平快球，称为扣平拉开球（图 2-1-49）。其特点是能有效地利用网长及进攻区域宽度，争取有利的时间和空间摆脱对方拦网。在二传队员传球前，4 号位队员外绕助跑，待二传出手后，扣球队员在标志杆附近起跳，截击来球。看准来球后再挥臂击球，手臂动作与扣一般高球类似，但挥臂动作要更为简练并迅速。

（6）扣后排快球

后排队员在进攻线后起跳扣快球，称为扣后排快球（图 2-1-50）。扣球队员在进攻线后向前冲跳，扣距网 2 m 左右的低快球。以全掌击球的后中部，手腕要有推压动作，使球呈上旋过网。

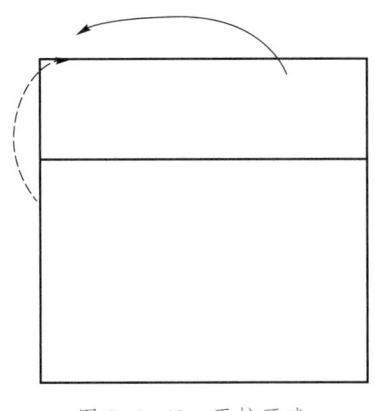

图 2-1-49　平拉开球

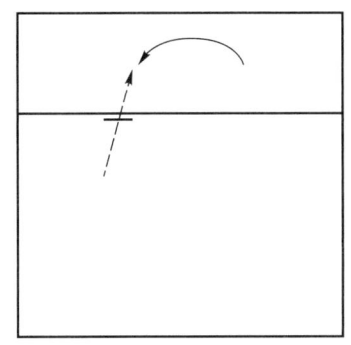

图 2-1-50　后排快球

6. 自我掩护扣球

运动员通过不同助跑方式产生起跳时间、空间等方面的变化，从而实现自我掩护的扣球，称为自我掩护扣球，具体可分为时间差、位置差和空间差三大类。

（1）时间差扣球

利用起跳时间的差异迷惑对方拦网的扣球为时间差扣球（图 2-1-51、图 2-1-52）。这种扣球可用于近体快、背快、短平快等扣球中。扣球时，按快球的助跑、摆臂节奏佯作起跳，以诱使对方起跳拦网，待对方拦网队员跳起下落时，扣球队员立即原地起跳扣半高球。

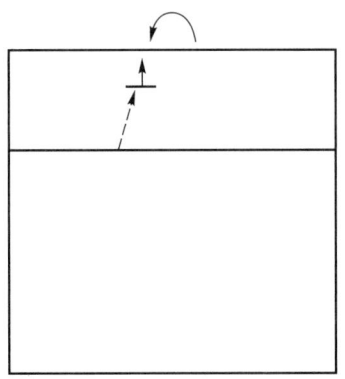

图 2-1-51　近体快时间差球

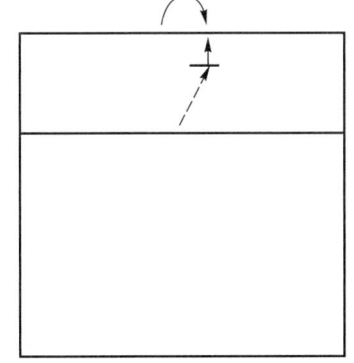

图 2-1-52　背快时间差球

（2）位置差扣球

利用与对方拦网队员在起跳位置上的差异摆脱拦网的扣球，称为位置差扣球（图 2-1-53、图 2-1-54）。扣球队员在助跑后佯作起跳待对方队员跳起拦网时，扣球队员突然向体侧跨出一步，错开对方拦网的位置，用双脚或单脚起跳扣球。位置差扣球变化较多，如短平快向 3 号位错位，近体快向 2 号位错位扣背传半高球，近体快向 3 号位错位扣慢速的短平快等等。不管采用哪种错位扣球都应注意两点：第一，按原来各种快球的时间助跑、踏跳下蹲、制动和摆臂，动作要逼真；第二，变向跨步起跳时，动作应连贯，摆臂幅度小、速度快。

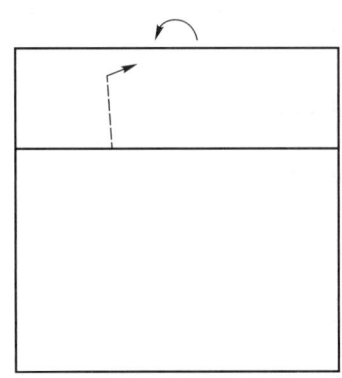 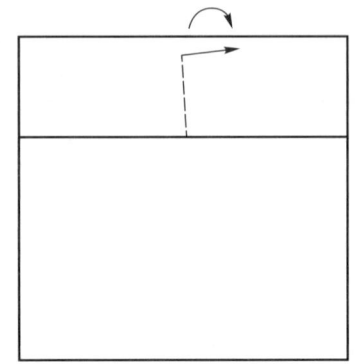

图 2-1-53　短平快向 3 号位错位　　　　图 2-1-54　近体快向 2 号位错位

（3）空间差扣球

利用顺网向前冲跳，使身体在空中有段移位过程，将起跳点和击球点错开的扣球，称为空间差扣球，又称空中移位扣球。这是我国运动员创造的一种自我掩护快攻技术。这种扣球不仅速度快，而且掩护作用强。目前常用空间差扣球有前飞、背飞、拉三、拉四等。

① 前飞扣球

佯扣短平快，突然向前冲跳，"飞"到二传手前扣半高球，称为前飞扣球（图 2-1-55）。前飞助跑路线与网夹角很小（有时可顺网助跑），击球时，利用向左转体和收胸动作带动手臂挥动击球。

单脚起跳进行前飞扣球时，助跑的最后一步跨出左腿，步幅不宜过大，左脚蹬地的同时，右腿和双臂配合向前上方摆动，使身体向前上方冲跳。击球时，上体向左转动带动手臂挥动击球。击球后，双脚同时落地，以缓冲下落力量。

② 背飞扣球

佯扣近体快球，突然向前冲跳，"飞"到二传手背后 1~1.5 m 距离处扣背传的平球，称为背飞扣球（图 2-1-56）。背飞的动作要领同前飞，但起跳点在二传手的体侧，击球时人在空中追球（人与球同向飞行）。背飞击球区域较宽，不受二传站位限制，可选择有利的突破口。

③ 拉三扣球

按扣近体快球助跑，而二传队员将球向 3 号位传得稍拉开，扣球队员侧身向左起跳追扣快球，称为拉三扣球（图 2-1-57）。

④ 拉四扣球

在扣短平快的位置上起跳，而二传队员传比短平快稍拉开的球，扣球队员侧身向左跳起追扣，称为拉四扣球（图 2-1-58）。

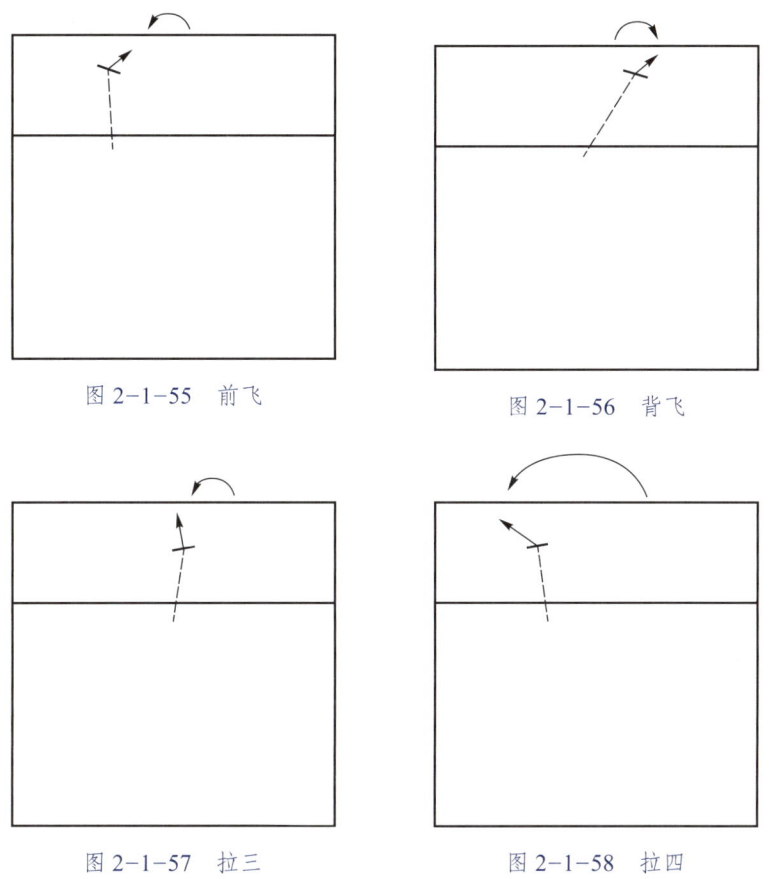

图 2-1-55 前飞 　　　　　　　　　　图 2-1-56 背飞

图 2-1-57 拉三 　　　　　　　　　　图 2-1-58 拉四

🔗 拓展知识

　　扣快球相比于扣高球，在技术要领上略有以下区别：第一，扣快球的助跑距离稍短，一般为一、两步，甚至原地起跳；第二，挥臂击球的动作幅度较小，主要运用小臂和手腕的加速，以利于加快击球速度；第三，击球时快速收胸，较少运用收腹动作；第四，扣快球成败的关键是二传手与扣球者之间在时空上的密切配合。就扣球者而言，主要依据两点：一是根据一传的弧度、速度和落点来选择起跳时间与地点；二是根据二传出手时机来决定挥臂击球。

7. 扣球技术的其他变化

（1）转体扣球

　　起跳后在空中转体的扣球方式，称为转体扣球。以向左转体扣球为例，将击球点保持在左侧前上方，击球时，在空中利用向左转体和收腹的动作，带动手臂向左挥动，以全手掌击球的右上部来改变扣球方向。

（2）转腕扣球

通过转腕动作改变扣球路线的方法称为转腕扣球。这种扣球虽然力量不大，但路线变化隐蔽，易避开对方拦网。转腕扣球一般有以下两种方法：

① 向外转腕。主要运用于3号位向右转腕扣球，4号位做小斜线扣球以及2号位扣直线球。起跳与正面扣球相同。击球时，右肩向上提并稍向右转，前臂向外转，肘关节伸直，手腕向右甩动，以全手掌击球左侧上部。

② 向内转腕。主要用于在4号位面对斜线向左转腕而打直线球，2号位面对直线而打小斜线及在3号位向左转腕扣球。击球时，应保持在左前上方击球，前臂内旋，手腕向左甩动，全手掌击球的右侧上部。击球后肘关节可以稍屈。

（3）打手出界

打手出界是扣球队员有意识地使球触击拦网队员的手后飞向场外的一种扣球方法。一般在二传球较近网、落点在标志杆附近或球已被对方拦网包住时运用较多。

① 4号位扣打手出界球，扣球队员在击球瞬间，手腕迅速内转，击球的右侧上部，使球触拦网手后飞出界外。

② 3号位扣打手出界球，利用转体或转腕扣球，对准拦网者的外侧手掌，向两侧挥臂击球，造成打手出界。远网球的打手出界，要对准拦网者外侧手的外侧部击球，也能收到良好效果。打拦网者的手指尖出界，要对准手指尖击球，向远处平击，使球打手后向端线界外飞出。

③ 2号位扣打手出界球与4号位相反，手腕迅速外转，击球的左侧后上部。

（4）轻扣球

轻扣球是队员佯做大力扣球，但在击球瞬间突然减慢手臂挥动速度，将球轻打在对方空当的一种扣球方法。这种扣球的助跑、起跳、挥臂动作与大力扣球一样。但在击球前，手臂挥动速度突然减慢，手腕放松，以全手掌包满球，轻轻向前上方推搓，使球从拦网者手的上空呈弧线落入对方空当。

🔗 拓展知识

扣球技术纷繁复杂，除了基本扣球技术以外，还有多种衍生的带有强烈战术色彩的运用方式。如果要充分发挥扣球技术应有的作用，仅仅掌握扣球技术是不够的，必须结合场上实际情况随时调整，因此对彼我双方各种情况的综合判断，要贯穿于整个扣球过程的始末。

预判本方一传：根据一传到位情况，预测可能组织的进攻战术；

判断二传状况：随即把注意力转移到对二传出手的判断上，这是找准扣球起跳时间与地点的关键，即：根据二传的弧线和速度来选择起跳时间，根据二传的方向和落点来选择起跳地点；

观测拦网动向：起跳空中后应根据对方拦网者动态，做出突破防线的选择。

七、拦网

（一）拦网技术

拦网是排球的基本技术之一，是队员靠近球网，将手伸向高于球网处阻挡对方来球的行动。

拦网是防守的第一道防线，是防守反击的重要环节，同时拦网具有强烈的攻击性，可以直接拦死、拦回对方的扣球得分，能够削弱对方的锐气，动摇对方的信心，给对方扣球造成心理压力。拦网可以将对方有力的扣球拦起，减轻后排防守的压力。现代竞技排球比赛，拦网水平的高低直接影响着比赛的胜负，在没有前排拦网的情况下，后排防守是极其困难的。拦网从参与拦网人数可分为单人拦网和集体拦网，集体拦网又有双人拦网和三人拦网。

> **拓展知识**
>
> 拦网技术同其他技术一样也是不断发展的。20 世纪 50 年代，由于当时规则规定不允许过网拦网，普遍采用双手后仰拦网，拦网的思想是以拦起拦高为主，拦网的性质是以防御为主，以削弱对方进攻威力为主。20 世纪 60 年代，规则允许手过网拦网，我国运动员创造性地运用了盖帽式拦网，在当时的比赛中收到了良好的效果。1977 年，规则规定拦网触球不算一次击球，大大促进了拦网技术的发展，使拦网成为攻击性很强的技术，强调以拦死为主。当前拦网技术，已成为得分的重要手段，已由过去单纯的防守技术，发展成为一种积极的攻击性很强的进攻技术。20 世纪 80 年代以来，又出现了补跳拦网和直腕拦网、重叠拦网、手臂空中移位拦网，特别是对后排进攻的拦网也有了发展和提高。

1. 单人拦网技术（图 2-1-59）

（1）动作方法

运动员面对球网，距网 30～40 cm。两脚左右开立约与肩同宽，两膝微屈，两臂在胸

单人拦网

图 2-1-59　单人拦网

前自然屈肘（副攻也可两臂张开高于头部）。移动可采用并步、交叉步、跑步，向前或斜前移动。原地起跳时，重心降低，两膝弯曲，用力蹬地，使身体垂直起跳。如果是移动后起跳，制动时，双脚尖要转向球网，同时利用手臂摆动协同起跳。拦网时两手向球网上沿前上方伸出，两臂平行，两肩上提，两臂尽力过网伸向对方上空，两手自然张开努力接近球，手触球时两手要突然紧张，用力屈腕，主动盖帽捂住球。运动员以含胸收腹动作带动手臂后摆或上提至本方上空，再屈肘向下收臂，从而避免触网。待双脚着地后迅速屈膝缓冲，随即转身面向后场准备下一动作。

（2）技术分析

① 取位：拦网时距球网 30~40 cm，可避免因离球网近而造成触网，又可避免因离球网过远而造成漏球。4 号位拦网队员的取位距边线约 1.5 m，有利于向左右移动，这叫"分散型"拦网的初始取位；也可用"密集型"初始取位，即网前三人左右间隔 2~2.5 m，三人站在网的中央区域。"分散型"取位有利于拦对方两边拉开的扣球，而"密集型"取位有利于拦对方在中间区域的战术扣球及后攻扣球。

② 准备姿势：采用半蹲准备姿势，有利于快速起跳和向两侧移动。两臂置于胸前，也可张开两臂高于头部，有利于快速伸臂。

③ 步法：并步适用于近距离移动拦网；交叉步适用于中远距离移动拦网，控制范围较大，移动速度快；跑步适合于距离较远时的快速移动拦网。

④ 起跳：拦网重点拦对方扣球的主要线路。如拦一般球时，应迎着扣球队员的助跑路线起跳拦网；拦拉开球时，应选择距边线 50~80 cm 处起跳拦网；拦近体快球应选择在二传和扣球队员之间起跳拦网。如拦对方三差进攻和快球掩护进攻，第一跳可不全力起跳，以便落地后马上进行第二次起跳，以争取时间拦网。拦网起跳时间要根据二传球的情况和扣球人的动作特点来决定。一般扣高球、远网及后排扣球时，因扣球队员在空中有一个引臂、展腹的过程，加之球离网远而拦网常常原地起跳，腾空时间较短，所以一般应比对方扣球队员起跳稍晚。而拦快球时，要比扣球队员稍早或同时起跳。

⑤ 空中动作（图 2-1-60）：拦网触球时，两臂要尽力伸直，前臂靠近球，以免"窝果"。两手间距离以防止球从两手之间或两臂之间漏过为原则，但也不能过小，以免减小拦网阻截面。伸臂时机最好是对方击球的瞬间，过早伸臂容易被对方避开或者被打手出界；过晚则不易阻拦球，导致拦空。拦网击球时，应主动屈腕用力捂球，使拦回的球反弹角度小，对方不易保护起球。2、4 号位拦网队员的外侧手要向内转，以防止被打手出界。

图 2-1-60　拦网手型

⑥ 落地：落地时手臂收回本方上空后屈肘下落，落地时双脚着地，屈膝缓冲，控制身体重心以免触网或越过中线。

⑦ 判断：拦网的判断贯穿于从准备姿势到伸臂拦球的全过程中。找准正确的拦网时间与空间，要根据下述诸情况进行综合观察与判断，并在瞬间做出正确选择：根据对方一传到位情况和进攻手的部署，预判其可能组成的进攻战术；根据对方二传手所处的位置和传球出手的方向、弧度、速度和落点，选择准确拦网起跳的时间与地点；根据对方扣球者助跑起跳和挥臂击球的动态，选择拦截的路线；根据对方扣球者的扣球特点和习惯动作，预测其可能的进攻路线等。

（3）动作要领

垂直上跳，含胸收腹，提肩伸臂，过网主动"捂球"。

2. 多人拦网

除单人拦网以外，为提升拦网效果，运动员在场上还可以形成二至三人组成的多人拦网。多人拦网技术动作方法与单人拦网相同，重点在于多人之间的分工配合。双人拦网中距离对方进攻球员近的为主拦队员，必须抢先移动并对正进攻点，待配合队员就位后二人同时起跳。三人拦网则主要用于阻截对方强攻。无论哪种多人拦网，队员之间需保持合适距离，既不漏球，同时也要避免互相干扰，应尽量垂直起跳，且摆臂以提前划小弧上摆为宜。

（二）拦网技术的运用（表2-1-4）

表2-1-4　拦不同来球拦网技术运用变化

进攻类型	进攻特征	拦网技术变化
强攻球	击球点高、力量大、扣球线路多	晚跳高跳，组成尽可能大的阻击面
近体快球	距网近、速度快、弧度低、不易变线	起跳、伸臂要快，正对扣球队员，手要伸过网去接近球，捕捉对方扣球路线，将球罩住
短平快球	速度快、弧度低	拦网时要人球兼顾，重点要判明扣球队员的助跑路线和起跳时机，拦网起跳要同时或稍早于扣球队员起跳，拦网应根据扣球队员的助跑方向和扣球线路将手伸过网拦堵住其主要线路
单脚背飞球	速度快、距离远、变线范围大	注意对方扣球的助跑路线、起跳点和起跳时间，拦网几乎与扣球同时起跳，起跳后，双手尽量接近球、捂住球，再根据对方的扣球手臂动作变化，拦堵对方的扣球路线

续表

进攻类型	进攻特征	拦网技术变化
平拉开球	2、4号位平拉开扣球的弧度低、速度快、进攻击截点多、变线轴射面大	拦网起跳时间应稍晚于扣球起跳时间；拦网取位一般站在离标志杆50~60 cm处，如二传球落点在标志杆外则阻拦斜线或小斜线，如在标志杆内则主要封堵直线，同时，外侧拦网手在触球瞬间应内旋，避免被打手出界
3号位半高球	距网近、速度略慢、有变线机会	集体拦半高球的起跳时间应该晚于扣球
远网或后排扣球	距网远，过网区宽，线路多，拦网手难以靠近	拦网手尽量伸向高处，封堵其主要进攻路线，一般在攻手起跳瞬间起跳，如后排扣球则起跳时间再稍晚些

拓展知识

拦网时需要注意的规则

　　手臂空中移动拦截：手臂空中移动拦截是为了提高拦网成功率。随球转移拦截：两手臂在空中由直臂改为侧倒斜向拦，如向左侧拦截，左臂伸直斜向，横放在网口上方，右臂屈肘，前臂在额部上方与网口平行，两手间距离不大于球体直径，增大拦网的宽度，以手掌、手指堵截路线。声东击西拦截：拦网者有意对准球站位，准备让出一条空当扣球路线，当对方向这条空当路线扣球时，两臂突然伸向空当阻拦对方扣球。两臂夹击拦截：拦网前，两臂分开上举，扣球队员可能从两臂中间空当扣球，但当对方扣球队员击球时，拦网队员两手突然由外向内汇合，使两臂夹击阻拦对方扣球。

第二节　排球战术理论与实践

一、排球战术的基本理论

（一）排球战术的概念

　　排球战术是指运动员在比赛中，根据排球运动客观规律、彼我双方具体情况和临场发展变化，合理运用技术所采用的有意识、有目的、有组织的个人和集体配合行动。技术是组织战术的基础，战术是技术的合理组织与良好运用，二者互相依存、互相制约。

（二）排球战术的分类

排球战术可分为个人战术和集体战术两大类（图 2-2-1）。

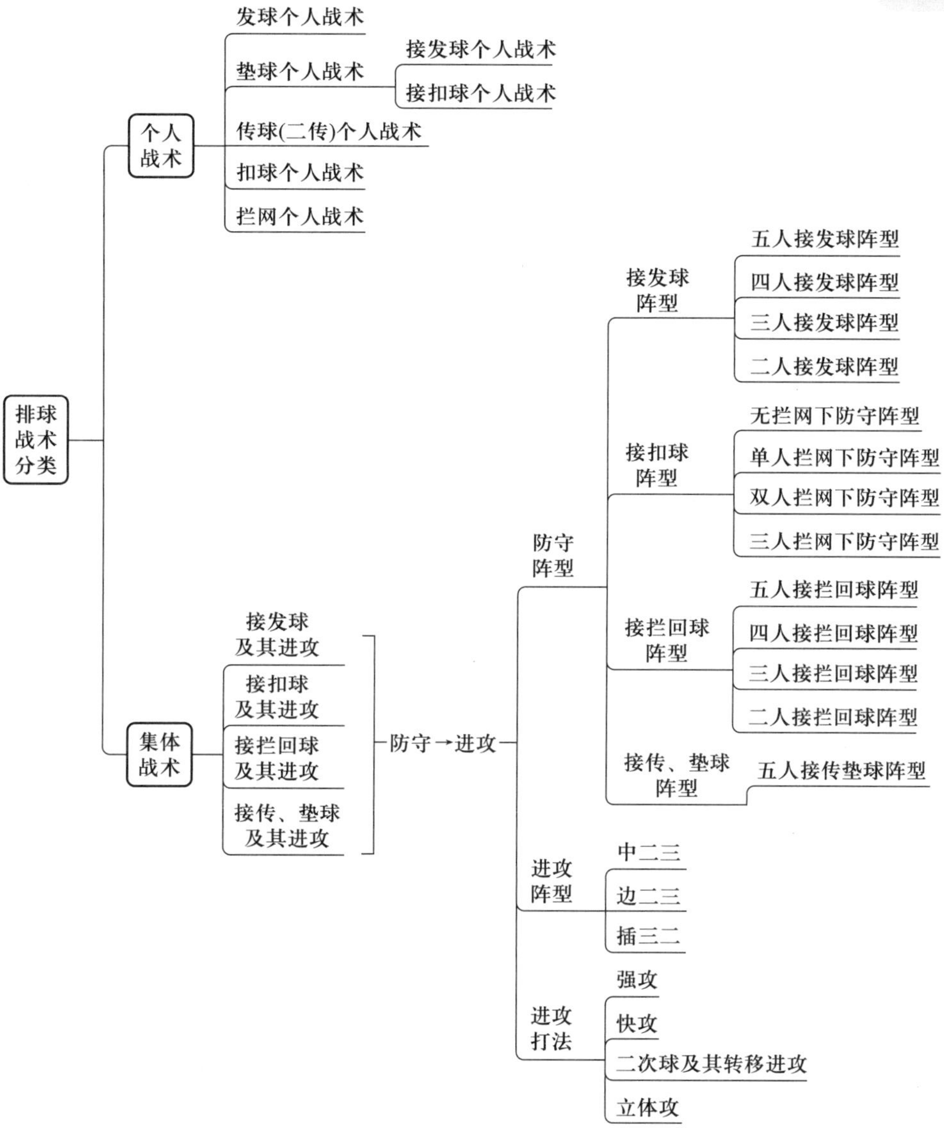

排球战术
基本原理

图 2-2-1 排球战术的分类

个人战术是运动员在比赛中根据比赛形势而采取的合理而有针对性的个人技术动作运用行动，是集体战术的有益补充。

集体战术指运动员在比赛中，为突破对方防守或抑制对方进攻，而采用的有组织、有目的、有针对性的集体配合行动。集体战术又进一步分为接发球及其进攻（简称一攻），接扣球及其进攻（反攻），接拦回球及其进攻（保攻），接传、垫球及其进攻（推攻）4 个战术系统。

（三）战术意识

战术意识是指运动员在发挥技术的过程中，支配自己行动的具有一定战术目的的思维活动，是运动员根据彼我双方情况正确使用技术的能力。战术意识是战术能力中最基础、最重要的内容。

根据排球运动的特点与规律，战术意识主要包括以下要素：

1. 技术的目的性

运动员在场上的技术运用要做到头脑清楚，目的明确，有的放矢，力求使自己的每个技术行为都带有一定的战术目的。

2. 行动的预见性

预见是行动正确的先导。运动员在场上完成动作之前，要预判可能出现的各种动态，在做完动作之后，要准备应对即将发生的任何情况，一切立足于充分准备和事先预见，防患于未然。

3. 判断的准确性

判断准确是正确发挥技术与合理组织战术的前提。要通观全局，把一切行动建立在仔细观察双方人员动态和来球的情况上，注意判断对方攻防特点，我方人员状态以及临场发展变化，从而采取相应的合理行动。

4. 进攻的主动性

进攻是得分的主要手段。为了争得比赛的优势与胜利，运动员必须具备高度的进攻意识，比赛中必须创造一切可能的机会，抓住战机，积极进攻，主动出击。同时，战术行动应带有强烈的攻击性和突然性。

5. 防守的积极性

防守是进攻的基础。为了有效地进攻，必须积极防守，接好来球，使一切防守的技术、战术带有强烈的进攻性和明确的目的性，成为辅助进攻或准备进攻的一种手段，使形式上被动的防守具有主动进攻的内涵。

6. 战术的灵活性

灵活性是战术运用的核心。要善于根据主客观情况的发展变化，灵活地运用和变换各种攻防战术。任何战术的运用，都离不开时间、空间和人员这三个因素。灵活地运用与变换战术，就是适时掌握进攻时机或及时进行防守部署（时间）；正确选择突破地点或采取恰当防守部署（空间）；合理组织与发挥全队的积极作用（人员）。

7. 动作的隐蔽性

兵不厌诈，为了有效攻击对方，争取主动和优势，在可能的条件下，必须运用各种假动作或隐蔽动作，去干扰对手的判断，以造成其错觉和不意。运动员场上行动力求隐蔽，打法诡诈，虚实结合，真假相济，使对手难以揣摩，防不胜防。

8. 配合的协调性

密切配合是集体运动项目的要素之一。运动员在场上必须胸怀全局，与同伴密切联系，加强默契，通力协作，积极配合，努力为队友创造有利的进攻机会或弥补其技术上的缺陷，促使全队战术配合圆满实现。

（四）战术指导思想

战术指导思想，或称训练思想、训练理念等，是指一个队在训练和比赛中，指导自己行动、形成技术特点、树立战术风格的理论原则与行动指南，是高水平运动队技术进步和制胜对手必不可少的重要因素。当前，我国排球战术指导思想的具体内容为："技术全面、突出特点、准确熟练、快速善变、加强体能、发展高度、不断创新。"

战术指导思想是技术战术行动的先导。先进、正确的战术指导思想，来源于训练比赛实践，又反过来指导训练比赛实践，促进运动技术水平的提高，并在实践中不断丰富与发展。教练员是训练比赛的主导者，掌握与运用先进、正确的战术指导思想，对于培养技术特点，形成战术风格，提高整体水平，造就优秀人才，实现指挥意图，争取比赛胜利，有着重要的理论意义和实践意义。要将战术指导思想充分贯彻与实施，必须做到：

1. 要统一全队思想

战术指导思想是行动的指南，要通过认真地学习与讨论，使全队人员提高对其含义与作用的认识，了解其全部内涵，才能在训练和比赛中有明确的奋斗目标和努力方向。

2. 要制订具体措施

教练员在训练实践中应沉下心摸索适合本队的战术指导思想，在研究当前主要战术指导思想基础上，结合本队的实际条件，制订适合于本队情况的主要方针与具体措施。

3. 要落实训练之中

把本队制订的战术指导思想与具体措施，落实于日常训练和各种比赛之中，贯彻于每个技术战术行动上，才能逐步形成自己的技术打法和战术风格，实现本队的训练任务和奋斗目标。

二、阵容配备、位置交换、信号联系与"自由人"的运用

（一）阵容配备

1. 场上队员的职能分工

现代排球比赛中，场上每个队员的职能分工是不同的。根据比赛中每个队员的职能分工，将场上队员划分为二传队员、主攻队员、副攻队员、接应队员以及自由防守队员。具体分工主要体现在以下方面：

（1）二传队员：二传队员是全队进攻战术的组织核心，比赛中本队每一次扣球进攻的进攻队员、进攻区域与进攻形式均由二传队员根据临场情况作出选择。一个优秀的二传队

员对本队的进攻效率和比赛胜负起着至关重要的作用。

（2）主攻队员：在进攻战术中主要通过强攻手段突破对方拦防得分。在防守战术中承接了很多的接发球与防守任务，要求其技术更为全面。

（3）副攻队员：在防守战术中主要承担网前拦网重任，在进攻战术中通过快球战术跑动进攻或掩护其他攻手进攻。

（4）接应队员：也叫接应二传，进攻主要从在场地右侧发动，是场上主要进攻点之一。优秀的接应二传能与主攻两侧呼应，给对方拦防形成巨大压力。

（5）自由防守队员：在防守战术中自由防守队员专司接发球和接扣球，是防守布局的核心，承担本队大部分防御任务。其上下场之间只需经过一次发球的比赛过程，换人不计入正规换人次数，且次数不限。

2. 阵容配备的概念

阵容配备是指比赛队伍根据比赛的任务、本队战术组织的特点及队员的身体情况，有针对性地、合理地将全队的力量有效地统筹起来，扬长避短，以最大限度发挥每一个队员的作用和特长的组织过程。按二传与攻手数量分配，主要有"五一"配备、"四二"配备和"三三"配备。

（1）"五一"配备：是指上场比赛的阵容由五名攻手和一名二传队员组成。比赛中尽可能由这名二传队员传球。"五一"配备为了弥补有时一名二传队员来不及传球所出现的被动局面，通常在二传队员对角的位置上，配备一名有较强攻击能力和一定传球能力的接应二传队员。国内外较高水平的球队一般都采用"五一"配备（图2-2-2）。

（2）"四二"配备：是指上场比赛的阵容由四名进攻队员和两名二传队员组成。其中，四名进攻队员又分为两名主攻队员、两名副攻队员。两名二传队员分别站在对角的位置上。这样每个轮次前后排都能保证各有一名二传队员和两名进攻队员（图2-2-3）。

（3）"三三"配备：是指上场比赛的阵容由三名攻手和三名二传队员组成，每名攻手和二传交替站位，保证每一轮次前排都能保持1~2个进攻队员和二传队员，适合初学的队伍采用，但进攻能力显得不足（图2-2-4）。

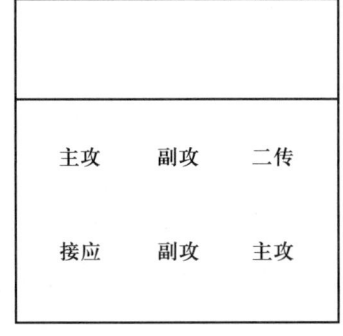

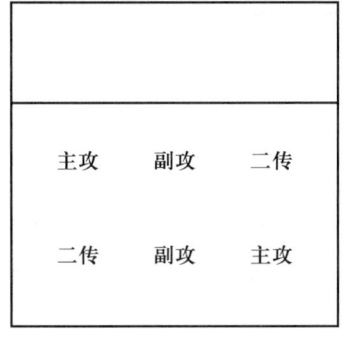

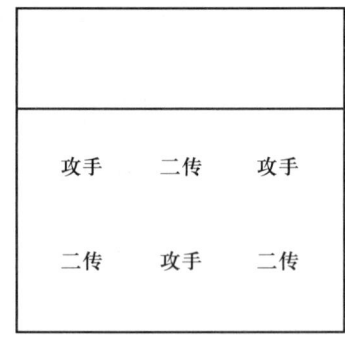

图 2-2-2　五一配备　　　　　图 2-2-3　四二配备　　　　　图 2-2-4　三三配备

拓展知识

"四二"配备与"五一"配备比较

（1）"四二"配备："四二"配备的优点是每一轮次前排都有一名二传队员和两名进攻队员，便于组织进攻。如果在后排的二传队员插上组织进攻，前排的二传队员又有进攻能力的话，则每一轮次都可形成三点进攻，从而加强了本队进攻的实力。缺点是每个进攻队员必须熟悉两名二传队员的传球特点，配合比较困难。

（2）"五一"配备："五一"配备的优点是一名二传队员容易培养；二传队员在后排时，前排三名队员都是攻手，可以加强进攻和拦网的力量；全队的进攻队员只需适应一名二传手的传球特点，在进攻配合上容易形成默契。缺点是二传队员在前排时，后排没有二传队员插上，有三轮只有两点进攻；防守反击时，二传队员如果在后排，要插上组织进攻的难度就比较大。

"五一"配备要求二传有较好的跑动传球能力，特别是当二传在后排时，对二传能力的要求高于"四二"配备。随着练习者对排球技术的掌握，"五一"配备是目前最常用的阵容。

3. 阵容配备原则

球队可以根据自身的情况选择不同的阵容配备方式，并通过比赛实践完善所选择阵容的攻守战术。选择阵容可遵循以下原则。

（1）择优原则：选择思想作风顽强、心理品质过硬、身体素质好、技术全面和临场经验丰富的队员组成主力阵容，同时考虑到每个位置上替补队员的安排。

（2）攻守均衡原则：每个轮次力争做到攻守力量相对均衡，尽量避免弱轮次的出现。

（3）相邻默契原则：要注意将平时合作默契的传扣队员安排在相邻的位置上，使其能够运用娴熟的配合产生一定的战术效应。

（4）轮次针对原则：根据对方队员的位置轮次进行有针对性的安排，比如将拦网能力强的队员对应对方攻击力强的队员，以遏制对方的进攻；遇对方进攻强的轮次时，可安排发球攻击性强的队员发球破坏对方的一传，阻止对方进攻战术的组成，取得先发制人的效果。

（5）优势领先原则：轮次的安排要注意发挥本队的优势。如，将进攻力量强的队员安排在最得力的位置上，把发球进攻性最强的队员安排在最先发球的位置上，争取开局得分，鼓舞本队士气等。

（二）位置交换

为了最大限度地发挥每个队员的特长，调动一切积极因素，加强攻防力量，以及弥补由于队员身体条件、体能、技术发展不平衡所带来的缺陷，比赛中，在规则许可的条件下采用交换位置的方法。

1. 交换位置的方法（图2-2-5）

（1）前排队员之间的位置交换：二传队员在2号位，便于组织进攻战术；主攻队员安排在4号位，便于充分助跑起跳及扩大进攻范围，若有左手扣球的队员，安排在2号位便于顺手扣球；副攻队员安排在3号位，有助于发挥其擅长拦网的优势与队员形成集体拦网，同时距离二传位置较近，便于迅速组织各种快攻战术；接应二传在2号位，有助于增强本方进攻及拦网实力。根据特殊轮次或关键分而进行的特殊换位方法：根据对方重点进攻队员的位置，把我方拦网强的队员换到相应的位置，以便重点拦阻对方的重点进攻。同时，也可把我方拦网弱的队员换到其他位置，避开对方的重点进攻。

（2）后排队员之间的位置交换：二传队员一般换到1号位，便于在插上时缩短移动距离，组织进攻；接应二传队员一般换到1号位，便于进行后排进攻；其他队员根据防守习惯或反攻战术需要换到相应位置（5号位或6号位）；自由防守队员的位置一般被有针对性地安排在防守或接发球任务最重的区域。

（3）前后排队员之间的换位方法：后排的二传队员插上时，可从1号位、6号位、5号位插上到2、3号位之间的位置，准备作二传，前排的2、3、4号位队员则后退，准备接球或进攻。

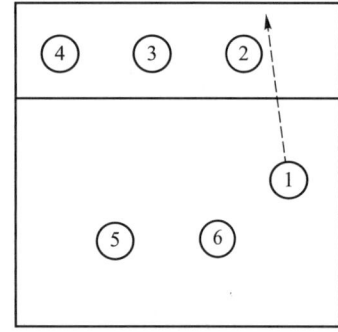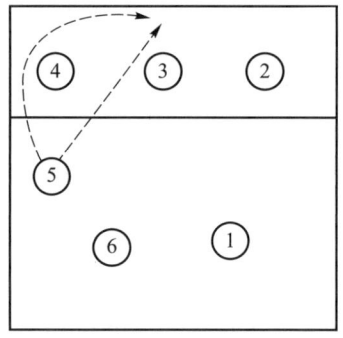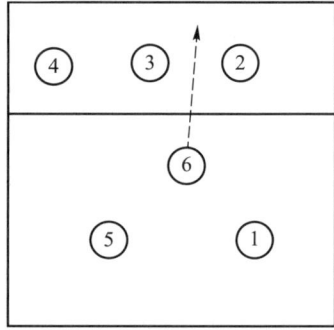

图2-2-5 前后排位置交换

2. 交换位置时应注意

（1）换位前的站位，既要防止"位置错误"犯规，又要考虑缩短换位距离。

（2）当发球队员击球后，即开始换位，应力求迅速地换到预定位置，立即准备做下一个动作。

（3）换位时，队员之间要注意配合行动，防止互相干扰，做到互相弥补。

（4）换位后，当该球成死球时，应立即返回原位，各自做好下次接球或进攻的准备。

（三）信号联系

1. 信号联系的概念

信号联系是为了统一行动目标，完成集体战术配合，根据本队情况，由教练员和运动

员共同制定的一种行动信号。

2. 信号联系的目的

信号联系的目的在于统一行动，便于场上队员了解战术行动意图，从而达到协调一致，取得比赛胜利。

3. 信号联系的方法

（1）语言信号：通过语言表达的形式完成信息的传递。使用语言要精练、清晰，一般只用一两个字，如"快""高""背"和"交叉"等；也可将战术编成号数，使用时以代号进行联系。同时信号也可以真假交替，从而起到迷惑对手的作用。这种信号的优点是变化较多，缺点则是容易暴露。

（2）手势信号：通过手势的变化完成战术信息传递的形式。手势信号是提前商定好并形成默契的固定表达形式，一般在接发球进攻时采用。这种信号的优点是隐蔽性强，缺点是需要占用运动员部分的注意力。

（3）落点信号：根据本方起球的落点作为战术发动标志的战术信息传递形式。如，一传到什么位置就组织什么战术。这种信号的优点是机动灵活，可以随比赛情况而选取合适的战术；缺点是存在误差，且容易被对手掌握后进行破译。

（4）仪态信号：通过身体姿态和面部表情所产生的暗示效应。如，教练员在临场指挥中可巧妙运用各种身体动作和面部表情来弥补语言信号不够隐蔽的缺点，还可以影响、调节运动员的比赛情绪。

（5）综合信号：由于各种信号都具备不同的优缺点，因此各种信号综合使用效果更佳。实战中，一般是以手势信号为主，以落点信号及语言信号为辅。

（四）自由防守队员

1. 自由防守队员的概念

自由防守队员（简称自由人）指不经裁判允许、不受换人次数的限制，可以替换后排任何一名队员完成防守任务，并在规则允许的范围内可以自由进出比赛场地参加比赛的队员。

2. 自由防守队员的目的

设立自由防守队员主要目的是加强一传和后排防守，促进攻守平衡，提高全队战斗力，发挥"自由人"优势的有效途径，也是赢得比赛胜利的保证。

3. 自由防守队员的运用

在现代排球比赛中，合理地使用"自由防守队员"，已经成为一支球队战术体系中重要的组成部分。很多防守阵型都是以"自由防守队员"为核心展开的。目前全国教练员培养"自由人"大致有两种意向：一种意向是把"自由人"培养成场上的领军人物，主要因为"自由人"上下场比较频繁，一来可以把场下教练员的意图带给场上队员，起到桥梁和纽带作用；二来"自由人"只是在球场的后区活动，其任务比较单一，观察和思维可能较场上其他队员清晰，能够清楚地观察到对方场上队员的种种情况，然后根据对方的情况，指挥本队的进攻以及拦防的重点位置，从而在队中起到领军人物的作用。另一种意向是单纯地把"自由人"的一传和防守技术练好，起到主力队员的作用。现在出现"双自由人"战术，"双自由人"指的是一名自由人身着规定服装，而另一位则身着普通队员的比赛服，在比赛中以替补队员的身份上场，行使后排防守的实际职能。这样一个在明、一个在暗，两位后排防守队员联手保卫本队的后防线。因为国际排联规定自由人替换不占用一场比赛6次换人的名额。两个自由人可以来回切换使用，这样的战术目前用得较为广泛一些。

三、排球战术系统

我国学者李安格教授根据排球运动的规律和战术训练的需要，将战术系统分为接发球及其进攻，接扣球及其进攻，接拦回球及其进攻，接传、垫球及其进攻四种，简称"四攻"系统。四攻包含防守和进攻两个环节，每个环节都包括阵型与打法。

（一）接发球及其进攻战术系统

接发球及其进攻也称为"一攻"。"一攻"主要包括一传、二传和扣球等环节。接发球及进攻的基本任务是将对方发过来的球接起来，并尽量准确地传给二传队员来组织各种进攻战术，直接得分或保证不失分。

1. **接发球的基本要求**

（1）正确判断：应根据发球队员的位置进行第一次判断，以确定合理的取位。发球队员击球后，再根据其发球手法、球的飞行路线和性能进行第二次判断，及时移动，进行位置上的调整。

（2）合理取位：如对方发球弧度高、落点分散，接发球站位应前后分散均衡站位；如对方发球速度快、弧度平、落点比较集中，接发球的位置要压后，队员前后靠近。

（3）分工与配合：后排队员接发球的范围可相对扩大些；接发球技术好的队员分工范围可大些，反之则小些。接发球的配合要互相保护，互相弥补。当一人接发球时，其他队员特别是相邻队员应注意保护，随时准备接应。一旦球打手飞出界外、平冲入网或飞过球网时，其他队员都应全力抢救，这样既可减少失误，又可鼓舞士气。

2. **接发球进攻的战术变化**

平拉开进攻是基础，快攻战术是重点，应根据队员的技术、战术水平以及临场的实际情况，合理地运用后排攻和两次攻，灵活组织多种多样的战术配合，给对方出其不意的攻击，以取得良好的进攻效果。

（二）接扣球及其进攻战术系统

接扣球及其进攻的过程包括拦网、后排防守、二传或调整二传、扣球等几个相互衔接的部分。其中，拦网是第一道防线，后排防守是反攻的基础，二传或调整二传是组织反攻的桥梁，而反攻中的扣球是成败的关键。接扣球及其进攻的质量如何，是直接影响能否得分的重要因素。因此，接扣球及其进攻在比赛中占有更为重要的地位。

1. 接扣球的防守要点

接扣球防守是由前排拦网和后排防守两部分组成。有效地拦网不仅可以抑制对方的进攻而且还可以直接拦死对方的扣球，达到进攻的效果。后排防守是前排拦网的后盾，起保护拦网、弥补拦网的作用，即把没有拦到的球接起来后，再组织进攻。因此，只有前后排队员紧密配合，才能达到预期的防守效果。

（1）拦网环节：这是整个防反系统的第一道防线，在这一环节体现的不仅仅是拦网队员的个人拦网技术能力，也是一个与攻手进行战术博弈的过程，拦网的取位、封堵的路线、起跳的时机等都能够对攻拦双方队员斗智斗勇的结果产生影响。随着排球运动进攻实力的逐渐加强，单人拦网已经很难对进攻方形成有效遏制，因此力争形成集体拦网也就成了高水平球队的不二选择。集体拦网由 2~3 人共同组成，其间的取位、配合等，都是集体拦网战术的体现。

（2）防守环节：当拦防不能有效阻止对方进攻球通过时，后排防守就成了力挽狂澜的屏障。此时的防守并不是毫无头绪的东扑西挡，而是与前排拦网相结合的有目的性的布防，弥补前排拦网所不能顾及的空当或漏洞，从而前后呼应，拦防一体，形成球队稳固的防守阵型体系。

（3）二传球环节：尽管防扣球比接发球难度大，起球效果也略差，二传队员仍然要尽量将球合理进行分配，尽量避开对方拦网或造成单人拦网的有利局面；当二传球过于靠近球网上沿，或对方拦网队员有所疏忽时，二传队员也可以趁机进行二次扣球，以取得出奇制胜的目的。

2. 接扣球的进攻战术

接扣球进攻在比赛中出现的次数多，是得分的主要手段，对比赛胜负起重要作用。接扣球进攻除直接拦死、拦回对方扣球以外，还有以下两种情况。

（1）触及拦网队员手后组织进攻：在比赛中，球被拦起后落在本方场区的情况不少，而这种球的飞行很不规律。因此，要根据具体情况，灵活运用各种打法，组织进攻。

在前排拦起的高球，落点在前场或中场，可将球传、垫给二传队员，组织进攻战术。也可将球传给不拦网的队员作二传，组成"两次球及其转移"进攻战术，进行突然袭击。在防守到位的情况下，各种进攻战术都可以采用。

在前排拦起的低球，速度快、落点远，球不易传、垫至网前，则要求二传队员和其他队员都积极准备，将球调整传给不拦网后撤的队员进攻。

（2）后排防起后的组织进攻：在前排没有拦到球时，主要靠后排防守起球组织进攻，前排二传队员在拦网落地后，立即转身传球。其他队员也要准备接应。

当后排防起的球到位时，各种战术都可以采用。例如，1 号位跟进防守的二传队员应迅速插上组织进攻，2 号位和 3 号位队员拦网落地后迅速后撤，准备打背平快和快球，4

号位队员准备平拉开进攻。

（三）接拦回球及其进攻战术系统

接拦回球及其进攻也称为"保攻"。保攻系统包括保护、二传和扣球等环节。随着规则允许过网拦网后，拦网即由消极的防守转为积极的进攻，球被拦回的次数不断增加。比赛中，接好被拦回的球，不仅可减少失分，并且能增强扣球队员的信心。

1. 接拦回球的特点和要求

由于攻、拦之间的攻守转换时间极为短促，而被拦回的球，其飞行路线多数成锐角反弹回来，其速度快、路线短、离网近、突然性大，因此，除要求队员具备快速敏捷的反应能力和掌握多种垫、挡、顶等防守技术外，还必须布置合理的防守阵型。

防拦回球时，队员选择的位置应根据扣球的方向、路线、力量和击球点离网的远近以及对方拦网的高度和手型而有所不同，但扣球点附近一般是接拦回球最集中、最困难的区。因此，这一区域应作为重点防守区。

2. 接拦回球进攻的战术变化

接拦回球进攻比接发球进攻、拦起后进攻及后排防起后进攻难度更大，要求更高。一般有以下三种情况。

（1）如拦回的球角度小、速度快、落点近网，则要求第一次击球时尽量将球垫高，争取调整二传组织强攻扣球。

（2）如拦回的球速度慢、落点远网，则应有意识地将球垫给二传队员组织"中、边二三"进攻战术。

（3）如拦回的球弧度高、落点在中后场，则应通过"插上"组织一系列的快攻战术或组织两次球的进攻战术。其进攻形式与接扣球进攻基本相同。

（四）接传、垫球及其进攻战术系统

接传、垫球及其进攻，简称"推攻"。推攻即接对方没有组成扣球进攻而推过来的球并组织进攻，这个系统包括接对方垫过来的球、二传、扣球等环节。排球比赛中，当对方无法组织进攻，被迫将球传、垫过网的情况，不仅在较低水平的队中经常出现，就是高水平队的比赛中也时有所见。这时，如果能抓住机会，组织快变战术进攻，就能扩大战果争取得分。如果掉以轻心，不仅会丧失良机，还会导致被动局面。因此，接传、垫球及其进攻也是不应忽视的一个环节，其进攻形式与接发球进攻形式基本相同。

1. 接传、垫球的特点

在比赛中，以传、垫球方法击球过网，一般是在不得已情况下采取的。因此，接球的一方有较充裕的时间从容地将球传、垫起来组织进攻。但有时对方有意识利用各种方法给接球一方制造困难，如平传空当、垫高球、迫使二传队员接球等。其力量与速度虽不及扣球和发球，但落点刁、突然性大，也会造成接球一方难以组成有效的进攻战术。

2. 接传、垫球阵型及其变化

对方传、垫过网的球，根据其运用的时机、条件以及来球性能的差异，可采用以下几种接球阵型和进攻战术打法。

（1）当对方一传将球垫飞，接应队员将球调整在中、后场附近，第三次无法组织进攻时，后排二传队员应尽早插到网前，前排队员快速后撤或换位，可以采用5人或3人接发球阵型，尽量组织3点战术进攻。

（2）当对方二传将球调整到中场附近，因高度限制，不能扣球时，常采用上手平传过网，并辅之找空当、弱区的方法。接这种球基本方法同上。

（3）当对方一传或二传击球时，有意识地将球突然传、垫过网时，本方在接扣球防守阵型的基础上，尽可能地组织"边二三"战术，并充分发挥3、4号队员快攻战术配合的作用。

（4）当对方传、垫球落在本方前区时，前排队员也已经后撤，这时可组织两次球进攻战术。如，对方传、垫球落在后区，前排队员能较充裕地后撤准备进攻，此时组织"插三"的战术更为有利。

四、个人战术

（一）个人战术概念

个人战术是指在集体战术配合的基础上，队员根据个人的特点和战术的需要，巧妙地运用个人技术的变化，以达到有效进攻和防守的目的。

（二）发球个人战术

发球个人战术是运动员在发球时根据场上情况有目的地变化发球技术或改变发球性能而实现增强攻击性的行为。具体情况运用如下：

1. 发球找人

把球发给对方接球技术较差的队员；把球发给连续失误的队员；把球发给刚换上场的队员；把球发给准备插上的队员；把球发给前排的快攻队员。

2. 发球找点

把球发到对方两个队员之间的空隙；把球发到对方插上的二传队员跑动换位的路线上；把球发到对方空当区域；把球发给对方换位的队员；把球发到对方后场或后场两角。

3. 变化发球路线、距离、性能和方法

在发球区的不同位置发各种路线的球；在发球区的不同位置交替向对方网前和后场发球；交替运用不同距离、不同力量、不同性能的发球。

4. 根据比赛临场情况采取不同的发球方法

当对方前排进攻力量强和本方前排拦网较弱，或对方一攻效果好，本方得分困难时，应采用攻击性强的发球，以达到破坏对方一攻的目的，摆脱本方困境的局面。当对方前排

处于进攻较弱的轮次，或本方前排拦网力量强，连连得分时，应注意发球的准确性，减少失误，避免失去得分的有利时机。当本方发球连续失误或比赛进行到关键时刻，应注意发球的准确性，减少失误。在决胜局比赛中，更应注意发球的准确性，避免因发球失误直接失分。

5. 其他运用

在室外比赛时，可根据不同的风向、风速和阳光照射的方向等情况，发高吊球、飘球或旋转球。

（三）垫球个人战术

1. 接发球个人战术

所谓接发球个人战术，是为了将对方发球接起并有利于本方组织进攻的击球动作。在面临对手发球时，根据各种战术进攻对一传的不同要求，接发球要调整不同的一传方向、弧线、速度和落点。具体如下：

（1）组织快攻战术时，一传的弧度要低一些，速度要快一些，以提高进攻的节奏。

（2）组织强攻战术时，一传的弧度要略高一些，方便二传队员组织进攻。

（3）前排队员一传时，力量不宜过大，弧度应略高一些。后排队员则相反。

（4）当对方将球传垫过网时，由于来球力量轻，可采用上手传球的方法，将球传给二传队员或直接传给主攻队员扣两次球。

（5）当发现对方场区有较大空当或对方某队员无准备时，可直接将球传垫到对方空当或无准备队员处。

2. 接扣球个人战术

防守垫球与接发球相比，具有更大的随机性和突然性，难度较大。运动员要在极短时间内做出判断并完成动作，因此对预判及个人战术选择能力要求较高。具体运用如下：

（1）根据进攻点合理取位。在对方二传组织进攻时，根据二传球的方向与落点预判对方进攻线路，及时取位。如，球离网较近，本方队员来不及拦网时，防守取位可靠前，以封堵角度；球离网较远，防守取位可靠后些。

（2）适当扬长避短。根据个人防守专长，预留更多防守空间给自己擅长一侧。如，自己的右侧面防守较好，可把这个区域适当放宽，以扩大防守面。

（3）有针对性选择防守线路。根据对方进攻队员的特点，采取相应的防守行动。如，对方只打不吊，取位要靠后；打打吊吊则取位要灵活；只有斜线则放直防斜。

（4）加强拦防之间的协同统一。根据前排拦网队员的情况主动配合、弥补。如，采用拦斜防直或反之。

（四）传球个人战术

传球个人战术主要指二传队员个人战术的应用。二传个人战术的基本任务是利用空

间、时间和动作上的变化，有效地组织进攻战术，给扣球队员创造有利的进攻条件，突破对方的拦网，使对方难以组织防御。具体运用如下：

1. 合理分球

根据本方队员的特点和进攻战术形式进行合理分球，如采用集中与拉开，近网、中网与远网，弧度高与弧度低等传球技术。

2. 隐蔽传球

二传队员尽可能地以相似动作传出不同方向的球，使对方难以判断传球的方向。

3. 晃传和两次球

二传队员先以扣两次球吸引对方拦网队员，然后突然改扣为传。也可先以传球动作麻痹对方，突然改传为扣。

4. "时间差"跳传

二传队员在跳传时，改变常规传球的时间，采用延缓传球的方法，在人和球下落过程中将球传给快攻队员，以造成对方拦网队员的时间误判。

5. 高点二传

二传队员尽可能在跳起的最高点直臂传球，以提高击球点，加快进攻速度。

6. 选择突破点

根据对方拦网的部署，选择进攻点时应尽量避开对方身材高大、拦网能力强的队员。与本方进攻队员在时间上和位置上进行协调配合，合理选择拦网的突破口，造成以多打少的局面。

7. 控制比赛节奏

在对方失误较多或场上出现混乱时，可加快比赛节奏，以快攻为主。当本方失误较多或场上队员发挥失常时，可适当放慢比赛节奏，以达到稳定情绪、调整战略战术的目的。

8. 合理运用战术

根据本队一传的情况，如到位球或不到位球、高球或低球、近网球或远网球等，合理运用传球技术组织各种战术。

9. 二次吊球

根据对方防守队员的站位，在有利于自己的情况下，突然将球直接传入对方空当。

（五）扣球个人战术

扣球个人战术的任务是扣球队员根据比赛中对方拦网和防守情况，选择合理的扣球技术和线路，更有效地突破对方的防御。

1. 扣球线路的变化

（1）扣球时，采用直线和斜线相结合，长线与短线相结合。

（2）利用助跑路线与扣球路线方向的不同，迷惑对方拦网和防守队员，如直线助跑扣斜线球、斜线助跑扣直线球等。

（3）朝防守技术差和意志不顽强的队员扣球或扣向对方空当和防守薄弱的区域等。

2. 扣球动作的变化

（1）运用转体、转腕的扣球技术，突然改变扣球方向避开对方拦网队员。

（2）运用超手高点扣球技术，从拦网队员手上方进行突破进攻。

（3）选用正面扣球变为勾手扣球动作，造成对方拦网队员判断失误。

（4）利用突然性的两次攻，造成空网或一对一进攻的有利局面。

（5）高点平打，造成球触拦网队员手后飞向后场远区或有意向两侧打手出界。

（6）突然采用单脚起跳扣球技术，使对方来不及拦网。

（7）有意识地提早或延迟扣球时间，使对方难以掌握拦网的起跳时间。

（8）运用轻扣或吊球技术使球随拦网队员一同下落，增加拦网队员自我保护球的难度或使球落在对方网前或拦网队员的身后。

（9）利用"时间差""位置差""空间差"个人扣球动作变化，晃开对方拦网。

（六）拦网个人战术

拦网个人战术是通过准确的起跳时机、空中的拦网高度和拦击面、手型动作的变化等因素来实现的攻击行动。具体运用如下：

1. 假动作

拦网队员可灵活地运用站直拦斜、站斜拦直、正拦侧堵及佯装拦强攻、实为拦快攻等假动作迷惑对方，提高拦网效果。

2. 变换手型

拦网队员起跳后，根据进攻队员的动作改变，拦网手型随机应变，以达到拦击对方的目的。

3. 撤手

在发现对方要打手出界或平扣球时，则可在空中及时将手撤回，造成对方扣球出界。

4. "蹬跳"拦网

身高和弹跳较好的队员为了更好地拦击对方快速多变的战术，采用蹬跳拦第一点的快攻球，再迅速起跳拦第二点的进攻。

5. 前伸拦网与直臂拦网

在拦击对方中、近网扣球时，手臂尽可能前伸接近球，封堵进攻线路。在对方远网扣球时，尽可能直臂拦击，以增加拦网面。

6. 单脚起跳拦网

利用单脚起跳快、空中飞行距离长的优势，以弥补双脚起跳来不及的拦网。但要控制好空中飞拦的距离，避免冲撞本方队员。

五、集体战术

（一）集体战术概念

集体战术是指运动员在比赛中，为突破对方防守或抑制对方进攻，灵活运用合理的攻防技术，按照一定的形式采取的有组织、有目的、有针对性的集体配合行动。

（二）集体进攻战术

1. 进攻阵型

进攻阵型是指球队在组织进攻时的基本站位形式，是组织与运用进攻战术打法的平台。根据二传队员的位置可分为"中二三""边二三"和"排三二"三种阵型，可以演绎出多种多样、精彩纷呈的战法。

（1）"中二三"阵型

① 二传队员在3号位时：由3号位队员担任二传，2、4号位队员扣球的组织形式称为"中二三"进攻阵型。"中二三"进攻阵型是最基本的进攻阵型，其特点是二传队员在中间，一传容易到位，战术可简可繁，适合不同技术水平的队。技术水平较低的队可组织前排2、4号位扣一般高球，高水平的队可组织各种战术乃至立体进攻。其基本站位如图2-2-6所示。

② 二传队员在4或2号位时：可以通过换位变成"中二三"阵型（图2-2-7）。

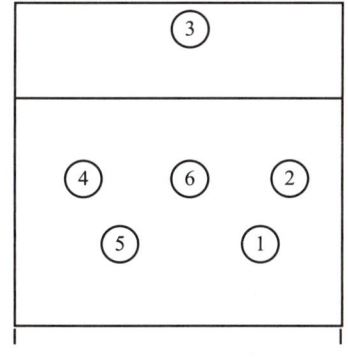

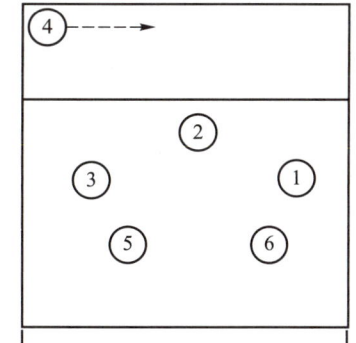

图 2-2-6 "中二三"阵型　　　图 2-2-7 换位成"中二三"阵型

（2）"边二三"阵型

① 二传手在2号位：由前排2号位队员担任二传，3、4号位队员扣球的战术形式称作"边二三"进攻阵型。"边二三"进攻阵型也是基本的进攻阵型，其特点是二传队员在边上，对一传的要求稍高，但战术变化比"中二三"进攻阵型多，战术可简可繁，同样适合不同技术水平的队。其基本站位如图2-2-8所示。

② 反"边二三"阵型：4号位队员站在网前担任二传（图2-2-9），其他队员参与进攻，如果2、3号位队员是左手扣球，采用这种阵型比较有利。

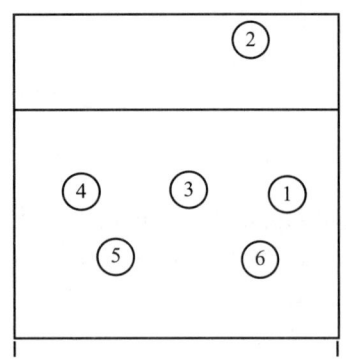

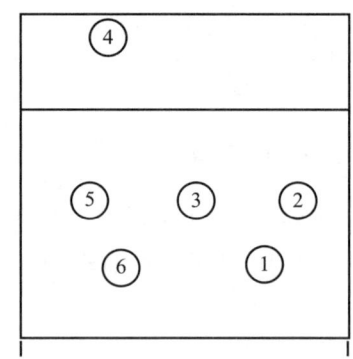

图 2-2-8 "边二三"阵型   图 2-2-9 反"边二三"阵型

③ 换位成"边二三"阵型：当二传队员在4号位时，通常采用把反"边二三"换位成"边二三"阵型（图 2-2-10）。

（3）后排插上阵型

由后排任何一个队员插到前排担任二传、前排三名队员进行扣球的组织形式，称为"插上"进攻阵型。这种阵型目前被国内外强队所普遍采用。它的特点是可保持三点进攻，战术机动灵活，打法变化多端。后排插上有三种基本站位方法，分别是6号位插上（图 2-2-11）、1号位插上（图 2-2-12）和5号位插上（图 2-2-13），此外结合"中二三"或"边二三"还可变化为"假插上"。

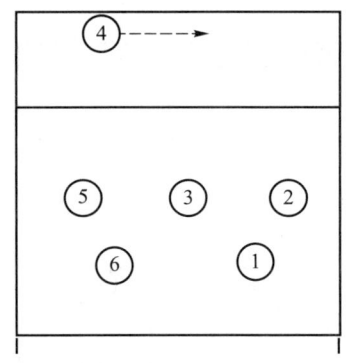

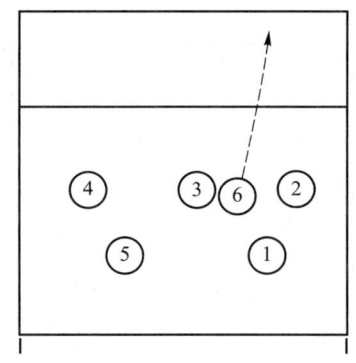

图 2-2-10 换位成"边二三"阵型   图 2-2-11 6号位插上

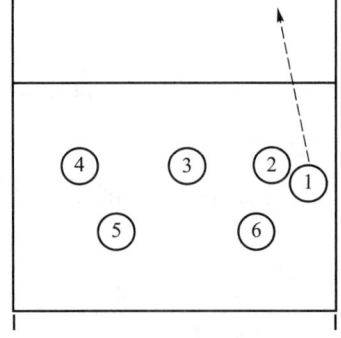

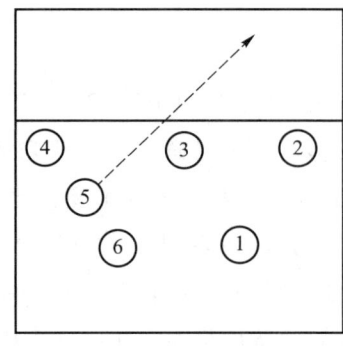

图 2-2-12 1号位插上   图 2-2-13 5号位插上

（4）假插上阵型

当二传队员在前排时，可以运用假插上的站位方法来迷惑对方。如 2 号位队员站在 3 号位队员身后，或 3 号位队员站在 4 号位队员身后，假作后排队员插上，当一传球较高而近网时，假插上队员突然扣两次球或吊球，能起到突然袭击的效果（图 2-2-14、图 2-2-15）。

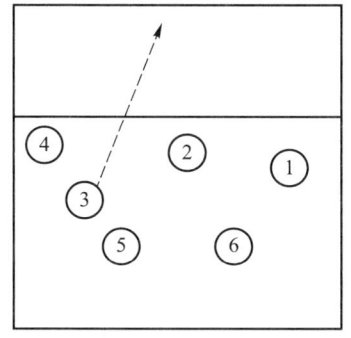
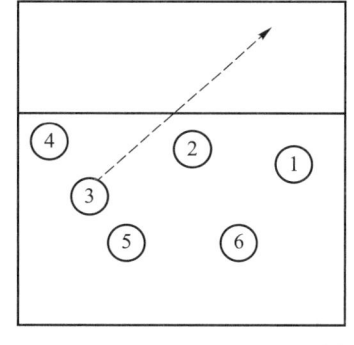

图 2-2-14　假插上成"中二三"　　　　图 2-2-15　假插上成"边二三"

2. 进攻打法

（1）强攻

强攻是指在本方无掩护或较少掩护的情况下，依靠扣球队员个人的力量、高度和技巧强行突破对方拦防的进攻方法。强攻是现代排球比赛中制胜的关键，世界一流水平的队伍，无论是在强攻扣球的力量与速度，还是在高度与变化上都占有明显优势。

强攻的二传球较高，根据不同的二传球位置，可以分为集中进攻、拉开进攻、围绕进攻、调整进攻和后排进攻等。

① 集中进攻：是在 4、2 号位组织靠近 3 号位的高球进攻，或在 3 号位扣一般的高球，此种打法简单，扣球人容易掌握，适合于初学者或刚组建的球队运用。

② 拉开进攻（图 2-2-16）：二传队员将球顺网传到标志杆附近的进攻队员，通过网区直接击球过网的扣球打法，

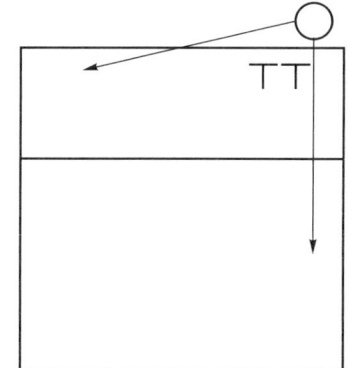

图 2-2-16　拉开进攻

称为拉开进攻。相比集中进攻，拉开进攻的进攻路线可有更多选择。

③ 围绕进攻：进攻队员围绕二传队员的前、后跑动扣球为围绕进攻。从二传队员的前面绕到后面去扣球是后围绕进攻（图 2-2-17）；从二传队员的后面绕到前面去扣球为前围绕进攻（图 2-2-18）。这种进攻打法有利于避开对方拦网有效区域实施突破。

④ 后排队员进攻（图 2-2-19 至图 2-2-21）：后排队员在进攻线后起跳，将球从过网区直接扣过为后排进攻。此种打法可以弥补前排进攻点不足和弱轮次，使对方不易选择拦网位置，也不易掌握起跳时间。

围绕进攻

后排进攻

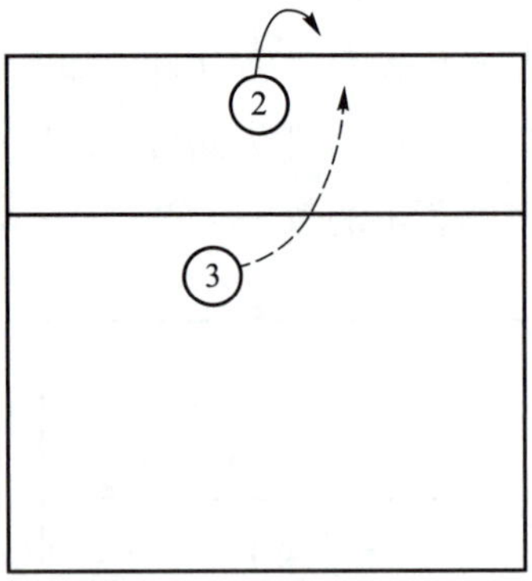

图 2-2-17　后围绕进攻 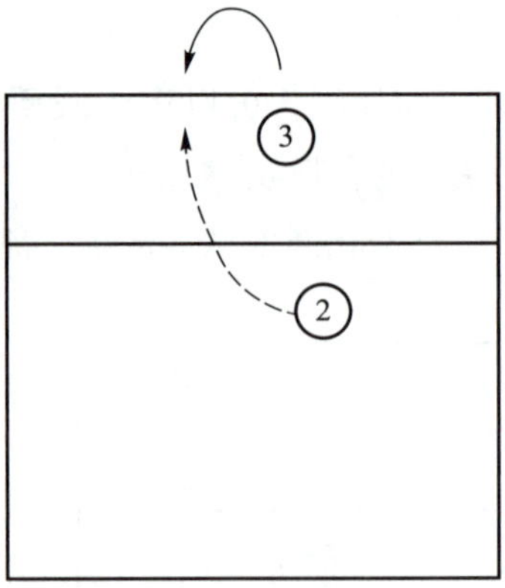　　　　　　图 2-2-18　前围绕进攻

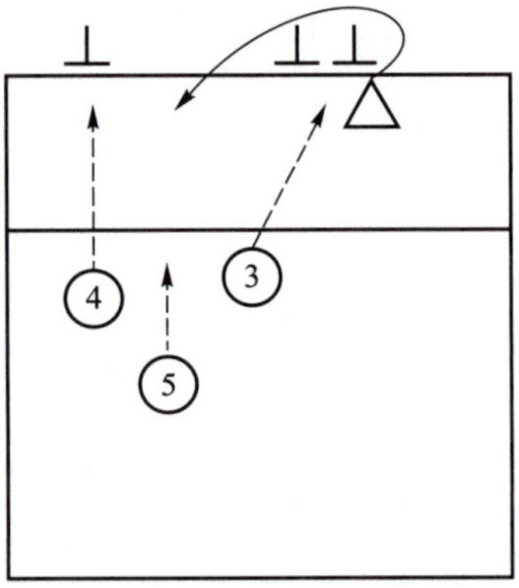

图 2-2-19　5 号位后排进攻 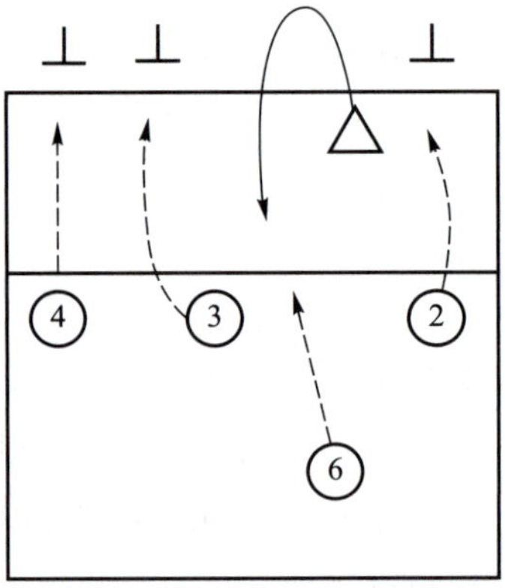　　　图 2-2-20　6 号位后排进攻 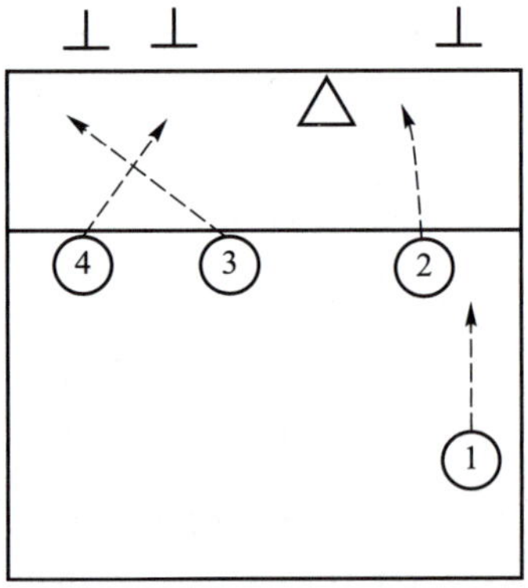　　　图 2-2-21　1 号位后排进攻

⑤ 调整进攻：当接发球或防守起球不到位时，需二传队员和其他队员把球调整到往前的有利位置，然后组织进攻，也可传给扣球有利的后排队员进攻。这一打法在防守反击时运用较多。

（2）快攻

快攻是各种快球及以快球掩护同伴进攻或自我掩护进攻所组成的各种快速多变进攻战术的总称。快攻是我国排球的传统打法。由于快攻具有速度快和掩护作用强的特点，能在时间和空间上发挥优势，有效地突破对方的防御。快攻可以分为快球进攻、自我掩护进攻和快球掩护进攻三类。

① 快球进攻（图 2-2-22）：是指进攻的速度快，即二传队员将球以低平或快速的方式传给扣球队员，扣球队员立即进行迅速挥臂击球的战术打法，统称为快球进攻。它包括近体快（A）、短平快（B）、背快（C）、背平快（D）、背溜（E）、平拉快（F）、远网快、后排快、单脚快 9 种。

② 自我掩护进攻：是指进攻队员利用快球的助跑、起跳假动作来掩护自己所进行的第二个真扣球动作。自我掩护可分为以下三种：

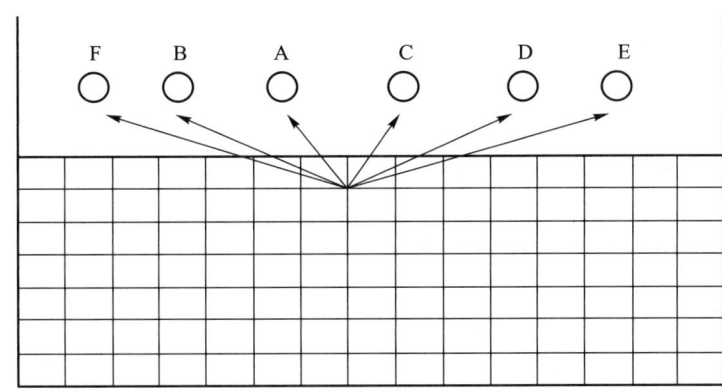

快球进攻

图 2-2-22 快球进攻

a."时间差"进攻：时间差是指队员进攻时，利用对方拦网队员起跳时间的误差，达到突破对方拦网目的的一种打法。进攻时，扣球队员第一次佯攻助跑、急停、制动和挥臂动作都要做得逼真，在对方拦网队员被诱，起跳后下落之际，突然变为原地起跳，进行第二次实扣。这种快攻打法目的是造成对方拦网在起跳时间上的错误，突破对方的拦网。"时间差"包括近体快"时间差"和短平快"时间差"。

近体快"时间差"进攻：是在近体快球的位置上进行"时间差"进攻。

短平快"时间差"进攻：是在短平快的基础上进行"时间差"进攻。

b."位置差"进攻：进攻时，扣球队员佯攻助跑起跳，当对方拦网队员被诱跳起拦网时，扣球队员突然向侧方跨步起跳扣球，从位置上摆脱对方的拦网，达到空网进攻的目的。"位置差"包括短平快错位进攻和近体快围绕错位进攻。

短平快错位进攻（图 2-2-23）：3 号位或 4 号位队员做短平快佯攻，然后突然向右跨步起跳扣集中的半高球。

近体快围绕错位进攻（图 2-2-24）：3 号位队员近体快佯攻，然后突然向右跨步围绕到二传队员身后起跳扣半高球。

c."空间差"进攻：利用起跳后的空间移位，造成时间和击球点的不同进行进攻，称为"空间差"进攻，包括前飞、背飞、拉三、拉四进攻（图 2-2-25）。

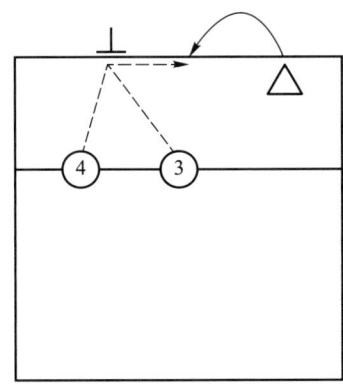

图 2-2-23 短平快错位

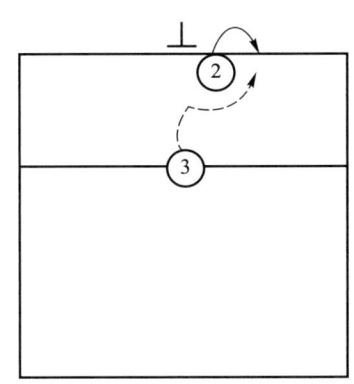

图 2-2-24 近体快围绕错位

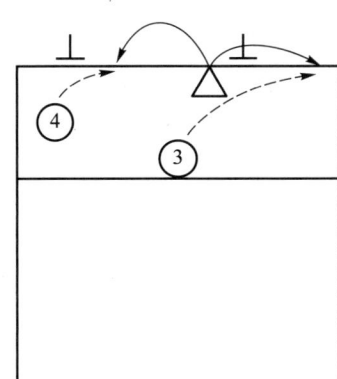

图 2-2-25 空间差

③ 快球掩护进攻：是指一名进攻队员利用各种平快球进行佯攻掩护，然后二传队员将球传给其他进攻队员扣球进攻。在快球掩护进攻中，一般采用近体快、短平快和背快球掩护。快球掩护进攻能帮助其他进攻队员摆脱对方集体拦网，造成以多打少甚至空网进攻的机会。佯攻队员要积极跑动进行掩护，二传队员要灵活机动地进行传球，扣球队员要全力快速跑动实扣，只有虚实并举，才能起到更好的效果。快球掩护进攻除中间快球掩护、两边拉开进攻外，还有交叉进攻、梯次进攻、夹塞进攻、双快一跑动进攻和双快与三快进攻等。

a. 交叉进攻：是指一名进攻队员快球掩护，另一名进攻队员与其交叉换位后在二传身旁扣半高球，包括前交叉（图2-2-26）、后交叉（图2-2-27）、背交叉（图2-2-28）、反交叉（图2-2-29）和假交叉（图2-2-30）5种进攻。这种打法能造成对方两名拦网队员互相阻挡，因而突然性强、攻击性大、效果好，是目前各球队运用较多的一种方法。

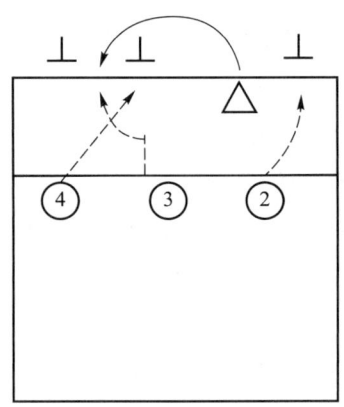

图 2-2-26 前交叉进攻

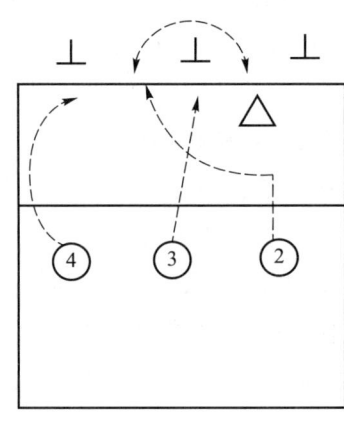

图 2-2-27 后交叉进攻

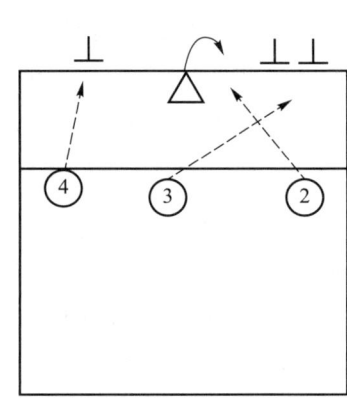

图 2-2-28 背交叉进攻

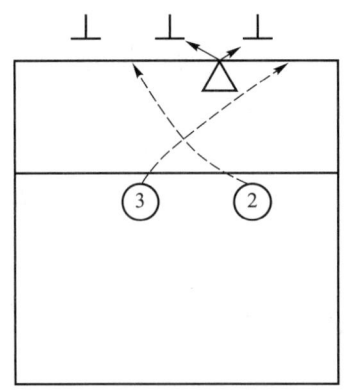

图 2-2-29 反交叉

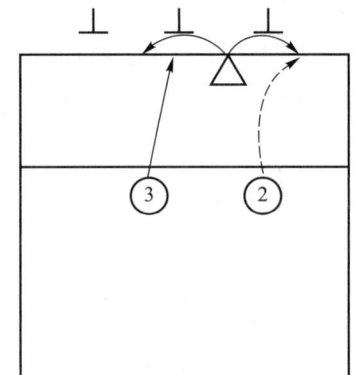

图 2-2-30 假交叉

b. 梯次进攻：又称为重叠进攻，是指一名进攻队员快球掩护，另一名进攻队员在其身后扣距网稍远的半高球。这种打法可以在同一进攻点上以多打少，利用两名队员扣球的时间差间的变化，造成对方拦网判断错误，相互阻挡，从而晃开拦网队员而进攻（图 2-2-31 至图 2-2-33）。主要为 4 号位队员跑动到二传队员前面做近体快球掩护，3 号位队员上步到 4 号位队员背后扣半高球。或者 3 号位队员做背平快掩护，2 号位队员在其身后做梯次扣球，或 3 号位队员做短平快掩护，4 号位队员在其身后右侧做梯次扣球。

重叠进攻

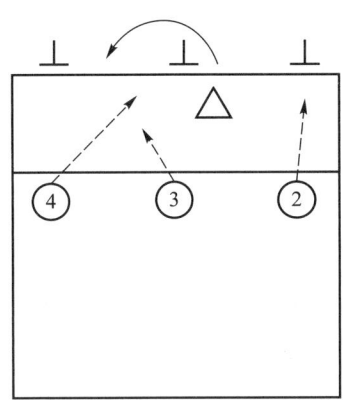
图 2-2-31 3 号位重叠进攻

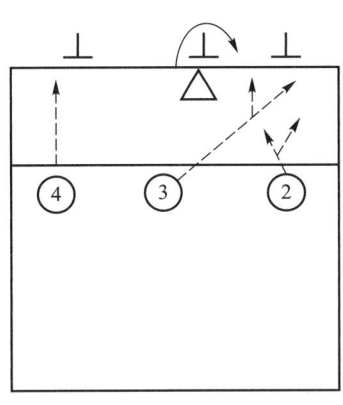
图 2-2-32 2 号位重叠进攻

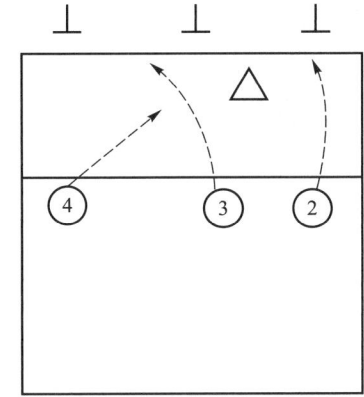
图 2-2-33 4 号位重叠进攻

c. 夹塞进攻：一位扣球队员与二传手配合，佯扣短平快球，吸引对方拦网。另一位扣手突然插入两人之间扣球。可以达到摆脱拦网、创造空当的目的，提高扣球成功率。因扣球队员如瓶塞夹入，故称夹塞进攻。（图 2-2-34、图 2-2-35）。

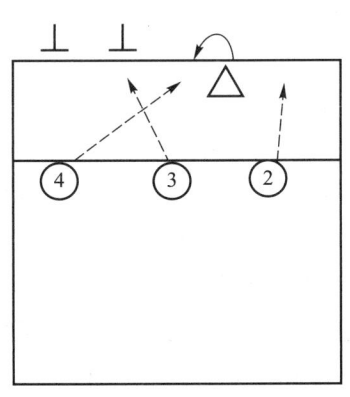

图 2-2-34 4 号位夹塞进攻

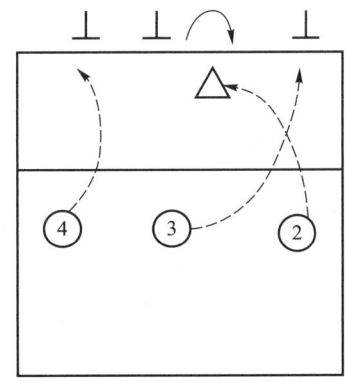
图 2-2-35 2 号位夹塞进攻

d. 三快进攻：由前排三名队员同时在不同地点发动快球进攻称为"三快进攻"（图 2-2-36、图 2-2-37）。

e. 双快一跑动进攻：由两名进攻队员做快球掩护，另一名进攻队员针对对方拦网的空隙，积极跑动，进行活点进攻，并造成对方拦网队员的互相阻挡，给对方以突然袭击，迫使对方拦网队员处于仓促应战、顾此失彼的境地（图 2-2-38 至图 2-2-40）。

夹塞进攻

三快进攻

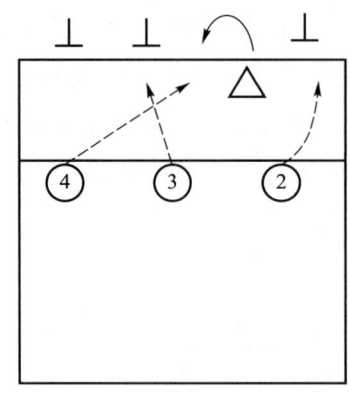

图 2-2-36 三快进攻一

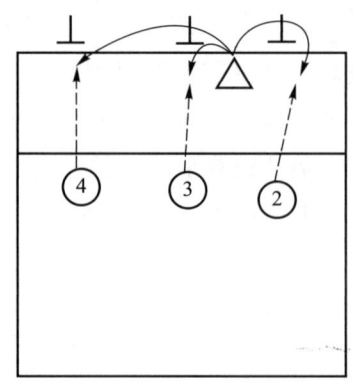

图 2-2-37 三快进攻二

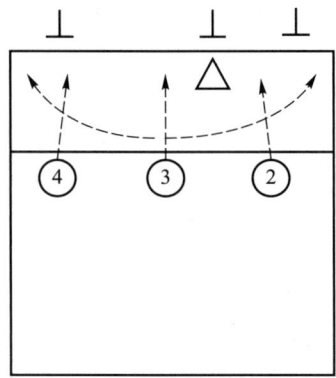

图 2-2-38 3 号位跑动进攻

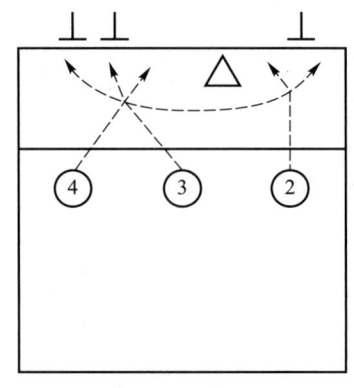

图 2-2-39 4 号位跑动进攻

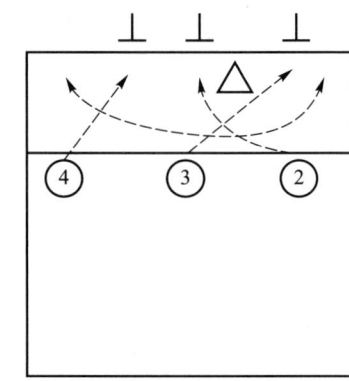

图 2-2-40 2 号位跑动进攻

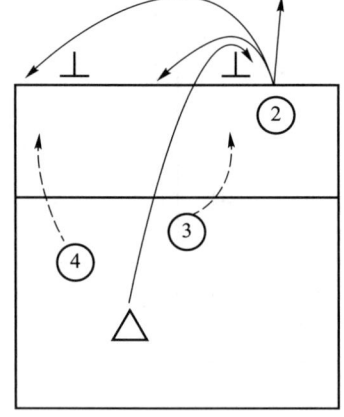

图 2-2-41 2 号位二次进攻

（3）两次攻及其转移

当一传来球较高，又在网前适当位置，前排队员可以起跳在第二次击球就进行扣球，如遇拦网，就在空中改做二传，转移给其他前排队员进攻，这种打法就为两次攻战术（图 2-2-41）。其特点是在三次击球过网中，有两次扣球进攻的机会，而且前排仍可保持三人进攻，具有较大的突然性；第二次击球时进攻可以加快进攻速度，破坏对方的节奏。运用两次转移，能迷惑对方拦网，不足之处是对扣球队员要求较高，难度较大，目前在实战中运用虽少，效果却较好。在对方发球攻击性小、扣球威力不大、对方吊球或把球传垫过来时均可采用。

运用两次球进攻时，要求一传稳准地传到前排适当位置，进攻队员要有原地起跳扣调整球的能力。二传队员突然运用两次球进攻，由于出其不意，能取得最佳效果。为了便于两次球进攻，一传的出球路线应与球网成较小夹角，且传出球的弧度应稍高，速度应稍慢。运用跳传转移时，跳传队员必须具有进攻能力，才能吸引对方的拦网，应根据对方拦网的实际情况，作出扣或传的决定。跳传可以原地起跳，也可以助跑起跳，助跑距离以一两步为宜。跳传队员起跳要适时，过早起跳会导致身体跳起在下降时传球，影响传球的力度和准确。当然，扣两次球的假动作应该逼真，否则会影响跳传转移的实际效果。

虽然两次攻可由任何一名进攻队员进行，但由于二传队员常常在网前2号位站位，因此两次攻大都由二传队员进行。两次攻中的跳传转移主要有以下几种变化：

① 短传转移。2号位队员跳传低球转移给相邻的队员进攻。

② 长传转移。2号位队员跳起长传给4号位队员扣球。

③ 围绕转移。2号位队员跳起背传低球转移给围绕到身后的3号位队员扣球。

（4）立体进攻

立体进攻是指在前排队员运用各种快变战术组织进攻的同时，掩护后排队员进攻，形成横向和纵深都有进攻的打法。立体进攻就是一种前排与后排、快攻与强攻、时间与空间上的多方位组合进攻。立体进攻的特点：可以增加进攻点，形成进攻队员在人数上（与拦网人数相比）的优势，争取网上更多的空间以便突破；可以扩大进攻范围，由于有近网进攻，也有中、远网的进攻，因此在时间上及空间范围上增加了进攻范围，这就给对方拦网在判断、移动、起跳还有后排防守增加了困难。另外，立体进攻还能弥补"五一"配备中当二传轮到前排时有三轮只有两点进攻的弱点。

立体进攻的精髓是前后排的融为一体和互为掩护。在整个立体进攻中，后排队员的进攻参与占有极其重要的位置，在一定程度上决定着立体进攻的主攻方向，起到了掩护前排快攻的作用。

立体进攻已被高水平球队普遍使用，代表着当今排球发展的潮流。近年来，运用立体进攻时，二传队员的站位有距球网稍远的趋势，即站位更靠近进攻线。二传队员的这种站位，或可称为"心二传"。"心二传"由于既能快速传球给前排，又能快速传球给后排，因此有利于组织后排进攻及前后排相互掩护进攻，使前后排互为掩护的进攻战术有更多的变化，也更具迷惑性。

（三）集体防守战术

1. 接发球阵型及其变化

接发球是攻防转换的重要一环，在选择接发球阵型时不仅要有利于接球还要有利于本方后续的进攻战术。

接发球阵型按照接球人数可以分为五人接发球阵型、四人接发球阵型、三人接发球阵型和二人接发球阵型。

① 五人接发球阵型及其变化

"一三二"站位：该站位是前排一名二传队员（或后排二传插上）站在网前不参与接发球，前面三名队员接前场区的球，后面两名队员接后场区的球的站位形式，也称为"W"形站位（图2-2-42）。采用这种站位接发球，队员接球面积均等、职责分明，但是队员之间的"结合部"增多，也不利于接对方发到边角上的球。

"一二一二"站位：该站位是前排一名二传队员（或后排二传插上）站在网前不参与接发球，前面两名队员接前场区的球，中间一名队员接中场区的球，后面两名队员接后场区的球的站位形式，也称为"M"形站位（图2-2-43）。采用这种站位对接对方下沉飘球、高吊球以及发到边角上的球比较有利，但对接对方发到场地两腰及后场区的大力球和平飘球等较为不利。

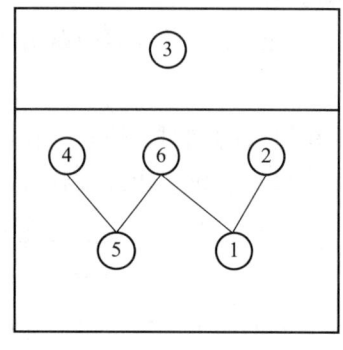
图 2-2-42　"一三二"站位

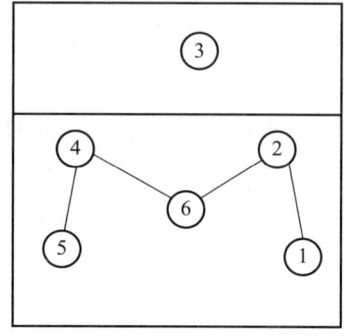
图 2-2-43　"一二一二"站位

"一"字形站位：该站位是前排一名二传队员（或后排二传插上）站在网前不参与接发球，其余五名接发球队员在球场中后区"一"字形排开的站位形式（图2-2-44）。采用这种站位形式队员左右距离较近，每人守一条线是对应对方大力跳发球、平冲飘球等的有效站位形式。

"假插上"站位：该站位是二传队员在前排时站在快攻队员身边成"插上"的站位形式。例如2号位队员站在3号位队员身后佯作后排插上，当对方发球弧度较高且靠近网前时该队员可以突然打二次球或吊球同时6号位队员佯攻掩护达到突击的效果（图2-2-45）。

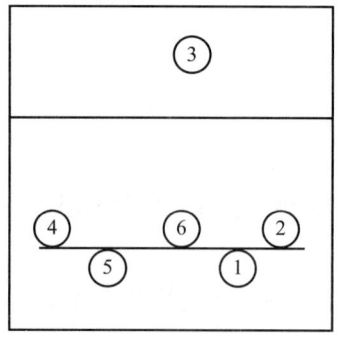
图 2-2-44　"一"字形站位

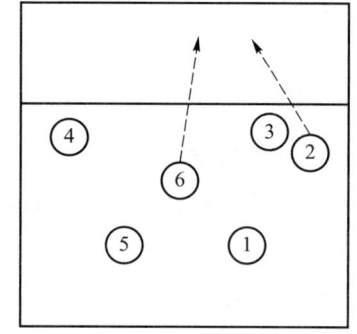
图 2-2-45　"假插上"站位

隐蔽站位：该站位是在不违反规则的情况下，前排队员站在通常是后排队员的位置上，而后排队员站在通常是前排队员的位置上，用以迷惑对方的站位形式。

示例一：3号位队员站在中后场，二传队员插上，1号位队员佯攻掩护3号位队员进攻，可以组成加塞、梯次、拉开等战术进攻（图 2-2-46 ）。

示例二：3 号位队员站在中后场，二传队员插上，5 号位队员与 2 号位、4 号位队员同时佯攻，3 号位队员进攻，可以达到迷惑对方的效果（图 2-2-47 ）。

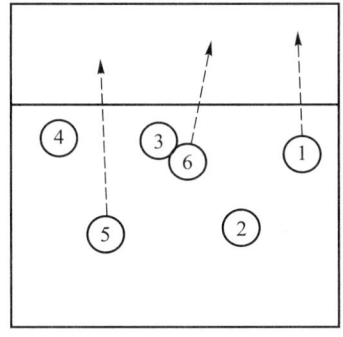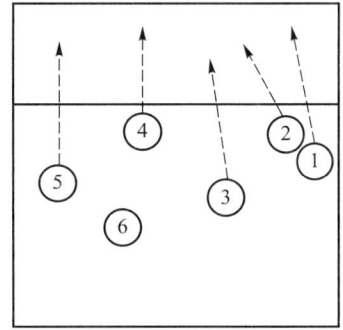

图 2-2-46　隐蔽站位 1　　　　　　　　图 2-2-47　隐蔽站位 2

② 四人接发球阵型及其变化形式：四人接发球阵型一般结合"插三二"进攻阵型使用，是插上队员与前排同列队员都站在网前不接发球，其余四名队员接发球的阵型，这种阵型只有四名队员参与接发球，因此往往采用"盆"形站位，具体有："浅盆"形站位（图 2-2-48 ）、"一"字形站位（图 2-2-49 ）、"深盆"形站位（图 2-2-50 ）三种形式。

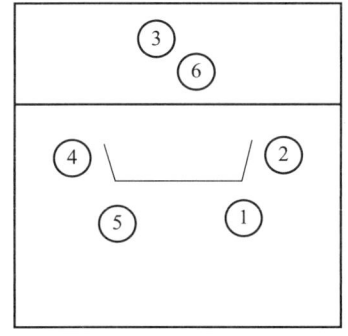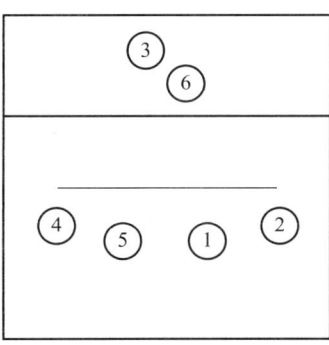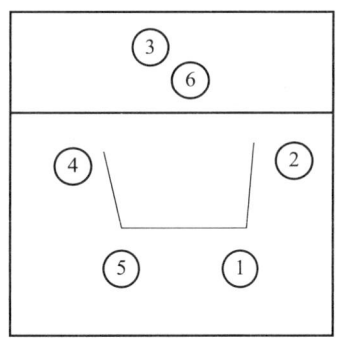

图 2-2-48　"浅盆"形站位　　　　图 2-2-49　"一"字形站位　　　　图 2-2-50　"深盆"形站位

"浅盆"形站位主要用于接对方落点靠后或速度平快的发球。"一"字形站位主要用于接对方的大力跳发球或平冲球等。"深盆"形站位主要用于接对方下沉球或长距离飘球等。

③ 三人接发球阵型及其变化形式：三人接发球阵型是前排两名队员和一名插上队员不接发球，或是前排三名队员不接发球由其余三名队员接发球的站位阵型。其主要形式有：

"前一后二"站位：该站位是前排两名队员和一名插上队员不接发球，由一名前排队员和二名后排队员接发球的站位形式（图 2-2-51 ）。

"后三"站位：该站位是前排三名队员不接发球，由后排三名队员接发球的站位形式（图 2-2-52 ）。

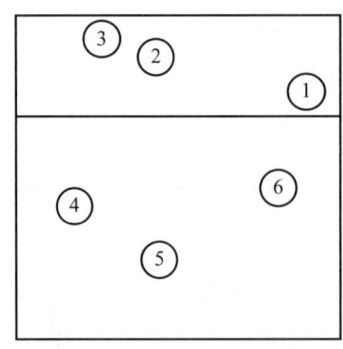
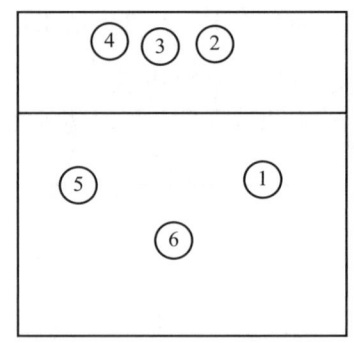

图 2-2-51 "前一后二"站位　　　　　　图 2-2-52 "后三"站位

④ 二人接发球阵型及其变化形式：二人接发球阵型由三人接发球阵型演化而来，通常由自由人或球队中一传水平最高的队员来接球，其他队员负责进攻，二人接发球的站位方法对接发球的队员要求非常高，因此这种站位阵型多用于世界一流强队。主要有以下两种形式：

"后二"站位：该站位由后排两名队员负责接发球，另一名后排队员不接发球，负责后排进攻（图 2-2-53）。

专人接发球站位：这种站位方法是由球队中两名一传最好的队员负责接发球（图 2-2-54）。

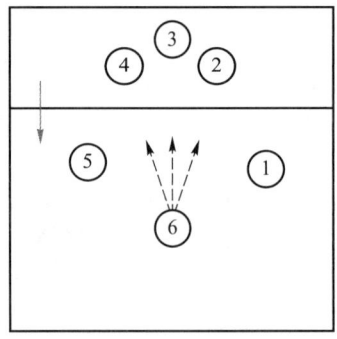
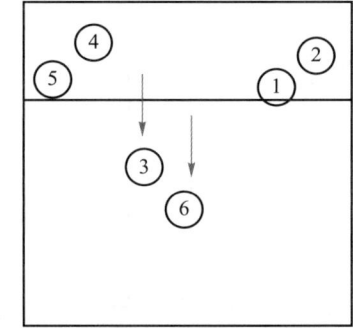

图 2-2-53 "后二"站位　　　　　　图 2-2-54 专人接发球站位

2. 接扣球防守及其阵型

接扣球防守战术体系是由前排拦网和后排防守两个相互联系、相辅相成的部分组成的。有效的拦网可以抑制对方的进攻，大幅降低后排防守难度；而成功的拦网与防守，则可为本方反攻创造有利条件。

（1）选择与运用接扣球防守阵型依据

① 根据对方进攻战术的特点与态势：如两点或三点进攻，二传近网或远网、拉开或集中，及其个人的扣球特点等。

② 根据本方队员拦网、防守的能力与水平：如拦网队员的身高、弹跳力和判断力，

后排各个位置队员的防守情况等。

③ 根据本方反攻战术组织的需要：如采用"心跟进"或"边跟进"的防守阵型等。

④ 根据临场情况的发展与变化：如对方吊球增多，就由"边跟进"改为"心跟进"防守，或不拦网后撤改为内撤等；彼变我变，有时彼不变我亦变，以提高战术灵活性。

（2）拦网

拦网分为单人拦网和集体拦网两种形式。集体拦网是指排球比赛中，由两名或三名队员彼此靠近实施拦网，当其中一名队员触到球时即完成集体拦网。集体拦网分双人拦网和三人拦网，其目的是为了扩大拦网的截击面。

① 双人拦网：双人拦网主要由2、3号位或3、4号位队员所组成。当对方从4号位组织拉开进攻时，应以本方2号位队员为主，3号队员移动靠拢协同配合拦网，组成双人拦网。如果比较集中，则以3号位队员为主，2号位队员进行配合拦网。当对方从3号位进攻时，一般应以本方3号位为主，4号位队员协同配合。当对方从2号位进攻，则以本方4号位队员为主，3号位队员进行协同配合拦网。

② 三人拦网：在6人制比赛中，三人拦网多在对方高点强攻的情况下运用。

在对方大力扣球时采用的集体拦网，应以一人为主拦队员，另外队员为配合队员。一般情况下距对方扣球点近的队员为主拦队员。

主拦队员必须抢先移动到对方扣球点的位置，做好起跳准备，配合队员则迅速移动靠近主拦队员，准备同时起跳。注意相互间的合适距离，集体拦网起跳时，队员的手臂应在体前划小弧向上摆伸，要尽量垂直向上起跳，要防止互相碰撞和干扰。手臂在空中既不能重叠，造成拦击面缩小，又不能间隔太宽，造成中间漏球。靠近边线拦网队员的外侧手应适当内转，以防打手出界。

③ 拦网战术变化：拦网战术可从以下几个方面进行变化。

a. 人盯人拦网：拦网队员各自负责拦对方与自己相对应位置的进攻队员，进行固定人员的拦网，这种形式称为人盯人拦网。其优点是职责清楚，分工明确。但当对方进行交叉进攻时，需要及时交换盯人拦网，以免造成无人拦网的被动局面。

对方做中间近体快、两翼拉开进攻时，本方3号位队员负责拦中间快球，2、4号位队员分别负责拦两翼的拉开进攻，并在此基础上尽可能组成双人拦网（图2-2-55）。

对方采用交叉进攻及背后拉开进攻时，本方4号位队员拦对方2号位的拉开进攻。2号位队员在盯住对方4号位进攻队员时，一旦发现4号位队员内切进行快攻，应立即与本方3号位队员呼应，交换盯人对象，即3号位队员拦对方快球，2号位队员拦对方3号位队员的交叉进攻（图2-2-56）。

b. 人盯区拦网：这是一种对付定位进攻及一般进攻配合较为有效的拦网技术。其特点是把球网分成左、中、右三个区，每一名队员负责一个区，以保证每一个区域至少有一名拦网队员拦网，并在可能的情况下，协助同伴组成集体拦网。人盯区拦网在应用时，对对方的常用战术应有所了解，一般适用于对方进攻战术比较固定时。负责拦快攻战术的两名队员，要根据对方战术的变化，确定谁主拦对方的第一球，以避免判断错误。

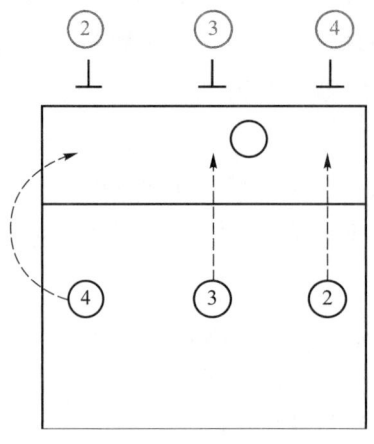
图 2-2-55　人盯人拦网 1

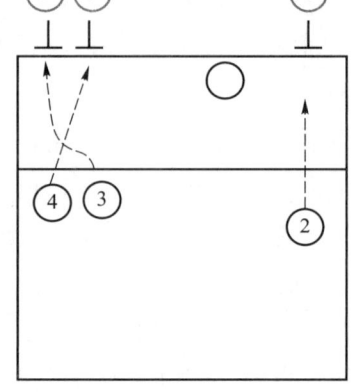
图 2-2-56　人盯人拦网 2

　　对方运用交叉和拉开进攻时，本方由负责左侧区域的 4 号位队员主拦 3 号位快球，负责中区的 3 号位队员主拦对方 2 号位交叉进攻，右侧 2 号位队员负责主拦对方 4 号位的拉开进攻。3 号位和 2 号位拦网队员相互兼顾，争取组成双人拦网（图 2-2-57）。

　　对方运用"夹塞"进攻和背后拉开进攻时，本方 2 号位队员负责拦对方 3 号位的短平快，3 号位队员负责拦对方 4 号位的"夹塞"进攻，4 号位队员负责拦对方 2 号位的背后拉开进攻（图 2-2-58）。

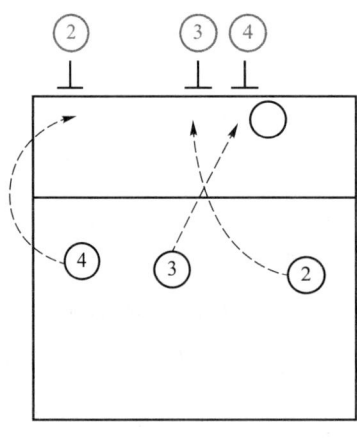
图 2-2-57　人盯区拦网 1

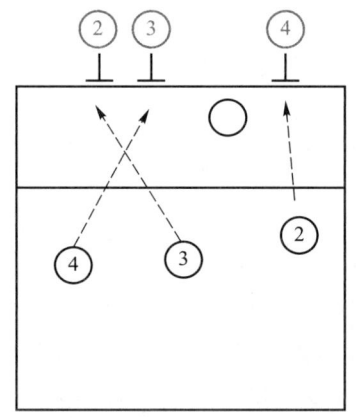
图 2-2-58　人盯区拦网 2

　　c. 重叠拦网（图 2-2-59、图 2-2-60）：重叠拦网是在人盯人拦网基础上的一种发展。采用人盯人拦网对一般的配合进攻有一定的效果。但对付"交叉""夹塞"等多变的快攻战术时，拦网就会出现漏洞。为了便于交换拦网位置，前排拦网队员在网前不是平行站位，而是前后重叠站位，运用重叠拦网加以弥补，避免无人拦网。重叠拦网时，站在网前的拦网队员拦对方的第一球，重叠在后面的队员拦对方的第二球。

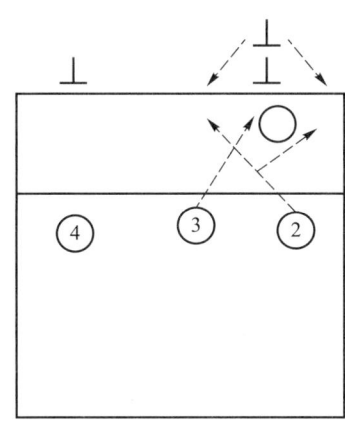

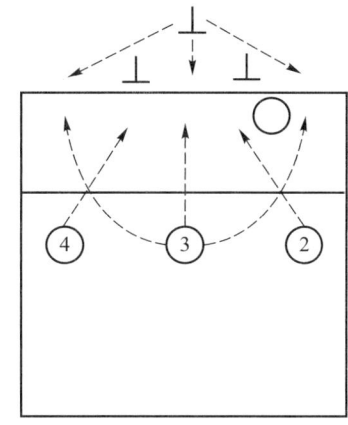

图 2-2-59　重叠拦网 1　　　　　　　图 2-2-60　重叠拦网 2

（3）接扣球防守阵型及其变化

① 后排防守的基本要求：a. 配合拦网，有效弥补。后排防守队员要与前排拦网队员密切配合，相互弥补。通常前排拦网队员封对方进攻的主要路线，后排防守队员防守对方进攻的次要路线、吊球和触及拦网队员手的球等。b. 相互保护，积极补救。每一名后排防守队员在防守时都可能出现失误，防起球的飞行方向也不规律，因此场上的其他队员都应该有保护意识，做好随时移动的准备，出现失误要进行积极的补救。

② 无人拦网时防守阵型（图 2-2-61）：这是一种最初级、最简单的防守阵型，适用于初学者或在对方进攻无力时采用。其站位方法与五人接发球的站位基本相同。

比赛中，本方无人拦网多基于两种情况：第一种是对方的二传离网太远，可能进攻乏力，或有明显的轻拍击球动作，或是由进攻能力较低队员扣球时，本方主动不拦网；第二种是本方拦网队员被对方掩护晃开，造成空网进攻时，本方被迫无人拦网。第一种情况在较低水平的比赛中常会出现，高水平的比赛也间或有之。

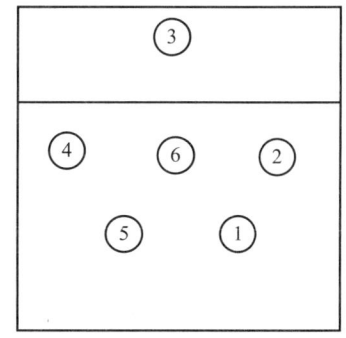

图 2-2-61　无人拦网时防守阵型

不参加拦网的 2、4 号位前排队员迅速下撤防前区"小球"，6 号位略突前防中区，1、5 号位防后区左右两个半场。采用"中二三"和"边二三"进攻阵型时，二传队员 3 号位留在网前准备组织反击。"后排插上"轮次时，二传队员则快速"插上"。

但若出现第二种情况，只有依靠全队人员及时调整位置，全力顽强地拼起防守，才能争取有反攻的机会。

采用"中二三"进攻阵型时，二传队员在 3 号位网前，2 号位或 4 号位队员后撤参加中场的防守，其他队员防守后场。

采用"边二三"进攻阵型时，二传队员在 2 号位网前，3 号位队员与 4 号位队员后撤，其他队员防守后场。

③ 单人拦网时防守阵型：单人拦网下的防守阵型一般是在对方进攻威力不大，路线变化不多，轻打、吊球较多时，或因受对方战术迷惑、来不及组织集体拦网时采用。其优点是增加后排防守人数，便于组织防反；缺点是当对方攻击力较强时，单人拦网力量薄弱。单人拦网下的防守阵型有以下两种：

a. "一二三"防守阵型（图 2-2-62）：对方 3 号位快攻，本方相应位置拦网队员单人拦网。不参加拦网的其他两名队员力争下撤防吊，后排 3 名队员前压缩小防守范围。1、5 号位队员主防两边的"前腰"位置，6 号位前压防中区，形成"一二三"防守阵型。之所以前压缩小防守范围，是因为快球通过拦网后，线路短，落点靠前，大都在中区与两腰一带。

实战中，2、4 号位队员因有自己的拦网任务，往往来不及撤位参加防守，实际形成了"一三"防守形式，但亦应撤下一步防吊球、防小球。

b. "一三"防守阵型（图 2-2-63）：对方一传到位，中路快攻掩护，4 号位平拉开进攻。从理论上说，本方 2 号位单人拦网，3 号位队员撤位防吊，4 号位大撤防小斜线。但在实战中，本方 3 号位拦快攻队员只要"被骗"，就很难撤位防吊。这时，1 号位的任务加重，既要防直线，又要有迅速的"第二反应"补吊球。5 号位防中斜线，6 号位策应，前排 2 号位队员主拦"二直线"或中线。

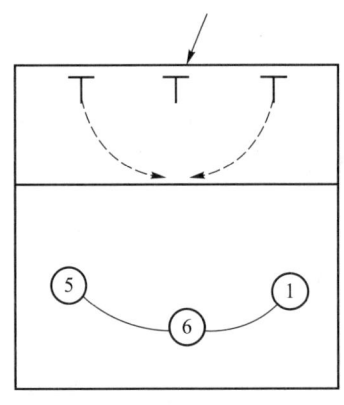
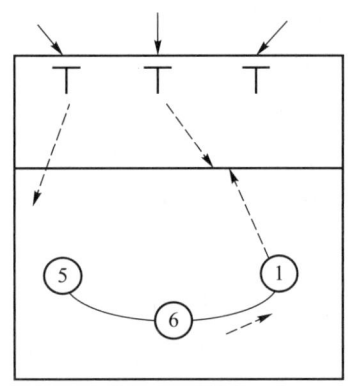

图 2-2-62　"一二三"防守阵型　　　　图 2-2-63　"一三"防守阵型

倘若对方快球掩护后，2 号位进攻，则防守阵型转向另一侧，各位置的"责任"类推。如果对方转场后的"第二球"弧度较低，本方未拦网的两名队员有时也来不及撤位。这种情况往往是"一三"阵型的拦防。

④ 双人拦网时防守阵型：当对方进攻威力较大、进攻线路变化较多、单人拦网不足以阻拦对方进攻时，多采用双人拦网防守阵型。它是接扣球防守中最主要的战术阵型。根据不同后排队员跟进防守的情况和前排不拦网队员的不同取位，双人拦网下的防守阵型可分为以下 4 种：

a. 双人拦网"边跟进"防守阵型：由 1 号位或 5 号位队员跟进防吊球及前区球，称为"边跟进"防守阵型，也称为"1、5 号位跟进"防守阵型，俗称"马蹄形"防守阵型。

这种阵型一般是在对方进攻力量比较强、战术变化比较多时采用。这种防守阵型被目前国内外强队广泛采用。双人拦网"边跟进"防守阵型有"死跟""活跟""内撤"和"双卡"4种不同的变化运用形式。

第一，"死跟"防守阵型的应用条件：1、5号位队员坚决跟进，防吊球和触及拦网队员手而改变飞行路线的球。通常在对方吊球多、直线扣球少或本方拦网封住对方直线扣球线路时使用。此时也需要6号位队员向跟进队员的防守区域一侧移动补位（图2-2-64）。第二，"活跟"防守阵型的应用条件：对方4号位或2号位扣球，1、5号位队员的防守区域相应调整、随时跟进，通常在对方扣球线路变化多，且打吊结合的情况下采用。此时6号位队员需向跟进队员的防守区域一侧移动补位（图2-2-65）。第三，"内撤"防守阵型的应用条件：4号位或2号位队员内撤到中场空心区域，重点防吊球。用于对方4号位（或2号位）扣球直线较多，或吊球经常吊"心"的情况下。此时5号位（或1号位）队员主要补防小斜线附近的球（图2-2-66、图2-2-67）。第四，"双卡"防守阵型的应用条件：4号位或2号位队员内撤，1号位和5号位队员跟进。用于对方4号位或2号位的进攻以轻打和吊球为主，并且本方拦网队员能力较强的情况下。双卡跟进要注意时机，过早容易被对方识破，改变进攻战术（图2-2-68）。

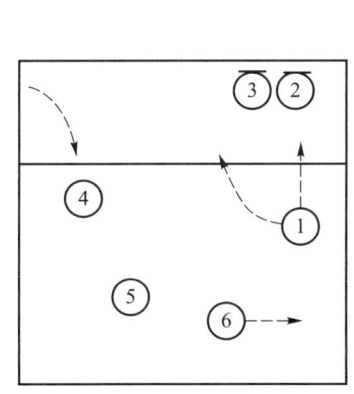

图2-2-64 双人拦网下"死跟"防守

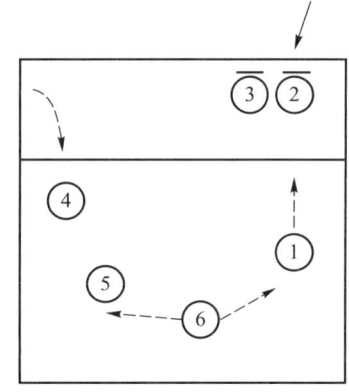

图2-2-65 双人拦网下"活跟"防守

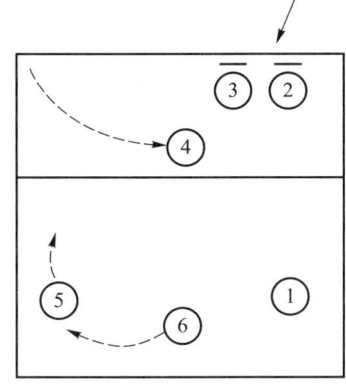

图2-2-66 4号位拦网内撤

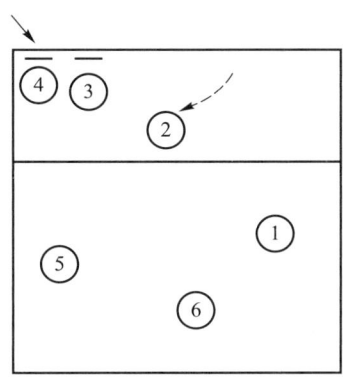

图2-2-67 2号位拦网内撤

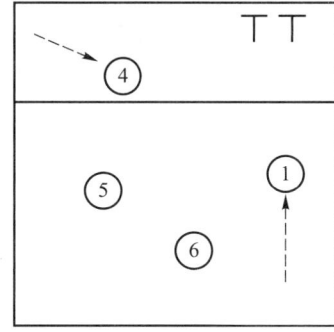

图2-2-68 "双卡"防守阵型

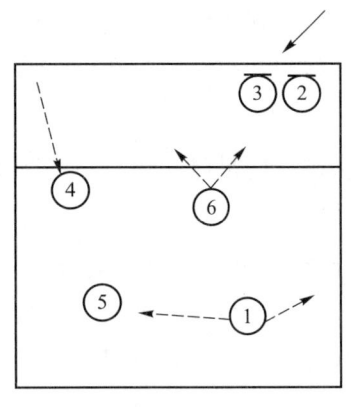

图 2-2-69　双人拦网下
"心跟进"防守

b. 双人拦网"心跟进"防守阵型（图 2-2-69）：固定由 6 号位队员跟进防吊球及前区球，称为"心跟进"防守阵型，或称为"6 号位跟进"防守阵型。这种防守阵型多在对方采取以扣、吊结合为主的进攻战术，为了解决"心空"问题时所采用。这种阵型无论对方在哪个位置进攻，本方都有一名后排队员专司跟进防吊"补心"。

"心跟进"防守阵型对防吊球和防拦起球有利，也便于接应和组织反攻。其优点是可以加强网前的防守能力，缺点是后场及"两腰"空隙较大，容易形成空当，防守力量减弱。采用"心跟进"防守时，要强调不拦网队员必须后撤参加防守，力争后排依然能保持有三人防守。

"边跟进"和"心跟进"两种防守形式各有利弊，在比赛中并非单一或固定采用某一种形式进行防守，而是根据本队的具体情况及临场发展变化，灵活地运用这两种防守战术。

⑤ 三人拦网时防守阵型：一般在对方扣球攻击性强、线路变化多、吊球少的情况下采用这种阵型。三人拦网加强了第一道防线，但增加了后排防守的困难，对组织防反也有所不便。当前，由于运动员身高和进攻能力的加强，网上扣拦对抗的争夺相当激烈，力争集体拦网，若有三人拦网的机会也都紧抓不放。因此，三人拦网的防守阵型也就越显得重要，特别是男排高水平对抗更是如此。

若对方 4 号位强攻，本方 2、3、4 号位集体拦网，1 号位防直线为主，补吊为辅；5 号位防斜线，6 号位压底摆动策应。对方若有吊球，直吊则由 1 号位摔救；斜吊球则由 4 号位拦网落地后立即转身补吊（图 2-2-70）。

若对方 2 号位强攻，本方 4、3、2 号位三人拦网，5 号位防直线为主，补吊为辅；1 号位防斜线；6 号位压底摆动策应。防吊与 4 号位强攻相似（图 2-2-71）。

当对方发现本方对付强攻采用三人拦网时，可能会改扣为吊，而且吊球数量增多，本方则由一名后排队员跟进防吊，成"三一二"阵型（图 2-2-72），1、5 号位防两腰，6 号位跟进。

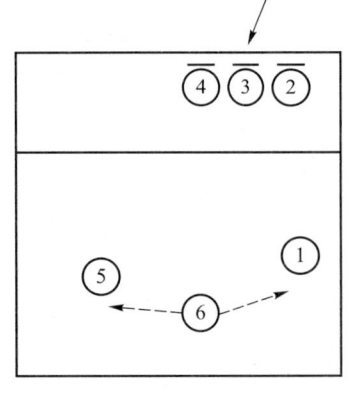

图 2-2-70　2 号位三人拦网

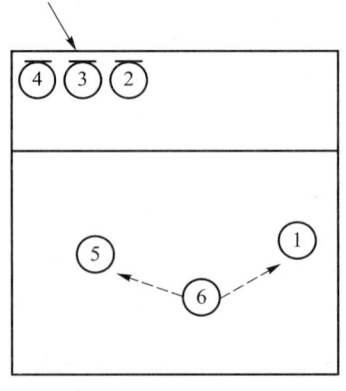

图 2-2-71　4 号位三人拦网

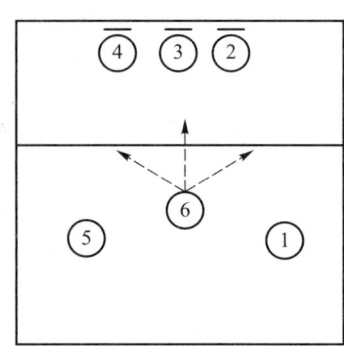

图 2-2-72　"三一二"阵型

任何一种防守阵型都不是万能的，各有其优点和不足之处。重要的是根据本队该轮次的具体情况、对方进攻态势的变化、临场战局的发展及预测对方进攻可能的变换适时和果断地采取某种防守阵型。对方变，本方也变，甚至有时本方变动在前，力争主动。

对初、中级水平球队来说，技术不够熟练，身体素质需要加强，比赛经验不太丰富，战术意识有待提高，驾驭战局发展的能力不够完善，因此，高难度的防守阵型未必适合其运用。应选择采用一些相对简单、实用有效的防守阵型，少而精，简而实。

3. 接拦回球防守阵型

接拦回球防守又称"保攻"，即保护进攻，是指当本方进攻时，对被对方拦回来的球所采取的防守战术。在比赛中，相对于接发球和接扣球防守而言，接这种球的次数不多，但随着拦网水平的提高，机会必将增加。又因接拦回球的扣、拦双方短兵相接，时间短促难度较大，绝不可忽视。而且，接拦回球的成败，对本方扣球者和对方拦网者，乃至双方队员的士气与信心的影响极大，切不可等闲视之。

（1）选择与运用接拦回球防守阵型依据

① 根据本方采用的进攻战术和进攻队员扣球的位置，如在2、3或4号位等。

② 根据对方拦网队员的实际情况，如拦网的人数、拦网的手形及其反射面等。

③ 根据本方反攻战术组织的需要，如防守成功后准备从哪个位置发起反攻等。

（2）接拦回球阵型及其变化

接拦回球防守阵型，应根据本方的进攻战术和对方拦回的情况，以及参加防守的人数来确定。接拦回球一般采用五人、四人、三人等阵型。

① 五人接拦回球阵型：本方以强攻为主时，进攻点明确，除进攻队员外，其他五名队员都可以参加接拦回球。

a. "三二"阵型（图2-2-73）：以本方4号位队员进攻为例，其他队员均面向进攻方向，5号位、6号位和3号位队员组成第一道防线，1号位和2号位队员组成第二道防线。这种站位一般在对方拦网有高度、落点大多在近网时采用。

b. "二二一"阵型（图2-2-74）：这种布防方法是把防区分为三道防线。以本方4号位进攻，其他五名队员保护为例：5号位队员向前移动和向左后方移动的3号位队员组成第一道防线，6号位队员向前移动和内撤的2号位队员组成第二道防线，1号位队员保护后场成为第三道防线，这种阵型在对方拦回球落点比较分散时采用。

c. "二三"阵型（图2-2-75）：这种站位的第一道防线与"二二一"站位相同，只是后区的1号位队员上前与2号位、6号位队员共同组成第二道防线。这种站位多在对方拦网不强、弹回的球速度较慢时采用。当本方队员由2号位或3号位进攻时，其站位方法基本与4号位进攻时的站位相同。

② 四人接拦回球阵型：本方以后排插上及快球进攻为主时，进攻点经常变化，除进攻队员及二传外，只有四名队员能参加接拦回球。以2号位进攻为例，1号位队员插上，跳传给2号位进攻，3、5号位队员负责前场区，4、6号位队员负责中场区及后场区，即

采用"二二"阵型（图2-2-76）。

③ 三人接拦回球阵型（图2-2-77）：本方以前排快攻配合为主时，进攻点变化较大，前排三名队员在掩护、跑动，二传队员组织进攻后立即参与保护接拦回球，形成三人接拦回球阵型。

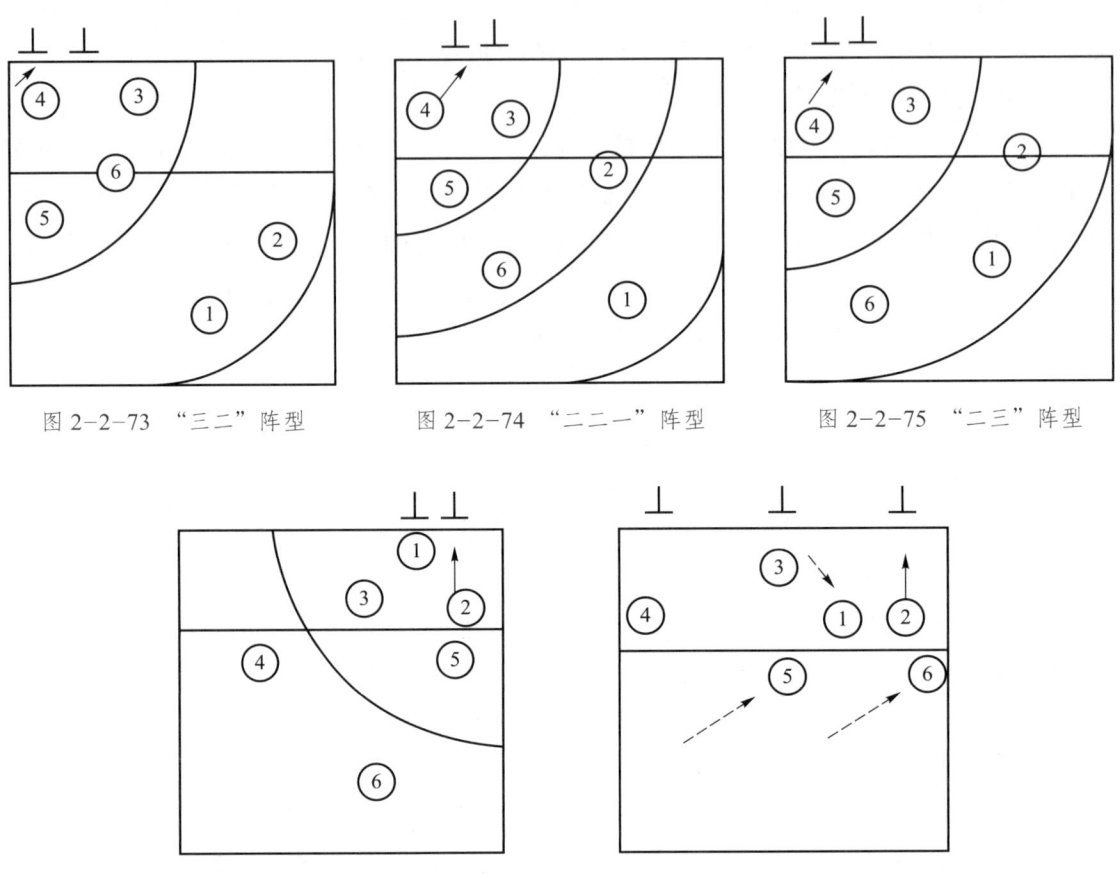

图 2-2-73 "三二"阵型　　　图 2-2-74 "二二一"阵型　　　图 2-2-75 "二三"阵型

图 2-2-76 "二二"阵型　　　图 2-2-77 三人接拦回球阵型

以2号位进攻为例，前排三名队员掩护、跑动，最终的进攻点在2号位，1号位队员传球后立即下撤，5、6号位队员迅速向2号位移动接拦回球。

④ 二人或一人接拦回球阵型（图2-2-78、图2-2-79）：本方以"立体进攻"为主时，进攻点分散且变化大，场上四或五名队员在掩护、跑动进攻。因此，二传队员组织进攻后应立即参与接拦回球，形成二人或一人接拦回球阵型。

如：以后排6号位队员进攻为例，前排三名队员掩护、跑动，1号位队员传球后立即下撤，5号位队员迅速向进攻点移动接拦回球。

又如：前排三名队员掩护、跑动，后排1、6号位队员进行后排进攻，5号位队员传球后立即下撤，迅速向进攻点移动接拦回球。其他没有扣球的队员都应尽可能地参与接拦回球，以加强接起拦回球的概率。

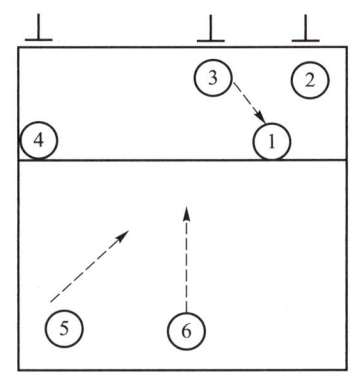 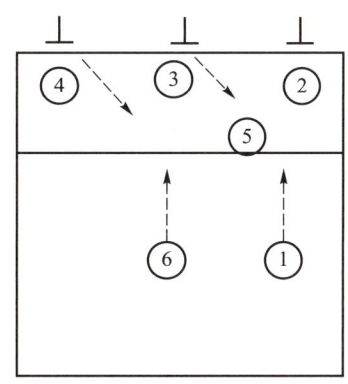

图2-2-78 二人或一人接拦回球阵型1　图2-2-79 二人或一人接拦回球阵型2

4. 接传垫球防守阵型

当对方无法组织有力的进攻，被迫将球传、垫、挡过网时，是本方得分的极好机会。这种球在初级水平比赛中出现较多，高水平比赛中偶尔出现。根据情况采用"中二三""边二三""插三二"等阵型，组织多种多样的战术进攻。队员要集中注意力，观察对方意图，准确判断球的落点。接球队员应根据本方进攻战术的需要，确保传、垫球到位。

这种机会球在组织运用中需特别注意两点：一是全体队员尤其是前排队员要先准备接好来球，切勿只顾扣球，忽视接球；二是一旦接起球，全队要根据位置分工和战术组织的需要，乘势而上，造成压倒的进攻态势，给对方以强大的心理压力。

🌟 思考与实践

1. 阐述各项有球技术中基本动作的动作方法及动作要领。

2. 不同发球技术在动作方法上有哪些区别？

3. 怎样合理地运用垫球技术来接好各种发球？

4. 不同传球技术在动作方法上有哪些区别？

5. 扣近网球和远网球时技术动作存在哪些区别？

6. 单人拦网的空中击球动作应注意些什么？

7. 排球战术如何分类？

8. 战术指导思想对排球训练的意义何在？

9. 阵容配备及位置交换之间存在哪些联系？

10. 简述进攻阵型的种类及特点。

11. 掌握各种集体战术的应用场景并画出路线图。

第三章 排球教学理论与师资培养

📃 本章导言

体育教学是一门科学，有严谨的执行步骤与基本原则，同时也具有一定艺术性，教学有法但无定法是对体育教学艺术性的科学阐释。排球教学隶属于体育教学，符合体育教学基本要求，同时也有自身特点。因此，在本章学习中，一方面要注意排球教学作为体育教学内容之一所必须遵循的基本准则，另一方面也应总结提炼排球项目在教学中所表现出的独特性，并尽量将二者结合，为排球教学与训练的合理创新奠定基础。

教师是教学活动开展的主体之一，教师执教水平与教学质量息息相关。而教学实习是教师培养的重要环节。学生在进入实习前应充分理解实习的目的意义及工作内容，从而有助于提升实习质量。

⚙ 学习目标

1. 了解不同类型排球课之间的异同，掌握不同类型排球课的教学原则、教学规律以及教学文件的作用及基本撰写方法。

2. 了解基本的技战术动作教学顺序、训练方法以及注意事项，能够合理安排技战术教学课程内容。

3. 理解排球教师实习的目的和内容，熟悉学校排球队组建方法。

第一节　排球教学基础理论

一、排球教学的目的与原则

（一）排球教学的目的

《辞海》对"目的"一词的释义是：人在行动之前根据需要在观念上为自己设计的目标或结果，贯穿实践过程的始终。而"目标"是对"目的"进一步的具体化。例如，"培养目标"就是由各学校或专业根据教育目的，结合自身任务具体制定的。由此可见，排球教学的目的就应当是排球教学价值取向的起点。整体而言，排球教学目的可以从培养学生的运动能力、健康行为和体育品德三方面展开：

球类运动
水平二到
水平四目
标要求

第一，发展排球专项身体素质，使学生掌握排球基本技战术理论知识和技能，具备进行业务展示和参与比赛的能力。

第二，以排球运动为媒介，传递健身知识，促进学生身体发育和机能发展，为培养终身体育意识和习惯打好基础。

体育与健
康学科核
心素养5级
水平划分

第三，通过排球教学传承排球文化，对学生进行思想品德教育，引导学生遵守体育道德，树立集体主义精神和规则意识，培养顽强拼搏的优良作风和塑造良好竞争意识。

第四，通过排球基础知识和技能的传授，引导学生在实践中发现问题、分析问题和解决问题，培养学生能讲会教的基本教学能力，为排球项目发展提供支持。

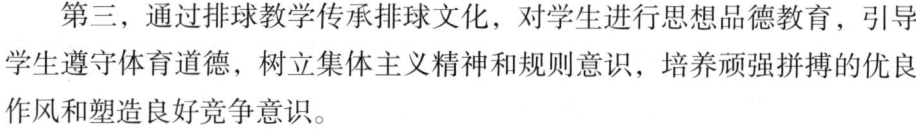

拓展知识

排球教学目的是排球教学的总方向，而不同学段的具体教学目标各有侧重。教育部颁发的《义务教育体育与健康课程标准》，针对球类运动设计了水平二到水平四3级课程目标，而《普通高中体育与健康课程标准》中针对体育与健康核心素养中运动能力制订了5个级别的等级水平要求。

（二）排球教学的原则

教学原则是为了保证教学过程取得良好效果所必须遵循的基本要求。教学原则一方面是长期教学经验中对教学规律的总结，另一方面也是实现教学目的的基本保证。排球教学作为体育教学，其教学原则不仅要体现体育教学的普遍规律，同时也要反映排球项目自身的专项特点，具体内容如下（表3-1-1）：

表 3-1-1 排球教学原则

教学原则分类		具体教学原则
排球教学原则	体育教学原则	内容安排系统性原则 形式安排趣味性原则 教学过程安全性原则 巩固与提高兼顾原则 理论与实践并重原则 共性与个性结合原则
	排球专项原则	领先发展球感原则 攻防同步发展原则 技战术有机结合原则 注重排球文化传承原则

1. 内容安排系统性原则

内容安排系统性原则是指排球教学应以学生的认识发展以及身体发育规律为依据，结合排球项目自身特点，遵循由简到繁、由浅入深、从徒手到有球直至结合比赛的顺序来安排教学内容。贯彻好本原则不仅需要教师了解排球专项知识、一般学生认知能力及身体素质发展的顺序，同时也需要教师深入钻研各学段《排球教学大纲》以及《课程标准》的逻辑体系，从而合理安排好内容之间的衔接以及教学重点的取舍。

2. 形式安排趣味性原则

形式安排趣味性原则是指在排球教学过程中，通过设计有趣的学习方式或练习形式来帮助学生掌握排球技能、提高运动能力。有趣的教学形式能够较好地帮助学生体验排球活动乐趣，促使学生喜爱并乐于参与这项运动。要实现教学趣味性，不仅要考虑教学形式的设计，同时也要注意对学生成就动机的培养，只有使学生不断获得成功的体验，才能充分调动和维护他们的学习热情。需要注意的是，形式有趣是建立在尊重排球项目规律基础之上的，要处理好体验排球运动乐趣与掌握专项运动技能的关系。

3. 教学过程安全性原则

教学过程安全性原则是指在排球教学过程中要始终贯彻安全教育，同时要保证学生安全地进行排球活动。在教学中贯彻安全性原则首先应从安全教育入手，帮助学生认识到排球项目隐藏的危险因素，以及个人活动与集体安全之间的密切关系，从而绷紧安全这根弦。其次，教学设计上应充分体现安全性，在具有危险性的活动安排上应尽可能严谨，通过形式的变化降低危险因素。最后，对于危险系数较高的学习内容，如拦网或者防守等，一方面要给予学生充分提示并传授安全注意事项，另一方面也要抓住这样的机会鼓励学生勇于尝试，克服恐惧心理，磨炼意志品质。

4. 巩固与提高兼顾原则

巩固与提高兼顾原则是指在教学内容的安排上采用螺旋上升的方式，将新授内容和复习内容交替安排，有计划有层次地引导学生掌握更高水平的技能。① 巩固是基础：排球作为技能类项目，对于基本技术的掌握要求很高，只有反复多次的训练才能形成正确的动力定型，进而实现熟练和自动化。需要注意复习中尊重青少年追求新鲜的心理特征，活动形式尽量多样，从而不断激发学生的练习热情。② 提高是目标：教学要摈弃"蜻蜓点水"式的大而全或者"复印机"式的低级重复，内容安排要有一定深度，要有计划地不断提高学生技战术水平，从而实现有效教学并为学生参与终身体育奠定基础。

5. 理论与实践并重原则

理论与实践并重原则是指在排球教学过程中，注意对运动原理的传授，培养学生的运动认知能力，使其达到知其然也知其所以然的学习目标。实践是理论的基础，通过大量的实践练习引导学生对运动原理形成具象感知；理论是实践的升华，通过理论学习将分散在实践中的运动经验提炼为运动理论，此外还可将一些复杂意会型内容通过理论讲授的方式进行补充。在落实本原则时需要注意设计和开发有利于学生理解的教学方法，促使学生通过发现或者解决问题而自主进行理论探索，避免生硬灌输。

6. 共性与个性结合原则

共性与个性结合原则是指在教学中，一方面从项目角度出发，根据运动规律提出统一的教学要求，另一方面从学生实际出发，在落实教学目标时注意根据个体差异采取不同的方法手段。教学有法但无定法，学生在一定年龄具有一定普遍特性与规律，但学生接受能力、身体条件、学习态度等千差万别，因此有效教学应尽可能充分考虑使不同水平情况的学生都得到平等教育和充分发展。落实共性与个性相结合原则需要教师深入细致了解学生，同时也要对项目规律有深刻认识，才能灵活运用多种教学方法实现教学目标的殊途同归。

7. 领先发展球感原则

排球运动中的"球感"是运动员经过长时间的专项训练发展起来的专门化知觉能力，是运动员在长期的运动实践中形成的对排球良好的肌肉感觉和对运动中人、球、场地、进攻与防守、技战术运用时机的观察、思维及判断。它的特点是对人、球、网的各种时空特性和物理特性以及击球时人的运动学特征的感知能力达到精细划分的程度。球感是打好排球的基础，各个阶段的学习都应重视对学生球感的培养，并贯穿排球教学始终。

球感属于意会型知识，不能依靠语言传递而仅能通过反复练习与揣摩，才能体会和获得。初学阶段，应多安排各种触球练习，培养学生对球的身体感觉；中级阶段要反复体会人、球、网之间的关系；高级水平的排球运动员，则要进一步通过预判等行为，觉知球

速、对手、队友等全方位场地信息与击球之间的联动关系，并据此迅速对身体进行调整以获得最佳击球效果。

8. 攻防同步发展原则

排球各项技术是密切联系、互相制约、互为条件、相辅相成的。技术全面、攻防均衡是排球运动训练永恒的主题。排球比赛中"斗争的焦点在网上""较量的基础在地上"，重攻轻守或重守轻攻的论点或行动，都背离了排球运动的训练规律。在进行排球教学时，要注意对攻防技战术同步教学以及攻防意识的培养。教学内容安排上也尽量交替进行，从而尽可能贴近实际，做到"练为战"。

9. 技战术有机结合原则

排球运动中技术与战术两者之间相互联系、相互依存、相互促进、相互制约。没有全面和熟练的技术为基础，战术就无从谈起。而战术又是技术的合理组织与运用后的升华。技术的好坏决定战术的质量，而战术质量的要求又反作用于技术的提高。因此在排球教学中，不仅要重视技术教学，同时要将与之配合的战术教学融汇其中。从初级教学开始就应当有目的地引导学生认识排球技战术相辅相成的关系。

10. 注重排球文化传承原则

排球文化是体育文化的一部分，是人类在排球运动中所创造的物质财富和精神财富的总和。中国女排作为我国体育领域的佼佼者，通过自身拼搏使中国排球谱写了世界排球历史新篇章。她们所体现的"祖国至上、团结协作、顽强拼搏、永不言败"的女排精神，体现出新时代体育教育的价值取向和追求。在进行排球教学时，应充分抓住排球项目自身的历史优势，同时深度挖掘教学内容所蕴含的思政意义，在提升学生运动技能的同时，传承好排球文化，以润物无声的方式实现对学生的思想道德教育。

二、排球课的类型、结构与教学方法

（一）排球课的类型

1. 实践课

实践课是在场地中通过讲解、示范、练习等手段进行技战术教学与身体练习的教学形式。实践课根据目的可以分为新授课、复习课、比赛课等。其中，新授课的主要任务是使学生对新概念形成正确理解，以及初步掌握新的技术动作与战术方法。复习课的主要任务是对学习过的内容进行巩固并纠正错误动作，使学生通过反复练习获得技能水平的提高。比赛课主要任务是将学习到的技战术投入实战进行检验，比赛不限形式，可以是符合通用规则的教学比赛，也可以是限定某种特定条件的对抗。比赛课一方面有助于检验实际教学成果，另一方面也是很好地提升教学趣味性的手段。

2. 理论课

理论课主要是针对排球运动有关理论知识进行，包括技术原理、战术思想、规则裁判等内容。一般而言，排球课以实践课为主，理论课安排不宜过多，可将有关内容整合后，统一安排，同时注意结合具体学段筛选适宜的重、难点，从而对整体教学起到提纲挈领的作用。理论课以教师讲授为主，还可适当安排讨论课，采用发现式或任务式教学的方式，引导学生就某一专题展开讨论，从而提升分析问题和解决问题的能力。高校学生理论课还可安排教法类内容，帮助学生更好地进行自我教育或者推动项目的发展。

3. 观摩课

观摩课是指组织学生观看直观教具展示、欣赏优秀运动队比赛实况、录像、视频以及同水平班级之间互相观摩等。一方面加深学生形象思维，帮助学生对抽象的排球规律进行更为深入具体的理解，另一方面以榜样精神提升学生学习热情，提高教学质量。

4. 考核课

考核课以检查学习效果、评价教学质量为目的，起到督促学习、改进教学质量的作用。考核课可以分为考查课和考试课。考查课随堂进行，可以作为对某一内容或某一阶段学习效果的检验，也可以安排在开始新内容之前，作为摸底测验安排，以帮助教师更为合理地安排新教学内容。考试课一般是学期结束后正式安排的综合性测验，内容设计方面应综合体现本学期整体教学内容，形式上可以有理论考试或实践考试。

（二）排球课的结构

排球课的结构是指在排球教学过程中，根据教育任务的不同，对课的各个组成部分进行布局安排，以及各部分之间的顺序和时间分配等，其目的是把教学组织与教学活动有效结合，以优化教学过程，实现教学目标最大化。课的类型不同，其结构也有差异。排球课以实践课为主要教学形式，一般分为准备部分、基本部分和结束部分，各部分之间相互联系、相互作用。

1. 准备部分

准备部分位于实践课的开始阶段，其主要任务就是迅速将学生组织起来，明确学习的内容和要求，并通过一般性走跑练习或者徒手操以及游戏等对身体进行充分预热，激发学生学习兴趣，从而为基本部分学习做好准备。准备部分占课程总时间的 25%～30%，一节 90 分钟的课程中安排 15～20 分钟为宜。

准备部分主要包括以下内容：

（1）课堂常规：包括整队，体育委员向教师报告学生出席人数，教师宣布课的任务、内容与要求，检查服装，布置见习生以及集中注意力和队列、队形的练习等。课堂常规是所有实践课都应安排的部分，有助于培养学生的课堂秩序意识，同时起到内容引入的作用。此外，应根据教学内容需要作出必要的安全性要求或提示。90 分钟课程内一般安排 5 分钟左右。

（2）准备性身体活动：这部分占准备部分的 2/3，主要包括一般性准备活动和专门性准备活动。一般性准备活动指各种练习或徒手操，起到基本热身作用。专门性准备活动则

要根据当次课主要内容有意识地安排一些引导性的基础练习，从而加强身体主要环节热身效果或者提高某些特定专项身体素质。

2. 基本部分

基本部分是实践课的主体部分，其主要的任务是温故而知新，使学生掌握课程知识、技术与技能，发展身体素质，增强体质，培养良好的道德品质，占课程总时间的65%~70%。

基本部分内容应根据教学计划有序安排，同时教学手段与形式应充分考虑学生特点和场地器材条件。一般而言，新授内容应放在基本部分前段，便于学生以最佳状态投入学习，复习内容可适当向后安排。此外，一些对神经系统要求较高的内容，如速度和灵敏练习也应适当安排在课程前段。

3. 结束部分

结束部分位于体育课的末尾部分，承担学生的放松整理与教学过程归纳总结等辅助教学任务。结束部分主要内容包括：

（1）整理器材：教学过程结束后组织学生将使用完毕的排球等器材收纳整理好，有助于培养学生的责任感，增强团队凝聚力。

（2）放松整理：通过放松活动或者轻松的小游戏使学生身心放松。

（3）课堂总结与布置作业：教师对课堂教学情况进行总结，包括教学重点提示、表扬先进、鼓励后进、布置课外作业，最后宣布下课。90分钟课程中，结束部分安排5~10分钟为宜。

（三）排球教学方法

排球课教学方法可划分为五大类，分别是语言类、感知类、练习类、比赛类和探究类。其中每一大类分别包含本质类似、形式不同的若干种教学方法，见表3-1-2。

表3-1-2　排球课教学方法分类表

教法分类	教法内容
语言类	讲解法、讨论法
感知类	示范法、演示法、分解法、完整法、相似技术教学法
练习类	预防与纠正错误法、条件控制法、多球练习法
比赛类	比赛法、游戏法
探究类	发现法

（1）语言类教学方法

语言类教学方法主要是指以语言传递排球理论知识与技能方法等信息的教学方法。根据目的或形式的不同，可以分为讲解法和讨论法。

讲解法是指以教师语言传授知识为主的教学方法，主要应用于新技能、新理论的讲授，"精讲多练"是对排球实践课应用讲解法的要求。

讨论法是指在教师的引导下学生以小组为单位，围绕核心问题轮流发表看法的教学方法，一般适用于某些复杂知识或易混淆内容的教学。这种方式有助于促进学生主动思考，培养合作能力，但应注意一定要在教师掌控下进行，避免个别同学出现低参与度情况。

（2）感知类教学方法

感知类教学方法是指通过调动学生各方面感官获得知识或体验的教学方法，主要包括示范法、演示法、分解法、完整法、相似技术教学法等。

示范法是指教师通过自身动作的演示为学生展示动作结构、技术要领等内容，引导学生学习的方法。演示法与之类似，区别在于展示主体不是教师，而是各种实物或直观教具。两种方法都是通过调动学生的感官提供学习体验，因此在使用时务必保证展示的全面性，如示范法应包括正面、背面、侧面及镜面示范等；对于不便于亲自全面示范的可以采用演示法，如扣球的分解动作，教师很难使学生充分观察空中击球动作细节，就可以采用多媒体慢动作展示帮助学生更好地观察动作细节。

分解法与完整法是相辅相成的教学方法，前者将技术动作合理拆分成几部分，按顺序进行示范与讲解，后者则是不对技术动作进行拆解，只从头至尾进行完整展示。分解法主要应用于较困难的技术，如扣球技术可分解为助跑、起跳、空中击球和落地几部分。完整法主要应用于较简单的技术，如准备姿势等。需要注意的是，为了避免学生出现"管中窥豹"这种只见局部不见全局的情况，应将分解法与完整法合并使用。

相似技术教学法是指在基本技术教学中，把动作结构基本相同、技术环节基本相似的技术动作加以分析整理和归纳，找出共同规律，作为安排教学的依据的一种教学方法。这种教学方法有助于动作技术之间产生良好的正向迁移，提升技术掌握效率。如垫球采用半蹲准备姿势，球不到位时需要移动，就可以根据这些规律将几项技术合并安排；又如扣球鞭打与正面上手发旋转球手臂动作类似也可以互相借鉴。

（3）练习类教学方法

练习类教学方法是指通过身体练习帮助学生进行技能学习与巩固或进行身体锻炼的教学方法，主要包括预防与纠正错误法、条件控制法、多球练习法等。

预防与纠正错误法是为了防止和纠正错误而采用的教学方法。预防和纠正都是对错误动作实施矫正的有效手段，其中应以预防为主。在教学过程中主动提示可能产生的错误动作及其原因，对预防错误动作的发生有较好的效果。例如，传球技术击球点低或手型不佳是常见错误，在练习前就可以讲明击球点低的后果以及手型不佳的主要成因，从而帮助学生练习时积极避免。

条件控制法是在排球实践教学中，根据教学需要和学生学习情况，故意设定一定限制条件来控制教学走向的一种教学法。这种教学方法有助于突出教学过程中的主要矛盾或矛盾主要方面，使教学任务的落实更为清晰，教学目标完成更好。以一攻教学为例，为了强化学生接发球稳定性，可以要求学生两次到位球才能计 1 分，或者失误计 2 分，从而在对抗中给予接发球更多压力。从控制内容看，主要集中在器材、规则或者参与者三类。

多球练习法是球类项目特有的教学方法，指教师提供连续多次击球机会，使学生在连续动作中获得技能强化的教学方式。排球教学中多球练习一般应用在防守、扣球等对动作和体能均有较高要求的技能学习中。应用多球练习时需要综合考虑练习目标以及练习强度，保证学生既可以获得技能学习的充分体验，同时也避免因体力不足而导致技术变形。

（4）比赛类教学方法

比赛类教学法是指以竞赛形式为手段实现教学或练习目的的方法，主要包括比赛法和游戏法。比赛类教学法有助于激发学生的竞技意识，激发学习或练习积极性，是促进教学效果极佳的辅助教学措施。

比赛法，是指按照一定教学目标制定竞赛规则组织学生进行对抗的一种教学手段。比赛法以其灵活的形式、激烈的气氛而广受学生的欢迎。需要注意的是，比赛是形式，明确的教学目标才是比赛法的灵魂。如果目的不清，单纯为比赛而比赛，则会使教学等同于一般身体活动。

游戏法是指教师创设一定情境，使学生在情境中或竞争或互助完成教学活动的教学方法。游戏法与比赛法相比，竞技难度低，情节性和趣味性更高，对年龄小的学生更为友好。例如，分组传球接力，一方面降低了多人配合的难度，同时也保存了一定竞技趣味性，提升了学生参与的积极性。

（5）探究类教学方法

探究类教学法是指在练习时，教师只提供一些示例或问题，引导学生通过自己观察、思考和讨论等途径进行独立探索，发现并得出结论的方法，以发现法为主。应用探究类教学方法时，要严格控制使用条件和频率。一方面，探究类的教学方法对学生的思维能力要求较高，更适用于高中以上教学对象；另一方面，探索需要的时间较长，对于以身体活动为主的排球课只作为辅助教学手段为宜，不可喧宾夺主。

三、排球教学文件

教学文件是教师制订教学计划的依据，是以国家颁布的学校体育教学纲领性文件或规定的排球课程教学指导纲要为方向、以本校教学实际情况为依托制定的。排球教学文件主要包括教学大纲、教学进度和课时计划三种。

排球教学
体系解析

（一）教学大纲

排球教学大纲以纲要形式列明有关教学目标、教学内容以及教学要求等，是教师制订教学进度和课时计划的重要依据。排球教学大纲体现排球课程内容逻辑构架，是教学顺序、教学工作的指南。排球教学大纲一般包括以下内容：

1. 大纲说明

排球教学大纲的说明部分主要用来介绍大纲制定的主要依据、教学遵循的指导思想、课程目标以及宏观教学要求等。

2. 大纲正文

（1）教学目标

教学目标是指本课程所需达到的认知、技能以及情感等方面要求，体现对教学活动的指向和激励作用。教学任务是对教学目标内涵的进一步解读，每个教学目标都可以根据教学实际情况分解成若干教学任务。制定教学目标时需要处理好科学性与思想性以及继承与发展的关系。

（2）教学内容

教学内容是教学大纲的主体，是在教学目标的指导下对排球课程内容的选择性安排，主要包括理论、实践、能力培养以及价值观引导几方面。

① 理论内容：包括排球项目概述、技战术理论分析、竞赛组织工作、规则与裁判法、场地设施与管理、课余训练以及健身指导原则和方法等。

② 实践部分：以基本技术、战术为主，内容中要列出技术、战术名称，以及各内容之间的层次关系，便于进一步设计教案时进行参考。

③ 基本能力的培养：应当提出具体内容，如选择教学方法与手段、组织教学工作的能力、讲述排球技术战术理论方法的能力、自学自练自评和创新能力、辅导课外活动组织竞赛和裁判工作能力等。

④ 价值观引导：以课程思政为表现形式，以"立德树人"为价值取向，结合排球项目特有的思政元素，实现以政治认同、国家意识、文化自信和公民人格为重点的排球课程思政教学内容体系构架。

（3）学时分配

学时分配是根据培养方案确定教学总时数及周学时，并根据教学目标安排各类教学的授课学时和占总学时的比例等。

（4）教学条件

为了有效地保证教学正常进行所必需的场地、器材及其辅助设备。

（5）成绩考核

成绩考核是教学评价的一种手段，是对教师教学工作以及学生学习效果进行客观衡量的过程。成绩考核内容是对教学目标的体现，因此也应包含认知、技能及情感三方面，具体设计时要写明考核的内容、方法、标准以及考核形式和比重等。

3. 教材与参考书目

教材是教师教学和学生学习所依据的主要核心教学材料，因此应在教学大纲中予以明示。教材的选择则是根据不同学校具体要求选择统编或校本教材。同时可以酌情提供与排球课程内容有关的其他比较权威的排球专著来丰富教学内容或拓宽学生的知识面。

（二）教学进度

教学进度是将教学大纲规定的内容根据教学时数要求分布至每一节课的教学指导文件，是书写教案的主要依据。教学进度对教学内容的安排应体现系统性和完整性，同时要明确教学重难点，从而帮助教师科学设计每一次课。教学进度的制定方法主要包括阶段螺旋式和循序渐进式两种。

1. 阶段螺旋式

阶段螺旋式（图 3-1-1、图 3-1-2）是将教学过程划分为紧密联系的四个阶段，每个阶段都包括基本技术、串联配合、全队战术、比赛实战等几个教学内容和过程。各个阶段既有其独立性，同时又是下个阶段的基础，突出了主要教材的教学，逐渐扩大教材内容。

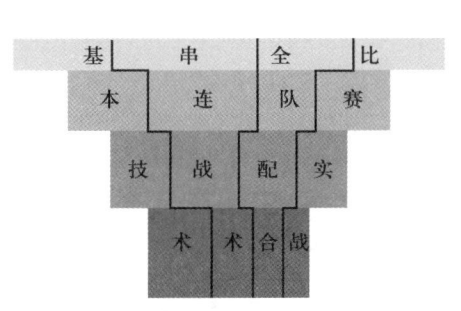

图 3-1-1　阶段螺旋式剖面图

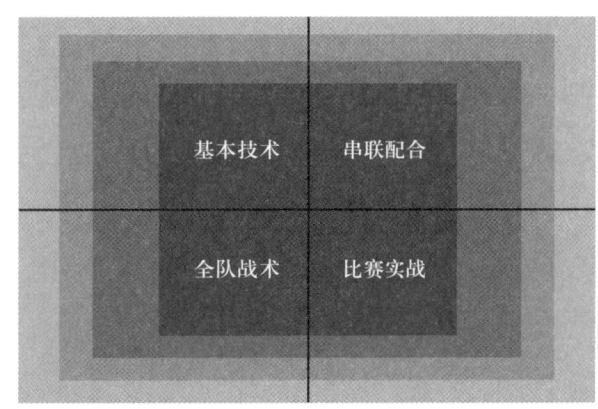

图 3-1-2　阶段螺旋式俯视图

四个阶段的任务不同，教学时数分配比重也应有所侧重，一般第一阶段 35%，第二阶段 30%，第三阶段 20%，第四阶段 15%。

安排阶段螺旋式教学进度时应注意：技术内容安排由多到少，主要教材要早出现；战术内容安排由少到多，主要战术也应早出现；安排技战术教法时，必须符合运动技能形成的规律；第一阶段就安排简单比赛，增加了实战机会，以利于技战术能力培养。

2. 循序渐进式

循序渐进式教学进度是将教材内容按照主次和难易程度科学地分配于全教学过程。首先重点学习主要技术，并一直贯穿到教学阶段的后期，然后逐步扩展学习内容，增加战术教学。以主要技术和战术为主线，一般教材和理论课的讲授，则根据它们与主要技战术的关系分别安排于教学过程中。安排进度时，要把新内容与复习内容结合起来，把攻与守结合起来，把技术与战术结合起来，把提高技战术水平与培养各种能力结合起来。教学比赛可安排在教学课中，也可专门安排比赛课，尽可能增加运用技战术的实践机会，提高技战术水平。最后进行综合、复习、考试，构成一个系统的教学过程。

安排进度时应注意：主要教材应出现得早，使学生有充分时间学习、掌握主要技术，为学习战术奠定基础；基本知识、技术和战术密切结合，加强各教材间的相互联系；由主要教材带动一般教材，理论教学指导技战术教学；主次分明，每次课都有明确的教学内容，便于备课。

在教学进度中，根据教学任务的需要，可适当安排理论课、技战术综合课、考核课、教法课和能力培养课等。课的不同类型可在备注中提示说明。教学进度表示例见表 3-1-3。

表 3-1-3 循序渐进式教学进度表

周次	课次	学时	教学内容	周次	课次	学时	教学内容
一	1	2	理论课：排球运动概述	四	7	2	1. 复习正面双手传球 2. 复习正面上手发球 3. 复习接发球
	2	2	1. 学习准备姿势及移动 2. 学习正面双手垫球		8	2	1. 学习顺网二传球 2. 复习正面上手发球 3. 复习接发球
二	3	2	1. 复习准备姿势及移动 2. 复习正面双手垫球 3. 学习正面下手发球	五	9	2	1. 学习正面扣球 2. 复习顺网二传球 3. 复习正面上手发球
	4	2	1. 复习准备姿势及移动 2. 复习正面下手发球 3. 学习接发球		10	2	1. 复习正面扣球 2. 复习顺网二传球 3. 复习正面上手发球
三	5	2	1. 学习正面双手传球 2. 学习正面上手发球 3. 复习接发球	六	11	2	1. 复习正面扣球 2. 复习顺网二传球 3. 学习中二三进攻阵型 4. 了解边二三进攻阵型
	6	2	1. 复习正面双手传球 2. 复习正面上手发球 3. 复习接发球		12	2	1. 复习正面扣球 2. 复习顺网二传球 3. 学习背传球 4. 学习单人拦网技术 5. 学习"W"五人接发球站位阵型

续表

周次	课次	学时	教学内容	周次	课次	学时	教学内容
七	13	2	1. 复习背传球 2. 复习正面扣球 3. 复习单人拦网技术 4. 学习正面上手发飘球 5. 复习"W"五人接发球站位阵型	十	20	2	1. 准备活动实习 2. 复习扣球 3. 学习接扣球 4. 复习发球
	14	2	理论课：竞赛组织与编排 排球技战术分析（1）	十一	21	2	1. 准备活动实习 2. 复习扣球 3. 复习接扣球 4. 复习接发球
八	15	2	1. 准备活动实习 2. 复习正面扣球 3. 复习正面上手发飘球 4. 学习单人拦网下防守阵型		22	2	1. 准备活动实习 2. 复习扣球 3. 学习双人拦网 4. 学习双人拦网下防守阵型
	16	2	1. 准备活动实习 2. 复习接发球及接发球阵型 3. 复习正面扣球 4. 复习单人拦网下防守阵型	十二	23	2	1. 准备活动实习 2. 复习接发球 3. 复习扣球 4. 复习双人拦网下边跟进防守阵型
九	17	2	1. 准备活动实习 2. 复习正面扣球 3. 学习传近体快球 4. 学习扣近体快球		24	2	1. 准备活动实习 2. 复习接发球 3. 复习扣球 4. 复习双人拦网下防守阵型
	18	2	理论课：排球技战术分析（2） 排球规则及裁判法	十三	25	2	1. 准备活动实习 2. 学习扣调整球 3. 教学比赛
十	19	2	1. 准备活动实习 2. 复习接发球 3. 复习正面扣球 4. 复习扣近体快球		26	2	1. 准备活动实习 2. 复习扣球 3. 教学比赛

续表

周次	课次	学时	教学内容	周次	课次	学时	教学内容
十四	27	2	1. 复习双人拦网下防守阵型 2. 复习"W"五人接发球站位阵型 3. 教学比赛 4. 裁判实习	十六	32	2	1. 技术复习 2. 教学比赛
	28	2	1. 了解双人拦网下心跟进防守阵型 2. 了解四人接发球站位阵型 3. 教学比赛 4. 裁判实习	十七	33	2	1. 技术复习 2. 教学比赛
十五	29	2	1. 复习扣球 2. 复习发球 3. 复习接发球 4. 教学比赛		34	2	考试
	30	2	1. 复习顺网二传 2. 复习扣球 3. 复习接发球 4. 教学比赛	十八	35	2	考试
十六	31	2	1. 技术复习 2. 教学比赛		36	2	机动

（三）教案

排球课教案设计实例

排球课教案是根据排球教学进度中特定课次所规定的教材，根据授课的实际情况编写而成的每次课的具体计划。它是教师实施、控制课时教学进程的重要依据之一。科学地编写课时教案是保证教学质量的基本途径。教案一般以预先印制的表格形式出现，一堂课的教案基本内容包括：

1. 主要教材

简明扼要提示本节课所涉及的主要内容在课程教材体系中所处位置。

2. 教学目标

列明本节课所要达成的认知目标、技能目标以及思政目标。

3. 教学内容与要求

在这个目录下，又分准备部分、基本部分和结束部分。每部分均有活动内容及活动时的操作要求。

4. 组织形式与要求

准备部分、基本部分和结束部分所有活动相对应的练习形式与方法，其中包括教师的活动（讲解、示范、纠正错误）、学生练习队形和操作的方式方法。

5. 各项练习的时间/次数

本部分主要是对教学及练习内容的数量要求，可包括练习持续时间或具体次数及组数安排。

6. 场地、器材

本部分提示课程所需使用的场地及器材情况。

体育技术
课课时计
划示例

7. 课后小结

课时教学任务（或者教学目标）完成状况及其成因。下次课所要采取的主要对策。此外，如布置了课后作业也可以在此处记录，便于下次课进行检查。

第二节 排球教学实践应用

一、技术教学

技术练习   课堂教学
方法示例   常规

（一）准备姿势与移动教学

1. 教学顺序

准备姿势和移动都是重要的有球技术伴随动作，熟练掌握它们有助于各种击球动作的充分发挥，学习准备姿势应与移动相结合，同步进行为宜。具体学习顺序与掌握要求见表3-2-1。

表 3-2-1 无球技术教学顺序及学习要求

教学内容	教学顺序	学习要求
半蹲准备姿势	第一	熟练
稍蹲准备姿势	第二	掌握
低蹲准备姿势	第三	初学介绍，学习防守技术时再着重练习

续表

教学内容	教学顺序	学习要求
并步、滑步	第一	熟练
交叉步	第二	熟练
跨步、跑步	第三	介绍

2. 教学步骤

（1）准备姿势教学步骤

① 讲解：准备姿势的目的与作用；准备姿势的分类；半蹲准备姿势的动作方法；稍蹲准备姿势、半蹲准备姿势、低蹲准备姿势的异同点。

准备姿势教学重点：身体重心的位置；脚的取位。

准备姿势教学难点：准备姿势与视觉观察习惯的培养。

② 示范：边讲解边示范。示范时，既要做正面示范，也要做侧面示范。

③ 组织练习：由原地练习过渡到在移动中练习。

④ 纠正错误动作。

（2）移动教学步骤

① 讲解：移动的目的与作用；移动与准备姿势的关系；移动步法的种类及其在比赛中的应用时机；各种移动步伐的动作方法。

移动教学重点：起动、移动与制动方法。

移动教学难点：准备姿势与起动的衔接；制动及变向后身体重心的调整。

② 示范：边讲解边示范。示范既要做正面示范，也要做侧面示范。

③ 组织练习：与准备姿势结合的徒手练习，结合球的练习，结合其他基本技术的练习。由于移动速度与下肢力量关系紧密，因此腿部与腰腹力量的练习也是提高移动速度的重要辅助手段。

④ 纠正错误动作。

3. 练习方法

（1）准备姿势

① 根据教师口令，原地做徒手准备姿势的模仿练习，注意动作要点和完成质量。

② 根据教师指示，在稍蹲、半蹲、低蹲准备姿势中不断转换，在转换过程中提示动作要点。

③ 学生一列纵队绕场做慢跑、跳跃等各种移动动作，听教师口令后迅速停止并面向教师转换为指定的准备姿势，注意制动后的身体保持稳定。

（2）移动

① 做准备姿势，听口令后迅速向指定方向跨步，要求抬腿迅速，同时快速转移重心。

② 做不同移动步法的徒手练习，加强动作规范。

③ 不同方向移动步法徒手练习，注意提示正确的起动脚与制动后身体朝向。

④ 两人一组相对站立，一人跟随另一人做同向或反向运动，要求每次对方跟随完毕再开始下一次移动。

⑤ 两人一组，相距 6 m，各持一球，两人同时把球滚向对方体侧 3 m 左右处，移动接住后再滚给对方，如此往复进行，注意重心转移与制动。

⑥ 向"米"字形的八个方向移动接球，注意不同方向选择不同起动腿。

⑦ 在进攻区内做滑步和交叉步进行 3 m 往返移动手触及两侧边线，移动时保持身体重心稳定与制动。

⑧ 准备姿势练习结合传、垫、扣等技术的练习，要求根据不同技术选择合适的准备姿势，制动后动作衔接。

4. 易犯错误与纠正方法（表 3-2-2）

表 3-2-2　无球技术易犯错误与纠正方法

技术内容	易犯错误	纠正方法
准备姿势	有意提脚跟	明确脚跟提起是腰、膝、踝弯曲所引起的自然动作
	全脚掌着地	提示提脚跟，使其两脚前后略分大些
	直腿弯腰	多做低姿势移动辅助练习
	臀部后坐	重心靠前，使双膝投影超过脚尖
移动	起动慢	做起动辅助练习，如各种姿势下的起跑
	移动时身体起伏大，重心过高	多做穿过网下的往返移动
	制动不好，制动后不能保持正确准备姿势	脚和膝内扣，最后一步稍大

（二）发球教学

1. 教学顺序

发球技术种类较多，动作难易程度差别也很大，教学时应根据教学对象的不同水平和性别，选择教学内容及确定教学的先后顺序。同时，应将发旋转球和发飘球技术的教学穿插进行，以便加深对发旋转球和发飘球技术动作的理解（表 3-2-3）。

表 3-2-3　发球技术教学顺序及学习要求

教学内容	教学顺序	学习要求
下手发球	初级	熟练，尤其适合初学女生
正面上手发旋转球	初级	普通女生掌握，普通男生熟练
正面上手发飘球	中级	专项学生熟练，普通学生介绍
跳飘球	高级	一般专项学生掌握，普通学生介绍
大力跳发球	高级	高水平专项学生掌握，一般专项学生介绍

2. 教学步骤

（1）讲解：发球在比赛中的地位与作用；发球技术的抛球、击球、手法三要素。

教学重点：抛球要稳，击球要准。

教学难点：抛球与击球的协调配合与发力顺序。在进行飘球教学时，应介绍飘球原理，以及与发旋转球在击球手法上的区别。

（2）示范：先做完整发球动作示范，边讲解边做分解动作示范，再做完整动作示范。

（3）组织练习：徒手练习，结合球练习，结合球网练习，结合战术练习。

（4）纠正错误动作。

3. 练习方法

（1）徒手模仿练习

① 徒手抛球及挥臂练习，体会发力顺序及挥臂方向与速度。

② 对固定目标做挥臂击球练习，体会挥臂动作、击球手法、击球点和击球部位。

（2）结合球的练习

① 自抛练习，站在网前或墙边对照参照物进行抛球及抛球与挥臂结合的练习，关注抛球的准确性及稳定性。

② 结合抛球进行引臂和挥臂练习，解决抛球引臂与挥臂击球动作的衔接配合问题。

③ 近距离对墙发球练习，将抛球、挥臂、击球、用力等环节有机衔接起来。

（3）结合球网的练习

① 近距离的隔网发球练习，感受发球过程中球网对手臂挥动的影响。

② 站在端线向对区发球，注意身体协调发力。

③ 站在端线左、中、右三个不同的位置以及在端线远、中、近不同距离向对区发球，体会场地不同空间与发球技术之间的关系。

（4）结合战术的发球练习

① 把场地分成若干个区，向指定区域内发球，进一步提升技术动作精确性。

② 向接发球站位的空当及向场地边、角处发球，提升发球技术战术意识。

（5）实战训练

进行单项发球的比赛或在完整教学比赛中针对发球的成功率及性能等提出要求，练习安排要使队员在一定心理压力下完成，从而提高实战中的技术发挥稳定性。

4. 易犯错误及其纠正方法（表3-2-4）

表 3-2-4　发球技术易犯错误与纠正方法

技术	常见错误	纠正方法
下手发球	抛球过高、过近	讲清楚抛球位置与击球动作之间的关系，演示错误抛球位置导致击球线路的变化；反复练习抛球
	摆臂方向不正，击球部位不准确	反复击打固定球，或先近距离对墙发固定目标位置的球
正面上手发旋转球	击球点不稳定	强调抛球的重要性并反复练习击固定球
	转体过大	身后站一人，当转体过大时进行提示
	没有推压	击固定球或近距离发球，使球前旋
	全身用力不协调	投掷羽毛球等，体会发力
正面上手发飘球	击球点不稳定	强调抛球的重要性并反复练习击固定球
	挥臂不呈直线	徒手直线挥臂，击固定球练习
	挥臂没有突停动作	徒手练习，侧面站立一人，在手臂预设停止位置进行拦阻
	击球部位不准，力量没有通过球体重心	击固定球，体会击球部位
跳发球	抛球与助跑脱节	多做抛球结合助跑练习，跳起将球在高点接住
	空中手击球不稳	跳起击吊球（固定球）
	腰腹力量用不上	对墙连续扣反弹球或多扣远网球

（三）垫球教学

1. 教学顺序

正面垫球是一切垫球的基础。在教学过程中，首先应学习正面双手垫球，再学习变方向垫球和移动垫球。同时，接发球和接扣球是垫球技术在比赛中的主要使用场景，应与各项垫球技术学习紧密结合推进，具体安排顺序见表3-2-5。

表 3-2-5　垫球技术教学顺序及学习要求

教学内容	教学顺序	学习要求
正面双手垫球、改变方向垫球、移动垫球、体侧垫球	初级	熟练
接发球垫球	初级	一般专项学生熟练、普通学生掌握
跪垫球、跨步垫球 防扣球垫球 背垫球、让垫、挡垫 前扑垫球、倒地垫球 防吊球	中级	一般专项学生熟练、普通学生介绍
滚翻垫球 鱼跃垫球 接网前球 接拦回球	高级	水平较高专项学生掌握、水平一般专项学生介绍

2. 教学步骤

（1）正面垫球教学步骤

① 讲解：垫球在比赛中的应用范围与作用；正面双手垫球的动作要领及动作要点；反射角原理在垫球中的应用。

教学重点：垫击部位和击球点。

教学难点：身体协调发力、手臂角度与出球角度之间的调整。

② 示范：先做完整垫球示范，建立正确的技术概念；然后做徒手或分解示范，边示范边讲解，再做正面和侧面的完整示范。

③ 组织练习：徒手练习，结合球的练习，其他正面垫球衍生技术，如移动垫球、专项垫球等的练习。

④ 纠正错误动作。

（2）接发球的教学步骤

① 讲解：接发球在比赛中的地位与作用；接不同性能发球时的取位与动作要求；接发球站位与技术运用的关系等。

教学重点：接不同性能发球时相应的击球动作。

教学难点：预判、取位与击球之间的紧密配合。

② 示范：重点示范接不同性能来球时技术细节方面的区别，同时注意结合场地讲清

楚接发球预判需要注意的问题。

③ 组织练习：一般性技术练习，专位练习，串联练习。

④ 纠正错误动作。

（3）接扣球的教学步骤

① 讲解：接扣球在比赛中的重要性；接扣球的判断、准备姿势、移动及接不同扣球的动作要领；如何控制球的力量。

教学重点：手臂对不同力量来球的控制方法。

教学难点：预判取位与恐惧心理的克服。

② 示范：采用侧面示范的方法，使队员重点看击球前准备姿势，击球时的手臂及身体动作。

③ 组织练习：一般性练习，专位练习，串联练习。

④ 纠正错误动作。

3. 练习方法

（1）徒手模仿练习

① 原地徒手模仿完整的垫球动作，注意身体重心及腰腿的协调配合。滚翻、鱼跃等练习要注意保护措施。

② 随教练员信号做多种移动步法后的徒手模仿垫球，注意移动与技术动作的衔接过渡。

（2）垫固定球的练习

① 根据要练习技术选择合适的固定球持球位置进行练习，将球保持在各项垫球持续所需的正确击球点上。

② 在练习鱼跃、滚翻的技术时，当练习者触球前及时将球松手避免碰撞受伤。

（3）垫抛球

① 两人一组，相距 4~5 m，一抛一垫；或一人向另一人两侧 1.5m 处抛球，使其移动垫球，注意正确击球点和腰腿协调发力。

② 三人一组，两人相距 3 m 左右抛球，另一人左右移动垫球，垫球距离增加时注意增加身体协调发力的动作幅度。

（4）对垫

① 两人一组，相距 4~5 m 连续对垫，对垫时注意击球部位，变换垫球时注意腰部发力。

② 两人一组，一人固定，一人移动。固定者把球垫向另一个人两侧 1.5 m 左右，另一人移动将球垫回。

（5）接发球的练习方法

① 两人一组，相距 9 m 以上，一人发球，另一人将球垫到指定位置，注意脚步移动取位。

② 三人一组，半场接发球练习，一人发、两人垫，将球垫到 2、3 号位之间，加强预判，针对不同来球，选择合理接发球技术，强调接发球效果。

③ 结合场上位置练习：站好接发球位置，加强配合，接好各种发球，注意同伴之间的配合，加强沟通。

（6）接扣球的练习方法

① 两人一组，一扣一防，要求扣球队员将球准确地扣到防守队员身前，防守队员体会接扣球的技术动作。

② 三人一组，分别站在 1、5、6 号位置，接对方 2、4 号位的扣球，要求把球垫到 2、3 号位之间，然后轮转换位，注意接不同力量来球时对自身力量的控制，强调起球的落点，多人站位防守强调分工与配合。

4. 易犯错误及其纠正方法（表 3-2-6）

表 3-2-6 垫球技术易犯错误与纠正方法

技术	常见错误	纠正方法
正面双手垫球	击球时手臂并不拢、伸不直	强调压腕顶肘的关键环节，垫轻球、固定球
	臀部后坐	提示重心放在前脚掌，先蹬腿，再跟腰、抬臂
	不蹬腿发力，主要靠抬臂垫球	手臂与胸部夹一个球，然后垫固定球、垫抛球
	垫球不抬臂，靠身体向上顶球	坐在凳子上垫抛球
体侧垫球	只靠手臂垫球，没有转体	强调腰部发力，多做徒手转体蹬地动作
	垫击面不正确	强调外侧手臂高于内侧，形成向内的反弹面
背垫球	展腹不够，垫出球只高不远	强调两脚前后开立，有助于保持身体稳定性
	背垫时屈肘	击球点尽量保持在肩部上方
前扑、鱼跃、滚翻垫球	不敢做动作，技术变形	鼓励勇敢、拼搏的精神，并强调正确动作的保护性意义及错误动作的受伤危险，从分解徒手到完整徒手动作的练习，由易到难

（四）传球教学

1. 教学顺序

正面上手传球是传球技术的基础，应首先进行介绍和学习。移动传球和转向传球是正面传球技术的衍生，可结合实践练习安排。顺网正面二传技术应尽早学习，以便与其他技术串联。多种传球技术的学习进程可根据教学对象的不同灵活安排，整体原则是先原地后移动，先顺网后调整，先高球后快球（表 3-2-7）。

表 3-2-7　传球技术教学顺序及学习要求

教学内容	教学顺序	学习要求
正面双手传球、移动传球、改变方向垫球 顺网正面二传球	初级	熟练
背传、跳传球 侧传球、传调整球	中级	一般专项学生熟练、普通学生介绍
平拉开球、近体快球 传其他战术球	高级	专项二传专位学生熟练、普通学生介绍

2. 教学步骤

（1）正面上手传球教学步骤

① 讲解：传球在比赛中的地位与作用；正面上手传球的动作要领和技术要点；其他传球技术的特点；各种传球方法的运用时机及动作要领和技术要点。

教学重点：正确的传球手型、击球点和准确协调的用力方法。

教学难点："半球"状手型控制拇指前伸、手指手腕的弹击发力以及全身的协调发力。

② 示范：先做完整动作示范，建立正确的动作概念；然后做分解动作示范，手型和用力要分开讲解与示范；再做完整动作示范。

③ 组织练习：徒手练习；结合球练习。

④ 纠正错误动作。

（2）顺网二传教学步骤

① 讲解：顺网二传在比赛中的作用、意义；顺网二传的判断、步法和动作要领，对不同球的处理。

② 示范：顺网二传主要采用侧面示范，使队员看清楚二传的移动、传球动作、球飞行的方向、弧度及落点。

③ 组织练习：一般性二传练习，与接发球串联练习，与防守串联练习。

3. 练习方法

（1）徒手模仿练习

① 成两列横队，随教练员口令做徒手传球，注意击球点位置及身体协调发力。

② 两人一组，一人做徒手传球练习，另一人纠正错误动作，纠错人要根据动作要点指出对方错误动作。

（2）结合球的练习

① 每人一球，向自己头顶上方抛球然后用传球手型接住，自我检查手型，接球后要在击球点停留观察，切忌接到球后把手放下。

② 距墙 50 cm，对墙连续传球，以建立正确的手型，体会手指手腕的发力，如果有对墙练习条件，此练习安排在练习③之前。

③ 连续自传，传球高度不低于 50 cm，传球时手指张开，保证球落入手中，控制手腕发力，使球垂直上行，减少脚步移动。

④ 两人一组，相距 3~4 m，传对方抛到额前的球，抛球人注意抛出球的高度和落点位置。

⑤ 两人一组，相距 3~4 m，对传球。传球双方尽量将球控制落于对方击球点位置，如来球不到位，脚步积极移动。

⑥ 背传球练习，每人一球，自抛后背传，要求注意击球点位置与身体协调发力。

⑦ 跳传球练习，每人一球，连续对墙跳传球，掌握好起跳时机，垂直起跳。

（3）顺网二传练习方法

① 在 3 号位自抛球，做向 2 号位和 4 号位的一般二传，身体协调发力，手型保持完整，手臂伸直。

② 教练员在 6 号位或 5 号位向 3 号位抛球，队员在 3 号位向 4 号位或 2 号位传不同高度和弧度的球，传球前侧对出球方向，观察来球，积极移动取位后正对传出球方向。

③ 6 号位队员将对区抛来的球垫到 3 号位，网前 3 号位队员向前排各位置传球，强调一传到位及高度，加强一传与二传的配合。

④ 五人接发球，将球传到 2、3 号位之间，二传将球传向前排各位置；如来球冲网，可采用跳传球技术；如传 2 号位，可采用背传球技术。

（4）与防守串联练习

① 2 号位队员拦对区 4 号位扣球，5 号位队员防守。拦网后立即转身做二传，传防起的或教练抛来的球，拦网动作做完整，落地后迅速撤步准备传球。

② 1 号位队员插上向 4 号位传球后，立即后撤到 1 号位防守，接对区 4 号位扣来的球，注意脚步调整，以及身体重心的转换。

4. 易犯错误及其纠正方法（表 3-2-8）

表 3-2-8　传球技术易犯错误与纠正方法

技术	常见错误	纠正方法
正面传球	手型不正确	徒手模仿结合抛接实心球，检查手型
	击球点不正确	击球点过前多做自传，击球点过后多做平传
	传球时手指手腕弹性差	保持好正确手型，提前后仰缓冲来球，多做对墙近距离连续传球
	传球时身体发力不协调	讲清发力顺序，多做徒手训练和传固定球练习
背向传球	身体后仰过大，手腕后翻过度	背对距离墙 3 m，将球向后上方传出
	身体发力不协调	两脚前后开立保持稳定，做徒手动作
移动传球	取位不及时，对不准来球	结合移动步法，做移动接球
跳传球	起跳时间不合理	跳起空中接球，体会起跳时间，增强判断力

（五）扣球教学

1. 教学顺序

扣球技术应用场景变化万千，但从动作结构本身分析，基本都属于正面扣球。学生只有充分熟练掌握正面扣球以后才能更好地学习其他扣球技术的运用方法。动作方法上，扣球技术动作结构复杂，教学难度大，在教学中需要注意挥臂击球动作和助跑起跳节奏这两个关键环节。扣球技术教学顺序见表3-2-9。

表 3-2-9　扣球技术教学顺序及学习要求

教学内容	教学顺序	学习要求
正面扣球动作方法 4 号位扣一般高球 2 号位扣一般高球	初级	熟练
3 号位半高球 3 号位快球 扣调整球、远网球	中级	一般专项学生熟练、普通学生介绍
4、2 号位平拉开球 单脚起跳扣球 后排扣球 其他各种战术扣球	高级	高水平专项学生根据专位需要掌握

2. 教学步骤

（1）讲解：扣球在比赛中的重要地位、动作方法和要领；在初步掌握技术动作以后，再进一步讲解助跑节奏、时机、起跳点选择、人球关系等较复杂的意会型知识。由于扣球技术较复杂，因此不同技术环节需要分别讲授教学重点或难点。

① 助跑：教学重点是最后跨步的方法，尤其要讲清双脚起跳的方法，避免动作急躁出现的单脚起跳问题。教学难点是助跑与摆臂的协调配合。

② 起跳：教学重点是起跳点和起跳时机的选择；教学难点是起跳时空感和节奏感的培养。

③ 空中击球：教学重点是手臂鞭打动作。教学难点是手部包击推压的击球动作。

④ 落地：教学重点是屈膝缓冲落地力量；教学难点是落地与后续动作的衔接。

（2）示范：先完整示范，形成扣球完整的动作概念，再分解示范，明确每一部分的动作细节。教学时采用先分解再完整的教学方法，分解教学的目的是掌握扣球的助跑起跳和挥臂击球动作，完整动作的教学是解决各技术环节的衔接问题，掌握整个扣球动作的连贯性。

（3）组织练习：分解挥臂击球与起跳练习；定点扣球练习，扣一般弧度球练习，串联练习。

（4）纠正错误动作。

3. 练习方法

（1）挥臂击球和助跑起跳练习

① 队员成横队散开，按照教练员的口令做原地起跳，一步助跑起跳、两步助跑起跳，可以轻微腾空，注意动作协调性。

② 集体徒手挥臂练习，注意身体发力顺序与手臂鞭打动作的体会。

③ 两人一组，一人手持球高举做固定，另一人扣该固定球，体会手部击球动作以及击球点位置。

④ 面对墙站立，手持一垒球，做正面扣球挥臂动作将球甩出，强调手臂鞭打动作。

⑤ 距墙3~4 m，连续对墙扣反弹球，注意击球点以及手腕包击推压动作。

⑥ 原地对墙自抛自扣或自抛跳起扣球，注意抛球外置与起跳时间的结合。

（2）扣定点球

① 教练员站在网前高台上，一手托球于网上沿，队员助跑起跳扣固定球，注意人球距离。

② 用扣球训练器进行辅助扣球训练，注意手臂鞭打动作，同时加强躯干协调运动发力。

（3）扣抛球

扣球者在4号位助跑起跳，把3号位抛来的球在高点轻拍过网，体会主要路线与起跳点和起跳时机选择。

（4）串联练习

① 扣球者将球传到3号位，3号位将球顺网传到4号位（或2号位），扣球者上步扣球，进一步提升扣球时机与起跳点选择能力。

② 4号位（或2号位）队员防扣一次后，立即上步扣一般弧度球，强调防守动作与助跑动作的衔接。

③ 4号位（或2号位）队员防吊（或拦网）一次，立即上步扣一般弧度的球，强调拦网后迅速撤步，准备助跑起跳，如时间紧迫，可适当减少下撤距离。

（5）扣各种快球练习

练习不同快球进攻打法，注意不同打法之间技术细节的区别。

（6）组织一攻、反攻等练习

局部模拟比赛环节，进行接发球后进攻及接扣球后进攻的练习，注意根据起球情况与二传配合完成进攻。

（7）结合比赛实战

在比赛中完成接扣各种来球的综合练习，加强与二传沟通，积极取位，完成各种条件下的进攻。

4. 易犯错误及其纠正方法（表3-2-10）

表 3-2-10　扣球技术易犯错误与纠正方法

技术	常见错误	纠正方法
扣球	助跑起跳时间不准确	可由教师在一旁进行语言提示，也可由学生给别人做语言提示，进而提高对时间的认知度
	制动不好，起跳前冲，易触网	讲清制动作原理，最后一步加大，多做助跑练习
	助跑步法不正确	多观察并做徒手助跑练习，可以多个动作串联进行练习，提高动作分辨能力
	击球点不正确	多做助跑扣固定球练习，或助跑后在空中将球在最高点接住
	扣球时手臂屈肘下压	多做徒手挥臂动作，手握羽毛球等向远处投掷
	手无法包满球	扣固定球或原地连续对墙自抛自扣
扣快球	挥臂击球动作慢	多练习手臂鞭打动作，加强与二传队员的配合
扣调整球	撤位晚，不外绕	多做防守后的外绕助跑练习
	人球关系不好	多做自抛自扣练习

（六）拦网教学

1. 教学顺序

拦网的教学应放在扣球教学之后进行。先教手型和手臂动作，后教准备姿势和原地起跳方法，最后学习移动起跳拦网（表3-2-11）。

表 3-2-11　拦网技术教学顺序及学习要求

教学内容	教学顺序	学习要求
原地单人拦网	初级	熟练
移动拦网 双人拦网 拦快球	中级	一般专项学生熟练、普通学生介绍

续表

教学内容	教学顺序	学习要求
三人拦网 拦各种战术球 拦后排攻	高级	高水平专项学习根据需要进行学习

2. 教学步骤

（1）讲解：拦网在比赛中的地位与作用；单人拦网的动作要领。

教学重点：伸臂拦网动作以及拦网取位与起跳时机。

教学难点：克服恐惧心理与拦网经验的形成，后者与拦网对立面的扣球水平息息相关，因此教师教学及组织训练时应有意识进行安排。

（2）示范：采用完整动作示范拦网起跳、空中击球手法和落地动作，建立正确动作概念。然后边讲解边示范；再做完整示范。

（3）组织练习：徒手练习，结合球练习。

（4）纠正错误动作。

3. 练习方法

（1）原地做拦网的徒手动作练习，两臂上举伸直，两手间距 20 cm 左右，十指自然张开。

（2）两人一组，隔网站立，一人站在高台上持球，另一人跳起拦固定球，注意垂直起跳拦网，同时收腹，避免触网。

（3）低网扣拦练习，两人一组，原地一扣一拦，拦网者体会拦网手型和肌肉感觉，根据扣球人抛球情况及时伸臂拦网。

（4）网前原地起跳及根据教师手势左右移动一步起跳拦网练习，含胸收腹，注意保持起跳后身体稳定性。

（5）在网前徒手做有助跑的拦网练习，平行于球网移动，跟随者眼睛盯紧对方，及时启动、制动、起跳。

（6）教练员在高台上扣固定直线或斜线的球，练习者起跳拦网，注意体会拦直线和拦斜线时的动作区别。

（7）两人原地配合起跳练习，两人四手之间的距离不要过大，注意起跳节奏的同步。

（8）两人移动后配合拦网练习，3 号位队员原地起跳拦网后向 4 、2 号位移动与那里的拦网队员形成双人拦网，注意保持移动后两人之间的距离不要过远或过近，外侧队员注意外侧手向内倾斜。

（9）在模拟比赛中检验拦网的判断和动作效果，根据拦网对象的来球及助跑路线灵活选用合理的拦网技术。

4. 易犯错误及其纠正方法（表3-2-12）

表3-2-12 拦网技术易犯错误与纠正方法

技术	常见错误	纠正方法
单人拦网	起跳时间把握不好	教师增加语言等信号提示，并讲授判断时间的方法
	双手下压触网	原地起跳拦固定球，多做提肩屈腕动作，同时要求下颌内收
单人拦网	脚过中线或身体触网	多做原地徒手起跳动作，体会空中收腹，起跳前与球网保持合适的距离
	拦网时低头闭眼	鼓励勇敢拼搏的精神，并提示拦网时需要观察的内容，比如对方挥臂路线等
集体拦网	起跳时机不一致	多做徒手配合练习，可以通过口令培养默契
	空中手臂位置不合理	提示主拦队员选择拦网线路，所有人手臂之间的距离要保持合理

二、战术教学

战术教学
方法示例

（一）基本进攻阵型教学

1. 教学顺序

先学习"中二三"进攻战术，然后学习"边二三"进攻战术，最后学习"插三二"进攻战术。在学习这三种进攻战术的同时，应结合学习相应的进攻配合，再逐步练习各种难度较大的进攻打法和复杂的战术配合。

2. 教学步骤

（1）讲解：进攻战术的名称及其特点、基本阵型及打法、学生的站位分工及职责。

（2）示范：采用沙盘、挂图或请六名学生现场实际演示等方法，让学生对进攻阵型建立直观的概念，然后在半场上按进攻战术的要求，进行不结合球的模仿站位与跑动路线练习，让学生初步体会和明确各位置的分工与配合方法。

3. 组织练习顺序

组织练习顺序为：徒手模仿进攻战术站位练习→结合球在简单条件下练习→结合球在复杂条件下练习→比赛条件下巩固提高练习。

4. 教学难点

对初学者来说，教学难点集中在各进攻战术的站位、转位和位置交换上。因此，教学重点应集中在一些简单打法上，比如对强攻、快攻等进行专门性练习，以利于学生迅速熟悉自己的位置和职责。对有一定基础的学生来说，进攻战术的教学难点是强攻、快攻、立体进攻的有机结合。在这一阶段，学生已经熟悉自己的位置和职责，而如何根据对方的情况打出不同的战术球是教学的关键。

5. 练习方法

（1）"中二三"进攻战术的练习方法

① 徒手模仿"中二三"进攻战术站位练习：教师让学生站在自己的半场上按"中二三"进攻阵型站位，然后进行不结合球的模仿跑动和轮转练习，使学生了解各位置的分工与配合方法。

② 结合球在简单条件下的练习：教师在6号位向3号位抛、传球，3号位二传队员将球交替传给4号位、2号位队员扣球，扣球后相互交换位置（图3-2-1）；场上六名学生站成"中一三二"接发球站位阵型，教师从对区抛球（图3-2-2）；学生接发球练习"中二三"进攻战术；场上六名学生按"中一三二"接发球站位，接教师从发球区抛球或下手、上手发球组织"中二三"进攻战术（图3-2-3）。

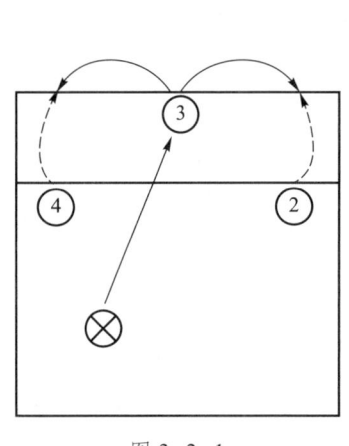

图 3-2-1

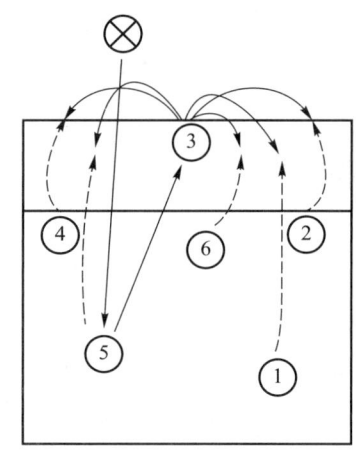

图 3-2-2

③ 结合球在复杂条件下的练习：场上六名队员站位接发球，接教师从发球区发来的上手球，学生接发球组织"中二三"进攻战术，但在进攻队员扣球时，要求后排队员跟进保护，以提高队员的保护意识（图3-2-4）；练习方法同上，发球一方增加一名或二名拦网队员，给进攻一方增加网上的难度（图3-2-5）；练习方法同上，但在接发球后，全队立即转入接拦回球进攻的练习（图3-2-6）。

④ 比赛条件下巩固提高练习：四对四的接发球组织"中二三"进攻与防反练习，要求两边发球区有专人发球，甲方发球，乙方接发球组织进攻，甲方防守反击。反之，乙方发球，甲方进攻，乙方防守（图3-2-7）；六对六教学比赛进行攻防对抗练习，教师在场外抛球给场上任一方队员，然后双方进行"中二三"进攻和防反练习（图3-2-8）；练习

方法同上，但防反一方可增加单人拦网，以增加进攻方的难度。

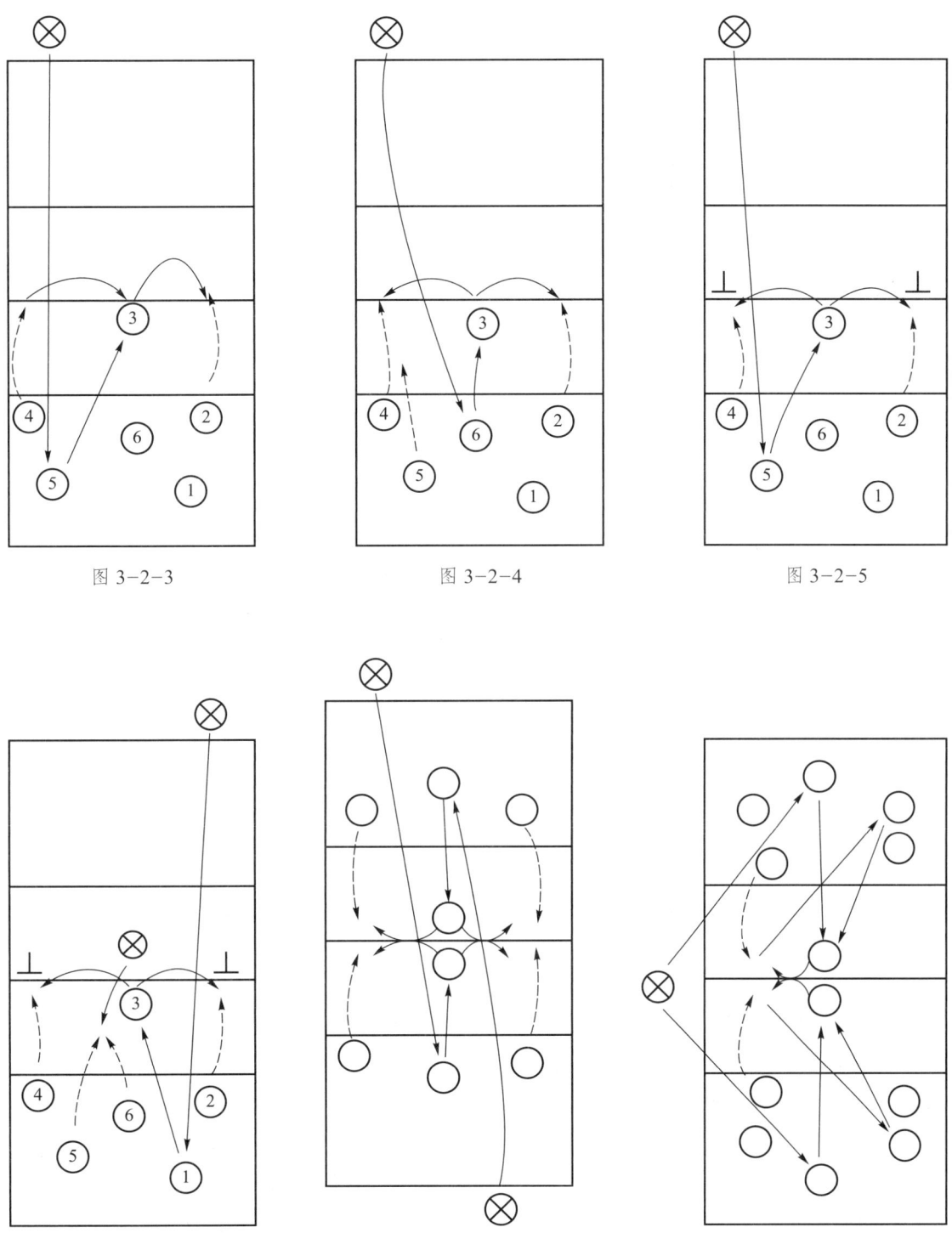

图 3-2-3　　　　　　　　图 3-2-4　　　　　　　　图 3-2-5

图 3-2-6　　　　　　　　图 3-2-7　　　　　　　　图 3-2-8

（2）"边二三"进攻战术的练习方法

① 徒手模仿"边二三"进攻战术站位练习：教师让学生站在自己半场上按"边二三"进攻阵型站位，然后进行徒手模仿跑动和轮转位置练习，熟悉"边二三"进攻战术各位置的跑动线路、分工及配合方法。

② 结合球在简单条件下的练习：教师在 6 号位将球抛向 2 号位、3 号位之间二传的位置，2 号位、3 号位之间的二传队员把球传给 4 号位或 3 号位，分别由 4 号位或 3 号位的学生轮流扣 4 号位一般高球和 3 号位的半快球练习，进攻后互相交换位置（图 3-2-9）；学生分别站在 4 号位、3 号位准备扣球，由 3 号位队员将球传给 2 号位的二传队员，二传队员将球传给 4 号位或 3 号位的进攻队员扣球（图 3-2-10）；学生分别站在 4 号位、3 号位准备扣球，接教师从发球区或对方场区抛球或轻发球组织"边二三"进攻战术（图 3-2-11）。

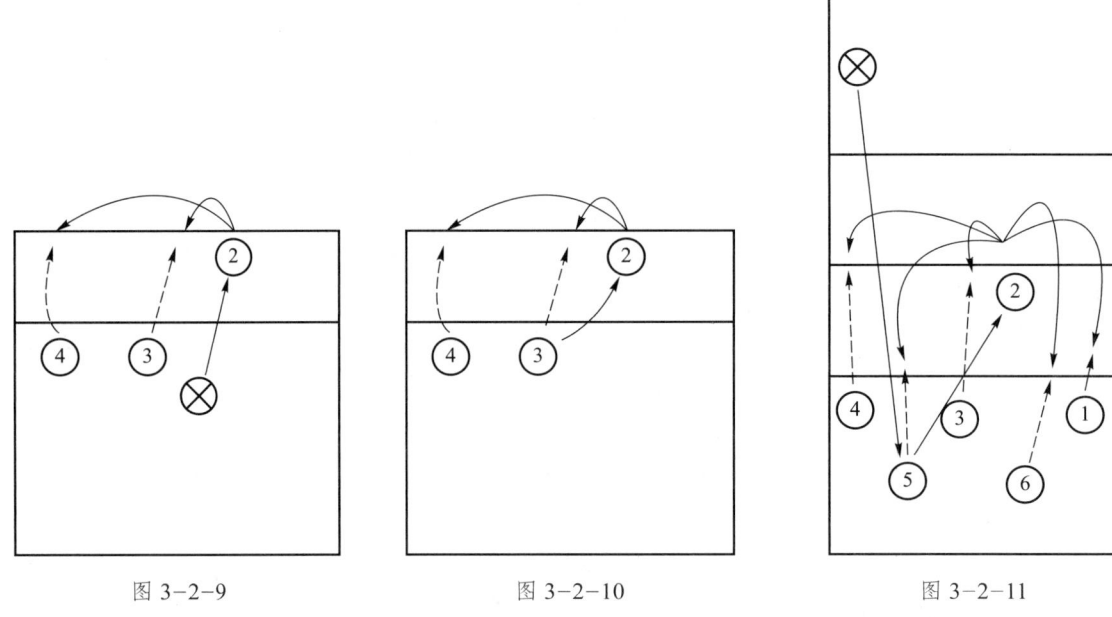

图 3-2-9　　　　　　　　　图 3-2-10　　　　　　　　　图 3-2-11

③ 结合球在复杂条件下的练习：场上六名队员站位接发球，接起教师从发球区发来的上手球组织"边二三"进攻；练习方法同上，发球一方增加拦网，给进攻方增加网上难度（图 3-2-12）；练习方法同上，接发球"边二三"进攻后，立即进入接拦回球反攻练习（图 3-2-13）。

④ 比赛条件下巩固提高练习：三对三组织"边二三"进攻与防反练习（图 3-2-14）；六对六进行"边二三"攻防对抗教学比赛练习，教师在场外随时向场内任一方抛球，然后双方进行攻防对抗练习（图 3-2-15）；练习方法同上，教师连续向一方发 10 次球后，再换向另一方连续发 10 次，教师每次发球后，学生要转动一次位置，通过六对六的对抗攻防练习，提高战术的运用能力。

（3）"插三二"进攻战术的练习方法

① 徒手模仿站位练习：让学生按"插三二"进攻战术站位，然后徒手模仿练习1、6、5号位插上跑动路线和职责等（图3-2-16）。

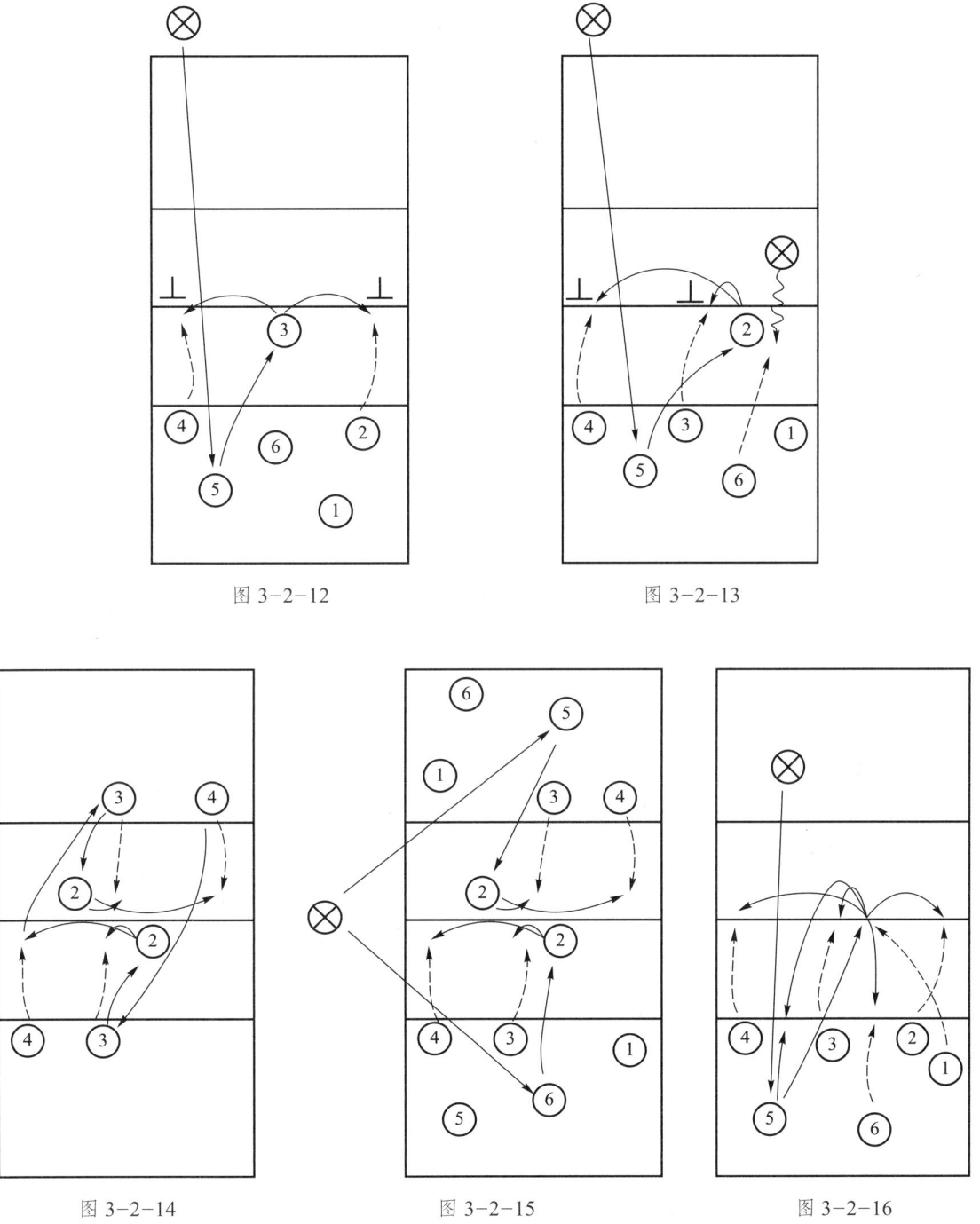

图3-2-12　　　　　　　　　　　　图3-2-13

图3-2-14　　　　　图3-2-15　　　　　图3-2-16

② 后排队员插上练习：教师在对方场区抛或发球过网，由1号位或6号位或5号位插上作二传，组织"插三二"进攻战术（图3-2-17、图3-2-18）。

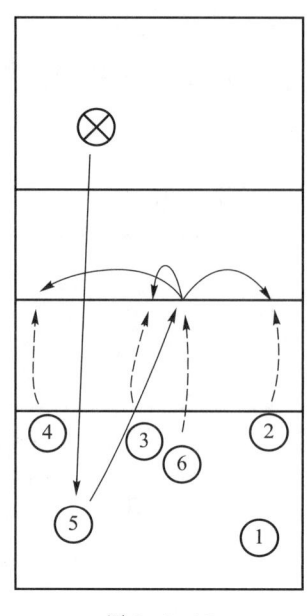 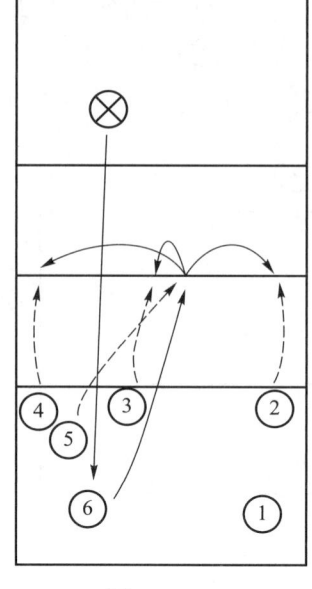

图 3-2-17　　　　　　　　　　　　图 3-2-18

（二）基本接发球阵型教学

1. 教学特点

（1）技术是基础。高质量的接发球、准确的二传和熟练的扣球技术是完成接发球进攻的保证。三者之间是紧密联系的，哪一个环节得不到保证都无法组织卓有成效的进攻。所以在教学中，应尽量提高这三方面的技术水平。

（2）分解练习和集中串联相结合。垫、传、扣三者技术的提高必须从单项技术抓起，从强化训练中提高技术水平，再进行垫、传、扣的综合练习，以保证接发球和进攻的质量。

2. 教学步骤与方法

（1）向学生讲解接发球组织进攻战术的形式和方法，使学生明确接发球组织进攻各环节的重要性，在练习中目的明确。

（2）在教师的指导和带动下进行练习。指导学生单项练习时，巩固击球动作，提高技术的熟练性，保证高质量地接好每个球；在技术水平相对稳定之后，进行垫、传、扣的串联练习。

① 学生两人一组，一发一接练习（图 3-2-19）：要求发球由轻到重，垫球人将球垫到指定位置。

② 三对三隔网发、垫练习（图 3-2-20）：发球人不换位，向 5、6、1 号位发球。接发球人在 1、6、5 号位换位接球，将球垫到指定位置。

③ 学生分两组隔网发球接发球，网前指定二传（图 3-2-21）：接球人接球后及时跑到网前扣二传传起的球，以提高接球后转为进攻的衔接及适应各种扣球的能力。

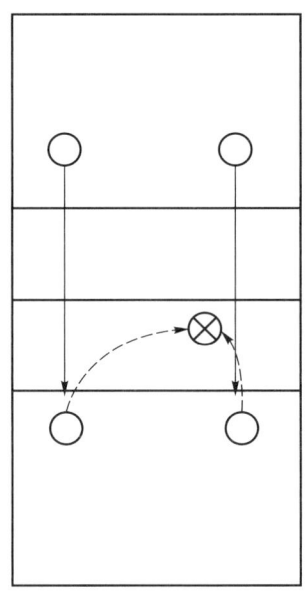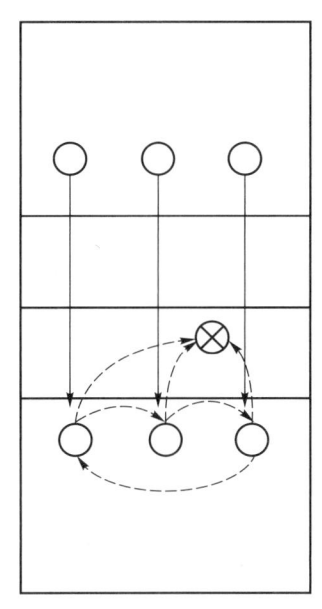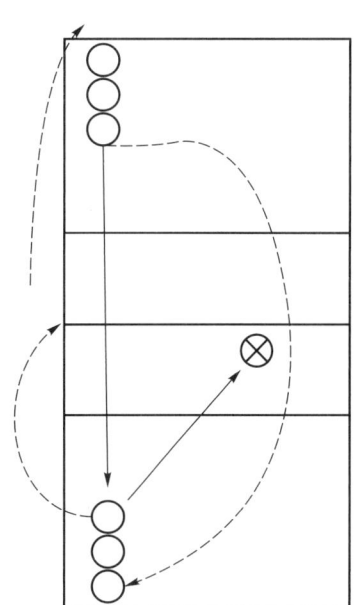

图 3-2-19 一发一接练习　　图 3-2-20 三对三隔网发、垫练习　　图 3-2-21 发接扣串联练习

④ 全队配合接发球组织进攻：要求发球人从轻到重交替发球，提高接各种球的能力。

训练的难度要根据队员的实际水平而不断加强，在与不同对手的对抗中反复磨炼，才能适应比赛的需要。

3. 接发球进攻练习方法

全队接发球，确定到位次数为轮转一次（或前后排交换接发球）。失误一次，减掉一个到位球，全队完成预定次数。

（1）垫、传、扣串联训练

① 发、垫、传练习：二人发球，四人接发球，固定二传（图 3-2-22）。

② 发、垫、调练习：二人发球，二人接发球，二人调整传球（图 3-2-23）。

③ 提高接发球质量的比赛：六人一组分两组，每组一人发球，一人二传，其他队员轮流接发球和扣球完成规定次数，哪个队先完成扣球次数为胜（图 3-2-24）。

④ 二人接发球二人发球，接球人垫球后互换位置，规定到位次数先完成者为胜（图 3-2-25）。

⑤ 三人一组，把全队分成若干组。前排固定二传，不接球的两人跑动进攻，扣球成功，该组继续接球，失误则换另一组接球（图 3-2-26）。

（2）一攻的小配合练习

一攻主要是接对方发球后组织的各种进攻战术。当对方不能组织进攻，进行处理球时也可以运用小配合进行反攻。练习配合时应由简单的进攻战术逐步过渡到复杂的进攻战术。

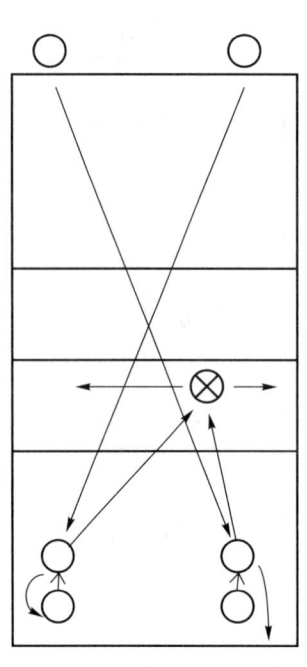

图 3-2-22 发、垫、传练习

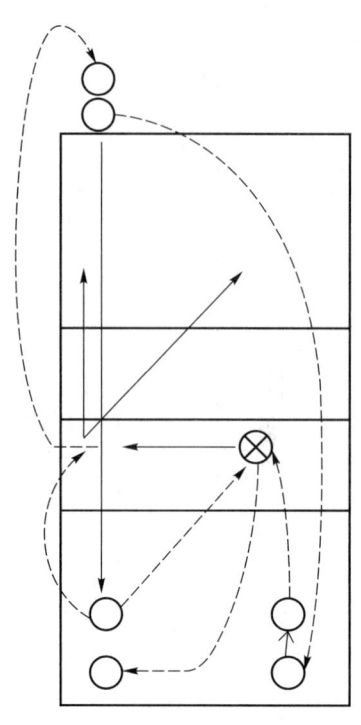

图 3-2-23 多人发、垫、调练习

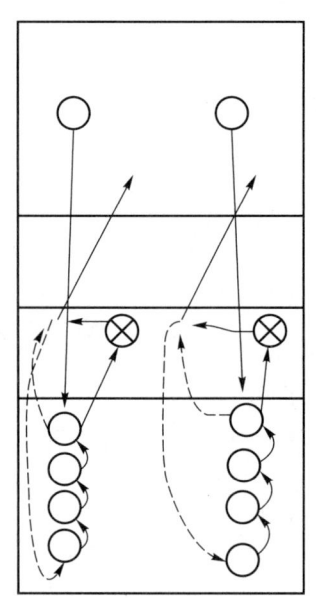

图 3-2-24 多人接发球质量的比赛

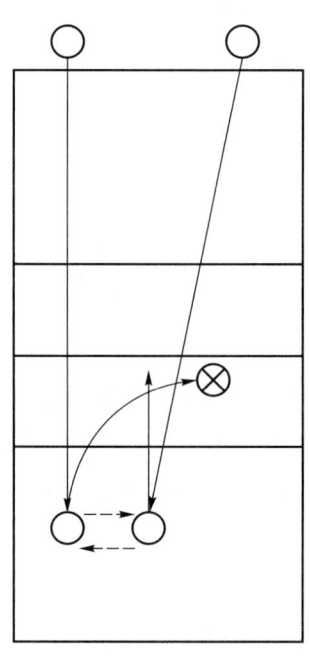

图 3-2-25 两人接发球质量比赛

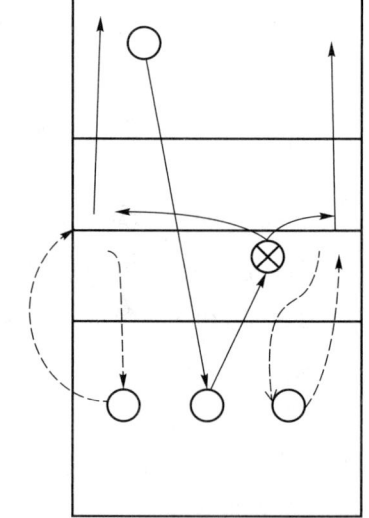

图 3-2-26 三人接发球进攻串联

① "中二三"进攻时，2、4 号位小配合举例

教师抛球，后排队员垫球给二传，前排：

a. 2、4 号位扣高球（图 3-2-27）。

b. 2号位强攻、4号位佯做4号位强攻、斜插向3号位扣半高球（图3-2-28）。

c. 2号位围绕到二传前扣半高球（图3-2-29）。

② "边二三"进攻时，3、4号位小配合举例

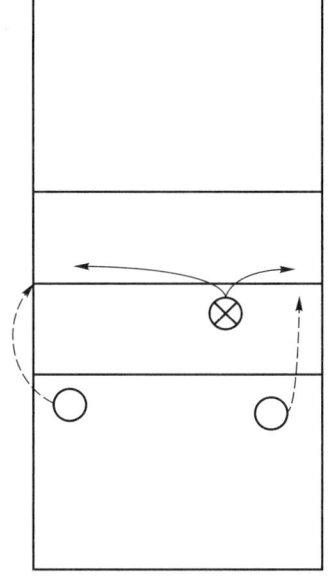
图3-2-27　中二三战术配合a

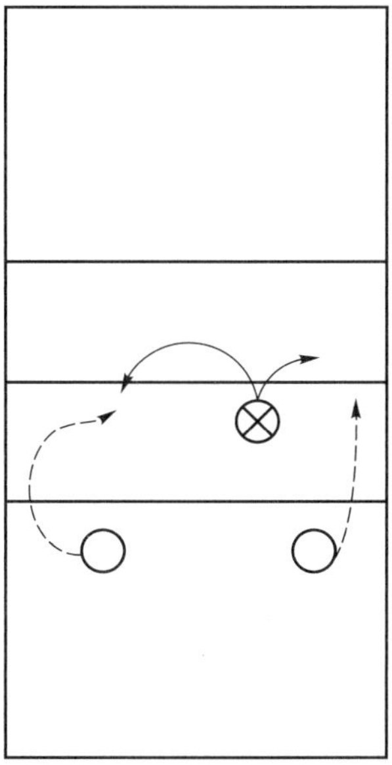

图3-2-28　中二三战术配合b

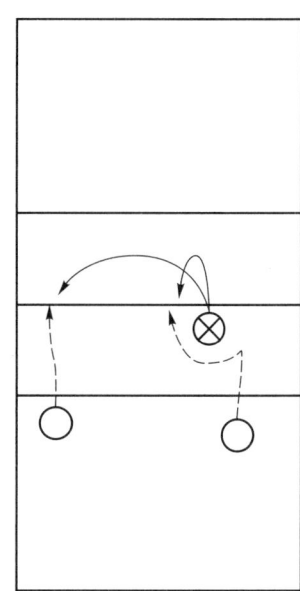
图3-2-29　中二三战术配合c

教师抛球，后排队员接球给二传，前排：

a. 3号位扣快球，4号位扣拉开球（图3-2-30）。

b. 4号位强攻，3号位队员围绕跑动到2号位二传队员身后扣背半高球（图3-2-31）。

c. 4号位队员内切跑动扣前快球，3号位队员围绕跑动到2号位扣背快（图3-2-32）。

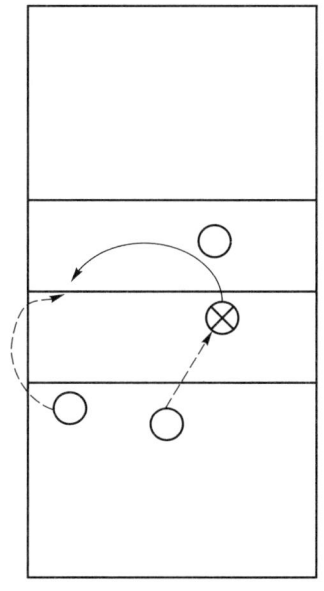
图3-2-30　边二三战术配合a

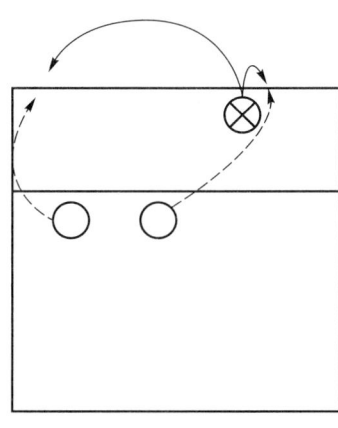
图3-2-31　边二三战术配合b

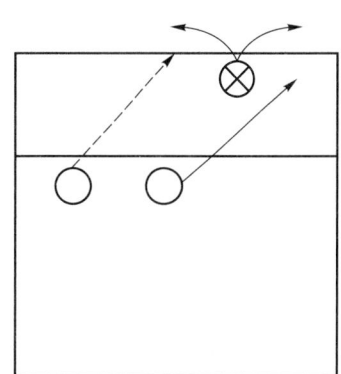
图3-2-32　边二三战术配合c

以上进攻战术不只是接发球组织进攻，当对方推攻处理球时，也可以组成以上进攻战术。教师应根据全队水平采用单项战术强化或整体配合，直至熟练。队员之间的跑动配合要节奏感强，动作逼真，无论扣还是掩护，都要认真对待，掩护就要晃动对方的拦网，为同伴进攻创造条件，扣球就要力争成功。

（3）接近比赛情况下全队的整体配合

① 场上队员接发球组织进攻战术配合。由教师或队员发球，每轮在规定接发球数以内，完成预定的进攻战术配合，才可轮转一轮。

② 接发球后重点磨炼某一项配合，以求逐步熟练。

③ 六对六对抗。由 1 号位队员发球，每人发 10 个球，统计组成进攻战术的成功率。然后两队前后排交换进行练习。

（三）基本防守阵型教学

1. 教学顺序

（1）接发球防守阵型：先学习 3 号位作二传的"W"五人接发球站位阵型，即"中一三二"阵型（图 3-2-33），然后学习 2 号位作二传的"W"五人接发球站位阵型即"边一三二"阵型（图 3-2-34）。

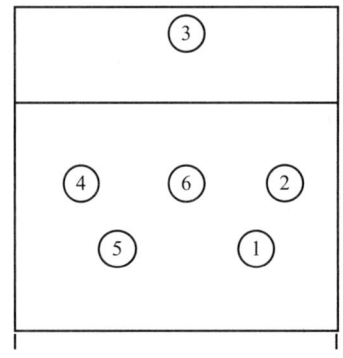
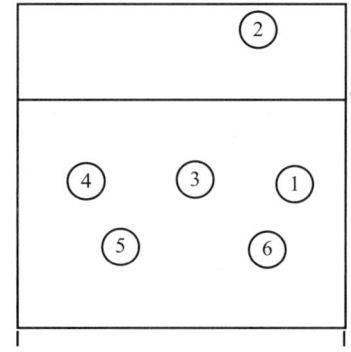

图 3-2-33　中一三二　　　　　　图 3-2-34　边一三二

（2）接扣球防守阵型：先学习单人拦网下的防守阵型（图 3-2-35），再学习双人拦网下的防守阵型（图 3-2-36），最后学习三人拦网下的防守阵型（图 3-2-37）。

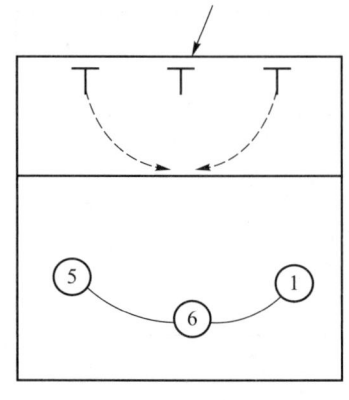
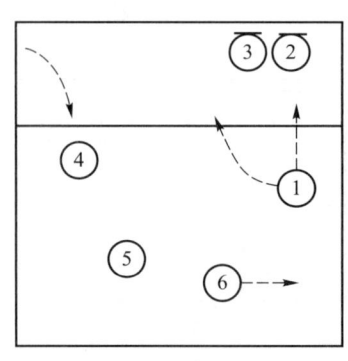
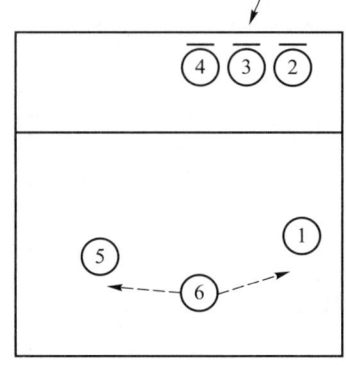

图 3-2-35　单人拦网下防守阵型　　图 3-2-36　双人拦网下防守阵型　　图 3-2-37　三人拦网下防守阵型

（3）接拦回球防守阵型：依次学习五人、四人、三人的接拦回球防守阵型（图 3-2-38 至图 3-2-40）。

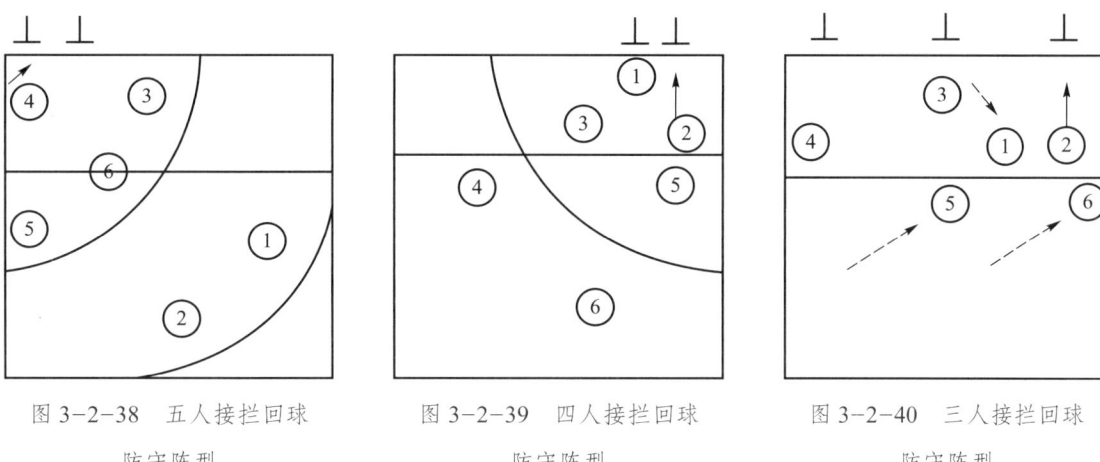

图 3-2-38 五人接拦回球 防守阵型　　　　图 3-2-39 四人接拦回球 防守阵型　　　　图 3-2-40 三人接拦回球 防守阵型

（4）接传垫球防守阵型：根据对方采用传垫球时的情况和时机，依次学习五人、四人等接传垫球防守阵型（图 3-2-41、图 3-2-42）。

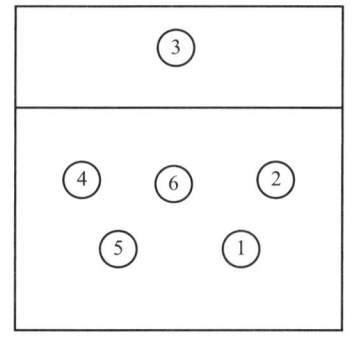
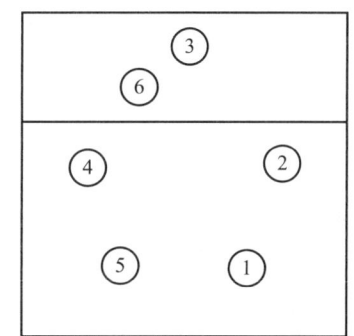

图 3-2-41 五人接传垫球防守阵型　　　　图 3-2-42 四人接传垫球防守阵型

2. 教学步骤

（1）讲解：防守战术的名称、特点，防守的基本阵型及跟进方法、队员的职责及相互间的配合、防守与反攻的衔接等。

（2）示范：运用挂图、沙盘或请六名学生现场实际演示等方法，使学生了解防守阵型的组成、每个防守位置的职责和防守队员之间的配合方法等。

3. 组织练习顺序

组织练习顺序为：徒手模仿站位→无对抗条件下的练习→简单对抗条件下的练习→较激烈对抗条件下的练习→比赛条件下的练习。

4. 教学难点

对初学者来说，防守战术的教学与训练难点是让学生根据本方拦网队员的情况，正确地落位。例如，在学习双人拦网时，一名队员要防对方吊球，另外三名队员每人卡住一条线防扣球。对有一定训练基础的学生来说，防守战术的教学与训练难点是让其综合对方扣球和本方拦网情况，正确落位和及时补位。

5. 练习方法

（1）接发球防守阵型练习方法

① 徒手模仿站位练习：让六名学生在半场上按防守位置徒手站位，然后依次轮转六轮。练习时可以随时让学生说出自己的位置。

② 结合球的练习：让六名学生在半场上按防守位置徒手站位，教师在另一侧发球，学生接发球并根据分工组织进攻。学生成功组织三次后轮转一个位置，教师继续发球，学生练习。需要注意的是，为了有效地练习学生的防守站位，教师发球宜简单。

（2）接扣球防守阵型练习方法

① 徒手模仿站位练习：让六名学生在半场上按防守位置徒手站位，然后依次轮转六轮，使学生明确每一轮、每一个位置的分工和职责，能够根据对方和本方情况进行合理取位。

② 不拦网下的防守练习：教师隔网站在高台上扣球或吊球，学生在无人拦网的情况下进行防守和反攻练习。

③ 结合拦网的防守练习：教师隔网站在高台上扣球或吊球，学生单人或双人拦网。教师有意识地把球扣（吊）给1号位、6号位、5号位、4号位的学生，学生防守后组织进攻。

（3）接拦回球防守阵型练习方法

① 徒手模仿站位练习：让六名学生在半场上根据对方和本方情况进行跟进落位练习。需要明确的是，所有参与进攻战术的学生都应该积极地选取位置接拦回球。

② 结合球的练习：学生组织各种徒手的进攻战术，教师拿球轮流在4号位、3号位和2号位隔网站在高台上模拟拦回球，学生跟进保护并组织一次有球的进攻。

（4）接传垫球防守阵型练习方法

① 对方无攻时的站位练习：当对方一传将球垫飞，跟进保护队员将球调整到中、后场附近，第三次无法组织进攻时，学生应练习快速后撤和换位，可以采用五人防守，尽量组织多点进攻战术。

② 对方垫球过网时的站位练习：当对方传垫球直接过网时，前排队员已经来不及后撤，则由后排队员组织防守，此时可以练习二次球进攻或组织多点进攻。

③ 对方有意识地传垫球过网时的站位练习：当对方一传或二传击球，并有意识地突然传垫球过网时，本方应在接扣球防守阵型的基础上，积极补位防吊。在这种情况下，应充分发挥4号位、3号位队员快攻战术配合的作用，且要求学生注意力集中，随时准备防守对方的传垫吊球。

第三节 排球教师师资培养

一、排球教师实习

（一）排球教师实习工作的目的

教师实习一般是为了巩固和运用所学的基础理论、专业知识和基本技能，在实际教学工作中充分展示并全面锻炼，同时发现问题、弥补不足；在实习过程中向优秀教师学习，提高教学能力，增强教师职责意识；培养锻炼理论联系实际和分析问题、解决问题的能力，了解学校教学实际，获得教师职业的初步实际知识与经验，从而缩短从教适应期，为今后走上工作岗位打下良好基础。

而作为一名具有专业技能的排球预备教师时，实习工作更是检验教学能力的重要指标，不仅要求排球技能从自己掌握转化成如何教学生掌握，而且要求自己掌握其他多种技能满足学生们的体育兴趣爱好，并且可以达到指导水平。

（二）排球教师实习工作的组织

1. 实习教学的组织与管理

一般实习工作试行院系两级管理制度，分工协同完成预备教师们的实习工作安排。学院的主要职责为制定相关工作规程，汇总一系列问题指导或协调解决；系的主要职责为细化相关工作规范要求，做好思想动员工作和问题解决，对学生进行实习前后考核考评。

2. 实习的组织形式

实习的组织形式分为集中实习和分散实习。学院统一组织安排实习地点，为集中实习。集中实习的，由各学院统一协调安排实习单位，组织学生报名；分散实习的，由学生自行联系实习单位。

（三）排球教师实习工作的内容

一般教师实习工作内容包括钻研教学大纲和教师参考书等资料、认真备课、编写详细教案、记录教学工作实习内容。要做好试讲、上课、课后辅助等主要环节工作，认真进行课上课下指导，提供帮助健康监督、运动恢复以及学生的考试考核，组织好拓展训练和课间体育活动。排球教师要针对排球项目进行教学钻研与技能提升，在对一般学生和学校运动队的训练中做好区分管理。

1. 教学前见习工作

排球教师实习工作准备授课前也要做好见习工作。在开学的第一周，首先听指导老师上两次课，对所负责班级作一个初步了解，记录有关数据，以便于进一步完善教学计划。同时通过观摩借鉴好的教学方法，为以后独立上课打好基础。

2. 制订教学计划和运动队训练计划

排球教师实习工作首先要做出一份按照理论指导，符合教学原则，有自己风格且适合当前学段的教学计划，并按照教学计划完成教案的编写（详见教案章节）。如果需要带领学校运动队，则同时需要了解队员身体条件，根据学校安排和学生文化课情况制订运动队长短期训练计划。

在制订计划过程中要全面把握"教会、勤练、常赛"一体化系统性教学思路，以便于达到更有效的教学。其中，"教会"，要遵循体育教学规律，结合学生发展特点与水平，合理把握循序渐进、因材施教、分层教学，教会学生健康知识、基本运动技能与专项运动技能，使学生达到在日常生活或比赛场景中灵活自如运用的水平。"勤练"，把握运动技能形成规律，结合排球和其他项目、不同班额、不同场地器材条件等，合理把握练习密度和运动强度，提高学生的运动效果。计划制订应关注不同学段学生特征，组织练习的方式应体现小学基础期趣味化、初中发展期多样化、高中提高期专项化等特点。"常赛"，面向全体学生，根据体育教学内容合理组织每堂课上的教学比赛，结合体育课堂教学组建班队以赛促练，使学生享受竞赛乐趣、更加牢固地掌握专项运动技能，培养学生的体育与健康素养。

3. 体育课及课间活动的一般内容

体育教师实习工作中不仅要传授运动技能，还要做好健康知识的教学。基本运动技能主要是中小学生在行走、奔跑、跳跃、投掷、滚翻、攀爬、钻越、支撑、悬垂、旋转等方面的动作发展内容，通过锻炼使学生在不同学段都具有相应的基本运动能力水平。专项运动技能包括足球、篮球、排球、田径、游泳、体操、武术、冰雪运动等专项运动的单个和组合技能，排球实习教师要根据任务计划和学校教学场地条件进行排球专项运动的合理安排授课。健康知识主要是中小学各学段应知应会的健康行为与生活方式、生长发育与青春期保健、心理健康、传染病预防与公共卫生事件应对、安全应急与避险五个领域的内容，为良好健康行为的形成和有效促进健康打下坚实的基础。

组织好课间活动，每一个学校都有自己的作息安排，有的要出早操、课间操或者是做眼保健操。课间操以及课间活动的组织主要是体现一名体育教师的组织管理能力，同时可以对全校师生进行一些身体健康体征的监测记录。

同时，要做好室外和室内教学两方面准备。课堂教学实习中，天气是变化无常的，所以实习工作中体育课程不可能完全在室外进行。实习教师们应准备好上室内课的理论教案，要将自己练与教的内容用生动的语言讲出来。

4. 校园排球队的培养

排球教师实习工作中，较为重要的一环就是组织学校排球队的训练。一方面，通过见习，看指导教师如何带训练队，从他的训练过程中，结合自己所学和学生的实际情况，制订一份月训练计划；另一方面，由指导教师听课，自己带队训练，在各个方面，让指导教师指出其中的不足，加以改进。在综合发展竞技能力，注重培养提高运动队技战术水平的同时，也要重点关注作风精神建设，并且要格外关注学生该年龄段的身体素质情况。最后，在自己带训练的过程中逐渐总结经验，逐步完善学生阶段训练队的训练比赛计划。

5. 学生考评工作

依照教学计划，根据不同学生自身情况合理考评，总结教学经验，丰富评价内容，倡导开展多元性评价，注重对学生语言表达（能否说出）、动作表现（能否做对）、能力体现（能否应用）等多方面检验，完善评价方式，提升评价效果。考评工作要注重"知识、能力、行为、健康"综合评价指标体系的建立，注重对学生健康行为和良好品德的评价，鼓励利用大数据平台实施体育家庭作业制度，重点评价学生体育锻炼行为与习惯的养成，实现对日常锻炼情况的过程性评价；通过组织各项体育比赛，充分把握学生的品德，尤其要强化团结协助、勇于拼搏等优良品格的评价。考评校队队员，了解其参与区县、地市、省等多级联赛情况，通过比赛发现具有运动天赋的学生，注重培养其体育特长，为竞技体育输送人才。

二、校园排球队工作开展

（一）组队目的和任务

组织各项运动队，并进行经常的业余训练，是学校体育工作的重要组成部分。学校排球队应积极参加校内外组织的有关竞赛活动，通过竞赛进一步提高排球运动水平，具有向全国高校或高级运动队输送高水平运动员的历史使命，以推动排球运动的普及与发展，为学校争取荣誉。学校排球队的任务包括提供体育锻炼机会、培养技术和战术能力、培养团队合作和沟通能力、参加比赛和赛事、培养领导和责任感，以及促进全校体育氛围。

（二）学校排球队的组建方法

1. 运动员选材

（1）预测身高。现代排球运动的特点与发展趋势是向"大型化"方向发展，都在争夺高度上的优势，这对运动员身高有了更高的要求。因此，预测出运动员发育完成后的最终身高是选材工作中最重要的问题。

（2）身体形态。排球运动员不仅要有身高，还需要有很好的身体素质，而形态与素质的关系较为密切。排球运动员体形需要"修长型"，身体高而相对细，四肢修长，坐高相对较短，皮脂薄，"头顶尖"。上肢特点

选材重要
指标解释
与分析

是：前臂长，上臂相对较短，手大，手指关节长，手指能充分张开，手臂长而直（臂展的长度大于身高为好），上臂围松紧差大。下肢特点是：腿直而长（腿长超过坐高），小腿长，大腿相对较短，臀部较小，臀部肌肉紧缩上收，跟腱长而清晰，踝关节围度小，脚大，脚弓明显。另外儿童少年躯干瘦长，肌肉线条清楚。

（3）生理功能。选材的生理功能方面主要指的是人的心血管系统和呼吸系统的功能，如最大吸氧量、血乳酸、心电图、超声心电图等医学指标。排球比赛强度大，需要较好的身体机能才能承担。

（4）身体素质。身体素质是掌握排球各项技术的基础。良好的身体素质是提高技术、战术水平的保证。排球运动最重要的素质是弹跳力、挥臂速度、反应速度、起动、移动速度和灵敏反应等。

（5）心理选材。排球比赛中需要运动员面对竞争压力和不确定性，并且在适当的时候做出决策。因此，选材时也会评估运动员的心理素质，包括竞争心理、自信心、应变能力和压力管理能力。

（6）智力水平。排球是一项充满变化的运动，运动员在比赛中要应付各种复杂情况，就必须具备较高的智力水平。在选材时，应对选拔对象进行智力水平的测试，尽可能选智力水平高，善于思考，理解能力强，想象力丰富，能够在各种情况下随机应变，具有创造性的儿童少年。

2. 队伍组建方式

（1）宣传和征集。在学校内宣传组建排球队的消息，可以通过校报、广播、校内通知、社交媒体等渠道进行宣传，并提供报名通道。鼓励有兴趣的学生积极报名参加。

（2）选拔方式。对报名参加的学生，进行选拔测试，筛选出技术和体能突出的学生。试训内容包括基本排球技术和身体素质测试，皆在评估学生的潜力和适应能力。

（3）确定指导教练。寻找一位资深的排球教练或者有排球经验的老师作为指导教练，负责队伍的训练和指导。如果学校没有合适的教练或老师，可以考虑联系当地的社区俱乐部或专业队伍，邀请教练来指导队伍的训练。

（4）增加队伍管理。制定队伍管理制度，包括训练纪律、队员交流和行为规范等，以营造良好的训练氛围和团队文化。

（三）学校排球队的管理

学校排球队的主要管理内容可分为三个部分：一是运动员的思想政治教育管理，二是运动员的文化学习管理，三是运动队的训练管理。

1. 运动员的思想政治教育管理

对运动员进行思想政治教育是运动队管理的一项长期的、经常性的重要工作，特别是学校排球队更是如此。校园时期的青少年正处于世界观形成的重要阶段，由于他们缺乏社会生活经验，辨别是非的能力不强，容易沾染不良习气，如不加强正确的思想政治教育，他们的思想就容易被不良的观念所侵蚀，为其今后的成长与发展埋下较大隐患。因此，加强对学生运动员的思想政治教育应排在教练员队伍管理工作的首位。

2. 运动员的文化学习管理

学校排球队训练具有业余性的特点，学生运动员在学校里以学为主，参加训练是根据自愿原则，在保证学业前提下利用业余时间进行的。因此，教练员要摆正业余训练的位置，处理好运动训练和学生文化学习的关系，防止片面强调运动训练而忽视学生文化学习的倾向，并经常教育学生正确对待业余训练，努力学好文化课，做到运动训练和学习文化两不误。

3. 运动队的训练管理

运动队的训练管理是指教练员对运动训练过程进行控制，一般按以下程序进行。

（1）建立运动训练目标，要坚持先进性、可行性和科学性的统一。训练目标应该是经过艰苦的努力可以达到的，目标过低有碍于激发运动员的进取动机，过高则难以达到和实现目标，以致丧失信心。目标的建立在很大程度上带有预测的性质，因此校园排球队的训练规划一定要依据学生的基础水平和本地区排球运动开展的实际情况制定。

（2）对训练计划的控制。训练计划是对未来训练活动预先作出的理论设计，描绘了运动员实现目标状态和实现状态转移的道路。任何一个时间跨度的现代训练计划，通常都包括运动员起始状态诊断、训练目标的建立、训练阶段的划分、各阶段任务的确定、训练内容的选择、比赛日期的安排、负荷动态的变化、训练方法与手段的选择及其负荷量的确定、负荷后恢复措施的选择以及检查评定的时间和要求等基本内容。因此，教练员对各种训练计划的控制是一个比较复杂且具体的控制过程，要求教练员必须具备一定的管理能力和管理水平，使各项训练计划得以落实和实施。

（3）有效地组织和控制训练过程。科学的训练计划必须通过有效的组织实施，才可能产生具体的成果。训练过程的组织和控制是否成功取决于教练员的科学训练水平和训练艺术，优秀的教练员既能生动而严格地组织好训练课，又能灵活地运用指导训练的各项原则，根据训练中主客观情况的变化，及时对预定的训练计划予以必要的调整。训练中的控制过程实际上就是一个纠正偏差、改正错误的过程。它包括获取反馈信息，对照"监督检查模型"进行对比分析，调整并重新进行控制等阶段，使训练朝着预定的方向发展。为做好训练的反馈控制，必须首先建立各训练过程的监督系统，加强对训练各阶段运动员状况的测定与评定。

⭐ 思考与实践

1. 了解各项技术教学顺序，能自主安排排球技术教学过程。

2. 结合本章提到的各项技术的易犯错误与纠正方法，思考除此之外初学者还容易出现的错误动作，并写出其纠错案例。

3. 掌握战术教学步骤，能组织基本的战术训练过程。

4. 熟悉不同教学方法适用场景，参考排球课教案示例，自行编制一节中学排球课。

5. 理解教师实习的目的，结合自身情况制订实习计划。

第四章　排球训练理论与实践操作

本章导言

　　与排球教学主要关注技能掌握的目标不同，排球训练对参与者的技战术乃至体能、心理等都提出了更高要求，其目标是帮助参与者切实掌握排球项目规律，并提升参与者在技战术、体能、心理等方面的能力，同时与营养管理相结合，为参与者参加排球竞赛提供全面保障。在排球训练内容中，技战术是核心，是训练的主体部分和训练效果的主要展现形式；体能是基础，对技战术掌握及承担大负荷比赛具有非常重要的作用；心理训练的根本目的在于培育和发展参与者的健康人格，形成良好心理品质，帮助其在比赛中以最佳状态展现自己。除此以外，排球运动参与者的运动能力不仅取决于科学的训练、良好的身体素质和心理素质，也取决于良好的健康状态和合理的营养。合理营养是科学训练的物质基础，有利于代谢过程的顺利进行和器官功能的调节，对运动员机能状态、体力适应、运动后的恢复和伤病防治都具有良好作用。

学习目标

　　1. 理解排球训练基本特征、基本原则及其使用条件。

　　2. 掌握排球技战术及体能训练方法，掌握排球运动员心理特征，了解基本心理训练方法。

　　3. 了解排球运动生理代谢特点，以及基本营养管理策略。

　　4. 了解排球训练计划种类，熟悉不同训练计划在训练过程中所发挥的作用。

第一节　排球训练基础理论

一、排球训练的基本特征

排球训练
基础理论

排球项目训练与其他运动项目一样，一方面受到运动训练基本规律的影响和支配，另一方面又受到多学科知识系统的融合和渗透，是一门综合的训练科学。排球项目训练过程中，为了达到高质量的训练目的，必须沿袭项目训练的基本特征和规律，遵循项目训练的基本原则，有效解决训练和比赛过程中遇到的各种问题，提升个人竞技水平和团队集体协作能力，从而取得理想的训练效益。

（一）团队协作化，集体竞技能力的协同发挥

排球运动训练强调技术的全面性、高度的技巧性以及团队集体作战的协同性等特征。不仅需要全面提高场上不同位置队员的体能、技术能力、战术能力、心理能力以及知识能力等竞技能力，以及场上意识、临场应变能力等诸多元素，更为重要的是需要场上队员协同配合，充分发挥集体竞技能力以及处于不同态势下的随机应变能力等。

（二）训练科学化，构建分工明确的复合型教练员团队

训练科学化是现代排球运动训练的重要特点之一，也是提高排球运动竞技水平的核心。训练科学化要求排球教练员需要具有较高的科学文化素养，能以科学理论为指导，制订科学的训练计划，广泛运用现代科技成果、先进的训练技术与科学的训练方法和手段，对排球训练的全过程实施最佳的训练调控，有效地提高训练水平，取得理想的训练效益。

同时，在现代科学化训练的前提下，教练员团队是一个分工明确的复合型组织，运动训练过程是一个多学科支撑的系统，涉及技战术训练、体能训练、康复治疗、训练监控、生物力学以及心理调控等诸多方面，因此科学训练安排，教练员团队的组成，也要相应涉及多学科的专家学者。

衡量排球训练科学化的标准，主要有以下几个方面：

（1）在训练中是否运用先进的思想作指导，并且采用先进的运动技术、先进的训练方法和手段以及有效的恢复措施。

（2）训练过程中的依据是否符合体育科学的基本原理，以及对运动训练过程实施有效的质量管理。

（3）教练员团队是否涉及多个学科交叉融合，并且具备较高的科学文化素质和指导科

学化训练的能力，拥有相应的科研机构或辅助训练的科研人员助力训练和比赛过程。

（4）训练过程中是否广泛地运用了现代科技成果，运用科学化、定量化的方法和指标，实行最佳控制以及大数据分析，实行严格规范的科学训练监控。

（三）恢复适宜化，促进排球运动员竞技水平的提高

随着排球运动水平的快速提高，竞技体育比赛的极值化、赛事的增多以及运动成绩构成因素趋于复杂性，要求排球运动员在实际的科学训练中，付出更多的努力和汗水，因此，训练负荷也日益增加。因此适宜负荷安排以及负荷后的有效恢复尤为关键。

随着高强度的训练安排和赛事的增多，如果运动员不能很快地恢复，就不能连续完成训练任务，导致训练水平下降和比赛效益下降。

现代排球高水平训练安排和训练后的恢复同等重要，适宜恢复是训练安排不可或缺的重要组成部分，不仅仅要考虑训练后的恢复，教练员在制订训练计划的时候，也要考虑到训练过程中的即刻恢复。

现代排球训练把训练后的恢复提到了重要的位置。恢复是排球训练中不可分割的一部分，运动后的恢复与训练中的负荷有同等重要的作用。没有负荷就没有疲劳，没有疲劳就没有恢复，没有恢复也就没有提高。在以往的训练中，有些教练是把训练放在第一位，先训练，训练完了再谈对疲劳的恢复，疲劳如及时消除立即投入新的训练任务，如未能消除，只好调整训练计划。这是一种不科学的跟着疲劳走的被动训练，无法保证现代运动训练的高强度大负荷的要求，也就不可能达到和保持较高的训练水平。因此，应把排球训练比赛后的迅速恢复列入排球训练的重要内容，并运用各种科学恢复方法和手段，如训练方法学手段、医学生物学手段、心理学手段以及营养学恢复手段等。

二、排球训练的基本原则

运动训练原则是在运动训练实践活动中感受领悟、提炼概括而提出和确立的，依据运动训练活动的客观规律而确定的组织运动训练所必须遵循的基本准则，是运动训练活动客观规律的反映，对运动训练实践具有普遍的指导意义，适用于不同层次水平运动员的技术、战术和体能等方面的训练安排。按照这些原则进行训练，就能较好地完成排球的训练任务，提高运动技术水平，实现培养目标。在现代竞技体育一百多年的发展历程中，人们对运动训练原则的认识也在发展变化。大量的事实说明，教练员只凭自己的热情和经验从事训练工作而不重视训练原则的运用，往往会事倍功半，竞技水平提高较慢。因此，在排球项目科学训练过程中，教练员必须全面、系统地掌握基本的训练原则，并在训练和比赛实践中科学地贯彻和运用。

（一）积极性原则

积极性原则要求教练员、运动员和科研管理人员以积极的态度、满腔的热情、正确的

动机、自觉的行动投入教学训练和比赛活动，从而取得良好的训练和比赛效益。

运动员在训练和比赛中表现出来的主动性、积极性，对训练和比赛效果起着非常重要的作用。启发运动员训练和比赛的积极性，调动运动员以饱满的热情，积极、主动参加训练和比赛，是教练员在训练中的首要任务之一。训练和比赛过程中，教为主导，学为主动，教练员要充分发挥主导作用，利用各种各样的方法来启发、调动运动员的主动性和积极性；运用语言启发，培养兴趣，选择恰当的训练方法，及时表扬、鼓励；利用各种途径和要求有效地调动运动员的积极性，保证训练任务的完成。

运动员是教学训练的主体，运动员对待教学训练的动机与态度如何，自觉程度如何，是决定教学训练优劣成败的内因；而教练员在训练中起着主导作用，其敬业精神和业务水平如何，则是影响训练优劣成败的外因。根据辩证法的观点，外因通过内因而发生作用，倘若运动员在教学训练中动机不正，态度消极，自觉性差，神经系统处于抑制状态，那么，再高水平的教练员运用再好的方法也无济于事。应摒弃强制式的"要你练"，提倡激励式的"我要练"；摒弃无奈训练，提倡兴趣训练。

（二）直观性原则

直观性原则是指在排球训练中，教练员运用各种直观手段，通过运动员的视觉、听觉、触觉等各种感觉器官，使运动员建立对技术动作练习的表象，获得感性知识，建立正确动作思维，从而掌握和提高排球运动知识、技术和战术，发展认识能力的训练原则。

教练员在教学训练的过程中，要充分运用简明扼要的讲解、正确无误的示范，以及恰到好处的提示，使运动员形成正确的动作概念，并通过其自身不断反复的练习，逐步掌握、改进和提高运动技术。教练员还可利用挂图、幻灯、录像、影片、视频等现代化直观教具，或直接观摩优秀运动员的训练和比赛，以帮助运动员改进技术动作，提高运动技能。直观手段的运用要根据训练的需要，如在纠正错误动作时，运用直观手段比较适宜，或在运动员意识到自己错误时，利用挂图对比等手段，要求运动员先进行正误对比分析，而后再由教练员指正，会收到较好的效果。根据不同的情况，适时恰当地运用直观手段，体现了教练员的训练技术的执教水平。

在排球运动训练过程中，贯彻直观性原则具有十分重要的意义，特别是在少年儿童的排球训练中，针对其形象思维优于抽象思维的特点，动作展示越具体、越形象，就越有利于运动员理解和掌握排球技术，锻炼观察能力和思维能力。在开始学习动作阶段，以及纠正动作错误、克服某些缺点时，视觉器官的作用比较显著，要充分利用各种视觉直观的手段；当运动员进行实际练习时，就要更多地运用肌肉本体感觉等直观手段；运动员在技术改进、巩固和提高阶段，可较多地运用各种及时的信息传递手段，引起运动员的注意。无论在哪一阶段，都不能局限于反复运用单一直观手段，应尽可能地利用各种手段，提高运动员各种感受器官的机能水平和综合分析能力，使他们尽快掌握排球运动技术，提高运动技术水平。

（三）巩固性原则

巩固性原则是指要求运动员通过反复多次实践练习，建立巩固的条件反射，从而在掌握和提高运动技术的过程中，形成正确的动力定型的训练原则。

排球技术种类较多，动作精细，技巧性强。教练员在训练过程中，要根据运动员的实际水平和本队的训练任务与目标，有计划、有步骤地对训练课的内容进行精心组织与合理安排，使运动员既能巩固、提高已经掌握的技术、战术，又能不断学习、掌握新的技术与战术。在课的内容上，既要突出重点，有所侧重，又要统筹安排，兼顾一般。在课的安排上，本阶段的训练内容，既是上一阶段的延续和巩固，又为下一阶段的学习与提高提供准备条件，而不是互相脱节，互不关联。这样，才能较好地使运动员掌握技术、战术，逐步达到全面、熟练、精确、有效和自动化的程度。

（四）系统性原则

系统性原则就是运动员在学习与掌握排球项目运动技术的过程中，循序渐进、统筹兼顾、不断提高、臻于完善的训练原则。

运动员形成运动技能同人们认识事物的次序一样，经历由浅入深、由易到难、由简到繁、由少到多，并达到比较完善的逐步深化过程。根据这条原则，教练员在制定队伍训练目标以及提高团队集体竞技表现的时候，应制订系统的多年、年度、周及课训练计划，以及阶段性训练计划。这些从宏观到微观的理论设计和远景规划，要系统地包含运动员体能、技术、战术、战术意识、心理和作风等方面的内容，从而体现训练和比赛过程的全面性和系统性。

排球运动训练中运用系统性原则要遵循以下几点基本要求：

（1）训练要按照一定的和合理的顺序进行。

（2）坚持系统不间断地训练。

（3）保证不同训练内容、训练方法和手段之间的科学融合及有机联系。

（五）周期性原则

运动训练过程是一个连续的、不间断的追求超量恢复的螺旋式上升过程，循环往复、周而复始。每一训练过程的循环往复不是简单的重复，而是后一个循环在前循环的基础上不断提高训练的要求，从而不断地提高运动员的竞技表现。

在排球训练过程中，通过不断增加训练的内容、变换训练方法和手段，合理地改变运动训练负荷，使得运动员由浅入深地掌握排球运动的知识、技术、战术，改善心理品质，提高机能。周期的划分还要考虑到运动员竞技状态发展的客观规律和比赛的要求以及其他因素。学校排球队训练周期的安排还要与学年、学期的教学周期紧密地结合起来。

运动员最佳竞技状态的形成与出现有一定的内在规律，教练员在安排训练周期、组织每堂训练课的过程中，要做深入细致的调查研究，认真总结经验教训，运用科学的训练方法和训练手段，合理安排训练内容，科学调控训练负荷，使运动员在体能、技术、战术、心理等方面逐步形成良好的竞技状态，以便在比赛期能保持最佳的竞技状态。这是教练员驾驭与控制训练过程的一门艺术，只有认真学习、细心体察、不断实践、勇于探索，才能掌握。

（六）适宜负荷原则

适宜负荷原则是指根据运动员的现实可能和人体机能的训练适应规律，以及提高运动员竞技能力的需要，在训练中给予相应量度的负荷，从而取得理想训练效果的训练原则。

运动员在训练中承受了一定的训练负荷，会产生相应的训练效应。但并非只要施加了负荷，就一定会产生良好的训练效应。训练负荷的安排对训练效应的好坏有着重要的影响。机体对适宜的负荷会产生良好适应，但如若负荷过小，则不能引起机体必要的应激反应；而在过度负荷作用下又会出现劣变反应。

运动量的大小安排合理，使训练达到最好效果，也是训练工作应当遵循的一条原则。"三从一大"训练原则是 20 世纪 60 年代提出的一条训练原则，曾经对中国竞技体育的发展起到一定的推动作用，中国女排"五连冠"的辉煌业绩一定程度上也得益于该原则的提出以及在训练实践中的运用。但凡事过犹不及，过去这么多年我们重新提出该原则，期望能赋予其新的内涵，即"三从一大"原则的核心是从实战需要出发，"从难"即从实战需要出发的从难，"从严"即从实战需要出发的从严，"大运动量"即从实战需要出发的大运动训练负荷。

在排球日常训练过程中，不能突然加量，要逐步地增加。使之符合：加量—适应—再加量—再适应的人体适应规律。对训练水平低的运动员更要掌握好，逐步加量，不可急于提高。对训练水平较高的运动员也应如此，特别是由于某些原因暂停一段训练之后，不可急于恢复过去承担的大运动量，必须经过一个逐步加大的适应过程。

（七）区别对待原则

区别对待原则是指在训练过程中，从运动员的具体情况出发，因材施教，符合运动员或运动队的实际情况，有区别地选择训练方法和训练手段，有效提高运动员个人和集体的竞技水平的训练原则。针对不同运动员训练中的个体差异性实施区别训练，这是排球训练过程中必须遵循的基本原则之一。

作为集体项目的排球运动，除了考虑集体配合的协调性和整体性，还要考虑到每个人的训练基础、性格特点、技术状况等存在一定的个体差异性，而且排球比赛阵容也有不同的职位分工。因此，除了进行集体性的共同训练外，还必须根据每个人的具体情况，进行区别对待，强化训练。这就要求教练员做好调查研究，切实了解每名队员的具体情况，制订其个人训练计划，并落实在日常训练的个别对待之中。个别对待训练有利于使训练切合每名队员的实际，发扬每名队员的优点，弥补其弱点，也有利于培养专业特长，形成技术特点。

贯彻区别对待原则要考虑三个方面的不同特征。

生物学特征包括年龄、性别、形态、发育状况及个人的生物节律。

心理学特征包括气质、个性及参加训练的动机等。在训练和比赛中，对不同性格的训练对象，教练员应运用不同的语言艺术进行指导。性格外向的运动员对教练员刺激强烈的语言比较容易接受，性格内向的则恰恰相反，往往会因此损伤积极性和自尊心，对训练有害而无利。

社会学特征包括家庭状况、生活习惯、文化水平等。如对待文化水平较高、理解能力较强的运动员，教练员可多进行一些必要的讲解，即借助第二信号系统帮助其更好地完成训练任务。对文化水平偏低或初次参加训练的少年儿童，教练员则应多做示范，发挥直观教学的作用，使之理解、掌握新的技术动作。

三、排球训练计划的制订

（一）运动训练计划释义及其分类

运动训练计划是教练员对运动员未来的运动训练过程预先做出的理论设计或远景规划。其主要作用是规划实现运动员状态转移的通路，把训练过程具体化，统一训练活动参加者的认识和行动。

运动训练计划主要分为多年训练计划、年度训练计划、周训练计划和课训练计划4种类型。另外，根据训练任务的安排，还有临时组织中短期集训的小周期训练计划以及为了提高某一素质或者技战术等设计的板块训练计划等。

（二）运动训练计划在训练过程中的作用

运动训练计划的制订与实施，是运动训练过程的中心环节（图4-1-1），贯穿于教练员与运动员的全部训练实践活动之中，其在训练过程中的重要作用主要表现在：一方面，使训练目标进一步具体化；另一方面，统一训练活动参与者的认识和行动。

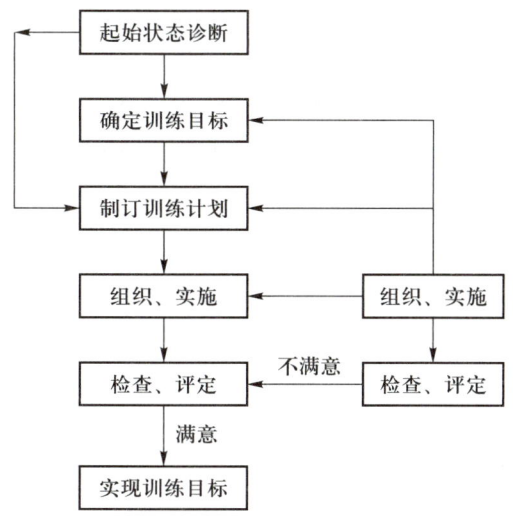

图4-1-1　运动训练计划在训练过程中的重要地位

（引自：田麦久. 论运动训练计划［M］. 北京：北京体育大学出版社，1999）

（三）运动训练计划的基本内容（图 4-1-2）

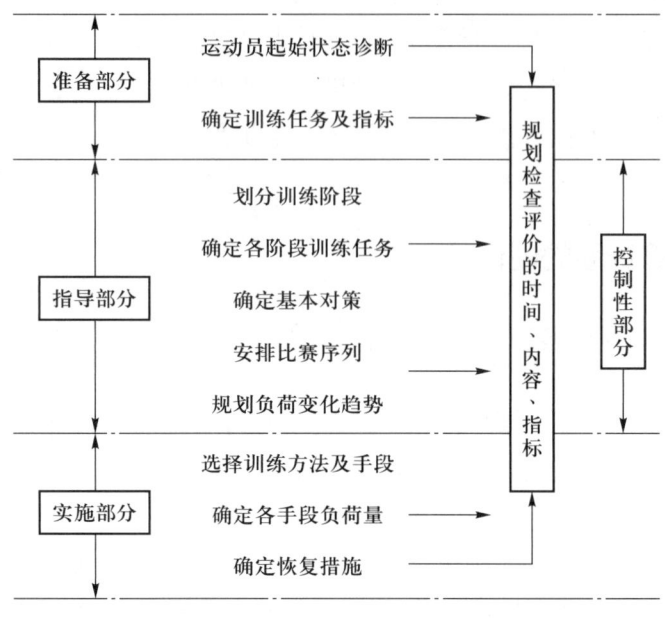

图 4-1-2 运动训练计划的基本内容及制订计划的流程图

1. 准备部分

训练计划的准备部分，包括对运动员起始状态诊断和建立训练指标（图 4-1-3）。

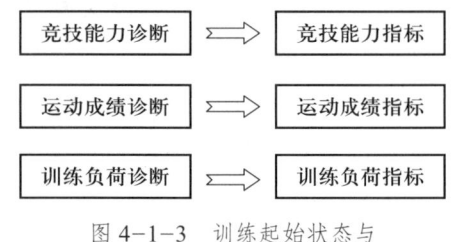

图 4-1-3 训练起始状态与
目标状态构成的完整体系

这两项工作既是运动训练过程中与训练计划的制订并列的两个独立的重要环节，其内容又是训练计划中不可缺少的组成部分，对于制订具体训练计划来说，这两项内容起着重要的先导作用，为训练计划的制订提供必需的信息和依据。

制订排球运动训练计划的一般程序包括：明确排球运动训练计划目标、运动员起始状态诊断、确定达标手段、制订计划细则、运动训练计划评审、运动训练计划审批和输出排球运动训练计划。排球运动训练计划是以排球运动训练目标为出发点，为了实现某一排球运动训练目标而实施的具体训练安排。由于排球运动训练目标比较概括和抽象，不具有可操作性，因此，在制订排球运动训练计划时，首先应该对排球运动训练目标进行系统分析和分解，这就是明确排球运动训练计划目标。为了对排球运动训练目标进行系统分析和分解，首先应该在预测的基础上，将名次目标转化为竞技能力目标，然后对竞技能力目标进行系统分析和分解，再进一步指标化和任务化。在此基础上，还要将各层次的目标按时间序列分解。通过明确排球运动训练计划目标这一子程序，可以使排球运动训练目标更加明确、具体，并构成一个完整的、具有可操作性的计划目标体系。

2. 指导部分

在训练计划的总体中，指导部分属于全局性的整体决策，是与训练目标同样具有战略意义的重要内容。训练计划的指导部分首先包括训练阶段的划分及各阶段训练任务的确定，这一工作规划出了训练过程的基本轮廓。其次，比赛既是检验训练效果的有效途径，又是组织训练活动的重要杠杆，所以第三项内容就是安排比赛的序列。最后，根据不同阶段的训练任务和比赛安排的特点，规划训练负荷动态变化的基本趋势，从而完成对整个训练活动的整体配置。

训练计划的指导部分如果考虑不周，将会对训练的效果产生严重影响。例如，阶段划分的错误，会导致运动员最佳竞技状态的出现与重大比赛的时间不一致，而这一失误又是不可能通过训练手段的选择等实施部分计划的调整所能弥补的。时间跨度越大的训练过程，指导部分的意义就越大。

另外，训练负荷安排要遵循以下几个原则：竞技需要原则、动机激励原则、有效控制原则、直观教练原则、区别对待原则、系统训练原则、周期安排原则、适宜负荷原则、适时恢复原则以及"三从一大"原则。

3. 实施部分

这一部分涉及训练的具体手段和各种手段负荷量度的大小，用于具体的训练活动的组织进行。训练计划的实施部分，需要更多地考虑专项的特征和运动员的个人特点。另外，长期以来很多教练员在制订训练计划时对训练手段的选择和训练负荷的确定考虑得很多、很细，并制定相应的训练恢复措施。

4. 控制性部分

近年来，运动训练的控制问题日益得到教练员的高度重视。要想对训练过程实施有效的控制，首先要掌握运动训练过程进行情况的大量信息，而这些信息只能通过有计划的检查评定，通过及时、准确、客观而可靠的训练诊断才能获得。因此，现代许多优秀的教练员都把计划和组织训练过程中的检查评定列入训练计划之中，这正是现代运动训练重视运动训练过程的控制这一重要特点的反映。

训练计划
示例

四、排球技、战术训练原则

（一）排球技术训练原则

1. 根据训练任务确定训练手段

在排球技术的训练中，不同的训练任务需要采用不同的训练方法和手段，以确保训练效果的最大化。例如，学习和掌握一项技术需要重视技术动作的规范性和准确性，采用细致的分解训练和逐渐组合训练的方法，逐步提高技术的难度和复杂度。而改进和提高某项技术，则需要采用有针对性的训练方法和手段，通过模拟比赛情况来训练该技术的应用能力和反应能力，从而使技术更加全面和实用。在不同的训练任务中，教练需要根据具体情况合理安排训练计划和确定相应的训练方法和手段。

2. 要与实战情况相结合

排球是一项比较复杂的运动，它需要运动员在快速移动、突然变化、连续动作和激烈对抗等情况下进行比赛。因此，在训练排球技术时，教练员应该尽可能地在类似比赛或超越比赛的条件下进行训练，以提高运动员的训练水平并达到预期目标。在训练过程中，尽可能地模拟比赛的情况，如采用比赛规则进行训练、增加对抗训练等。在训练中适当增加运动员的负荷，如在疲劳的情况下进行训练、适当延长训练时间等，以帮助运动员适应比赛中的高强度、长时间的运动状态。逐渐增加训练的难度，如增加比赛强度、速度和反应能力等，以帮助运动员在复杂的比赛情况下更好地应对。排球比赛中有很多连续的动作，因此在训练中也要适当增加连续性的训练，以帮助运动员更好地适应比赛要求。

3. 要适应运动员的训练程度和技术水平

在排球技术训练中，教练应该根据不同运动员的技术水平和训练程度，采用不同的训练方法和手段。对于初学者，应该从简单的基本技术入手，通过大量重复练习，逐渐提高运动员的技术水平。对于进阶的运动员，可以采用更加复杂的技术训练，加强技术细节训练，提高技术水平。而对于高水平的运动员，则需要通过高强度的训练，来提高他们的身体素质和反应能力，从而进一步提高技术水平。

如果训练难度太低，运动员很难感受到训练的挑战性和有效性，训练效果会打折扣。如果训练难度太高，会造成运动员的心理和身体压力，可能会影响到训练效果和运动员的健康。因此，教练需要结合实际情况，量体裁衣，根据每位运动员的特点和训练水平，制订适合的训练计划和训练方法，以达到最好的训练效果。

4. 要有较高的难度与强度

任何训练方法与手段，应使运动员有较多的触球时间与次数，有相应的运动负荷，特别是高水平运动员，应使其有较高的强度与难度，以增强对机体的刺激，加快建立条件反射，有效提高训练效果。在排球技术训练中，运动员的触球时间和次数是非常重要的。教练应该通过不同的训练方法和手段，让运动员有足够的触球时间和次数。这样不仅可以加强技术细节的训练，还可以提高运动员的反应速度和敏捷性。

如果训练强度过大，运动员容易出现过度训练的状况，导致身体损伤和疲劳。如果训练强度过小，运动员难以达到预期的训练效果。因此，教练需要综合考虑运动员的身体状况、训练目的和训练计划，合理安排训练的强度和难度。

5. 要与训练周期相适应

训练周期可以分为前期、中期、后期和比赛期等不同阶段。不同阶段的训练方法和手段应该有所不同，以达到最佳的训练效果。

在前期，训练目的是为了提高运动员的基础素质，如爆发力、协调性等，这个阶段的

训练应该是全面的，涉及多个方面的技术和能力。在中期，训练重点转向技术细节和战术配合的提高，通过对具体技术和战术的训练来提高球员的整体水平。在后期，训练应该侧重于强化和维持运动员的状态，防止过度训练和伤病的发生。在比赛期，训练应该是以比赛为主导，通过模拟比赛的训练来提高运动员的比赛能力。

6. 要有适当的多样性和趣味性

在训练中，为了避免单调和枯燥，可以适当地变换训练方法和手段，以增加运动员的兴趣和参与度。例如，可以通过小游戏、竞赛和队内比赛等方式来增加趣味性和竞争性，让运动员更积极地参与训练。此外，还可以采取一些创新的训练方法，如使用视频分析和虚拟现实技术等，以提高训练效果和趣味性。

7. 要考虑其他的客观训练条件

在训练中，还需要考虑到其他的客观条件，如训练场地的大小、地形、设备和气候等因素，这些都会影响到训练方法和手段的选择。比如在狭小的场地训练时，可以采用小场地训练的方法，或者增加训练频率和强度来弥补场地的不足。同时，教练员还需要根据球队人数的多少来确定训练的规模和内容，以确保每个运动员都能够得到充分的训练。

（二）排球战术训练原则

排球战术训练应遵循以下原则：

1. 超前性原则

在制定战术时，应采用超前思维、超前设计、超前试验和超前运用。这包括提前发现对手的弱点并采取措施，以及根据比赛对象、本队情况或队员特长来设计战术。

2. 针对性原则

根据比赛对手的特点、本队情况和队员特长来制定战术。这有助于发挥队员的优势，并针对对手的弱点进行有效防守。

3. 可行性原则

创新设计的战术应符合科学规律、队员条件、配合程度，并在比赛中实施的可能性。这要求战术设计既要科学合理，也要考虑到队员的技术水平和身体条件。

4. 实事求是原则

根据本队运动员的技术水平、特点、身体素质和身材条件，以及全国和本队战术指导思想来制定战术。这强调了战术应与队伍的实际条件相匹配。

五、作风训练

（一）什么是作风

作风是排球运动员在思想、训练和比赛中一贯表现出来的态度和行为风格，是展现团体战斗力的有力保障，因此作风的养成具有长期性的特点；运动队作风具有一定的继承性、延续性和感染性。优良作风对球队发展影响深远，不仅有助于在训练中提升技战术训练效率，也有助于在比赛中激发运动员斗争精神，夺取比赛胜利。

（二）作风的组成

作风是一支球队特点、风格的表现，更是取得优异成绩的基础。树立良好的训练作风需要做各方面的工作，要受各种环境和条件的影响，但最重要的是使运动员在思想上牢固地树立热爱祖国、热爱人民的强烈情感和坚定信念，有了这种强大的动力，才能真正在学习、训练、工作中体现出可贵的自觉性。这种自觉性不是被逼出来的，而是靠教练员平时大量深入细致的工作，善于利用各种渠道，一点一滴，切合实际地进行思想教育，经过长期的磨炼，才能树立起来的。运动员的作风包括思想作风、训练作风和比赛作风。

1. 思想作风

思想是行动的"总开关"。一个人的思想作风必然受周围环境的影响，球队的集体对每个成员的影响，特别是对树立训练作风的影响更大。因此在训练实践中应处处注意培养运动员的集体主义精神，使其不断加强集体荣誉感，加强团结协作，互相鼓励，互相支持，共同克服困难，形成一个团结战斗的集体。排球运动员的作风属于精神层面的内容，它是排球运动员内化的思想、精神、品质和意识等在排球运动中的综合体现。所谓意在动前，只有思想上产生一定的认识，才会支配运动员的行为。排球运动员作风的体现源于思想的基础，运动员的思想作风会在日常生活和训练比赛中得以体现，所以思想作风是作风培养的前提，只有注重思想作风的教育和训练，才会为培养运动员优良的作风打下基础。女排精神中的顽强拼搏、永不言败正是对女排运动员过硬思想作风的高度概括。

2. 训练作风

良好的训练作风是指运动员在训练中反映出的精神状态和行为态度。树立良好的训练作风，首先要靠运动员高度的自觉性。中国女排的队员们正因为具备这种可贵的自觉性，能够自己严格要求自己，才能培养出良好的训练作风，取得优异成绩。但另一方面也必须要有严格的领队、严格的教练。自觉性不是天生和自发的，必须靠平时的严格要求、严格训练和严格管理，才能在长期的实践中培养出来。

20世纪70年代，在漳州和郴州训练基地建成之后，袁伟民带领中国女排在简陋的竹棚中进行了艰苦卓绝的训练。面对潮湿的泥土地面和未刷漆的刺人地板，女排队员们展现出了"一不怕死、二不怕苦"的竹棚精神，即使在训练后满身泥泞和血迹，也坚持着袁伟民严格训练的要求，不断挑战自我极限。正是这种不畏艰难、坚韧不拔的训练作风，为中国女排的全面腾飞奠定了坚实的基础，成了女排精神的原型，激励着队员们不断追求卓越，最终实现世界级的成就。

3. 比赛作风

比赛作风是排球运动员作风培养的最终体现，是排球运动员的思想、精神、品质和意识在赛场上的综合体现，也是对思想作风和训练作风的一种检验。好的比赛作风应包括遵守规则、文明礼貌、积极拼抢、勇猛顽强、团结协作、稳定心态、永不服输等。一切思想的准备和行为的训练都是为比赛这一终极目的服务的，比赛作风的培养是源于思想作风和训练作风的积累，并在比赛中逐渐成熟的，所以比赛作风是三大作风的关键所在。陈招娣作为中国女排历史上的传奇人物，被大家称为"独臂将军"。在1979年的一场对战日本日立女排的比赛中，陈招娣左臂桡骨位置受伤，后被诊断为骨折。然而，在同年举行的第四届全运会上队伍又非常需要她。最终，她用绷带吊住受伤的左臂，单臂出战，展现了极高的竞技精神和顽强的斗志。这种不畏艰难、坚持比赛的作风，为她赢得了"独臂将军"的称号。

（三）作风训练的手段

作风训练是运动员的思想素质在排球训练中的体现。好的作风训练包括统一的思想、严明的纪律、积极的心态、配合的意识、严格的要求、吃苦耐劳的精神等。在运动员的作风训练中教练员应以正面引导为主，运动员有进步，就要给予适当的鼓励和表扬，以提高运动员的自信心、责任感和荣誉感。

1. 教练员以身作则

教练员是运动员未来事业的引路人，是打造其技术形象和品德风貌的工程师。教练员不仅在训练中起主导作用，而且在各个方面都起着榜样作用。这对运动员树立良好的训练作风起着积极的影响。

2. 培养运动员的责任感

责任感的形成和发展取决于运动员本身参加比赛的实践过程。由于它具有无形特征且受认识水平的制约，所以教练员要善于激发运动员的爱国情怀，提升其高度的责任心，从而使其克服各种困难取得优异成绩。

3. 培养运动员的团结协作精神

教练员要促进队员之间真诚团结，使他们发挥集体的智慧和积极性，不断加强集体荣誉感，做到思想统一，步调一致，互相鼓励，互相支持，共同形成一个团结坚强的集体。

良好作风的形成并非一朝一夕之功，也绝不是队员天生就具备什么特殊条件，更不是临时提出什么要求，或是一时冲动就能解决的。教练员应把作风训练和言传身教有机结合起来，并始终作为一项最重要的任务落实到球队的历练中，形成运动员的良好作风。

总之，在抓作风的过程中，要实施思想作风、训练作风和比赛作风一起抓。在训练与比赛实践中培养运动员形成良好的作风习惯，把训练当比赛，把赛场当战场；坚持从难、从严、从实战出发，苦练技术战术，培养顽强作风，在不断克服困难、战胜对手的过程中，锻炼队伍，提高水平。

第二节　排球运动员体能训练

一、排球专项体能特征

（一）排球专项特征需求分析

1. 排球专项特征能量代谢需求分析

排球运动
的体能需
求

从生理学的观点看，排球运动在传统上被认为是一项需要高水平爆发力且无氧能力占比高的运动。从规则和比赛结构上看，排球比赛要经历多个高强度比赛回合，但同时也有机会从比赛间隙中得到恢复。所以，排球运动员必须具备快速合成能量的能力，而且还要具备为争夺下一分而快速恢复能源物质的能力。为了使排球运动员获得最佳的运动表现，必须使无氧能力和有氧能力都得到良好发展。

（1）机体内的能量合成系统

人体的三大能源物质包括糖类、脂肪、蛋白质。这些不同的能源物质会根据比赛、训练时的难易程度和动作速度生成三磷酸、腺苷（ATP）。而且，每种能源物质必须通过磷酸原（ATP-CP）系统、糖酵解系统或氧化（有氧）系统及其代谢酶的作用下来生成 ATP。

（2）各系统间的相互作用

ATP-CP 系统、糖酵解系统和氧化系统并不是各自独立发挥作用的，并且每个系统的贡献比例因运动强度的不同而各不相同（表 4-2-1）。

表 4-2-1　不同持续时间和强度下的运动对应的主要供能系统

运动持续时间	运动强度	主要供能系统
0~6 s	极高	磷酸原系统
6~30 s	非常高	磷酸原和快速糖酵解系统
30~120 s	高	快速糖酵解
2~3 min	中等	快速糖酵解和氧化系统
> 3 min	低	氧化系统

研究显示，排球运动主要通过 ATP-CP 系统和糖酵解系统来产生提供爆发性肌肉所需的能量，所以我们的目标应以改善这两个能力系统为主。此外，排球运动员也必须具备良好的有氧能力，以确保比赛间歇和局间休息时得到适当恢复。坚实的有氧基础配合出色

的无氧系统，是现代排球运动员取得成功的基石。

2. 排球专项特征的动作模式分析

在现代竞技体育领域，动作模式被看作竞技训练的基石，是所有技能以及所有练习和活动的基础，动作模式也被视为竞技能力中的关键因素之一。

（1）人体基本动作模式

美国人体运动科学家、力量和身体训练持证专家格雷·库克，体能训练、功能性训练领域专家迈克·鲍伊尔及多名学者认为，人类动作技能表现是基于他们自身所具有的原始动作模式，包括下蹲、弓箭步、步态、体屈、转体、推撑、伸举、翻转、提拉、爬行（图4-2-1）。基本的动作模式可以在人体的矢状面、冠状面、水平面中发挥作用，并可以在不同平面采用不同的角度完成，以满足运动需要。

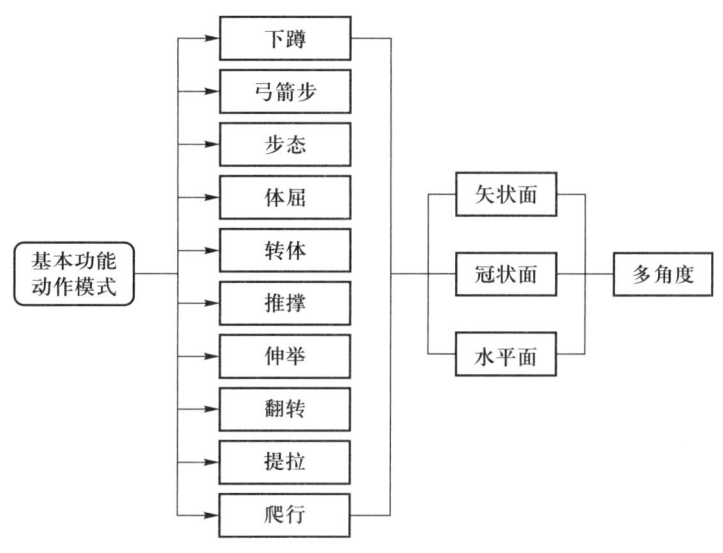

图 4-2-1　基本功能动作模式示例

（2）排球专项动作模式

排球专项动作模式是为完成运动项目的特异需求所形成的动作模式，通过专项动作模式训练，运动员可以加强对动作模式的识别和运用，使中枢神经系统更好地控制身体各部位的动作模式，同时，可有效避免运动过程中的能量外泄，预防损伤的发生，提高运动员在场上的表现。从运动训练实践的角度来看，排球运动专项动作模式分为快速伸缩类动作模式和多方向移动类动作模式。

① 快速伸缩类动作模式：是以提高速度、力量输出功率为目标的动作模式，排球运动中最直观的体现就是跳跃和"鞭打"。

a. 跳跃性动作：排球运动员需要良好的弹跳能力，这是保障扣球高度、速度、力量以及进行有效拦网的基础，因此，快速伸缩复合训练可以有效地提高排球运动员弹跳能力的最好途径是训练运动员的腿部蹬伸爆发力。

b. "鞭打"性动作：排球运动员手臂挥击能力是扣球得分的重要基础，而"鞭打"动作是排球扣球动作的重要组成部分，目的是使末端环节获得最适宜速度，通常是最大限度地提高末端速度，并且整个过程中人体各环节协调配合以确保动作质量。

②　多方向移动类动作模式：是以发展移动步法，提高灵敏性和协调能力为主要目标的动作模式，在排球运动中具有重要作用。

多方向移动训练主要是为了提高排球运动员神经系统的灵敏性、应急反应和变向能力、动作的速率与频率、起动与加速以及缓冲与制动能力，以适应排球比赛的需要。具体内容如下：

a. 神经系统的灵敏性：主要是指运动神经中枢兴奋与抑制之间的快速转换速率以及神经与肌肉之间的协调能力。人体各部位快速完成各种形式的运动和快速改变运动方向的能力，都是神经中枢活动高度灵敏与协调的表现。

b. 应急反应和变向能力：应急反应是指当机体遭遇紧急情况时，交感－肾上腺髓质系统发生的适应性反应。通过训练可以调动机体的潜在力量，以应对环境的剧烈变化，从而提高机体的应答和适应能力。变向能力是指快速改变移动方向的能力。排球运动员要根据临场情况快速变向，在最短时间内跑到目标位置。

c. 动作的速率与频率：动作速率是指人体在规定条件下最短时间内完成动作的能力，也指单位时间内同一动作的重复次数。动作频率是指单位时间内完成的动作次数，以及每个动作周期在特定方向上的位移速度。通过多方向移动训练，排球运动员可以实现高速率、高频率的多方向移动能力。

d. 起动与加速：起动是运动员移动的第一步，良好的起动速度是排球运动员的重要能力。加速是指运动员快速移动到指定位置，通过多种步法完成。良好的加速能力可以更快更准确地为快速的进攻和防守做好准备。

e. 缓冲与制动能力：缓冲是加速到指定位置之前的减速和控制身体重心的过程。制动即到达指定位置时迅速停止位移的过程。缓冲与制动是移动动作和接传球技术之间的枢纽，有利于运动员保持良好的身体姿势与身体的动态平衡，为完成高质量的接传球做准备。

多方向移动类动作模式将敏捷性练习、步法练习和速度练习结合起来训练，发展运动员的反应能力、协调能力、动态平衡能力、变向加速能力、减速能力、爆发力等素质，提高运动员者在无准备状态下的急停、变向与加速的能力。

（二）专项体能特征结构及需求

1. 排球运动员的专项体能特征

（1）排球运动员的身体形态特征

排球运动员的身体形态要求身材高大且匀称、体格健壮、四肢长、躯干短、臀部翘、小腿跟腱长、手大指长、足弓高、皮脂层薄、体脂肪重量轻、去肢体重及质密度大。

（2）排球运动员的身体机能特征

排球运动是主要以无氧供能为主，同时还需要具有一定的有氧代谢水平的近似"全能"的运动项目。在比赛中，比赛负荷量小，但强度大，导致运动员对无氧供能系统更加依赖，所以运动员必须具有良好的抗缺氧能力和耐酸能力，才能保证始终如一地正常发挥技战术水平。

（3）排球运动员的运动素质特征

① 力量素质：排球运动员弹跳高而快、滞空时间长、挥臂击球速度快、力量大等特征要求运动员具备良好的快速力量和腰腹肌力量。现代排球比赛向着高度化、速度化发展，进攻速度逐渐加快，进攻高度逐渐提高。因此，为满足高强度进攻与防守，运动员必须强化自身的专项力量。

② 速度素质：排球运动员应具有快速反应和快速动作的能力。不论在进攻还是在防守技术上都必须具有很快的反应速度和动作速度。因此，可以说速度素质是排球运动员运动素质的中心环节，在日常训练中，教练员应优先考虑发展运动员的反应能力及快速力量。

③ 灵敏素质与协调素质：高度的灵敏与协调素质是排球运动员灵活处理场上各种来球的基础。排球比赛中，运动员的位置要轮转，来球高低快慢、变化万千，这些都要求运动员具有高度的灵敏与协调素质，以速度和力量素质为基础的灵敏性和协调力是围绕着准确处理人与球的正确关系而发挥的，这是排球运动的独特之处。

④ 耐力素质：排球比赛属间歇运动形式，即短时间爆发式的身体运动被短暂的间歇休息分隔开，由多次短促的、完整的、用力的、较高强度的有球技术和较长时间、稍低强度的无球技术所组成，有氧耐力与无氧耐力相结合、移动耐力与弹跳耐力相结合是排球运动员耐力的特殊形式。

⑤ 柔韧素质：排球运动员在某些情况下的跨、展、拉、弯等动作的幅度比较大，如跨步垫球、扣球的展腹等，都需具备较好的柔韧素质。

2. 排球运动技术的体能需求

当今排球技战术的多样化和复杂化趋势对排球运动员的身体功能、运动素质等无疑提出了更高的要求。而这些专项要求仅靠专项运动技术和战术训练是不可能达到的，只有通过系统的专项体能训练方可满足。因此，排球运动员只有进行系统的专项体能训练，促进有机体各组织、器官、系统功能的全面、协调发展，才能为掌握更为复杂的、先进的、合理的运动技术和战术提供可能。

3. 排球专位体能测试指标

（1）主攻（接应）专位体能测试

① 主攻（接应）专位特点：主攻（接应）是赛场上主要的攻击手，要求主攻（接应）全面性发展，不仅仅需要强有力的进攻能力，还需要在发球、一传及防守上也有着不错的表现。主攻（接应）主要在场上进攻和拦网任务重，要求队员身材高大，弹跳力强，拥有强劲的扣杀力，擅长强攻，善于突破对方的防御，精于扣调整球和各种战术球。主攻（接应）的常见动作模式有：单次快速制动起跳的能力；空中大力扣球及保持核心稳定能力；接一传能力。

② 主攻（接应）专位体能测试指标（表 4-2-2）。

表 4-2-2　主攻（接应）专位体能测试指标

位置	一级指标	二级指标	权重	三级指标	权重
主攻	素质	肌肉耐力	0.1	引体向上	0.6
				一分钟攀爬	0.4
		快速力量	0.5	单手垒球掷远	0.4
				助跑摸高	0.6
		核心力量	0.15	45° 腹肌、背肌、侧肌	1.0
		速度	0.05	30 m 跑	1.0
		灵敏	0.1	T 型测试	1.0
		基础力量	/	深蹲	达标
				卧拉（卧推）	达标
		有氧耐力	0.1	12 min 跑	1.0

（2）副攻专位体能测试

① 副攻专位特点：副攻手在排球运动比赛队员的职责分工中，是指站在 3 号位的进攻队员。该位置的球员一般身材高大，动作敏捷，具备较强的弹跳能力和变向跑移动能力。副攻手的主要职能是快攻、快攻掩护、拦网。副攻手常见的动作模式有：拦网能力、横向移动接起跳能力、快速多次起跳能力、快速扣球能力。

② 副攻专位体能测试指标（表 4-2-3）。

表 4-2-3　副攻专位体能测试指标

位置	一级指标	二级指标	权重	三级指标	权重
副攻	素质	肌肉耐力	0.1	引体向上	0.6
				一分钟攀爬	0.4
		快速力量	0.3	单手垒球掷远	0.4
				助跑摸高（垂直纵跳）	0.6
		核心力量	0.1	45° 腹肌、背肌、侧肌	1.0
		速度	0.05	30 m 跑	1.0

续表

位置	一级指标	二级指标	权重	三级指标	权重
副攻	素质	灵敏	0.35	网前 3 点横向移动	0.5
		基础力量	/	深蹲（2 倍体重）	达标
				卧拉（卧推）	达标
		有氧耐力	0.1	12 min 跑	1.0

（3）二传专位体能测试

① 二传专位特点：二传手指接对方来球后专门担任接应传球组织进攻的队员，要求有娴熟的技术，能随机应变，团结队友，善于发挥全体队员的特点以及组织本队的进攻力量。是组织进攻的关键，要具备良好的心理素质，对拦网有较高的要求，能够组织拦网后的反击。该技术是从防守转入进攻的桥梁和纽带。接传球质量的好坏直接关系到进攻的质量和技术、战术的发挥。

② 二传专位体能测试指标（表 4-2-4）。

表 4-2-4　二传专位体能测试指标

位置	一级指标	二级指标	权重	三级指标	权重
二传	素质	肌肉耐力	0.1	引体向上	0.6
				一分钟攀爬	0.4
		快速力量	0.25	垒球掷远	0.4
		快速力量	0.25	助跑摸高	0.6
		核心力量	0.15	45° 腹肌、背肌、侧肌	1.0
		速度	0.1	30 m 跑	1.0
		灵敏	0.3	T 型测试	1.0
		基础力量	/	深蹲	达标
				卧推（卧拉）	达标
		有氧耐力	0.1	12 min 跑	1.0

（4）自由人专位体能测试

① 自由人专位特点：自由防守球员（自由人）在球场上的职责是接发球（救球）和接扣球（防守），是专职防守接球的球员，通常自由人具有全队最快的反应速度和最好的一传技术，所以需要具备对各种各样的来球能够瞬间反应的能力，爆发力、能坚持到底的

耐力是非常重要的。自由人的功能在于加强防守达到平衡攻守的效果，需要力量、速度、灵敏、协调、反应、快速起动等能力。

② 自由人专位体能测试指标（表4-2-5）。

表 4-2-5 自由人专位体能测试指标

位置	一级指标	二级指标	权重	三级指标	权重
自由人	素质	肌肉耐力	0.2	1 min 攀爬	1.0
		核心	0.1	45° 腹肌、背肌、侧肌	1.0
		速度	0.2	30 m 跑	1.0
		下肢快速力量		立定跳远	
		灵敏	0.3	30 s 随机移动（扇形）	1.0
		有氧耐力	0.2	12 min 跑	1.0

二、基础体能训练实践

（一）力量训练

根据完成不同体育活动所需力量的不同特点，通常把力量素质划分为最大力量、快速力量及力量耐力三种不同的类型。可依其产生力量过程中肌肉收缩的主要形式，区分为动力性练习与静力性练习两大类，进而依肌肉收缩的方向、速度进一步予以区分。运动员在完成各种练习时，可承受不同形式的负荷，包括自身重力、同伴的阻力、各种重物或电刺激负荷等。在发展不同力量素质时，则应依需要选用相应的练习手段，确定相应的负荷量度。

1. 最大力量训练

（1）发展最大力量的主要途径

按照上述对决定肌肉最大力量的影响因素的分析，发展最大力量的主要途径有：

① 加大肌肉横断面。

② 增加肌肉中磷酸肌酸（CP）的储备量，以加快工作中 ATP 的合成速度。

③ 提高肌肉间及肌纤维之间的协调性。

④ 改进和完善运动技巧。

（2）发展最大力量的常用方法

① 重复练习法。负荷强度为 75%~90%，每次训练中完成 6~8 组，每组重复 3~6 次，组间间歇 3 分钟。

② 阶梯式极限用力法，亦称金字塔力量训练法。

③ 静力练习法。通过大强度的静力性练习来发展最大力量。负荷强度为 90% 以上，每次持续时间为 3~6 秒，练习 4 次，每次间歇 3~4 分钟。

（3）最大力量训练的负荷控制（表 4-2-6）

表 4-2-6　发展最大力量的不同肌肉收缩方式的负荷特征

收缩方式	负荷强度（%）	练习次数	练习组数	负荷持续时间（s）	间歇时间（min）
次极限收缩	90~100	1~3	1~5		3~5
最大等张收缩	100	1	5		3~5
最大等长收缩	100	2	5	5~6	3
最大离心收缩	150	5	3		3
离心—向心最大收缩	79~90	6~8	3~5		5

2. 快速力量训练

快速力量强调要在尽可能短的时间内完成动作，表现出最大的力量。因此，除与最大力量的决定因素具有相同的要求之外，完成动作的速度是决定快速力量大小的突出因素。

（1）发展快速力量的主要途径

① 提高最大力量。

② 缩短表现出最大力量所需的时间。

（2）发展快速力量的常用方法

① 减负荷练习：是指减轻外界阻力（负荷重量）以及给予助力进行练习。例如，投掷运动员常采用的投掷轻器械练习。

② 先加后减负荷练习：先增加负荷的重量，使之超过比赛时需克服的阻力，当运动员基本适应后，再减少负荷至正常水平，可有效地提高运动员在标准阻力下完成动作的速度。快速力量训练的效果在很大程度上取决于中枢神经系统是否能保持适宜的兴奋度。因此，在训练中应避免出现疲劳，重复次数不宜太多，组间休息应能保证获得基本的恢复。

（3）快速力量训练的负荷控制（表 4-2-7）

表 4-2-7　快速力量训练的负荷控制

负荷内容	要求
动作速度	爆发式
练习次数（次）	6~10
练习组数（组）	6~10
间歇时间（min）	2~4

3. 力量耐力训练

力量耐力是指运动员在静力性工作中长时间保持相应强度的肌肉紧张，或在动力性工作中多次完成相应强度的肌肉收缩的能力。前者称为静力性力量耐力，后者称为动力性力量耐力。动力性力量耐力又包括最大力量耐力（重复表现最大力量的能力）、快速力量耐力（重复快速表现大力量的能力）以及长时间力量耐力（多次重复表现一定力量的能力）。

（1）发展力量耐力的重要途径

发展力量耐力首先要根据专项特点认真分析究竟需要什么样的力量耐力，进而选择训练方法，确定训练负荷的基本要求。

（2）发展力量耐力的常用方法

① 持续训练法。

② 间歇训练法。

③ 循环训练法。

④ 重复训练法。

（3）力量耐力训练的基本要求

① 注重不同肌群肌肉力量的对应发展。根据专项竞技的需要，在主要发展运动员大肌肉群和主要肌肉群力量的同时，也要十分重视小肌肉群、远端肌肉群、深部肌肉群的力量训练。

② 选择有效的训练手段。应根据完成训练任务的需要，正确地选择有效的训练手段，规范并明确正确的动作要求。

③ 处理好负荷与恢复的关系。在一个训练阶段中，负荷安排应大中小结合，循序渐进地提高负荷量度。在每组重复练习中，注意组间的休息。一般来讲，训练水平低的运动员组间休息要长些。力量训练后，要特别注意放松肌肉（表4-2-8）。

表4-2-8　力量耐力训练负荷控制

负荷内容	要求
负荷强度（%）	20~60 或自重
练习次数（次）	≥ 12
练习组数（组）	3~5
间歇时间（min）	1~3
练习速度	接近比赛性

（二）速度训练

速度素质是指人体快速运动的能力，包括人体快速完成动作的能力和对外界信号刺激快速反应的能力，以及快速位移的能力。速度素质包括反应速度、动作速度和移动速度。

1. 反应速度

反应速度是指人体对各种信号刺激（声、光、触等）快速应答的能力。由于运动员对不同类型信号的反应时是不同的，训练中往往根据不同项目的特点测定运动员对特定信号的反应时。

（1）四方向滑步触碰标志桶

技术动作：在身体周围四个角放置四个不同颜色的标志桶，在桶中央小碎步等待下达指令，然后滑步摸被指定的桶，摸完再滑步返回中间等待（图4-2-2）。

作用：练习脚步灵敏性的同时增加了指令，增加了对神经系统的要求。

图 4-2-2　四方向滑步触碰标志桶

（2）倒退跑接多方向改变

技术动作：运动员向后小步倒退跑接不同方向的转身变向加速跑（图4-2-3）。

作用：增强运动员在已知线路下的反应能力。

（3）Y 型跑

技术动作：运动员向前加速跑，跑到 Y 型的两个分叉点，教练员将球落在其中一个端点，运动员必须加速接球（图4-2-4）。

作用：提高运动员处理复杂信息时的反应能力。

图 4-2-3　倒退跑接多方向改变

图 4-2-4　Y 型跑

（4）网球下落抓球

技术动作：同伴双手抓球自然下落，抓球的运动员双手放在同伴手背上，当网球下落时，以最快的速度进行抓握（图 4-2-5）。

作用：提高运动员的瞬时反应速度。

图 4-2-5　网球下落抓球

（5）交换腿跳跃抓球

技术动作：运动员双脚分别跳上、跳下杠铃片，异侧手臂配合前伸抓住下落的网球（图 4-2-6）。

作用：强化运动员的手眼协调能力，以及在运动中的反应能力。

图 4-2-6　交换腿跳跃抓球

（6）标志盘触碰

技术动作：运动员站在不同颜色标志盘前，听到指令用手或脚去触碰相应颜色的标志盘（图4-2-7）。

图4-2-7　标志盘触碰

2. 移动速度

移动速度是指人体在特定方向上位移的速度。以单位时间内机体移动的距离为评定指标。从运动学上讲，是距离与通过该距离所用的时间之比。

（1）下坡跑助力速度训练

运动员进行下坡跑时，选择坡度不宜过大，一般为3°～7°，距离为15 m左右，有助于打破速度障碍。

（2）上坡跑训练

上坡跑阻力训练一般在3°～70°的坡度上进行，训练强度较高，跑动时应保持正确的身体姿势和技术动作；跑动距离一般为10～50 m；练习速度不低于最大跑速的90%。

（3）拖重物跑训练

拖雪橇、轮胎、降落伞或其他重物进行快速跑是发展速度的常用方法，其训练原理是增加了跑动动作的阻力（图4-2-8）。

（4）沙滩跑和水中跑速度训练

水中跑速度训练时，水不宜太深，一般不高于运动员的腰部，屈髋时水的阻力加大屈髋肌群的力量。

图4-2-8　拖重物跑训练

沙滩跑是运动员利用沙滩对下肢伸展力量的影响，利用缩短步长和加快屈髋速度来使步频加快，从而提高跑速。但在速度训练计划中，不要安排过多的沙滩跑练习。

（5）负重背心跑速度训练

负重背心跑是让运动员穿上一定重量的背心，通过重量的增加提高腿部伸肌力量。这种训练将增进肌肉承受更大离心负荷的能力，在肌肉内储存更多的弹性能量，加大肌肉收缩产生的爆发力，促使步长的增加。

图 4-2-9　10 米加速跑

（6）10 米加速跑

加速时，身体前倾，重心压低，脚步快，步幅小。配合上快速的摆臂，可以有效锻炼运动员在场上的起动加速能力（图 4-2-9）。

（7）"Z"字锥形桶跑

"Z"字锥形桶跑主要锻炼到运动员在小范围内的脚下移动速度，同时增加了改变方向的要求，有利于运动员发展多方向的移动能力。

（三）灵敏训练

灵敏素质是指人体在各种突然变化的条件下，能够迅速、准确、协调、灵活地完成动作的能力，是人各种运动技能和身体素质在运动中的综合表现。大脑皮质神经活动过程的灵活性及分析综合能力，是灵敏素质的重要生理基础，因此可通过训练改善和提高各感受器官功能，以增强灵敏素质。此外，在体育锻炼实践中，掌握的运动技能愈多就愈熟练，大脑皮质中暂时神经联系的接通就愈迅速、准确，动作也愈灵巧。灵敏素质是运动技能、神经反应和各种素质的综合表现。在对抗性体育活动中（如篮球、足球等），灵敏能力是非常重要的。灵敏是人体各种运动能力在运动过程中的综合体现，良好的灵敏性不但有助于更快、更多、更准确、更协调地掌握技术和练习手段，而且能使已有的身体素质更充分、有效地运用到实践中去。

1. 动作灵敏

（1）绳梯训练

① 跳格子：运动员双脚开立站在绳梯的第一个格子两侧，肩和髋部与梯级平行。运动员迅速用单侧脚跳进第一个格子，落地后立即向前跳，双脚落于第二个格子两侧。然后运动员迅速用另一侧脚跳进第二个格子，连续交替进行练习，一直跳到绳梯末端（图 4-2-10）。

图 4-2-10　跳格子

②"之"字形并步移动：运动员站在第一个格子的右侧，肩部和髋部与绳梯垂直。左脚迈入第一个格子，然后右脚也迈入这个格子。接着，左脚迈出格子，迈到格子的左侧，然后右脚进入第二个格子，随后左脚也迈入第二个格子，最后右脚迈到绳梯的右侧。运动员以这种模式一直走到绳梯的另一端。为了进一步挑战动觉意识以及提高运动的熟练程度，运动员可以倒着进行这项训练（图4-2-11）。

图4-2-11 "之"字形并步移动

③ 180° 转体：运动员的两脚开立横跨第一梯级，髋部和肩部垂直于梯级。运动员旋转180°跳到第二个梯级，落地时双脚横跨该梯级。运动员以这种模式进行训练，一直跳到绳梯的末端（图4-2-12）。

图 4-2-12　180°转体

图 4-2-13　减速练习

（2）减速练习

减速练习的目的是提高运动员的制动能力，有助于使在力量房进行的离心力量练习向实际运动中的专项动作模式转移。在练习的过程中，可进行向前向后跑减速练习，如运动员迅速加速，然后在固定的步数中，控制身体呈弓步制动姿势。在横向减速练习中，运动员迅速加速，然后在一个既定的位置前减速，制动时垂直于原来的跑步方向，并积极缓冲制动力（图 4-2-13）。

2. 反应灵敏

（1）传接球反应能力训练

这项训练提高侧向移动过渡能力和手眼协调能力。两个锥形桶相距 5 m，运动员站在两个锥形桶的中间位置，教练员面对运动员并把球抛向左边或右边的锥形桶。运动员并步移动到一边，接住球然后把球投回给教练员。随着运动员的反应时和运动模式的不断提高，教练员可以增加两个锥形桶之间的距离或提高投掷的速度。

（2）前后触碰标识点

这项训练有助于提高对视觉刺激做出反应的速度和移动速度，在运动员前后分别放置标识点，运动员在中间位置观察标识点，哪个标识点亮就立刻去触摸，触摸后再立刻返回。

（3）空投球训练

这项训练有助于提高对视觉刺激做出反应的速度和第一步的反应灵敏性。教练员和运动员大约相距 5 m。教练员投掷球（或任何可以弹跳的球），运动员做出预备姿势，教练员将持球的手臂伸向一侧，与肩同高，然后随机松手。教练员一松手，运动员冲刺并在球落地弹起两次之前抓住球（图 4-2-14）。

图 4-2-14 空投球训练

（四）耐力训练（心率、间歇时间、负荷强度、组数、持续时间）

耐力素质是指有机体坚持长时间运动的能力。按人体的生理系统分类，耐力素质可分为肌肉耐力和心血管耐力。肌肉耐力也称为力量耐力。心血管耐力又分为有氧耐力和无氧耐力。依耐力素质对专项的影响，耐力素质又可分为一般耐力和专项耐力。一般耐力是指对提高专项运动成绩起间接作用的基础性耐力；专项耐力是指与提高专项运动成绩有直接关系的耐力，具体地讲是指持续完成专项动作或接近比赛动作的耐力。

1. 有氧耐力

有氧耐力是指机体在氧气供应比较充足的情况下，能坚持长时间工作的能力。有氧耐力训练的目的在于提高运动员机体吸收、输送和利用氧气的能力，促进有机体的新陈代谢。现已有研究证实无氧阈强度是发展有氧耐力的最有效强度（即最佳强度），其生理意义是在于提高最大摄氧量，尤其是提高氧的利用率。

2. 无氧耐力

无氧耐力是指机体以无氧代谢为主要供能形式。无氧耐力又分为磷酸原供能无氧耐力和糖酵解供能无氧耐力。发展无氧耐力的训练一般指的是依靠糖酵解供能而保持较高运动强度能力的训练。

（1）连续跑台阶

在高 20 cm 的楼梯或高 50 cm 的看台上，连续跑 30~50 步，如跑 20 cm 高的楼梯，每步跳 2 级。重复 6 次，每次间歇 5 min，强度 55%~65%。要求动作不能间断，但不能规定时间，向下走尽量放松，心率恢复到 100 次 / 分时可开始下一次练习，也可穿沙背心做该练习。

（2）原地间歇高腿跑

原地或前支撑做高腿跑练习。每组 100~150 次，6~8 组，每组间歇 2~4 min，强度为 55%~60%，要求动作规范，不要求时间，但动作要不间断地完成，也可负重做练习，但每组练习次数及组数可适当减少（图 4-2-15）。

图 4-2-15 原地间歇高腿跑

（3）缺氧训练

缺氧训练是指机体在低于正常氧分压环境下进行的训练。减少吸气或憋气条件下进行的训练，其目的是造成体内缺氧以提高无氧耐力。现如今有阻氧口罩、低压氧舱、模拟"高住低训"等方法。

3. 耐力训练方法

（1）长距离慢速训练

长距离慢速训练是强度相当于最大摄氧量的70%（或最大心率的80%）的训练，训练强度小于比赛强度。训练时间应比比赛时间要长，可持续1~3小时，是较常见的有氧耐力训练，由持续训练法发展而成。

（2）节奏训练

节奏训练采用的强度等于或略高于正式比赛，强度相当于乳酸阈强度，也被称为乳酸阈训练或有氧/无氧间歇训练，节奏训练有利于改善跑步经济性，提高乳酸阈。

（3）间歇训练

间歇训练是指对多次练习时的间歇时间做出严格规定，使机体处于不完全恢复状态下反复进行练习的训练方法。这会对运动员产生较大压力，所以需要有较好的有氧耐力训练基础后再进行这种类型的训练。

（4）高强度间歇训练

高强度间歇训练是一种重复进行高强度训练且在训练之间设置短暂休息的训练方法，是间歇训练的变化训练方法之一。可以由多项运动组合而成，通常负荷强度大于个人无氧阈，能够达到最大强度85%以上，单次练习持续几秒到几分钟，间歇的时间较短（10秒左右），不足以完全恢复，以心率降到120次为开始下一次练习的确定依据。

（5）法特莱克训练

运动员使用法特莱克跑的强度应接近最大摄氧量，强度介于长距离慢速跑和节奏训练强度之间变化的训练，其目标是以个人最大摄氧量的70%~90%强度训练。法特莱克训练强调有氧和无氧能量系统，如果运用得当，法特莱克训练可利用所有三种能量系统。

排球运动员的法特莱克训练可以在短时间（10~60 s）内进行高强度的无氧速度/功率训练，短时间的高强度运动需要短时能量供应，如100 m短跑、25 m游泳，甚至是高强度的阻力训练，提高运动员快速糖酵解能量系统产生ATP的效率，在高强度冲刺后进行短时间（30~45 s）的恢复慢跑，有助于ATP的补充，这将提高运动员进行持续高强度运动的能力。通常法特莱克训练都以5~10 min的慢跑热身开始，然后进行间歇训练，最后以10分钟的稳定速度进行冷身。

（五）柔韧训练

柔韧素质是指人体关节活动幅度的大小以及跨过关节的韧带、肌腱、肌肉、皮肤及其他组织的弹性和伸展的能力。柔韧素质通过关节运动的幅度，也就是按一定的运动轴产生转动的活动范围而表现出来。柔韧素质的训练方法包括以下几点：

拉伸是提高柔韧性的主要方式。按照拉伸的方式划分，可分为动力性与静力性伸展练习两种类型。

（1）静力性伸展练习

静力性伸展是指在一定时间里，缓慢地将肌肉、肌腱、韧带拉伸到一定活动范围的伸展活动。其主要特征是动作缓慢并停留一定时间。这种方法可减少或消除超过关节伸展能力的危险性，防止拉伤。

静力性伸展有两种形式，即主动性伸展和被动性伸展。主动性伸展要求运动员始终依靠自身力量完成练习，并保持 15~20 s。被动性伸展是指运动员开始时自己练习，在练习的最后部分再借助外力。

在做伸展运动时要顺应身体状况，做的过程中会有肌肉的被牵拉感，但不是疼痛感或不适感。如果感到疼痛，应立刻停止练习。

（2）动力性伸展练习

动力性伸展是指有节奏的、速度较快的、幅度逐渐加大的多次重复一个动作的拉伸。在运用该方法时用力不宜过猛，幅度一定要由小到大，先做几次小幅度的预备拉长，然后加大幅度，以避免拉伤。动力性伸展运动由一整套大幅度动作组成，比静力性伸展运动强度要大，一般放在静力性伸展运动之后，可为训练或比赛做准备。动力性伸展运动能够刺激某些特殊关节神经系统的活动，这些活动使肌肉和关节为接下来的激烈运动做好热身准备。

动力性伸展每个练习重复 5~10 次，有助于保持运动员关节运动的幅度，但不能改善肌纤维长度。事实上，动力性伸展练习引起的是肌肉牵张反射，肌纤维被暂时拉长。如果过度牵拉肌纤维，就会导致肌纤维受损，造成肌肉弹性丧失。在安排动力性伸展练习时，教练员必须清楚练习的潜在危险。

（3）被动性伸展练习

在被动性伸展练习中，练习的最后部分必须借助外力完成。在练习中，当运动员感到疼痛时，要停止施加外力。被动性伸展练习的好处是，强调运动员在练习中要尽量放松对抗的肌肉群，即拉长的肌肉群。

被动性拉伸练习要点：

① 练习者动作应该缓慢完成，自己有所控制。

② 被动伸展运动给予肌肉微微拉紧的感觉，并非疼痛感。

③ 运动员自己应感到所做的伸展运动恰到好处，并非多多益善。

④ 运动员和施训者应及时交流，保证伸展运动的安全。

（4）本体感受性神经肌肉练习法

本体感受性神经肌肉练习法又称作 PNF 拉伸法，最初是为神经－肌肉康复活动而设计的，主要是通过增加肌肉的张力和活动来放松肌肉。由于这种方法的练习能有效改善特定肌肉的功能和提高关节的柔韧性，所以在训练中一直作为增加肌肉柔韧性的主要手段。PNF 拉伸包括被动的拉伸运动和主动的肌肉收缩活动，这种方法能够促进肌肉的放松，因而比其他拉伸方法更有效。其缺点是需要同伴的帮助，不能自己完成，同时，需要专门的知识支撑。它既可以在练习的热身阶段采用，又可以在放松恢复阶段采用，既可以作为一般性的柔韧性练习手段，又可以作为专门性的柔韧性练习手段。

（5）主动分离式拉伸

主动分离式拉伸是主要应用神经肌肉控制机制发展而来的一种帮助扩展关节活动范围的拉伸方法。主动分离式拉伸是动态的、有节奏的拉伸方法，在增加关节活动范围的同时保持了一定的肌肉张力。它是一种作用于软组织（包括肌肉、浅筋膜、深筋膜、韧带、关节囊等）的高效拉伸技术。

主动分离式拉伸过程如下：

① 缓慢地收缩拮抗肌。

② 用手或者绳子，牵拉到轻微地超过日常范围，并维持 2 s。

③ 休息 2~3 s。

④ 配合呼吸，主动收缩阶段呼气，休息时候吸气，与力量训练的呼吸模式相似。

主动分离式拉伸特点如下：

① 主动激活：主动分离式拉伸的特点为自己操作弹力带，每一个拉伸动作都是自身主动发力，当主动肌主动发力收缩时，相应的拮抗肌则由于交互抑制处于放松状态，如此有助于拮抗肌延展性的增加。

② 活动范围可控：主动分离式拉伸动作的关节活动末端是由拉伸者自己拿着弹力带控制的，最终的活动范围会稍稍超过原有的关节活动范围，使得关节活动范围完全根据自身的本体感受来调节，降低了受伤的风险。

③ 动作温和缓慢：主动分离式拉伸的所有动作都比较缓慢，拉伸与休息时间均为 2 s，可以避免牵张反射，不引发肌肉应对快速张力的保护机制，而且对于肌肉肌腱的延展性有很大的帮助。

④ 时间短暂：主动分离式拉伸可以避免两点不利因素，其一为减少组织内血液流动，导致能量与物质交换的减慢，造成肌肉的疲劳感；其二，长时间在关节活动范围末端会导致肌肉肌腱关节囊组织的压迫感与疼痛感，诱发机体产生保护性收缩机制，不利于放松。

⑤ 正确呼吸：呼吸在主动分离式拉伸过程中非常重要。在肌肉肌腱被拉伸到最大位置时，应保持呼气，在休息时候，应该吸气，这种呼吸方式可避免让神经产生紧张，又可以促进氧气、二氧化碳循环，加强能量物质循环代谢，使得肌肉肌腱的延展性达到最佳水平。

三、排球运动员的专位体能训练

（一）主攻队员专位体能训练

1. 排球主攻队员介绍

主攻，顾名思义就是主要的攻击手。他们在赛场上主要责任便是进攻，并且主攻手要求全面性发展，不仅仅需要有强有力的进攻，还需要在发球、一传及防守上也有不错的表现。主攻手一般站在 4 号位或换位到 4 号位，要求队员身材高大，弹跳力强，拥有强劲的扣杀力，擅长强攻，善于突破对方的防御，精于扣调整球和各种战术球。主攻手主要在场上进攻和拦网任务重，不但需要承担一传防守等大量的支援工作，还需要在 4 号位进行大量的强攻。

2. 主攻队员常见动作

主攻手是在靠近标志杆的位置进攻的球员。由于大多数传向主攻位置的球都是高球，因此主攻手往往采用很长的助跑，有时甚至从边线外开始助跑。在进攻中主攻手通常依靠强力扣杀得分，但有时也要求以斜线助跑和快攻来扰乱对方的防守。主攻手还需要掌握一传技术，因为在对方发球时他们通常作为自由人以外的第二一传。惯用右手的主攻手最适合在 4 号位（前排左侧）进攻，相对的，惯用左手的主攻手最适合在 2 号位（前排右侧）进攻。综合来看，主攻手的常见动作模式有：

（1）快速制动起跳能力

① VBT（Velocity Based Training）：即基于速度的力量训练，通过采用线性位置传感器（如 GymAware），或可穿戴设备（如 Push Band），可以精确计算杠铃速度，从而产生运动员的力 – 速度分析，预估运动员 1RM 重量。通过 VBT 训练，可以更精确地测得运动员在深蹲、高翻、卧推等力量练习中的 RFD 等参数，以便教练员能够科学地为运动员制订 RM 训练计划，实时监测运动员的训练状态，为运动员的科学训练提供参考。

② 弹力带抗阻制动起跳：起始位置在腰间套一弹力带，让辅助者在身体后面拉住。训练者俯身屈髋屈膝向前加速 2~3 步，在最后一步时两臂后摆并快速制动，用力蹬离地面向上做最大垂直跳跃，落地后屈髋屈膝缓冲。

弹力带抗阻制动起跳

这一动作最大程度上模拟了排球扣球以及大力跳发球的助跑 – 起跳动作环节，弹力带的阻力有助于运动员更多地募集肌纤维参与到运动中来，有助于运动员提升最大垂直弹跳水平。

③ 训练凳蹬伸落地制动：起始位置站在训练凳前，蹬伸腿屈髋屈膝，躯干与大腿、大腿与小腿呈 90°，支撑腿伸直。动作开始时蹬伸腿主动发力蹬训练凳，两腿在空中并排伸直，两臂向前上方摆动，核心收紧控制身体平衡，落地后屈髋屈膝缓冲，保持脊柱中立位。

训练凳蹬伸落地制动

此练习主要是训练运动员起跳扣球后落地的制动缓冲能力，蹬训练凳有助于运动员最大垂直跳跃能力的提高，下肢在空中的动作与扣球和发球相似，落地后的制动缓冲练习有助于减少运动员在实际比赛过程中落地后的损伤。

沙地（负重）跳跃练习　助跑跳箱

④ 沙地（负重）跳跃练习：该练习跟原地助跑制动起跳练习动作模式相似，不同的是增加了沙地这一外部阻力，利用沙地的天然阻力发展运动员的起跳能力，进而增强运动员在平地的最大跳跃能力。该练习依然可以使用同伴辅助弹力带增加助跑阻力，也可以穿着沙衣增加自身的重力，发展跳跃能力。

⑤ 助跑跳箱：一般采用 3~5 步助跑，助跑最后一步屈膝缓冲，双手后摆，脚下发力蹬地，空中挺胸展腹，将膝盖拉向胸前，完成跳箱上的落地缓冲。这一动作与主攻队员助跑起跳扣球十分相似。

双起单下离心训练一　双起单下离心训练二

⑥ 双起单下离心训练法：左右两侧腿同时抬起，然后一侧缓慢放下。负荷强度控制在 40%~50% 之间，向心阶段用时 1 s，离心阶段 3~4 s。

⑦ 离心训练器离心训练：拉起时转轮正转，放下时转轮反转，反转时产生相同的对抗力，对肌肉产生反向拉长作用力，迫使练习者发力对抗离心训练器产生的反向力，从而获得极佳的离心训练效果。

离心训练器离心训练　北欧降

⑧ 北欧降：下落时，大腿后侧腘绳肌群被离心拉长，有助于发展运动员大腿后群的离心力量，从而避免跑跳过程中带来的运动损伤。

（2）扣球能力

① 跪姿单臂弹力带前伸：单腿跪于地面，上体保持挺直。动作开始时，跪姿腿对侧手臂握住弹力带，主动发力从上往前下方主动发力砍削，过程中保持核心收紧，发力时呼气，还原时吸气。该动作主要练习的是运动员的上肢鞭打能力，有助于提高运动员的扣杀能力。

跪姿单臂弹力带前伸　前臂快速抛接药球

② 前臂快速抛接药球：直立姿势，双脚站距与肩同宽，面向回弹器或搭档，间距 3 m，用一只手将球举至肩外展 90° 且屈肘 90° 的位置上，伴随着手臂外旋，使前臂垂直于地面。从一个反向动作开始，用一只手臂将球抛向回弹器或搭档，在回弹器或搭档抛回时接住球并恢复起始姿势，然后让肩关节稍微向外旋转，并立即重复抛接。有效地发展上肢鞭打爆发力，用药球来模拟排球，让运动员在训练过程中感受鞭打发力的感觉，从而提高正式比赛中扣杀的能力。

③ 固定架原地起跳扣球：微屈髋屈膝站在排球固定架前，动作开始时，下肢迅速蹬地发力跳起，在空中完整做出扣杀动作击打排球，保持核心稳定，落地后屈膝屈髋缓冲阻

力。该练习是排球的专项体能练习，以提高运动员的专项技术以及核心控制能力。

（3）接一传的能力

接一传的能力也是主攻队员所需要的，因为在比赛中常会出现接一传的队员来不及移动到位，这时就需要主攻队员站出来担当一传手，接发球通常会出现三种形式，即正面接发、侧步接发以及弓步接发。正面接发可以通过杠铃半蹲来发展运动员的保持动作模式的能力；侧步接发可以通过杠铃侧步来训练动作模式；弓步接发可以通过弓步杠铃来发展动作模式。

（二）排球副攻队员专位体能训练

1. 排球副攻队员位置介绍

副攻手一般是指在进攻中站在3号位的队员。该位置的球员一般身材高大，动作敏捷，具备较强的弹跳能力和变向跑移动能力。副攻手的主要职能是快攻、快攻掩护、拦网。副攻手常见的动作模式有：拦网能力、横向移动接起跳能力、快速多次起跳能力、快速扣球能力。

2. 副攻队员常见动作

（1）拦网

① 连续原地起跳拦网：在运动员的膝盖上方套上阻力带（或穿上沙衣），模拟拦网动作模式，充分摆臂起跳。落地回到初始位置，准备下次起跳，可连续多次。该练习主要发展运动员的弹速、脚踝力量，以及快速多次起跳的能力。

连续原地　行进抗阻
起跳拦网　起跳拦网

② 行进抗阻起跳拦网：同伴将弹力带套在运动员腰部，拉住弹力带。运动员模拟拦网动作模式，充分摆臂起跳。落地回到初始位置，准备下次起跳。模拟拦网动作模式，增加起跳拦网阻力。发展运动员抗阻起跳拦网能力，以及在空中对抗的核心稳定性，有助于提升运动员的垂直弹跳水平。

（2）横向移动接起跳

① 多方向跳栏架：在场地内放置四个栏架，成正方形，运动员站在中心，根据教练员的手臂随机挥动方向（前后左右），双脚起跳，落地之后迅速回到中心位置，准备下次起跳。动作中间要反应迅速，起跳衔接要快。该练习主要发展运动员的反应起跳能力与横向起跳能力。

多方向跳　侧向交替
栏架　　　推蹬

② 侧向交替推蹬：运动员左脚站在跳箱上，右脚准备蹬地起跳。起跳之后两腿在空中伸直，身体充分伸展，右脚顺势落在跳箱上，左脚落地。交替重复。该练习主要发展运动员的横向爆发力以及起跳能力。

③ 单腿横向起跳衔接跳箱：运动员左脚离地，右腿为支撑腿，左手手臂在前，右手在后，右腿蹬地发力横向跳至跳箱正后方，两手手臂后摆，双腿发力迅速起跳，落于跳箱上。左右腿交替记为一次。该练习主要发展

单腿横向
起跳衔接
跳箱

运动员的单腿横向爆发力以及弹跳能力，对训练身体的控制能力也有一定的效果。

单腿跳低栏架接横向跳

④ 单腿跳栏架接横向跳：运动员身前 30 cm 处放置与膝盖同高的低栏架，左腿屈膝支撑，右腿后摆，右手手臂在前，左手手臂在后，上体前倾，左腿蹬地向前起跳越过低栏架，左腿缓冲落地迅速发力向右侧横向跳，右腿支撑缓冲落地。左右腿交替记为一次。可增加栏架高度进行进阶训练。该练习主要发展运动员的单腿爆发力以及横向移动能力。

（3）快速多次起跳能力

连续单脚起跳

① 连续单脚起跳：在球网前放置四个标志桶，运动员面对球网，右脚单脚连续起跳点地五次，横向跳至下一个标志桶，继续连续起跳。该练习主要发展运动员的多次单脚起跳能力以及单侧的爆发力，强化运动员的脚踝力量。

连续跳栏架

② 连续跳栏架：场地内放置栏架若干个及一个跳箱，运动员连续跳过栏架，最后屈膝缓冲落在跳箱上。快速伸缩复合动作，练习运动员的下肢爆发力，发展快速力量。

③ 负重连续 Pogo 跳：身体双侧持重物（六角杠铃或哑铃），下蹲至 1/4 蹲的位置连续起跳，腾空时要求膝关节完全伸直，触地时间尽可能地短，缓冲落地时勾脚尖并且用前脚掌发力。模拟排球起跳扣球时的动作模式，可提高运动员的下肢刚性，以及连续快速起跳能力。

负重连续 Pogo 跳

（4）快速扣球能力

① 原地抗阻起跳扣球：运动员屈膝屈髋站在阻力台上，将阻力带绑至腰部，排球架至头顶上方扣球高度，原地起跳扣球，落地屈膝屈髋缓冲。该练习主要发展运动员的扣球能力以及下肢爆发力，通过阻力台增加练习时的负荷，更好地模拟运动员的实战扣球模式。

行进间抗阻起跳扣球

② 行进间抗阻起跳扣球：运动员将阻力带绑至腰部，距离拦网 2~3 m 距离，一名队友负责抛球，另一名队员在网前负责传球，运动员判断传球时机，起跳扣球，落地之后回到初始位置。该练习主要发展运动员的快速扣球能力以及反应能力。判断球的落点，模拟运动员实战扣球和接应球模式，提升在空中的核心稳定性。

（三）排球接应队员专位体能训练

1. 制动起跳的生物力学基础

科学合理地完成制动起跳环节不仅是出色完成扣球、拦网、跳发球、跳传球等技术所必不可少的关键阶段，也是运动员获得较好起跳高度的关键实施环节。

① 排球运动员在训练时将急停起跳环节进行独立的专项化训练，并且采用 40°~50°

的膝关节缓冲幅度，这样运动员的起跳高度相对于其他膝关节缓冲幅度比较高。

②运动员蹬伸阶段，髋关节首先发力，然后带动膝关节发力，最后带动踝关节发力，完成蹬伸过程。因此，运动员训练时应形成合理的发力顺序，更加理想地完成起跳动作，提高弹跳能力。

③运动员进行训练时应结合排球起跳的特点，采用的训练形式应符合伸肌群先拉长后缩短的特点，进行科学训练。

2. 接应队员常见动作

（1）单次快速制动起跳

①弹力带抗阻制动起跳（同主攻训练）。

②训练凳蹬伸落地制动（同主攻训练）。

③沙包负重跳跃练习。双脚脚踝部位绑上沙包，起跳动作跟原地助跑制动起跳练习动作模式相似，不同的是增加了沙包这一外部阻力，利用沙包的自重发展运动员的起跳能力，进而增强运动员在平地的最大跳跃能力。

（2）空中大力扣球

①固定架原地起跳扣球（同主攻训练）。

②前臂快速抛接药球（同主攻训练）。

（3）速度练习

①"Z"字锥形桶跑练习。将7个锥形桶摆放成"Z"字形，上面3个，下面4个。运动员以左下角的锥形桶为起点出发，侧滑步移动至右下角的锥形桶，而后转身冲刺到斜对角线所对应的左上角锥形桶，最后侧滑步移动至右上角的锥形桶。

②SQA锥形桶练习。

练习"Z"字锥形桶跑　　SQA锥形桶练习

a. 折返冲刺训练：将3个锥形桶并排摆放，从左到右分别标号为1、2、3，两桶之间间隔5 m。运动员从中间的2号锥形桶开始，首先冲刺向3号锥形桶，而后转身冲刺向1号锥形桶，最后转身冲刺向2号锥形桶。

b. 方形训练一：将5个锥形桶摆放成为一个正方形，即4个锥形桶在4个端点，并标号为1、2、3、4，一个锥形桶在中

折返冲刺训练　　方形训练一

间作为起点。运动员站在中间的起点处，教练员随机给予数字指令，运动员迅速移动到相应的锥形桶处再返回。

运动员从中间锥形桶开始，教练大声喊出一个锥形桶的编号，运动员快速移动至相应的锥形桶，然后返回，等待教练喊出下一个编号。

c. 方形训练二：将4个标志桶摆放成一个正方形，每两个标志桶之间间隔5 m。运动员以右下角的标志桶为起点，听到指令后迅速冲刺到右上角的标志桶，随后侧滑步到左上角的标志桶，随后倒退跑到左下角的标志桶，最后使

方形训练二

用前后交叉步移动回起点。

T 形训练

　　　　d. "T" 形跑训练：将 4 个标志桶摆放成一个 T 形，每两个标志桶之间间隔 5 m。运动员以 T 形的底部所对应的标志桶为起点，听到指令后迅速冲刺到中央位置的标志桶，随后侧滑步移动到左端点所对应的标志桶，随后使用前后交叉步移动到右端点所对应的标志桶，再通过侧滑步移动回中央位置的标志桶，最后倒退跑回起点。

　　e. L.E.F.T. 训练：将两个锥形桶并排摆放，分别作为起点和终点，中间间隔为 10 m。运动员要依次完成以下任务：从起点冲刺到终点；从终点倒退跑回起点；从起点侧滑步到终点；从终点侧滑步到起点；从起点前后交叉步跑到终点；从终点前后交叉步跑回起点；从起点冲刺跑到终点。

　　③ 冲刺 15~20 s＋间歇。

　　④ 侧向折返跑。

　　⑤ 弹力带抗阻后退跑。

　　⑥ 绳梯训练（侧向小步跑、单腿刺探步、双脚交替进出、双脚开合跳、后退交替进出）。

　　（4）快速部位练习

　　运动员佩戴阻力带，在排球场上做接球准备姿势，教练在对面随机抛球，运动员快速移动做接球练习。运动员在克服阻力的状态下，快速反应补位接球，提高运动员快速移动能力。

反应性练习

　　（5）反应性练习

　　将排球网用不透视布遮挡，使运动员看不到对面场地，教练在对面随机掷球，运动员快速反应成有效防守。该练习缩短了运动员看见球的飞行时间，促使其更加迅速地做出反应，对运动员的神经支配和肌肉协调能力的提高有很大的帮助。

　　（四）排球二传队员专位体能训练

　　1. 排球二传队员介绍

　　二传手指接对方来球后专门担任第二次传球组织进攻的队员，要求要有娴熟的二传技术，要善于随机应变，团结队友，以及发挥全体队员的特点以及组织本队的进攻力量。是组织进攻的关键，要具备良好的心理素质，对拦网有较高的要求，以及组织拦网后的反击。该技术是从防守转入进攻的桥梁和纽带。二传质量的好坏直接关系到进攻的质量和技术、战术的发挥。二传位置是在 2 号位（面对场地，球网前右手边的）二传身后是 1 号位，也就是后排主攻的位置。

　　2. 二传队员常见动作

　　二传队员常见动作包括正面传球、背传、跳传、快传球。

　　3. 二传体能训练

　　二传体能训练包括以下几方面：

（1）多方向移动能力训练

多方向移动能力的相关训练可以选择与之相近的动作模式练习，并在此基础上加入阻力因素和不稳定因素来增加训练难度，提升运动员的多方向移动能力。

① 阻力带侧向移动：起始位置将弹力带置于腰间，让辅助队员在侧面拉住，训练者快速做侧滑步，增强运动员的侧向移动能力和专项耐力。此训练可以增强运动员在克服阻力下的做功能力，加强运动员下肢力量以及侧移能力。

阻力带侧向移动

② 多方向转体传球：训练者在 2 m 线外，从 2 号位向各个方向移动路线分别进行制动、转体、变向移动时，要做一次传球动作。模拟比赛中的实战环境，加强运动员的脚步灵活性以及在不同情况下的传球能力。

多方向转体传球

③ 阻力带快速移动传球：将弹力带置于腰间，让辅助队员在后面拉住训练者，三人一组，一人在后方手持弹力带，另一人将弹力带套于腰部，一人传球，训练者向前、斜前方或侧方快速移动进行传接球练习。在增加阻力的情况下训练运动员的快速移动能力，以及模拟实战中的移动路线，增强运动员的反应能力以及即起即停能力，增强运动员的移动速度。

阻力带快速移动传球

（2）手指、手腕力量训练

① 仰卧传药球：训练者仰卧于地上，辅助者手持药球站在跳箱上，辅助者在跳箱上接球然后向下传球，训练者仰卧向上传球。模拟运动员传球时的技术动作，使用药球可以募集更多肌肉纤维的参与，增强腕关节指关节力量。

仰卧传药球

② 弹力带腕屈伸：用双脚将弹力带固定住，肘部呈 90° 双手抓住弹力带进行腕关节的屈和伸训练。通过增加阻力的方式来增强腕关节指关节力量。

弹力带腕屈伸

（3）核心稳定

① 波速球站立传球：训练者双脚分开与肩同宽，站于波速球上核心收紧进行自传自接练习。模拟比赛中的空中传球的环境，在站立环节中加入了不稳定因素迫使核心肌群参与增强核心稳定性。

波速球站立传球

② 瑞士球跪姿砸药球：双腿分开跪于瑞士球上，整个身体处在一条直线上，手举到头顶，释放能量向下砸药球，切记核心收紧肋骨不外翻，腰椎不过伸。在运动环节中加入不稳定因素模拟比赛中起跳扣球的动作环境，增强核心力量和稳定性，加强力的传导和上肢爆发力（图 4-2-16）。

③ 侧支撑拍弹力球：采用侧向平板支撑，在地面上核心收紧保持身体平直，非支撑手连续拍打弹力球。在不稳定环境中，迫使运动员完成精确稳定的动作，增加运动员侧向支撑能力以及在不稳定状态下完成动作的能力（图 4-2-17）。

④ 三点支撑拍弹力球：采用四点支撑俯卧在地上，核心收紧保持腰背平直，双手交替拍打弹力球。通过减少支撑点的数量来增加训练难度，增强运动员核心稳定性以及不稳定支撑的能力（图 4-2-18）。

⑤ 背置弹力球四足行走：采用四足行走姿态保持腰背部呈一条直线，将弹力球放置于腰背部，保持稳定行走。在训练中加入不稳定因素迫使核心肌群参与保持稳定，增强运动员的核心稳定性（图 4-2-19）。

图 4-2-16　瑞士球跪姿砸药球

图 4-2-17　侧支撑拍弹力球

图 4-2-18　三点支撑拍弹力球

图 4-2-19　背置弹力球四足行走

（4）反应应变能力

① 快速移动接弹力球（面对站位、侧身站位、背对站位）：训练者和辅助者两人相距 3 m，辅助者手持弹力球做下抛动作，训练者在抛球的那一刻快速起动去接弹力球，在弹力球触地并弹起时接住弹力球，分别采用对立站位、侧身站位以及背对站位的方式进行练习。模拟比赛中的环境，增强运动员在不同姿态下的启动能力，锻炼运动员的反应能力和移动能力。

快速移动
接弹力球

② 快速触摸标志点：在药球旁直立站好，在身体 2 m 处放置 8 个标志点，起始处放一个药球，每次标志点亮起后立刻去触碰标志点，结束后立刻返回触摸药球。模拟运动员比赛中的运动轨迹，增强运动员的反应能力和移动速度。

快速触摸
标志点

快速移动
垫传球

③ 快速移动垫传球：训练者与辅助者同时面向墙壁，辅助者在背后击球，训练者在前方等待，待球击中墙壁弹回后迅速

移动传或垫球，背后击球队员可以用假击球来迷惑传垫球队员。模拟比赛中的来球情况，锻炼运动员的判断力和反应能力以及位移能力。

（5）弹跳能力

① 阻力台连续纵跳、弓步跳：站在阻力台上将阻力带绑在腰间，连续做纵跳和弓步跳。模拟运动员在比赛中起跳的动作模式，通过增加阻力的方式来增强运动员的弹跳能力和专项耐力。

② 弹力带连续纵跳：在腰间套一弹力带，让辅助者在身体侧面拉住。训练者俯身屈髋屈膝由侧向前加速 2~3 步，在最后一步时两臂后摆并快速制动，用力蹬离地面向上做最大垂直跳跃，落地后屈髋屈膝缓冲。这一动作最大限度地模拟了排球扣球以及拦网的起跳动作环节，弹力带的阻力有助于运动员募集更多的肌纤维参与到运动中来，以提升最大垂直弹跳水平，增强下肢力量爆发力、弹跳能力和专项耐力。

弹力带连续纵跳

③ 药球上抛跳起：两人一组，辅助者手持药球于头顶，让药球自由下落，训练者接住药球后迅速上抛跳起，模拟实战比赛过程中的起跳动作模式，增强下肢力量、爆发力和专项耐力。

药球上抛跳起

（五）自由人专位体能训练

1. 自由人专位特点介绍

自由防守球员（自由人）在球场上的职责是接发球（救球）和接扣球（防守），是专职防守接球的球员，通常自由人具有全队最快的反应速度和最好的一传技术，所以需要具备对各种各样的来球能够瞬间反应的能力，爆发力、能坚持到底的耐力与不轻易放弃的气势也是非常重要的。由于自由人不需要网前进攻或防守，可由一传技术好的矮个子球员胜任，在比赛中自由人可以与后排的球员进行替换，同时也担负着传达教练指示的作用。"自由人"的功能在于加强防守达到平衡攻守的效果，需要反应快，移动迅速，以及力量、速度、灵敏、协调、反应、快速起动等能力。

2. 自由人常见动作

（1）垫球

① 鸭子步走：在进行鸭子步走时，手部前伸，重心由高到低再由低到高慢慢走，进行前后行走。锻炼在低位时，股四头肌控制膝盖的力量。

鸭子步走

② 分腿硬拉 RDL：双腿前后分开一步，以左脚在前为例，右手握重物，下放时屈髋屈膝，在进行动作时始终保持腰背挺直，手臂靠向身体内侧，前侧支撑脚全脚掌着地，站起时保持小腿与地面角度不变。此动作可以加强后功能链，锻炼下肢力量与抗旋转能力。

分腿硬拉　　高脚杯深蹲

③ 高脚杯深蹲：双腿分开站立，两脚分开比肩宽，手握重

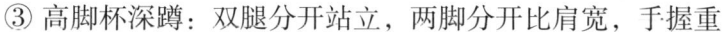

物放在胸前，从站立姿势向下蹲，蹲至大腿与地面平行，停住 3 s，身体前倾 45°，然后快速向上跳起，最后落地缓冲。锻炼双腿蹲动作肌肉耐力和无反向爆发力。

弹力带多方向上提　短跑式地位弓步

④ 弹力带多方向上提：双脚分开距离稍大些，弹力带一端踩住，两手拉住另一端，靠肩部力量控制，核心稳住。固定一个点停止，再慢慢收回，不要被弹力带的惯性拉回。模仿垫球动作，进行上肢的力量训练。

⑤ 短跑式地位弓步：短跑起跑姿势下，双腿用力向上方跳，双手离地，然后腿部交替落地再进行下一个动作。

（2）鱼跃救球

稳定球/跳箱俯卧挺身

① 稳定球/跳箱俯卧挺身：第一种为俯卧在稳定球上，以腹部进行接触，脚步可以抵住墙角，保持核心收紧，进行髋部的屈伸运动。第二种为俯卧在跳箱上，进行伸髋运动。锻炼核心稳定和臀肌的力量。

② 缓冲俯卧撑：双手放在两侧的凳上做好准备，然后双手同时落地进行缓冲，之后撑起，手继续放在两侧凳面上再进行下一个动作。加强从上往下落时上肢的缓冲力量。

缓冲俯卧撑

③ 前向蛙跳：蹲姿准备，双腿轻轻后蹬，手部向前伸准备手部先着地，当手部着地时，身体缓冲，脚部着地。加强从上往下落时，上肢的缓冲力量。

④ 稳定球肩屈伸：俯卧位，膝盖着地或者脚部着地，双前臂撑在稳定球上，手部向前推稳定球，推到最远的时候，保持身体与腿部为一条直线，再往回拉到原来姿势。在运动中可以使用干扰因素来增加难度。通过往前推送，锻炼前侧肌群与上肢带肌的力量与神经控制。

（3）侧翻救球

① 侧向蹲壶铃甩摆：壶铃从后向前甩时，下肢从平行蹲变成侧弓步蹲，同时壶铃高度摆到与肩同高，再返回到平行蹲。在做动作过程中，重心始终偏低，锻炼下肢力量耐力。

侧向蹲壶铃甩摆

② 弹力带侧弓步：弹力带的一侧套在左侧脚进行蹲姿准备姿势，然后左跨一步，进行侧弓步蹲，然后恢复准备姿势再进行下一次。此动作模拟横向救球时，单腿迈步落地缓冲动作，同时使用弹力带来加强下肢的稳定性。

（4）移动动作快速起动与制动

弹力带侧弓步

在进行救球时需要根据球的方向进行快速起动，并配合稳定的制动，需要下肢的反应速度与快速爆发力，训练中可以练习相应的步伐动作，以及下肢爆发力练习，如滑步、交叉步，前进后退的多方向综合性步法。还有就是加强相应步法的功能性力量练习。

① 怪兽移动：在半蹲位，手部扛杠铃，在重心高度不变的情况下缓慢向前走。全身肌肉基本保持等长收缩，锻炼下肢的肌肉耐力和身体的稳定性。

② 迷你带行走＋小幅度振动技术动作：将迷你带套在大腿下部靠近膝盖处，行走时保持大腿与地面平行，身体前倾 45°，每走一步在双腿落地时进行小幅度的上下抬升。半蹲位进行弹力带的对抗可以锻炼臀部深层肌群。

怪兽移动　　迷你带行走＋小幅度振动技术动作

第三节　排球运动员心理技能训练与调控

排球心理技能训练与调控

一、心理技能训练概述

（一）心理技能训练的概念

世界顶级斯诺克球员罗尼·奥沙利文曾经表示："世界顶级球员之间的胜负往往只在心理素质，因为大家在技术层面的差距已经非常小了。"可见运动员心理技能的训练与调控至关重要。理查德·考克斯将优秀运动员具备的心理技能特征总结为 11 条：从事专项运动应具有的个性特征；对成功与失败采取一种可控的内部归因；对最后成功有高自信和信念；内在动机；对运动成就具有较强的任务目标定向；集中注意于目前任务；具有情绪和心理唤醒水平的能力；面对逆境具有较强的应对能力；设置不同目标并完成这些计划的能力；使用自我谈话、表象、自我调节和其他心理学方法来树立信心和提高动机水平的能力；心理韧性。

心理技能训练（psychological/mental skills training）有广义和狭义之分，广义的心理技能训练是指有目的、有计划地对运动员的心理过程和个性心理特征施加影响的过程；狭义的心理技能训练是指采用特殊的方法和手段使运动员学会调节和控制自己的心理状态，进而调节和控制自己的运动行为的过程（张力为，2007）。本书主要采用广义的心理技能训练概念，阐释常见且发展较为成熟的心理技能训练与调控方法。

（二）优秀排球运动员心理技能特征

心理技能会影响和制约排球运动员运动技能的学习和掌握，以及赛场上运动水平的发挥。优秀排球运动员的心理技能主要包括以下几个方面：

1. 果断力

能够根据场上情况快速做出调节；不怕失误，敢于果断行动；比赛中能当机立断；关键球时能大胆运用技、战术；即便是困难的时候也能迅速做出决定；关键时刻能够准确地做出判断。

2. 自控能力

能够不被外界环境的各种诱因左右，保持专注；在比分落后的情况下自信心不会动摇；在形势不利的情境下保持理智；具有良好的情绪调节能力。

3. 情绪控制

能够认识自己的情绪状态，当感到紧张、焦虑或者兴奋时，会通过科学的方法及时调节自己的情绪；当遇到强大的对手、意外的失误时，可以及时调整心态。

4. 比赛斗志

以挑战自我的心态去迎接比赛；意志坚定；总是带着自己的目标参加比赛；具有实现自己目标的信心；能够承受身体的痛苦和疲劳；敢于战胜强手。

5. 协作精神

能够正确对待别人的态度；和教练、队友关系很融洽；能够适应裁判；具有团队精神；能够正确对待别人的失误；能和队友互相鼓励进行比赛。

（三）心理技能训练的作用

心理技能训练在运动员成长中的重要作用已经取得研究人员、教练员和运动员的认同。心理技能训练的作用主要体现在以下几个方面：

1. 提升运动员表现

心理技能训练可以帮助运动员尽可能发挥接近自身潜能的能力，减少压力、焦虑、错误归因、消极思维等因素的负面影响，创造优异成绩。

2. 增强训练乐趣

长期繁重且重复的训练任务、反复的备赛周期容易诱发运动疲劳和倦怠，竞赛环境的复杂性、团队的压力以及运动员对自身的期许等都可能加剧运动员的压力和焦虑，诱发心理问题。心理技能训练可以丰富训练活动、提高心理调适能力，帮助运动员享受运动乐趣。

3. 促进心理完善

心理技能训练还可以促进运动员的心理完善，一方面促使其形成运动专项需要的良好认知能力和人格特征，另一方面促进其身体、心理、社会等方面的全面发展，发展领导能力，培养人际交往技能，提升自我修养。

 **拓展知识**

心理技能的先天与后天之争

通常人们认为，像郎平、朱婷等优秀排球运动员在比赛中所表现出的拼搏心理是天生的，但事实并非如此。这些成功的运动员都付出了巨大的辛劳，她们超人的竞技表现无不得益于长期系统的科学训练，特别是心理上的磨炼和培养。

现代科学研究表明，人的身心发展受到遗传和环境的双重影响。遗传为人的心理发展提供了可能性，环境和教育使这种可能性变成现实。

人的心理品质具有可塑性，为进行心理技能训练提供了先决条件。与动作技能一样，心理技能同样会受到后天环境和实践活动的影响，可以通过训练获得和提高。

（四）心理技能训练的原则

为保证心理技能训练的顺利开展，我国运动心理学专家姚家新（2020）提出五大心理技能训练基本原则。

1. 自觉积极

心理技能训练的顺利开展离不开运动员和教练员双方的认可与配合，尤其是运动员能否积极、主动地参与到心理技能训练中是保障训练效果的关键。因此，教练员应注意教授运动员心理技能相关知识，帮助他们理解心理因素与运动表现之间的关系，适应心理技能习得与发展的阶段，尽快获得运动员的承诺；运动员则需要注意形成心理技能可以掌握的预期，为心理技能训练做好心理准备。

2. 长期系统

心理技能训练遵循着技能学习的一般规律，是一个不断学习、不断体会、不断实践的过程，通过长期、系统、有计划的训练，才能够有效提升心理技能。

3. 区别对待

心理技能训练应在充分考虑不同运动员的人口学特征、身心发展特点以及实际需求的基础上有针对性地选择、设计和实施，比如针对一些容易赛前焦虑的运动员，应重点开展提高情绪调节能力的心理技能训练。

4. 全面和重点相结合

既要关注运动员在平时训练中的心理控制，也要注重其在体育比赛中的心理调整；既要关注运动员的普遍心理状态，也要注重个别运动员出现的特殊心理状态。

5. 迁移性原则

熟练掌握运动技能能够对其他技能在其他情境中产生效应，即产生运动技能的迁移现象，熟练的心理技能也同样能帮助运动员将技能扩展到生活、训练和学习中，从而促进运动员心理品质和人格的发展。

此外，毛志雄和迟立忠（2015）提出心理技能训练还应努力做到：预防为主，防患于未然；尽量使用量化指标对心理技能训练的效果进行评价。

二、认知技能训练

（一）注意训练

1. 概述

注意是心理活动或意识对一定对象的选择、指向和集中（彭冉龄，2004）。良好的注意品质是运动员掌握运动技能、专心比赛和发挥竞技水平的前提保障（姚家新，2020）。设想排球运动员拦网时面对的注意挑战：运动员需要预测扣球的方向，同时还需要尝试隐藏自己杀球的方向，与此同时，双方球队运动员还会从各种不同的位置和高度采用不同的速度来执行佯攻和扣球，优秀的注意品质可以帮助排球运动员在较短的时间内确定进攻方向并做出相应反应，对取得卓越成就至关重要。

注意训练主要是通过各种方法提高注意的稳定性、抗干扰性或提高注意集中程度的过程（张力为，2007），其中注意集中能力训练较为重要和成熟，下面将重点介绍注意集中训练的主要方法。

2. 一般性的注意集中训练

（1）纸板练习。准备一间光线充足且安静的房间和两块方形纸板。两块纸板一块为黑色，边长约38 cm，一块白色，边长约5 cm。将白色纸板贴在黑色纸板中央并挂在墙上，纸板中心高度与运动员的眼睛并齐。练习步骤：① 调整至放松状态，闭眼2 min，想象面前有一块温暖柔软的黑色屏幕，如同未打开的电视屏幕一样。② 睁开眼睛注视图案中心3 min，此时不要眨眼，也不必过分用力。③ 缓慢地把视线移开，注视空白墙壁。此时墙上会出现一个黑色方形虚像，注视它直到消失。④ 虚像消失后，闭上眼睛，在头脑中想象那个图像，并尽量保持稳定。⑤ 重复完成上述过程。本套练习可坚持做一周，每天一次，每次约15 min。

（2）五星练习。准备一间光线充足且安静的房间和两块纸板。两块纸板一块为黑色方形纸板，边长约38 cm，一块为白色五角星型纸板，宽约20 cm；将五角星纸板贴在黑色纸板中央，而后把纸板挂在墙上。练习步骤：① 运动员在距墙约1 m处坐好，并调整至放松状态。② 闭上眼睛，在头脑中想象一个黑色屏幕。③ 睁开眼睛，凝视五角星图案2 min。④ 把视线移到旁边的墙面，注视上面出现的五角星虚像。⑤ 闭上眼睛，在头脑中再现五角星虚像。也可在室外借助自己的影子做这种练习，站或坐在阳光下，使自己身旁产生影子，首先看影子的颈部2 min，然后看淡色的墙壁（如在室外则看天空），注视影子的虚像；最后闭上眼睛，在脑海中重现图像。

（3）想象练习。准备一间安静且昏暗的房间，房间中有可以舒适平躺之处，练习前要求运动员进行一周以上的图案观察技术，开始本练习时要求运动员脸朝上平躺。练习步骤：① 做一节放松或集中注意力练习。② 闭上眼睛，想象有一个温暖、柔软的黑色屏幕。③ 想象在屏幕上出现一个白方块，边长约30 cm，距自己约30 cm远，努力使这个图像稳定。④ 想象在屏幕上出现一个硬币大小的黑色圆圈，集中注意力看这个白方块中的黑色圆圈。⑤ 突然整个图像消失，想象这时突然闪过脑海中的各种图像。

运动员也可以利用身边的运动器材或其他物品随时随地开展注意集中练习，例如，排球运动员可以在训练间隙凝视手中的球，观察它的纹理、形状、颜色等细节。此外，为了提高注意集中练习的效果，也可以逐步加大上述 4 种注意练习的难度，如刻意让自己在容易分心的环境中进行练习，如在环境嘈杂的训练场或火车站等场所进行练习，以提高自身的抗干扰能力。

3. 结合运动训练的注意集中训练

注意集中训练还穿插于训练活动中进行，这不仅可以有效提高运动员在训练和比赛中的注意集中能力，还可以增强训练效果和趣味性，减少运动疲劳。

（1）训练中的口令练习。训练时要求运动员按照口令的相反意思去完成动作。例如，在排球准备姿势和移动练习中，发"左"口令，运动员要向右移动，发"右"口令，运动员要向左移动；在自垫球练习中，发"高"口令，运动员要垫出低球，发"低"口令，运动员要垫出高球等。再如，排球训练中可采用十分微弱的、勉强可让运动员听清的声音发出指令，让运动员执行，旨在要求他们保持注意力的高度集中，练习持续时间一般不超过 3 min。此外，训练中可规定带"快"字的口令为无效口令，不带"快"字的口令为有效口令，并惩罚对无效口令进行反应者和成绩最差者，如引体向上、俯卧撑或跑圈，以提高训练时的专注程度和训练效果。

（2）专项性的注意练习。在开展一般性注意技能训练的同时，还应考虑专项训练对运动员注意特征的要求，运动员个体的注意特征，以及比赛环境、程序方面的特点，进而开展更加切合比赛和训练需要的注意技能训练。例如，一些运动员容易受到拍照或摄像的干扰，平时训练中可有意让人对其进行近距离的拍摄，使其对此类事件产生心理上的适应。

最后需要注意的是，尽管注意集中能力非常重要，但是如果运动员对一件事情过度专注，而无法在需要时及时地转换注意力，此时注意集中能力反而会阻碍运动表现，因此运动员也需要培养选择性注意技能。

（二）表象训练

1. 概述

表象（imagery）是人在头脑中出现的关于事物的形象或者像图画一样的心理表征，也是事物不在眼前时的心理复现。表象训练是在暗示语的指导下，在头脑中反复想象某种运动动作或运动情景，从而提升运动技能和情绪控制能力的过程（毛志雄，迟立忠，2021），换而言之，它能够在缺少外部刺激的情况下，利用存储在记忆中的感觉经验，创建有利于运动任务完成的"心理草图"（mental sketch）。表象训练是运动员最常使用的心理技术之一，是心理技能训练的核心环节（张力为，2007）。

表象训练的作用主要有：① 有利于学习和掌握复杂的技术动作，建立和巩固正确动作的动力定型；② 有利于掌握和练习其他心理技能，如表象练习通常可以与放松训练、按时训练等结合使用；③ 针对比赛中将采用的行为程序进行的表象训练，有利于掌控比赛过程、增强自信心和减少竞赛焦虑。此外，表象训练对时间、地点以及运动员的状态等要求较低，可以在任何地点、任何时间进行，例如，受伤的运动员可以使用表象训练保持运动技能水平，天气状况不好而无法进行训练时也可以进行表象训练。在赛前进行成功动作表象体验能起到动员作用，可以使排球运动员或排球专项学生逐渐进入最佳竞技状态。还有研究证实，表象训练有利于激活交感神经系统，提高心率（Pinto et al.，2017），还可以提高运动员的肌肉力量、发球质量、跳跃能力，以及排球运动员的传球表现（Di Rienzo et al.，2015；Battaglia et al.，2014；Fortes et al.，2020）。

经验丰富的美国空中技巧选手埃米莉·库克（Emily Cook）十分重视表象训练，她曾因骨折休整了近两年，其间运用表象训练使自己走出低沉期。库克表示："我会把下面的话录下来：'我正站在雪山的最高处。我能感觉到风吹到脖子后面。我能听见喧闹的人群。'体会各种不同的感觉，仔细想想如何才能做出完美的一跳。然后我完成整套动作。我会认真思考这一跳的每个小细节。"此外，比赛期间每当感到恐惧时，她也会运用表象训练减轻压力，如想象自己用针刺向一个大红气球。

2. 一般性的表象训练

（1）切木块训练。头脑中想象有一块四周涂满红漆的方木块，就像小孩玩的积木，木块有 6 个面，随后按照以下步骤进行练习：① 用刀将它横切，一分为二，想一想，这时有几个红面？几个木面？② 再用刀纵切，二分为四，这时有几个红面？几个木面？③ 再在右边两块中间纵切一刀，四分为六，这时有几个红面？几个木面？④ 再在左边两块中间纵切一刀，六分为八，这时有几个红面？几个木面？⑤ 再在上部四块中间横切一刀，八分为十二，这时有几个红面？几个木面？⑥ 再在下部四块中间横切一刀，十二分为十六，这时有几个红面？几个木面？记录从提问结束至做出正确回答之间的时间（秒）作为练习成绩。开展本训练时需要注意只能通过想象操作，而不要用数学推理的方法计算答案。

（2）上臂沉重感训练。练习步骤如下：① 想象你正用右手握着水桶的把手，当你完全把水桶拉到与肩处于同一水平位置时，仔细感觉一下水桶的重量。② 想象有一个人往水桶里倒入了 5 磅（1 磅约为 0.45 kg）重的沙子，你的上臂感觉到重量变化吗？再倒入 5 磅沙子，集中感觉水桶又重了多少？③ 你的上臂越来越感到疲劳，继续感觉桶的沉重，感觉到你的上臂越来越沉重……非常重……集中于你上臂的沉重感觉。④ 想象有人把你上臂的水桶拿开，你的手和上臂又恢复原来的感觉，让它们放回到原来的位置，并进行放松。

3. 结合运动训练的表象训练

运动和训练的前、中、后阶段均可进行表象训练。运动员的表象练习一般从放松练习开始（刘淑慧等，1993）。先放松 3 min 再经过"活化"动员即可开始表象练习。但是，由于表象不如感知觉直观，运动员很难长时间将注意集中在表象上，因此，表象训练的时间不宜太长。

下面是一位乒乓球运动员进行表象练习的自我指示语：① 自然放松 5 min。②"活化"动员：我已得到了充分的休息，我头脑清醒，注意集中，全身充满力量，准备投入新的工作。③ 表象练习：我正在清晰地想象训练的情境，先看优秀选手正手攻球的动作，第 1 板、第 2 板、第 3 板……第 30 板；现在，我准备练正手球，我可以清晰地想象出场地、灯光、球台、同伴、教练以及各种声音；教练正站在对面给我发球，我应特别注意向优秀选手学习，调整好引拍与挥拍方向、用力程度、击球部位、重心交换、步法移动、放松和紧张的配合以及还原动作。第 1 板、第 2 板、第 3 板……第 150 板。

Fortes 等人（2020）研究表明，表象训练可以提高排球运动员传球决策能力。实验组每周进行 3 次表象训练，每两次表象训练的时间间隔为 48 小时，总共 24 次，为期 8 周。表象训练在体能 / 技能训练后的 30 min 进行，表象训练持续时间为 10 min，训练地点选择在体育馆（靠近球场）的安静环境中进行，运动员穿着比赛服。每次表象训练开始前，播放排球运动员成功完成传球的录像，以提高排球运动员的表象能力。在表象训练过程中，要求排球运动员想象自己在比赛中执行传球（以不同的速度和位移接发球），传给其他进攻者，并将身体投射到地面上。应向运动员提供以下信息：以第一人称构建想象情境；以接近现实的速度想象任务；在比赛中想象积极的情况（如正确地传球）；产生比赛中可能出现的情绪（如焦虑和气愤）。

最后，开展表象训练时需要注意以下几点：

（1）培养表象技能。其一，一些运动员很难第一次就想象出生动、形象的画面，因而可以采用简单的表象测试评估表象技能。表象测试可从视觉、听觉、动觉、情绪和控制 5 个方面评估运动员的表象能力，以便开展针对性的表象训练。其二，从简单的表象训练开始，如可以从简单地观看运动照片开始，而后观看尽可能详尽的会议照片；或从非常熟悉的动作技

表象技能评估工具

能开始想象，而后逐渐增加动作模式的复杂程度和难度。此外，对一些想象能力特别弱的运动员而言，开始练习时建议在安静且放松的环境下进行，同时建议尽可能多地调动多种感觉，且同时包含情形和反应（如足球运动员在临近比赛结束准备进行射门时，除了需要想象人群发出的噪声，还需要想象足球触碰脚底的感觉、疲劳和双腿沉重的感觉等），以及学会利用生动的线索创造清晰的图像（如高尔夫运动员可以将推杆时双臂从肩膀向下摆动的感觉想象成钟摆摆动）。

（2）做好训练前的心理准备。其一是培养训练的兴趣和动机，可以引用一些成功使用表象训练的运动员获奖感言和一些专业运动员报道增强训练信心。其二是保持放松的注意状态和持久练习的心理预期。

表象训练的 PETTLEP 模型

（3）利用准确简洁的语言提高训练效果。在形成和完善运动表象的过程中，要选择清晰简练的语言说明技术动作的特点。注意讲解完成技术时的相应肌肉运动感觉，使运动员在理解肌肉用力的时间、空间、力量特征的基础上记忆和掌握动作。

（三）自我谈话训练

1. 概述

自我谈话（self-talk）是指运动员公开地或默默地表达自己的情感、看法、信念，以及给予自己指导和自我强化的个人对话（Hardy，Gammage，Hall，2001）。黄志剑等（黄志剑，刘洁，杨勇涛，2009；黄志剑，李佳俐，朱孟雪，2019）认为自我谈话是自己对自己说的话，是运动员在训练比赛中经常使用的心理技能之一。

根据不同视角，自我谈话有不同的分类。

（1）从效价上，自我谈话可以分为积极和消极两类。积极的自我谈话主要涉及人们对自己说的鼓励性或正面的话语，例如，"我能行"或"是的"；消极的自我对话主要涉及对自己说的消极的和/或反映愤怒、沮丧、气馁的话语，例如，"我真慢！"或者"太可怕了"。

（2）从公开程度上，自我谈话可以分为外部和内部两类。外部的自我谈话即出声的自我谈话，内部的自我谈话是不出声的自我谈话。尽管只有外部的自我谈话涉及声音的产生，但是既有研究者认为二者在一些关键特征上是相似的，如具有类似的脑区活动（Larrain & Haye，2012；Unterrainer & Owen，2011）。另有研究者认为一些非言语的肢体动作也是一种自我谈话，如笑容、挑眉等。

（3）从功能上，自我谈话可以分为激励型与指导型。Theodorakis 等（2000）根据自我谈话的功能将自我谈话分为激励型自我谈话和指导型自我谈话，并据此提出任务匹配假说（task-matching hypothesis）。该假说认为激励型自我谈话有助于提升粗放类任务表现，指导型自我谈话则有利于精细类任务表现。但是，该假说的观点仅得到后续相关实证研究的部分支持，因而有待进一步研究和发展。

威廉斯等将自我谈话的作用归纳为以下 5 点：① 促进自我效能的建立与发展，即自我谈话可以通过促进积极思维，增强运动员对任务完成的自信心。② 技能获得，即自我谈话通过推动运动员持续投入努力、形成良好习惯等促进新技能的获得。③ 创造和改变心境，即通过使用一些情绪性词语，帮助运动员创造需要的心境或改善不良心境。④ 控制努力，即自我谈话有助于运动员克服枯燥乏味的运动训练，不断投入努力，继而提升技能水平，例如，自我谈话训练中设计一些诸如"再坚持一会""继续努力"等简短的词语即可实现对努力的控制。⑤ 增强注意（Zinsser，Bunker & Williams，2006）。

2. 自我谈话训练

自我谈话训练对地点的要求不高，可以在训练场、更衣室等运动相关场地或家中、咖啡店等与运动无关的场合均可进行。其中，家庭是除了运动相关场地外发生自我谈话最频繁的场所。

Thelwell 和 Greenlees（2001）开发了两阶段自我谈话训练。第一个阶段是构建和使用恰当的、积极的自我谈话。要求运动员列出比赛前或比赛中对他们有益的、积极的自我相关陈述。第二个阶段是控制消极的自我谈话，而后以积极的方式重建它们，以引导运动员充分利用消极思维触发反应策略。第二个阶段由三部分构成，它们分别是：呼吸（放松）、谈话（重构消极思想）、练习。后期学者使用该方法验证了自我谈话训练的效果（Barwood，Thelwell & Tipton，2008；Barwood et al.，2015）。

McCormick 等（2017）参照 Thelwell 和 Greenlees（2001）开发的自我谈话训练手册，探究了激励型自我谈话对跑步运动员运动表现的作用。McCormick 等（2017）进行的自我谈话训练主要包括 3 个阶段：第一个阶段是向运动员简要介绍激励型自我谈话，而后要求他们在训练中注意出现的自我谈话，并及时记录下来自我谈话的内容以及这些内容对他们产生的影响；第二个阶段要求运动员与作者提供的激励型自我谈话内容进行比较，并从中挑选出在马拉松训练的开始阶段、中间阶段和后期阶段有价值的陈述；第三个阶段鼓励运动员使用激励型陈述与一些消极方法进行对抗，尤其是在一些关键时刻要及时做出反应，如迷路、落后目标等。此外，鼓励运动员在训练中不断练习和完善相关陈述，并完成 4 个日志以记录他们使用自我谈话的情况。

还有研究发现，积极的自我谈话对青少年排球运动员状态自信和特质自信有显著影响（Heydari，2018）。除增强自信外，积极的自我谈话还可以帮助学生和运动员掌握技术动作、调节情绪，有助于他们将注意力集中在当前任务上。自我谈话可以在比赛前、比赛中甚至比赛后进行。针对使用目的的不同，在排球运动中使用的自我谈话主要有三种类型：① 与技术动作或战术有关的自我谈话：这种自我谈话能够强化技术动作的巩固，提醒运动员战术的使用。例如，排球运动员在垫球时"先动腿再握手"，扣球时"大臂带小臂"。② 激励性的谈话：这种自我谈话的目的是坚定意志。例如，排球运动员在极度疲劳时，告诉自己："加油！顶住！"③ 情绪性自我谈话：这种自我谈话具有情绪调节的作用。例如，"冷静""兴奋起来"。

为了提高自我谈话的训练效果，在自我谈话陈述时要注意以下几点：① 简洁、发音简单。② 与所使用的技能有内在的逻辑关系。③ 与后续动作在时机上兼容。例如，运动员正在练习的任务为网球的截击技术，完成截击的两个重要因素是进行截击之前脚要分开，以及准备正式击球前肩膀的转动。所以自我谈话的关键词是"分开"和"移动"，在实际执行中要配合动作有节奏地说（Landin，Herbert，1999）。

三、情绪调节与优化

（一）放松训练

放松训练是以一定的暗示与集中注意、调整呼吸，使肌肉得到充分放松，从而调节中枢神经系统兴奋性的一种训练方法（张力为，2007），是最基础的心理技能训练之一。放松训练可以帮助运动员减少由情绪紧张诱发的能量消耗，并可为其他心理技能训练的开展做好准备。研究表明，焦虑会影响排球运动员的运动表现，具体来说，"发球"是唯一一项不需要与队友配合的进攻战术，高竞赛状态焦虑会干扰低认知负荷条件下的发球表现

（艾丽欣等，2019）。可见，良好的心理素质和放松的心理状态对比赛表现至关重要。

1. 自生放松训练

自生放松训练（autogenic relaxation training）是一种通过暗示语使身体各部位直接放松，最后达到全身放松的方法（张力为，2007）。该训练主要包括四肢沉重感训练、四肢温暖感练习调整训练、呼吸调节训练、腹部温暖感训练和前额温暖感训练等 6 种训练方法，下面以四肢沉重感训练为例介绍其基本程序。

（1）准备姿势。准备安静的房间，房间有可以舒适坐或躺的设施（沙发或床），房间的光线不宜过亮。要求运动员选择一个舒适的姿势，跟随指导语想象自己套上一副放松面罩，慢慢地将紧锁的双眉和紧张的皱纹舒展开来，放松面部肌肉；深深地吸气，然后慢慢地呼出，呼出的时间可以是吸入时间的约两倍。其中，如果采用舒适的坐姿开始，运动员胳膊和手可以放在软椅的扶手或自己的腿上，双腿和双脚采取舒适的姿势，脚尖略向外，闭上双眼；如果采用舒适的躺姿开始，头舒服地靠在枕上，两臂微微弯曲，手心向下放在身体两旁，两腿放松，稍分开，脚尖略朝外。

（2）闭上双眼，从右手开始，想象：我的右臂变得麻木和沉重（6~8 次）；我的右臂越来越沉重（6~8 次）；我的右臂沉重极了（6~8 次）；我感到极度平静（1 次）。

（3）睁开眼睛，抛掉这种沉重感，弯曲几下胳膊，做几次深呼吸，调整到舒适姿势，想象自己又戴上放松面罩，并重复前边的动作（包括准备动作）。

（4）重复以上动作 2~3 次，每次 7~10 min，重复 3 天。

（5）相同方法进行左臂训练 3 天。

（6）相同方法进行如下训练：双臂变得麻痹和沉重；右腿变得麻痹和沉重（3 天）；左腿变得麻痹和沉重（3 天）；双腿变得麻痹和沉重（3 天）；四肢变得麻痹和沉重（3 天）。

在排球课的放松部分，可以组织学生躺在草地上，伴随音乐和教师的暗示语进行放松，使学生快速从运动状态转换为平静状态，使心率降下来。

2. 渐进式放松训练

1929 年，美国学者雅各布森创立渐进式放松训练（progressive relaxation training）。该训练多自上而下进行放松，即手臂—头部—躯干（肩部、上背部、胸部、胃部、下背部、臀部）—腿部，每个部位放松时遵循以下程序：集中注意—肌肉紧张—保持紧张—解除紧张—肌肉松弛。下面具体介绍渐进式放松训练的操作程序。

（1）准备姿势：同自生放松训练。

（2）手臂放松：① 握紧右拳，体会紧张的感觉，使劲握紧，好像要握碎什么东西一样，继续握紧，注意右拳、右手和右臂的紧张感（集中注意和肌肉紧张）。② 坚持一会儿……再坚持一会儿（保持紧张）。③ 右手指开始逐个放松，然后是右手、右臂，感到右拳、右手和右臂十分放松（解除紧张和肌肉放松）。④ 重复以上步骤放松右臂。⑤ 重复以上步骤放松左臂。

（3）参照手臂放松程序依次放松头部、躯干部和腿部。

（4）感受整个身体的完全放松状态。

实施渐进式放松训练时，需要注意利用声音和语调营造放松的氛围；语速应该逐渐变慢，但不能太慢；每个部位由紧张到放松的过程注意留有一定时间间隔，以便运动员可以更好地体验紧张感和放松感。此外，放松训练的指导语可以配合舒缓的音乐录制下来由运动员自行练习。

（二）正念训练

1. 概述

正念这一概念起源于佛教禅修，是以当下目标为注意中心而产生的意识状态，同时对此时此刻的经历或体验不施加评判和反应（Kabat-Zinn，2003）。正念也是一种非判断性的、以当下为中心的觉知，在这种觉知中产生的任何思想、感觉、知觉都是被承认和接受的，且人们不会对其间体验到的思想和情感进行自动化的、习惯性的反应，而是在个人的感觉和反应之间引入一个"空间"，使人们能够做出反思性的反应。不同个体的正念能力不同，可采用正念五因素量表进行评估，也可借助该工具评估正念训练效果。

正念五因
素量表

正念训练是以接受为基础的一种心理行为训练方法，主要是对当下包括消极体验在内的经历（如消极情绪、身体疲惫等）保持关注和觉察，但不进行评判与反应，引导个体将注意的焦点从自己的思想中摆脱出来，转移到实现目标和价值观的行为活动上，即关注与当下的行为表现任务有关的线索与技术要素，从而提高行为表现水平（姒刚彦等，2014）。

正念训练主要包括两个部分。其一是对注意的自我调节，即承认当下。该部分需要持续地注意，并长时间保持警觉状态。由于个体的呼吸是一直存在的，所以很多正念冥想训练通过将注意力持续地集中在呼吸上，以保持对思想、感觉、知觉的觉察，其间不可避免会产生一些想法（如，"我这样做正确吗？"）、事件（如，鼻子发痒）等，这些事件都将可能发生且可以成为觉察的对象，不会被视为干扰，因而不会得到进一步的精细加工，即便注意分散也可自然地转回到呼吸上。其二是以一种好奇、开放、接纳的方式专注于当下的经历，所有的体验都是被认可的，都是需要观察的。这部分训练的目标既不是压抑个人的思想和感情，也不是置于类似放松的状态，而是以一种开放的状态面对此时此刻的经历，接纳当下意识领域发生的任何事情。研究表明，正念训练能提高运动员在压力下的运动表现，产生积极的心理效益，如宋宇等（2020）对大学生运动员的研究发现，为期7周的正念训练显著提高了运动员的射击成绩和正念水平。

2. 正念训练方法

正念训练类型繁多，当前运动领域的主流正念训练方法主要有 Gardner 和 Moore 开发的正念 – 接受 – 投入训练（Mindfulness–Acceptance–Commitment approach）、Kaufman 等开发的正念运动表现提升训练（Mindful Sport Performance Enhancement）、Baltzel 和 Akhtar 开发的运动正念冥想训练（Mindfulness Meditation Training for Sport）以及姒刚彦

开发的正念－接受－觉悟－投入训练（Mindfulness-Acceptance-Insight-Commitment）。无论哪种方法，正念"去自我中心化"技术是正念的核心思想"活在当下"的操作技术，通过释放自我相关的强烈内部体验，帮助个体摆脱纠缠的思想，以促使其注意完全定向于当下的任务，从自我关注转向任务关注、让自己完全融入行为过程（如刚彦等，2014）。该技术主要涉及以下两个部分。

（1）调整注意焦点。主要包括调整注意到自我相关的内部体验和调整注意到当下的行为任务两种。

① 自我关注，即将注意资源更多地分配给内心体验。引导个体将注意集中于内心对话、情绪体验以及与情绪相关的身体感觉，并意识到这些内心体验会影响自己的行为表现，想要消除、控制这些内心体验。例如，赛前看到观众席上的观众和备赛的队友突然意识到马上就要比赛了，开始担心自己能否配合好队友，担心辜负教练期望和队友的信任，或者担心自己的伤病是否会影响比赛，当意识到这些体验时，想要努力减少、控制这些内心体验，此时，该运动员的注意便是指向了自我相关的内心体验。

② 任务关注，即注意资源更多地分配给行为任务。引导个体将注意完全指向此时此刻行为表现相关的线索上，极少意识到自己的内心体验，较少思考行为表现相关的结果，而更多地关注行为表现的技术要素，以及与行为任务相关的内外部线索。例如，排球运动员在学习某个难度动作时，不去关注自己的内心体验，而全身心地关注当下的任务，关注该动作的技术要领，意识中只有与动作的完成过程相关的线索。此刻，该运动员的注意指向就是任务关注。

在激烈的赛场上，运动员的注意并非单一地指向自我或任务，而是在二者之间不断转换，正念训练的核心要点是要求运动员不加评判和反应地面对当下的心理体验，以阻断自动化的、习惯的思维模式，从而将注意资源更多地投注到当下的比赛中。

（2）去自我中心。主要包括从自我纠缠的思想中跳出来和从满足自我的执着中解脱出来。

① 从自我纠缠的思想中跳出来。将注意力集中于当下任务时，不必考虑喜欢或不喜欢，也不必担心他人怎么评判或评价，更不必过多考虑结果，而是全身心投入当下任务之中。例如，赛前担心自己能否配合好队友等，这时应有意识地将自己的注意力转移到正在发球的队友、对手的站位、球的飞行路线等当下正在发生的事件之中。

数字练习方法：准备一支笔和一本本子，找个舒适并方便书写的地方坐下来，然后在内心从1开始数数，边数边写。在书写数字的过程中，脑海中会出现很多与所写数字无关的想法。当这些想法进入意识时，个体很容易受到影响而写错数字，此时需要将注意力从这些想法中拉回到数字任务上。刚开始练习时可以从1写到100，速度慢一点，当个体能够做到从1写到100而不出现错误时，可以逐渐加快书写数字的速度，并延长所写数字的序列长度，直至能快速从1写到1 000而不出现错误（如刚彦等，2014）。

② 从满足自我的执着中解脱出来。放下"我想"和放下"我执"。"我想"是指从他人对自己的态度中归纳而来，从外界对自己的褒贬之中投影而来，从自己与他人的比较中

显露出来。"我执"则是指对那些根源于过去的、对自己或他人的期待和希望，以及对达不到期待的恐惧和担忧。

排球正念准备活动练习：用正念的方法完成每次训练课例行的准备活动，真正地参与进去。具体而言，在进行准备活动的时候，注意留意每一个动作，在拉伸胸大肌的时候，感受到自己的肌纤维都被拉长了；在活动关节的时候，清楚感受到关节软骨之间的碰撞；在有球练习中，感知身体每一次触球的感觉。如果发现自己的内心有很多与准备活动无关的想法时，就让自己从这些想法中抽离出来，并重新回到正在进行的动作上。

（三）流畅状态优化

1. 流畅的概念与特征

体育心理学家苏珊·杰克逊（Susan Jackson）（1995）将流畅（flow）定义为："一种最佳体验状态，个体完全沉浸在任务中，是通常能产生最佳功能水平的一种意识状态。"张忠秋（2012）提出，流畅"是一种积极的情绪，它是指人们对某一活动或事物表现出浓厚的兴趣并推动个体完全投入某项活动或事物的一种情绪体验。"Csikszentmihalyi（1990）提出，流畅状态具有以下 9 个特征：

（1）挑战与技能水平平衡。流畅状态需要挑战和技能这两个要素达到一种积极的平衡，轻而易举的胜利和实力相差悬殊的失败均较难进入流畅状态。此外，并非只有优秀的运动员，才能体验流畅状态，每名运动员都可以找到适应自己当前技能水平的一种平衡，继而进入流畅状态。

（2）行为和意识统一。流畅状态下，大脑会自发地进行反馈，如同呼吸或蹬脚踏板一般；你会感觉到自己与行动融为一体，身心的操作达到能力的极限，但你依然可以毫不费力地、自然而然地产生这些行为。这种行为与意识的融合经常会给运动员带来高峰体验，经常回忆此状态可以诱发积极情感、激发内部动机，并为再次进入流畅状态奠定基础。

（3）目标清晰明确。明确、清晰的目标有利于增强注意集中性，帮助运动员时刻清楚即将发生的行动内容，提高流畅状态诱发的可能性。

（4）反馈清晰明确。反馈可以帮助运动员了解事情的进展，明确动作表现水平，促使其更好地追求目标。运动员自己的身体感知是动作表现重要的反馈来源，如肌肉运动知觉或者时空感。反馈也可以来自外部，如教练员的建议、观众的质疑等。

（5）全神贯注于当前任务。处于流畅状态中的运动员，其注意力几乎全部集中在当前正在进行的活动中，没有多余的空间思考其他事情。因此，注意集中能力是诱发流畅状态的重要因素。

（6）不需要努力实现的控制感。流畅感会让运动员产生一种对当前任务的胜任感，你相信自己的能力，相信自己具备了完成当前任务所需要的技能，即便在他人眼中这一任务对你而言似乎是难以企及的。因而，这不仅仅是指处于控制中的感觉，而是相信只要努力就可以控制，这种信心可以降低运动员的失败恐惧、减少对其他可能发生事件的担忧。但是，过度控制或者刻意追求控制反而会抑制流畅状态的产生，换而言之，真正能够控制的事情不需要刻意控制，不需要主动寻求控制便能达到控制的状态。

（7）自我意识消失。流畅状态中的运动员一般会丧失对自我的关注，自我怀疑和担忧减少，没有多余精力关注生活中的其他事情，进入一种"忘我"的状态。

（8）时间意识消失。对时间的依赖会诱发运动员的压力，阻碍流畅的发生。根据运动项目或任务对时间的要求，流畅状态中的运动员可能会感觉时间转瞬即逝或如同慢放的电影般被拉长。具体而言，那些要求快速反应的运动项目或任务中，流畅状态下的运动员会感到时间仿佛被大幅度延长，有了更为充足的时间进行反应；那些需要持续较长时间的运动项目或任务中，流畅状态中的运动员会感到时间过得很快，他们有充足的精力投入努力和维持注意集中。

（9）享受体验。享受体验是一种内部强化，是活动本身带来的乐趣，多数经历过流畅体验的运动员都想要再次甚至重复体验流畅带来的乐趣，他们将这种乐趣描述为：没有痛苦，强大，拥有无尽的力量等。

排球运动中，流畅心理状态并不是一个可以控制的心理活动，它是不知不觉到来的。当一名运动员在训练或比赛中可以做到聚精会神、得心应手，注意力集中在每一个技术动作和战术安排上，没有时间流逝的感觉，没有观众欢呼的画面，只有排球的位置，下一个动作的规划，这时他就处于流畅状态。

2. 流畅状态优化方法

当前流畅状态的优化方法尚处于发展当中。既有研究者尝试采用唤醒控制、自我对话、目标设定、表象训练等方法促进流畅体验，但并未获得一致结论（Nicholls，Polman & Holt；2005；Pain，Harwood & Anderson，2011；Pates，Cowen & Karageorghis，2012；Koehn，Morris & Watt，2014）。相较而言，正念训练对流畅优化的研究获得相对一致的结果（Bell，2015；Schwanhausser，2009）。此外，鉴于流畅状态的多元性，越来越多的研究者建议综合使用多种训练方法，以实现对流畅的优化。

Schwanhausser（2009）对一名跳板跳水青少年运动员进行了系统的正念接纳承诺（Mindfulness-Acceptance-Commitment，MAC）训练，有效提升了该运动员的流畅和运动表现。下面简要介绍该训练内容，从前到后共涉及 7 个模块：① 心理教育，主要结合运动员的个人经历介绍了 MAC 训练的基本原理。② 正念与认知融合，结合运动经历理解正念注意与非正念注意差异；引导运动员学习对当下经历的关注与非判断性意识；正念呼吸练习；与运动员讨论正念活动的目标及误解；讨论和练习认知融合，即放弃内部体验（思想、情绪和感觉）和行为（行动和反应）之间的联系。③ 区分价值观驱动的行为和情感驱动的行为，从接纳的角度出发，结合运动员的运动经历和生活经历，引导运动员理解目标和价值之间的区别，以增强专注度；通过心理教育识别阻碍其运动表现的情绪，理解情绪的功能；明确不同领域行为的价值，如作为队友的价值、体育活动的价值、技术技能的价值等；通过目标设定理解价值观与目标之间的关系，以及价值观驱动的行为和情感驱动的行为如何影响目标实现。④ 接纳训练。⑤ 增强承诺，通过明确价值观和目标导向行为，增强承诺。⑥ 增强平衡，综合前几个阶段中习得的正念、接纳、承诺以增强平衡。⑦ 复习与反思，总结正念技能，以促进自我意识和注意力、接受令人不安的内部事件以及对价值驱动行为的承诺。

胡咏梅等（2002）对比了中美两国优秀女子排球运动员流畅心理状态，认为中国运动员可学习美国运动员"挑战自我、即兴发挥、忘我投入"的战术风格。注意从小培养运动员随机应变、个人突破的技术风格，要求运动员全身心地投入比赛和训练之中，走上比赛场地就不过多地考虑他人如何看待自己，把有限的注意力资源放在当下的任务上。

四、动力激发与提升

（一）自信心提升

自信是指个人相信自己，对自己所知的事情、能做的事情或已做的事情确信不疑（张力为，2007）。维亚利认为运动自信是运动员通过自己具备的能力，在竞技运动中获取胜利的信念及确信程度（Vealey，1986），主要包括三个维度：① 身体技能及训练自信，即运动员对通过自己的能力，成功完成某项身体技能的信念及确信程度。② 认知效能，即运动员对自己在运动中能够全神贯注并成功执行有效决策的信念及确信程度。③ 韧性，即运动员对自己能够在失败后集中精力克服困难及挫折，再次获得成功的信念及确信程度（Vealey et al.，1998）。自信不仅可以直接提升运动员的运动表现，还可以通过减少焦虑、提升内部动机和专注力促进运动表现。不过，考克斯（2015）认为对运动员而言，自信不是越高越好，过度自信反而会损害运动表现，即运动员的自信与能力表现之间存在倒 U 型关系。由图 4-3-1 可知，运动自信存在最佳水平，随着自信逐渐增加，能力表现也在逐渐增加，但是当自信超过最佳水平后，随着自信的继续增加，运动员的能力表现会逐渐下降。

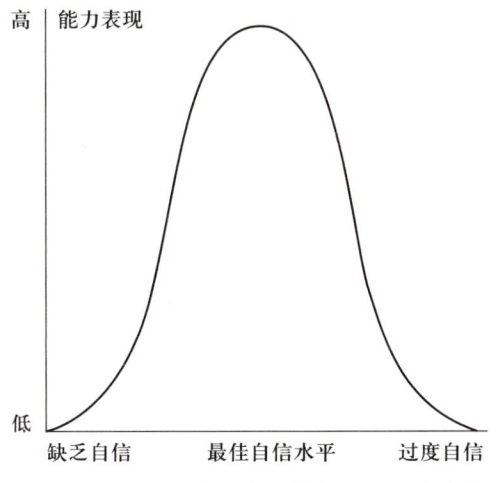

图 4-3-1 自信水平和能力表现之间的关系

（引自：理查德·考克斯. 运动心理学 [M]. 上海：上海人民出版社，2015.）

自信是一种重要的心理技能，可以通过以下策略得到提升。

1. 直接体验成功

通过构建表现成就可以帮助运动员直接体验成功。当运动员体验成功，并将这种成功归因为自身的努力和能力时，他们的自信会得到增强。具体而言，即便是能力提高不明显以及对手较弱情境下取得的成功也可以提高自信水平，反之，频繁的失败经历会降低、削弱自信；相比早期取得的成功和失败，近期的成功和失败经历对运动员自信的影响更大；相比对手较弱或任务较为容易时获取的成功，对手强大或任务困难下获得的成就体验对运动员自信的提升效果更佳。可以采用以下方法构建表现成就。

（1）目标设定。目标为运动员提供目的、方向和衡量过程的标准，设定目标可以有效提升运动员的自信水平。具体步骤：① 设定系统性目标，可通过创造愿景（即制订3~5年的职业计划）、设定任务（即明确任务内容）、综合性需求评估（即评估优点和缺点，并明确3~5个有待提高的方面）、明确目标实现顺序（即根据目标的重要性程度合理安排目标实现的顺序）4个步骤完成。② 做出目标承诺，即运动员需承诺实现目标。③ 识别障碍，设置行动计划。④ 提供反馈并评估目标实现情况，其中，目标反馈可以为运动员提供如何做或者需要调整的方面，继而提高目标实现的可能性；评估时可以从可实现性和承诺两个方面进行，且每天和每周进行评估有利于确保运动员每天都在致力于目标的实现和思考。⑤ 强化目标实现，即实现目标时，一定要对运动员进行奖励。例如，运动员在每个季度列出本季度的目标并以纸质版上交给教练员，季度结束后，总结目标数量及质量完成情况，并对前几名给予奖励，鼓励大家设定目标并完成。

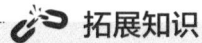 **拓展知识**

目标设定的其他好处

1. 提高运动员注意集中水平。
2. 减少运动员压力或促进运动员管理压力。
3. 促使运动员保持积极的心态。
4. 增强运动员的内部动机从而使其超越他人。
5. 通过挑战性训练，提高运动员的训练质量。
6. 提高运动员的比赛技能、技巧和策略水平。
7. 提高运动员的整体能力水平。

设定有效目标的指导方针

1. 强调过程目标和能力表现目标的优先级高于结果目标。
2. 设定具体且可测量的目标，而不是一般或尽力而为的目标。
3. 设定难度适中的目标，即具有挑战性但切合实际的目标。
4. 设定积极且专注的目标。

5. 设定长期目标和短期目标。其中，短期目标可以为实现长期目标添砖加瓦。

6. 设定个人目标和团队目标。其中，个人目标是团队目标的具体化。

7. 设定训练目标和比赛目标。其中，训练目标的重点在于培养技能，强调结果、能力表现和过程，难度方面要求努力跳出舒适区；而比赛目标的重点是发挥最佳能力水平，强调能力表现和过程，难度方面保持在正常发挥能力的范围内。

引自：戴蒙·伯顿，托马斯·雷德克. 教练员必备的运动心理学实践指南［M］. 北京：人民邮电出版社，2017.

（2）记录和回顾个人成就。可以通过日志纸打造个人成就墙，即列出运动员自己感到重要的在运动或生活方面的成就，并不断添加取得的新成就。教练员和运动员还可以制作个人成就精选片段以便回忆自我进步和成功的时刻。

2. 间接体验成功

（1）示范。可以通过观察队友（或对手）如何面对挑战以提升自信。

（2）表象训练。当表象训练用于提升自信时，在想象的内容上要求运动员尽可能生动、具体地想象自己的比赛成就、训练收获等成功经历。

3. 口头说服

正面反馈和自我谈话有利于提升自信心。

（1）正面反馈。正强化有利于运动员构建自信。教练员可以通过鼓励、赞扬给予运动员正强化，但是教练员在传达正反馈时需保持尊重、真诚的态度，同时注意提升自身的可信任性、被信赖程度和权威性以增强反馈效果。

（2）自我谈话。积极的、目标导向的、鼓励性质的自我谈话有利于运动员保持积极的心态、提升自信；相反，消极的、贬低的、批判性的自我谈话会降低运动员自信，导致运动员无法进入比赛状态。前文已经描述了自我谈话训练的具体方法，当自我谈话用于提升自信心时，需注意以下几点：强调运动员具备的强项和资源；在回顾既有成功经历时，需要特别注意与当下情境相似的情况或者面对障碍、失败的情况；积极总结成功和失败的原因；注意将不同情况评估为挑战而非威胁。

除了以上方法，毛志雄和迟立忠（2020）提出建立乐观的思维定势、重视赛前准备以及展现自信行为也有利于培养运动员自信。

拓展阅读

袁伟民在比赛中的正面反馈

1984 年 7 月，第 23 届奥运会在洛杉矶举行。8 月 3 日小组赛中，中国女排以 1 比 3 不敌美国队，中国女排失利，主要是郎平发挥失常，她非常自责。在运动员餐厅吃饭时，郎平端着盘子避到一边，张蓉芳马上跟了过去，张蓉芳还没开口，郎平的泪水就滴在盘子里。两人没有心思吃饭，坐到外面的草坪上。紧接着袁伟民也出去了，其他队员也围了过来。袁伟民给郎平做工作：对手把你每个动作都分解了，人脑和电脑加起来对付你，你怎能不失误？拿得起，放得下，才是大将风度。人要敢于向自己提要求，非把下面的球拼下来不可。这样一来，郎平冷静了。此后的比赛郎平所向披靡，找回了"铁榔头"的雄风。半决赛，中国女排以3比0战胜日本队后闯入决赛。

（二）心理坚韧性技能开发

心理坚韧性的概念尚未获得国内外学者的统一界定。多数学者倾向于认为心理坚韧性受到先天和后天因素的共同影响，是一种兼具特质性和状态性的心理优势、资源或能力，既表现出相对的稳定性和倾向性，也表现出情境性和变异性，可改变、可塑造（Gucciardi，2015；Coulter，2017）。大量研究显示，心理坚韧性可以提升运动员的运动表现（Mahoney et al.，2014）、诱发积极情绪（Kaiseler et al.，2009）、激发流畅状态（Meggs et al.，2018）、增强运动投入（叶绿等，2016）、缓解不良情绪（Haghighi et al.，2018）以及减轻心理疲劳（叶绿等，2016）等。

1. 逆境应对训练

中国学者姒刚彦（2006）结合我国运动员特点提出提升运动员心理坚韧性的逆境应对训练。该训练主要包括以下4个步骤：① 确认与预见典型逆境，需要结合具体的运动项目、具体的比赛和具体的人进行确定。② 找出合适的应对方法，应对方法或策略可以是单一的或综合的，并注意追求应对的合理性。③ 实施个人化的训练，主要包括评价个人逆境应对能力、强化意识和学习技能并形成习惯、逐步从训练过渡到比赛几个方面，同时注意区分大周期与小周期的训练。④ 评估训练效果：主要包括以下方面：评估意识、态度和应对；评估行为改善程度；评估训练合理性；评估运动成绩。

姒刚彦（2006）还提出了运动员逆境应对需要遵循13个守则：① 逆境是正常，顺利是例外，总会有一些事发生在你最不想发生的时候，你觉得保证成功的因素需要同时出现，但通常不会同时出现。② 如果你知道何时"打开"与"关闭"大脑，对手就无法打破你的大脑。③ 如果一个愚蠢的方法有效，那它就不是一个愚蠢的方法。④ 没有任何预定计划能在遇到强劲对手后继续执行。⑤ 在你接近成功时开始回避风险，这等同自杀。⑥ 重要的事总是简单的。⑦ 简单的事总是难以做到的。⑧ 如果你临上场前总觉得有什么没准备好，那你可能已经准备得太多了。⑨ 如果你已把对手的长短处都考虑齐全，别忘了对手也早已把你算计透彻了。⑩ 以前的成功总是不会如你期望般地再出现。⑪ 唯一比对手的进攻更能破坏你心态的是队友的失误。⑫ 突然精神崩溃总是由微小的负面念头积累而成的。⑬ 只有当下的适应合理，没有永久的完全合理。

赵大亮（2011）在省南拳队的运动心理学服务中，根据多年的经验并与教练员商议

后，确定了 6 个比赛过程中的典型逆境：赛前紧张怎么办？第一套打好了怎么办？赛前失眠怎么办？比赛环境（场地、观众、吃住等）不适应怎么办？准备活动不能达到期望水平怎么办？比赛一开始就出现失误怎么办？教练员可以借鉴以上逆境情境总结出排球运动的典型逆境。先告知运动员这些典型逆境情境，并要求其在大会中讲解应对方法，根据讨论总结出最优应对方法，形成文字资料让其进行思考和总结。

2. "UCan Win" 训练

波兰华沙莱吉亚足球队和一家咨询培训机构合作，引进 "UCan Win"（赢在心理）的心理训练方法，核心内容就是心理韧性训练。在项目开始阶段，所有球员完成 MTQ-48 问卷，测量他们的思维模式和心理韧性。然后通过反馈，研究者帮助球员确定那些让他们感受不舒服或影响他们比赛、训练、生活的特殊情境。随后每周和球员开展一次有针对性的讨论。2011 年和 2012 年，球队连续获得第 9 次和第 10 次联赛冠军。他们认为，心理坚韧性训练在其中发挥了非常重要的作用。

面对问题要解决问题，面对逆境要直面困难，在排球训练中也可以借鉴 "UCan Win" 训练方法，在团队比赛或训练中发生重大事件之后适时开展有针对性的讨论和交流，每人轮流发言，可以是自己感觉不舒服的事情，可以是影响比赛或运动表现的事情，也可以提出队伍发展的建设性意见，在教练员或队长的带领下讨论应对策略或解决方案。教练员要监督解决方案的实施和落地，避免运动员因为惰性或回避而忽视问题。

拓展阅读

袁伟民的逆境应对策略

2002 年盐湖城冬奥会上，中国代表团首次拿到金牌，实现零的突破，这枚金牌由中国短道速滑名将大杨扬拿下，其背后也有一段故事。比赛首先进行的项目是她的强项 1 500 m（拿过多次世界冠军的项目），但是她却由于思想包袱太重，过于紧张而失去了这枚金牌。这时袁伟民团长（当时担任中国奥运代表团团长）立马洞察到了这个现象，决定给运动员做做工作，他的做法不是打官腔，不是一味地批评，也不是一味地鼓励，而是让运动员们自己说出来到底问题出在哪里，接下来准备怎么调整，如何把心中的 "小兔子" 赶走，即用聊天的方式来和运动员沟通，帮助她们解决问题。这一招果然奏效！大杨扬和其余三位短道速滑运动员纷纷打开了话匣子，说出了心里话，道明了自己 "想赢怕输" 的心理，然后袁团长就顺着他们的问题向他们提出了针对性的建议，大杨扬也在随后的比赛中斩获了金牌！

（三）团队凝聚力激发

团体凝聚力（group cohesion）是指团体趋向于为追求共同目的与目标，结合在一起、保持团结的一种动力过程（Carron，1982）。研究显示，团队凝聚力可以提升运动表现、增强团队效能和团队稳定性、提高未来运动参与的意愿、促进团队同质性、改善不良情绪、提高满意度。职业篮球运动员迈克尔·乔丹（Michael Jordan）（1994）曾经表示："自然，运动队的成绩有起伏，特别是如果运动队中有人想达到高水平的目标时，那么情况更是如此。但是，当我们游走于成败之间时，我们知道自己能够做什么。在压力状态下，我们相互联系在一起，成为一个具有凝聚力的团体。这是我们常常能够恢复原状、赢得许多场比分比较接近的比赛的原因，这也是我们能够战胜比我们更有才华的运动队的原因。"

团队凝聚力主要包括任务凝聚力和社交凝聚力两个独立成分。任务凝聚力（task cohesion）是运动队成员为实现某一特定的、明确的目标而共同努力的程度。例如，排球队成员相互合作完成轮转防守阵型。社交凝聚力（social cohesion）是运动队成员相互喜欢并从中获得满足感的程度。拥有高任务凝聚力的运动队其社交凝聚力不一定高，即团结一致、彼此支持以创造了优异成绩的运动员，队员之间不一定相互喜欢和欣赏，甚至可能相互争斗、恶语相向。

综合温伯格和古尔德（2012）、理查德（2020）的建议，可分别从教练员和团队成员两个方面促进团体凝聚力的发展。

1. 教练员的角度

（1）创造有效的沟通环境。自由开放的沟通环境有利于团队成员舒适地表达自己的思想及情感。教练员可以定期举行团队会议，鼓励成员将正面及负面情绪以真诚、开放及建设性的方式表达或宣泄出来，也可以使用团体暴露技术，让团队成员讨论他们最敬仰的团队，以及该团队之所以获得成功的特征及原因（Yukelson，1997）。例如，每次排球训练课或比赛结束后，利用 5~10 min 的时间，团队成员围坐在一起进行沟通、交流。可评价自己在训练或比赛中的表现、自己的收获、他人的表现、自己的感受、团队发展建议等，畅所欲言，最后教练员进行总结、评价。

（2）明晰个体在团队成功中扮演的角色。运动员对自己在团队中角色的认识越清晰，越有利于团体凝聚力的发展。教练员应清楚地解释每个成员的角色以及该角色对团队成功的重要性，即便对从未在比赛中上场的替补人员，也要清楚描述他们的角色及作用，并创造机会让他们为团队做出贡献。此外，教练员可以通过让运动员观察及记录不同位置队友的努力，或者练习中打其他的位置，以促进彼此间的了解，认识其他成员的重要性，促进彼此之间的相互支持和同理心。

（3）设定具有挑战性的团队目标。团队成员在完成该目标后会受到鼓励，体验到成就感，更可能为新的目标付出努力，团体凝聚力继而得到提升。但是，设置挑战性目标时应注意以下几点：目标是可以达到的；目标内容清晰且具体；注重表现和过程、弱化结果，即使面临的是一场大概率会输掉的比赛，也应强调成功的可能性。例如，在训练场上张贴大型横幅"努力奋战 100 天，×× 比赛开门红！"，将团队目标张贴在醒目位置，激励每位成员为之努力。而且，可以将集体目标和个人目标有机地结合在一起，要求每位队员写明全队目标和个人目标，强调排球比赛中，个人目标的实现取决于集体目标的实现。

（4）提升成员对团体的认同感。可通过订购统一的服装、计划社交活动、采用特殊仪式等方式，构建团队的独特性，这有助于提升团体认同感，进而提升团体凝聚力。例如，将每位队员的生日记录下来，在队员生日的那一天，全队为她送上生日祝福或生日礼物，让每位队员都感受到团队的温暖。或者在遇到巨大成功或巨大失败的时候，请队员互写赠言，互相鼓励，允许不署名，队员收到赠言后可以大声念出、写在黑板上或收藏进训练日志中。

（5）避免社交派系的形成。社交派系通常形成于以下情境：① 比赛不断失利。② 某些运动员的需求没有得到满足。③ 一些运动员受到教练员的不公平待遇，如没有得到恰当的比赛机会、成为"替罪羊"。④ 一些运动员被划分成不同的类别。社交派系通常只对少数运动员有利，而疏离大多数的团队成员，不利于团体凝聚力的营造。教练员需要及时识别社交派系，并采取有效策略防止社交派系的形成，如在旅游时重新分配房间等。

（6）避免频繁的人事变动。频繁的人事变动会影响团队成员之间亲密关系的建立，继而减弱团体凝聚力。当面临无法避免的人事变动时，建议教练员与队龄较长的运动员合作，帮助新成员尽快融入团队，并以温馨、真诚及开放的方式分享团队对新队员的期望，消除新队员的陌生感，提高其舒适度及认同感。

2. 团队成员的角度

（1）积极构建和谐的人际关系。团队成员之间的沟通交流可以提升团体凝聚力（McLaren & Spink，2018）。可以通过以下方式与团队其他成员建立和谐的人际关系：投入时间认识队友，尤其是认识团队中的新成员；当其他成员遇到困难时，尽可能地提供帮助；与团队的其他成员、教练员及领导者进行真诚开放的沟通；多肯定团队其他成员，减少消极反馈及批评；当与团队成员发生冲突时，主动澄清或解决问题以尽快解决冲突，避免消极情感的累积和爆发。例如，在比赛或模拟比赛中，每得一分，场上队长就带动全队喊出鼓励口号。如队长喊出得分者姓名，所有人喊"好发球"或"好扣球"等鼓励赞赏的话语，从而将队伍的士气维持在较高水平，提升团队凝聚力。

（2）为团队目标努力。全心投入团队目标的实现有助于激发团队其他成员的目标投入度，增进团队团结度，提升团体凝聚力。此外，当团队表现不佳或陷入困境时，团队成员不应责怪别人，将表现不佳归因于他人，而应以负责的态度，进行积极和有建设性的改变，以帮助团队渡过难关。

最后，尽管成员之间的摩擦和冲突会影响团体凝聚力，但无论是教练员还是团队成员，都不要期望一个运动队不存在任何冲突和矛盾，有时候允许冲突和矛盾表达出来并经过巧妙化解，反而提升团队的凝聚力。

第四节　排球运动员营养管理

一、排球运动的生理和代谢特点

排球运动的
营养管理

　　排球运动员营养受与之相关的社会、环境因素影响，涉及主要来源于食物的外源性营养物质的摄取、消化、吸收、利用等生理、代谢过程，是排球运动员耐受和适应训练、改善运动表现，乃至支撑新陈代谢、生长发育和体型、提高生活质量和维护生命健康的重要保障。

　　排球运动员身材修长，肌肉和内脏质量高，其基础代谢较常人旺盛。如为青少年运动员，则生长发育所需能量和营养素也较同龄人为高。排球运动是一种持续时间较长的非接触性高对抗团队球类项目。排球技术动作强调弹跳力、爆发力，对反应能力、灵敏性、协调性也有较高要求。精英运动员实际比赛中多数技术动作持续 6~9 秒，但动作间歇频率较高，其肌肉工作 / 休息比可达 1：6。所以尽管排球比赛可持续 1~3 小时，但排球运动员赛后的血乳酸水平较赛前无明显升高。即便如此，随着比赛进行仍会出现进行性的疲劳程度加深和技术动作变形，在赛程密集时尤为明显；排球训练注重技能练习，抗阻训练多。专业运动员每周训练时间可达 10~30 小时。排球运动员的上述生理和训练、比赛特征要求其在一定有氧运动能力的基础上具备较强的磷酸原、糖酵解供能能力，对快速恢复能力依赖大。进行大负荷训练的排球运动员，日能量需求总量可达常人的 1~3 倍。

二、排球运动的关键营养素

　　营养素构成食物的基本单位，是人赖以生存的物质基础。尽管各有功能，但各种营养素在代谢过程中密切联系，共同参与生命活动。没有任何一种食物包含所有营养素。人首先应保证摄入食物多样化，但不同人群摄入营养素的种类和数量应根据自身代谢特点有所侧重。以下主要针对排球运动常见营养学问题涉及的关键营养素，简单介绍其功能以及摄入不足或过量造成的危害。

（一）碳水化合物

　　碳水化合物是排球运动员食物中最重要的能量来源，可快速供能，是唯一能进行无氧代谢的宏量营养素；碳水化合物也是构成机体的重要成分，参与多种细胞活动。如碳水化合物是细胞的结构成分，糖与蛋白质结合形成的硫酸软骨素等糖蛋白分布于软骨、结缔组织，具有支持、润滑和保护作用。糖蛋白、糖脂与细胞免疫反应、免疫识别有关；碳水化合物参与其他营养物质的代谢，可以促进脂肪彻底燃烧，减少蛋白质分解供能；膳食中的纤维素和果胶不被人体吸收，可以改善肠道环境，增加饱腹感；碳水化合物是天然的营养甜味剂，可以增加食物口感，提高欣快感。

碳水化合物主要以单糖形式吸收，其中葡萄糖是重要的供能物质。由于人体不倾向于长时间耐受高糖，进食行为发生后进入血液的较多葡萄糖主要以糖原形式储存于肝脏和骨骼肌。糖原会在能量需求增加时再分解为葡萄糖。人的糖原储量非常有限。剧烈运动 2 小时或卧床 1 天就可耗竭糖原。随比赛进程疲劳程度的逐渐加深，失误率的逐渐增多，跑动距离和弹跳能力等运动表现的进行性下降，都与肌糖原消耗密切相关。因此大负荷训练、比赛的运动员需每日补充和更新碳水化合物。排球运动员膳食来源碳水化合物提供的能量应占日能量需求的 55%～70%。

由于糖原储量有限，当能量消耗小于能量摄入时过多摄入的碳水化合物会转化为脂肪导致肥胖。薯类等高纤维素含量食物摄入过多会导致胃肠不适。碳水化合物是骨骼肌的重要能源。碳水化合物摄入不足会导致持续高强度运动能力，包括爆发力和速度下降，是运动员疲劳的重要营养学原因。脑组织的代谢也主要依赖碳水化合物，低糖可引起运动员注意力下降甚至认知障碍；由于碳水化合物能帮助脂肪彻底燃烧和减少蛋白质分解，因此摄入不足还会导致酮症和伤病。

碳水化合物的主要食物来源有谷类、薯类、豆类等。蔬菜、水果和粗粮还含大量纤维素和果胶。

（二）脂肪

脂肪是食物中能量密度最高的营养素。同等质量脂肪蕴含的能量超过碳水化合物和蛋白质的两倍。但是脂肪氧化供能的速率较慢，是节食和短期饥饿、运动员安静状态、训练和比赛后恢复阶段、低中强度运动和超长时间运动的重要能源；脂肪也是机体的重要构成成分，是很多生物活性物质的合成原料；脂肪中的必需脂肪酸机体不能合成，主要依赖食物供给，参与人体代谢相关和生长发育的多种生理功能；脂溶性维生素不溶于水，需借助脂肪才能吸收；脂肪组织是活跃的代谢器官，参与能量稳态调节，影响食物摄入、其他营养素代谢、产热以及免疫反应等众多进程；脂肪还是热的不良导体，皮下脂肪可以阻止身体散热；内脏脂肪对内脏具有固定、支持和保护功能；脂肪还具有改观食物感官性状、刺激食欲的功能。

排球运动员膳食来源脂肪提供的能量应占日能量需求的 25%～30%。一过性脂肪摄入过多会导致胃肠不适和腹泻。长期脂肪摄入过多会增加体脂含量和导致肥胖。反式脂肪酸摄入过多会严重威胁心血管健康。运动员应适量减少脂肪摄入，但不饱和脂肪酸，特别是必需脂肪酸的摄入量应占总能量的 3%～5%。刻意严格限制脂肪食物的同时会丧失进食很多高营养素密度优质食物的机会，极易在减脂的同时导致营养不良和能量失衡。脂肪摄入过少还会影响生长发育，出现皮肤、肾脏、肝脏、神经、视觉和生殖等方面的多种疾病。

膳食脂肪主要来源于动物脂肪组织、肉类，以及坚果、豆类、种子等。植物油、鱼贝类食物、牛油果、坚果、种子等富含不饱和脂肪酸，适量食用有利于改善脏器机能，促进生长发育、运动恢复和延缓疲劳。

（三）蛋白质

蛋白质是生命的物质基础，供给生长发育、更新和修补组织的材料；机体的诸多生物活性物质，如酶、含氮激素、一些信号调节因子和神经递质、转运因子、载体、受体、转录因子、抗体、部分维生素都由蛋白质构成，决定一系列重要生理、生化功能的调节方向；蛋白质不是机体的主要能量来源。机体多在应激、长期饥饿、碳水化合物和脂肪供能相对不足如高强度、大负荷训练时增加蛋白质分解来提供能量；食物蛋白还有利于维持饱腹感和改善情绪。

人体的蛋白质主要由 20 种氨基酸合成。其中色氨酸、亮氨酸、异亮氨酸、缬氨酸、苯丙氨酸、甲硫氨酸、赖氨酸、苏氨酸、组氨酸称为必需氨基酸，必须通过膳食供给。必需氨基酸中的亮氨酸、异亮氨酸和缬氨酸都属支链氨基酸，是重要的信号分子、肌肉的合成原料和能源，具有促进生长发育、组织修复、疲劳消除和延缓、减轻疲劳的功能。支链氨基酸是很多运动营养补剂的主要成分。半胱氨酸、酪氨酸、精氨酸、甘氨酸、脯氨酸和谷氨酰胺等或在体内转变自必需氨基酸，或在特定生理和病理条件，如大负荷训练和创伤时合成不能满足机体需要，称为条件必需氨基酸或半必需氨基酸。

排球运动员膳食来源蛋白质提供的能量应占日能量需求的 10%～15%。蛋白质摄入过多会增加肝、肾负担；排球运动员很少出现蛋白质摄入不足。摄入质量和时机不当是排球运动员蛋白质摄入的主要问题。排球运动员正餐和加餐的优质蛋白质量应达到 0.3 g/kg 体重；正餐和加餐植物蛋白和动物蛋白混合摄入效果更佳；青少年运动员应适量增加蛋白质摄入量；集训开始、伤病恢复、长时间旅行后存在减脂需求时应适量增加蛋白质摄入以避免肌肉质量的间接和附带丢失；抗阻训练和大负荷耐力训练后即刻补充 20 g 优质蛋白质有利于促进蛋白合成等。

肉类、乳类和蛋类食物含有丰富的优质蛋白；豆类、坚果和种子中植物蛋白含量丰富；粮谷类食物蛋白质含量不高且品质较低。

（四）微量营养素

食物含有丰富的矿物质和维生素等微量营养素。人体矿物质涉及的必需元素达 20 余种，均不能在体内合成，必须从食物和饮水中摄取。这些矿物质构成人体组织，各自和（或）协同参与复杂的生理功能和代谢活动；维生素是维持机体代谢和生理功能必需的一类小分子有机化合物。各种维生素多数不能在体内合成，均不参与构成机体和提供能量，各自具有不同的生理功能。一些维生素是辅酶、辅基的组成成分，在能量和物质代谢过程中发挥重要调节作用。

正常摄食一般不会导致微量营养素过量；满足食物多样性的中、高热量摄入也很少导致微量营养素缺乏。排球运动员风险较大的微量营养素摄入不足主要是铁、钙和维生素 D 摄入不足，与运动员营养策略错误、食物来源不丰富、节食、偏食、摄食紊乱，以及代谢消耗过多有关。

1. 铁

铁是人体必需的微量元素，是血红蛋白和肌红蛋白的重要成分，也是细胞色素和其他含铁酶类的辅基。排球运动员大负荷和（或）高原训练、偏食和节食、口服避孕药和抗酸药时、消化道出血、创伤，青少年运动员生长突增阶段以及女运动员月经失血较多会增加缺铁风险。铁缺乏会导致运动和认知能力下降、免疫和抗感染能力障碍、贫血、行为改变和体温调节障碍等。多酚含量丰富的食物如茶、红酒、李子、樱桃、洋葱、香菜、全谷类和豆类等可不同程度抑制膳食铁的吸收。膳食中添加维生素 C 或少量肉类可增加膳食铁的吸收。

膳食中铁的良好来源有动物肝脏、血液、大豆、芝麻等；一般来源有肉类、蛋黄、鱼类、干果、甘蔗、红糖等。牛奶的含铁量低，吸收率也不高。

2. 钙

钙是人体含量最多的矿物质。人体超过 99% 的钙以羟磷灰石的形式存在于骨骼和牙齿，其余以游离或结合形式存在血液、组织液和细胞液中。钙几乎参与人体所有的生命活动。作为重要的信号分子，细胞外钙是骨骼和细胞的钙源，参与血液凝固和细胞间黏附；细胞内钙与神经冲动传导、心脏搏动、骨骼肌收缩、激素释放、糖原代谢等均密切相关。

钙缺乏主要表现为骨骼、牙齿病变，易感人群常伴随维生素 D 缺乏。血钙过低可提高神经肌肉兴奋性引起抽搐。排球运动弹跳动作多，运动员特别是青少年运动员骨和软骨健康对钙有额外的需求。青少年运动员应强调乳制品和钙强化食品的选择。月经紊乱的女运动员日钙需求可达 1 200 mg，必要时应补充钙制剂。运动员补钙需同时保障维生素 D、维生素 B_2 和维生素 B_{12}，以及镁的足量摄入。苋菜、菠菜、红薯等草酸含量较高的食物会影响钙的吸收。

乳制品含钙丰富，吸收率高。其他如虾皮、海带等海产品，坚果和种子、豆类等都是钙的良好来源。

3. 维生素 D

与其他维生素不同，维生素 D 可在日光照射下由 7- 脱氢胆固醇在皮肤中生成。早期研究就发现维生素 D 是机体钙、磷代谢的重要调节物质，可以促进钙的吸收、维持血钙水平和促进骨、软骨和牙齿矿化。近年的研究表明，维生素 D 可以提高骨骼肌磷酸原水平，促进糖的利用和肌肉蛋白合成，提高力量、爆发力、弹跳力和弹跳速率；维生素 D 与心肺功能的改善联系密切；维生素 D 可以增强免疫力、促进恢复、降低应力骨折和骨骼肌损伤风险。因此，维生素 D 对运动表现具有很好的维持和改善作用。

人在平衡膳食和充足日光照射时没有额外补充外源性维生素 D 的必要。但是一些人的穿着习惯、居住和工作环境会遮挡日光；室内工作和人工防晒用品的应用屏蔽紫外线照射，均会增加维生素 D 摄入不足的风险。由于户外运动减少和穿着增加，冬季是中、高纬度地区运动员维生素 D 摄入不足的高发季节。室内排球是一项户内运动，尤应注意维持膳食维生素 D 的足量摄入。

临床维生素 D 缺乏主要影响钙磷吸收，可以导致骨骼和牙齿矿化异常和骨骼畸形。对运动员而言，维生素 D 缺乏影响骨和软骨健康，提高应力性骨折和感染风险，降低力量、速度和耐力素质，因而会导致运动表现下降。目前还缺乏维生素 D 对排球运动促力作用的循证医学研究。

动物性食品、海水鱼类、鱼肝油是未强化天然食品中良好的维生素 D 来源。运动员摄入维生素 D 强化食品有助于满足其需求量。服用维生素 D 制剂的运动员应注意维生素 D 具有潜在毒性，应在其安全剂量范围内服用，谨防过量。

（五）水

水是一切生命必需的物质，不仅构成人体的主要成分，还直接参与新陈代谢，或为代谢提供媒介。水润滑关节和皮肤，水的平衡对体温调节、运动表现等生命活动和健康至关重要。

除部分经肺、皮肤和随粪便排泄外，水主要通过肾脏排出。运动的流失水分主要通过汗液，且运动出汗率会随环境温度、湿度、穿着和运动强度的增加而增加。热环境剧烈运动的运动员每小时出汗率可达 $1.0 \sim 1.2$ L，极度湿热环境每小时出汗率甚至接近 3 L。但是运动补液的效果受胃排空能力和运动强度的影响。健康成人的胃排空率为 $1.0 \sim 1.5$ L/h，而高强度运动会导致胃排空率下降。即便遵循科学的运动营养补液策略，适宜温度进行长时间高强度运动仍然存在进行性的水分流失，只能在一定程度上纠正体液失衡。因此长时间运动，尤其是炎热环境下运动时需强制运动员补液。

水分不足影响生命活动。出汗诱发的水分不足可降低血浆容量，增加血浆渗透压。适宜温度下从事亚极量运动，水分不足可提高心率和降低搏出量，因此心输出量不变；炎热环境亚极量运动脱水达体重 $3\% \sim 4\%$ 时，心率的增加不足以代偿搏出量的下降，可导致心输出量降低。进一步的继发反应包括骨骼肌和皮肤血流量减少，脂肪酸摄取下降，糖原消耗加快，乳酸生成增多和清除下降，代谢终产物堆积等。研究还表明，体液丢失达 1% 即可提高体核温度，增加体温调节和代谢的负担。失水达体重 2%，即轻度脱水时会出现渴感和尿少。继续过度丢失水分会出现疲劳，乃至意识模糊等神经、精神症状，甚至诱发运动猝死。一定范围的体液丢失不影响肌力或无氧运动能力，但会降低肌肉耐力和最大有氧运动能力，导致不同程度的主观感受进行性下降。

超长时间运动，如马拉松、军事训练，或团队项目赛程密集时，体液丢失的同时会伴随一定的电解质，主要是钠和氯，其次是钾、钙、镁的丢失。此时如单纯过量补充低渗液体极易导致低钠血症。严重的低钠血症症状包括恶心、呕吐、视力模糊、血压下降、肌肉痉挛等，会加重运动脱水造成的危害。

适宜温度下人静坐不动的日液体需求量为 2~4 L。而室温下从事大负荷训练日液体需求量可增加到 10~15 L。炎热环境从事大负荷训练的每日水需求量为 15~20 L。因此运动员应养成良好的补液习惯。运动训练补液宜少量多次，避免出现渴感和体液丢失超过体重 2%；超长时间运动补充含碳水化合物电解质溶液有利于避免持续的水分不足和电解质紊乱。

三、排球运动的营养策略

排球运动的营养策略应以保障能量平衡、改善身体成分、支撑生长发育、耐受运动训练、提高运动表现为目的。在制订运动营养计划时要充分考虑运动员个体差异、年龄、战术角色、健康状况和伤病、训练周期、赛程和赛季等因素的影响。运动员、教练员和管理、服务人员均需了解基本的营养和代谢生理学知识，掌握必要的营养技巧，正确认识运动营养的重要性和营养不良的危害，不断提高对运动营养策略的依从性。运动员还应养成写摄食日记的习惯。记录进食种类、进食量、进食时间以及摄食异常，如厌食和过食等行为。

（一）保障能量和营养素平衡

能量平衡是保障运动员健康、耐受和适应训练，以及取得最佳运动表现的必要因素。首先，排球运动员应保障足量的能量摄入。能量摄入量以能量消耗量为参照，分批多次摄入。排球运动员的餐次可由一日三次或多次正餐和加餐组成。排球运动员应避免错过正餐或节食。空腹训练和比赛会降低中枢神经系统的调节能力，影响技术发挥；能源的消耗更易导致疲劳和诱发伤病发生；错过正餐还会加快和加重饥饿，导致下一餐过食；排球运动员的加餐以补充正餐能量、蛋白供应、避免饥饿感和满足运动对特殊营养素的需求为目的。运动员应在平时训练时记录自己的疲劳和饥饿时间点，通过训练中加餐延缓疲劳和避免饥饿感出现。加餐食品需为自己熟悉的食物，尽量便携和易消化，避免过量摄入高脂、高糖等"垃圾食品"。

其次，排球运动员代谢旺盛，必须遵循食物多样化的原则，保障充足的营养素密度。排球运动员的膳食组成应包括谷薯类食物，水果和蔬菜，鱼、禽、肉、蛋等动物性食物，奶类、大豆和坚果，以及烹调油和盐等构成膳食营养宝塔的所有食物。强调谷物为主，蔬菜、水果为辅，保障优质蛋白和适量脂肪摄入。薯类等高纤维素含量食物增加胃肠负担，能量需求较高时应适量摄入。错误的运动营养策略、财政负担、不规律进食、摄食紊乱和摄食时间不规律是影响食物来源多样化的主要原因。

（二）改善身体成分

排球运动员身材高大，肌肉含量高，体脂低，动作技能弹跳、挥臂和滚翻动作多，因此对优质蛋白和钙的需求较大。需保障每日优质蛋白 0.3 g/kg 体重，分正餐和加餐 4~5

次摄入；青少年运动员的营养支持还涉及生长发育，该年龄段运动员能量和蛋白质均处于正平衡状态，肌肉组织迅速增加，需额外摄入更多能源物质和优质蛋白，保障日能量和蛋白摄入超过消耗。由于骨质更新快、骨骼生长迅速和性器官逐渐发育成熟，青少年运动员对钙和锌的需求也较高。锌还有提高免疫力、参与睾酮合成、促进维生素 A 吸收和增加食欲的功能。贝壳类海鲜、肉类和动物内脏是锌的极好来源。奶酪、芝麻、南瓜子、葵花籽、松仁等含锌也较丰富。豆类、谷物等植物性食物中的植酸会与锌生成难溶的锌－植酸复合物而限制锌的吸收。但经浸泡、发芽和发酵后豆类和谷物中的植酸可部分水解，从而提高锌的生物利用度。

（三）耐受训练

排球项目耐受训练的营养支持目的是在充分考虑项目特点、个体差异和训练计划的基础上改善机体对训练的应答、恢复与适应，避免伤病和维护健康。需根据运动员个体条件、自身能量需求、训练内容和身体健康状况随时调整膳食营养策略。

排球运动员展示各种技术动作以高强度功率输出为特征，主要依赖无氧代谢，因此对磷酸原和碳水化合物有较大的需求。

排球运动员磷酸原的过度消耗是重复性爆发力动作展示能力下降和动作变形的重要原因。磷酸原中的高能磷酸化合物包括 ATP、ADP 和磷酸肌酸。其中 ATP 和 ADP 骨骼肌含量极低但转化速率极高，需要随消耗随合成。磷酸肌酸是瞬时合成 ATP 的重要物质，由肌酸和无机磷酸结合生成。骨骼肌肌酸的储量也较低，且每天都有肌酸通过不可逆反应降解。故尽管排球训练可提高骨骼肌肌酸含量，运动员仍需每天补充肌酸。运动员损失的肌酸一半可通过膳食从肉、禽或鱼类等优质蛋白源补充，另一半自身可通过肝脏由精氨酸、甘氨酸和甲硫氨酸合成。除优质蛋白外，海参、鳝鱼、泥鳅、山药、花生仁、芝麻、葵花籽、乳制品等也是这些氨基酸的良好来源。

大负荷和（或）抗阻训练会导致骨骼肌蛋白的大量分解。运动员在训练后半小时内补充 10 g 优质蛋白或 15~20 g 蛋白粉会促进蛋白的重新合成；同时补充碳水化合物的蛋白合成刺激效果优于单独补充蛋白质。

碳水化合物是骨骼肌和脑组织的重要能源。训练中排球运动员的进行性疲劳与碳水化合物的消耗有密切联系。与脂肪不同，碳水化合物的主要储存形式糖原储量有限。长期排球训练可提高骨骼肌糖原含量和利用效率。但是由于日常训练消耗量大，大负荷训练的排球运动员需要每日补充和更新碳水化合物。排球运动员低负荷训练和休息日碳水化合物的摄入量为 3~5 g/kg 体重 / 天；中等负荷和大负荷训练分别为 5~7 g/kg 体重 / 天和 6~10 g/kg 体重 / 天。训练后每小时应按 1~1.2 g/kg 体重的标准补充碳水化合物，直至正餐开始。

运动员应养成训练和比赛前、中、后补液的习惯。可在平时根据训练时的汗液丢失量估算补液量。一般体重每丢失 1 kg 约需补充 1 L 液体。运动员应随身携带水瓶，训练和比赛中每 15 到 20 min 补充液体 150~250 mL，避免体液丢失超过体重 2%。含碳水化合物电解质溶液可同时满足水盐平衡和补糖需求，是较好的运动中补充液体。训练时间不足 60 min 的低负荷训练，补充液体可不含电解质或碳水化合物，或碳水化合物的浓度低于 4%；超过 1 小时的训练课补充液体中的碳水化合物浓度应维持在 5%~10% 的范围内。运动训练结束后应继续根据体液丢失量补充液体。由于体液补充过程中仍有出汗、排尿等水丢失现象，可按 1∶1.25~1.5 的比例补充液体，少量多次。训练后补充液体中的碳水化合物浓度应超过 8%，补液口味宜与训练中不同。

（四）比赛期间的膳食与补液

排球运动员应在比赛前数天即开始调整膳食，保障比赛期间足量的能量和液体摄入。比赛期间错误的食物选择，包括液体，会导致恶心、呕吐等胃肠不适。如遇赛程密集、过早或过晚比赛，或长时间旅行，更需提前制订详细的膳食补充计划。

比赛前日、当日和赛前均需摄入富含碳水化合物的正餐和加餐。整个赛程的碳水化合物摄入量需满足 6~10 g/kg 体重 / 天。其中，赛前 1~3 小时按 1~4 g/kg 体重的标准通过熟悉、易消化的食物补充碳水化合物。可同时提供少量到中等数量的优质蛋白，但应避免过多高脂和高纤维素含量食物的摄入。赛前一餐需充分考虑运动员个人口味、胃肠耐受性、个性化需求，以及后勤保障能力；超过 1 小时的比赛中可按 30~60 g/h 的标准通过零食和（或）液体补充碳水化合物；碳水化合物可通过大脑奖赏系统影响运动表现。比赛过程中用碳水化合物饮料漱口 10 s 可延缓疲劳等主观感受不良；赛后每小时按 1~1.2 g/kg 体重的标准通过零食和（或）液体补充碳水化合物，同时补充优质蛋白食物，直至正餐开始。排球运动员在连续多场激烈比赛，赛前、赛后补充不足，和（或）运动员存在节食和偏食时尤应注意避免肌糖原的过度消耗。可根据胃肠道耐受性通过运动饮料、果汁、水果或糖果每小时补充碳水化合物 30~60 g；当排球比赛密集赛程导致碳水化合物补充时间不足时可选择以液体形式补充碳水化合物。

比赛期间液体补充的目的是降低体温，改善体温调节，保障体重丢失不超过 2%，预防脱水和低钠血症。需在充分考虑运动员身体状况的基础上提前预判即将到来比赛的赛场温度、湿度和空调运作情况，明确赛程是否密集，是否会出现高强度、超长时间比赛。比赛期间应充分利用暂停和局间休息补液。周期性赛事需养成赛前、赛后称重的习惯，根据汗液丢失量确定比赛的补液量。排球比赛开始前数小时内即应按 5~6 mL/kg 体重的量补充液体；比赛期间需补充含钠电解质溶液或运动饮料，其中碳水化合物浓度维持在 5%~10%。赛后继续补充电解质溶液及低盐食物，为后续特别是数小时内的比赛做准备。

（五）合理使用运动营养补剂

运动营养补剂不以食物为载体，可由一种或多种运动消耗或需求增加的关键营养素和（或）生物活性物质组成。运动营养补剂多是声称通过补充或提高某些营养素和（或）

生物活性物质组织利用度而发挥改善代谢和提高运动表现的产品，多具便携、易消化的特点，可在运动前、运动中和运动后方便服用，但一般价格昂贵。运动营养补剂的使用一般出现于以下几种情况：运动员营养素膳食摄入不足，如节食、偏食，或封闭训练、长途旅行等食物来源不足时；由于运动训练或健康原因导致特殊营养素的需求提高，如青少年运动员快速成长期、大负荷训练、密集赛程等场景和存在伤病等健康问题时；运动员有时将运动营养补剂作为改善运动表现的营养物质使用。

运动营养补剂大致可分为运动食品、营养补剂和运动促力剂三类。

常见运动食品包括：运动饮料，多由水、电解质和碳水化合物组成，少数添加维生素和氨基酸，一般在超长时间训练和比赛期间服用；能量棒、液体膳食补充剂、代餐棒等，多由碳水化合物、氨基酸、微量营养素组成，可用于抗阻训练前，或作为消化不良、生长发育的膳食补充剂服用；蛋白粉，含多种氨基酸，多在训练和比赛后即刻服用，或膳食蛋白来源不足时作为正餐和加餐食物服用。

营养补剂如多种维生素和矿物质、铁补充剂、钙补充剂、维生素 D，用于预防和治疗营养不良。运动员须在医生或营养师指导下服用营养补剂。除非预先存在某种微量营养素缺乏，额外补充营养补剂的效果仍缺乏科学证据。

运动促力剂多声称具有改善运动表现的功效。运动员选择使用时应注意是否有循证医学的证据支撑，是否符合反兴奋剂规定。运动促力剂需充分评估适应症后在医生或营养师指导下服用。

存在证据支撑的排球运动促力剂包括咖啡因和肌酸。咖啡因通过提高中枢神经系统的兴奋性提高注意力，通过促进儿茶酚胺分泌及活性提高运动过程中能源物质的燃烧效率。有关排球运动的研究表明，咖啡因及饮料可提高成年排球运动员握力、反向跳等技术动作能力。但咖啡因对青少年排球运动员的促力效果仍缺乏证据支持；外源性肌酸可以提高团队项目运动员骨骼肌磷酸肌酸储量，促进 ADP 再合成 ATP。其促力效果包括增加瘦体重、提高肌力和高强度（间歇）运动能力、减少肌肉损伤、提高训练耐受和促进恢复。肌酸对青少年排球运动员的促力效果也缺乏证据支持。

运动营养补剂仅用于帮助运动员实现营养目标，营造满足最佳运动表现的生物学环境，不可替代普通食物。使用运动营养补剂时需注意各种产品的适应证和不良反应。

⭐ **思考与实践**

1. 简要说明排球训练基本原则内容。
2. 针对技战术训练目标，能够安排 3~5 项合理的训练手段并了解练习目的。
3. 掌握排球运动员心理特征，能介绍 2~3 项心理技能训练手段。
4. 介绍排球运动营养管理基本策略。

第五章 排球参赛与竞赛工作

💬 本章导言

排球比赛参赛工作主要是在教练员的统筹下，启发引导队员根据双方技战术、体能、心理、临场应变等状况和比赛环境条件，按照竞赛规程、比赛规则以及本队赛前预期制定的目标，讨论拟定比赛方案，把握比赛进程，总结提高比赛水平的活动过程。排球比赛参赛工作包括赛前准备工作、赛期工作、临场指挥及赛后总结四个部分。

排球竞赛工作是竞赛组织必不可少的重要组成部分。排球裁判员通过对规则的熟练掌握以及正确使用保证比赛的公平、公正。裁判员在比赛中追求的是促进比赛顺畅进行，教育不文明和惩处违背体育道德的行为，促进观众对比赛的融入以及推动项目的良好发展。

⚙ 学习目标

1. 了解参赛工作四个部分具体工作内容，明确各部分之间的任务分工。

2. 掌握排球竞赛规则基本内容，能完成初级水平排球比赛裁判工作。

3. 掌握竞赛编排方法，能独立完成竞赛编排工作。

第一节　排球参赛工作

一、赛前准备工作

做好赛前准备工作是顺利完成比赛任务的重要环节，主要包括对参赛队以及比赛环境的调查分析和赛前训练。

（一）信息的收集和分析

掌握全面准确的信息是有针对性地安排赛前训练的重要依据。要注意收集有关资料，详细记录和统计处理，获得准确数据，进行深入细致的分析研究。

1. 对比赛对手的信息调查

（1）对对手主力队员和主要替补队员的年龄、身高、身体素质、个人特点、习惯、伤病情况、比赛经验等进行了解。

（2）对对手阵容配备和各轮次的主要进攻战术、配合、个人习惯线路，以及二传分配球的规律进行分析。

（3）了解对手防守阵型和拦网特点。

（4）了解上场队员个人及全队的优势和薄弱环节。

（5）了解全队的比赛作风和教练员的指挥特点。

2. 对本队成员的现状分析

对本队成员现状分析主要靠平时训练和比赛的情况，结合赛前每名队员的身体条件、机能状态、技术水平、心理素质、比赛经验以及临场应变能力等现状进行全面综合的分析和比较，教练员要做到心中有数。

3. 对比赛环境的提前准备

要提前了解到比赛举办地的地理环境、气候、时差、饮食、交通、球迷文化等客观因素，以便做好应对措施。

（二）赛前训练

1. 合理安排训练内容

注重技术训练和体能训练相结合。适当控制体能训练的比重，体能训练应以专项素质为主。技术训练要因人而异，区别对待，加强个人薄弱技术环节的练习。加大全队技战术配合训练的比重，使每轮次的主要进攻人、战术配合更加成熟，提高战术攻质量。要注意

的是不仅主力队员，全队每名队员都应熟悉本队每轮次的战术打法。

2. 科学调整运动负荷

赛前训练的运动负荷安排要符合比赛的特点。赛前训练的运动负荷应逐渐降低，保证强度，不宜过多延长训练时间，使平时训练积累的疲劳逐步得到恢复，不可再发生新的疲劳损伤。

3. 采用密切结合的特点制定练习方法和手段

（1）队内比赛练习。

（2）增加模拟比赛对手的练习。

（3）模拟比赛环境条件的练习。

（4）适当安排与其他队伍的教学比赛。

4. 重视队员心理调节的训练

（1）明确比赛任务，正确认识自己与比赛对手的实力，端正比赛动机，增强信心。

（2）培养运动员掌握一定的自我心理调控训练方法，提高心理过程的控制能力和自我调节能力。

（3）培养运动员在比赛遇到困境中克服困难、顽强拼搏的意志品质。

（4）提高运动员的比赛欲望。

5. 加强生活管理和医务监督

赛前训练阶段要加强休息、营养、卫生等方面的管理和医务监督，保证运动员良好的健康状态和防止伤病的发生。切实加强参赛运动员反兴奋剂教育工作，提高运动员反兴奋剂意识。

二、赛期工作

（一）准备工作

在赛期工作中，教练员要注意观察运动员的身体、思想活动，针对不同情况，充分预估可能会出现的一些问题，深入细致地做好思想工作。此外，教练员要针对不同比赛对手情况，深入细致地做好赛期准备工作。

教练员需提前观看对手比赛录像，分析对手情况，统一全队思想，使每名运动员明确比赛目标和各自的具体任务，调动运动员积极性，准备比赛方案，布置比赛战术，确定首发阵容，提出整体要求。在确定首发阵容前，要注重与运动员进行充分讨论，对上一场比赛进行小结，并找出问题提出改进方法。

（二）临场指挥

教练员临场指挥要注意观察比赛场上情况的变化，及时发现对队伍的不利因素，抓住主要问题，当机立断采取有效措施，帮助运动员正确判断场上情况，合理运用技战术，灵活执行比赛方案，充分发挥自身优势，达到赢得比赛的目的。临场指挥时，教练员应沉着冷静、情绪稳定、临危不乱、言行得当；还应注意稳定运动员的情绪。教练员的临场指挥还应包括在比赛中合理运用暂停、换人、局间指导、决胜局前指导以及临场技术统计等工作。

1. 合理运用暂停

暂停运用的目的是为了稳定军心，解除队员不利于技战术发挥的心理状态，引导他们以常规的心态发挥自身特点和优势，使整个比赛朝着有利于本方的方向发展。同样暂停也可用在对方连续得分时，打乱对方比赛节奏；本方需要改变战术打法，布置新任务时；对方战术打法有较大改变需提出新的对策时；本方运动员体力下降，需要稍作休息时等。

2. 合理运用换人

换人是根据比赛中临场情况，充分发挥每名队员的特点，有针对性地部署，以扭转场上不利局面，有时也会通过换人手段来进行临场指挥，对准备上场的队员应提前交代好上场后的任务，并使其提前做好准备活动。一般在以下情况时应采用主动换人：

（1）为发挥特长或弥补弱点。如前排换上个子高、拦网好的运动员；球队遇到两点攻难以渡轮时，采用两点换三点的战术；后排换上发球、防守好的队员等。

（2）为培养后备力量锻炼新队员时。

（3）场上主力队员需稍作休息，以保持体力打好后面的比赛时。

（4）为主动改变战术打法重新调配人员时。

3. 局间交换场地时的指导

应在每局比赛结束前提前安排好下一局的上场阵容，再利用局间时间，简单指出上一局的主要优缺点，提出下一局的主要对策。如有阵容调整或比赛方案的变动，应重点布置具体任务。要做到多鼓励、少指责，鼓舞士气、增强信心。

4. 决胜局前的指导

决胜局前应简单对前四局的比赛进行小结，提出决胜局的作战方案和重点要求。

5. 临场技术统计

临场技术统计主要是为在场主教练眼观全局的变化、思索本方战术对策的得失和应变提供每轮次、每名队员发挥的情况，以及主要技战术环节统计的情况。临场技术统计工作一般由助理教练员主要负责。技术统计的表格设计可以根据各队的具体情况和要求自行设计。目前国内外比赛已普遍使用 Datevolley 数据统计软件进行临场技术统计的工作。

三、赛后总结

每场比赛结束后，都应召开总结会对本场比赛进行总结。其目的是为了找出比赛胜利或失利的原因，扬长补短，为下一场比赛做好准备。同样不能以一场比赛的胜负客观评价队员发挥的好坏。另外，教练员对于临场指挥工作也应实事求是地进行总结，勇于剖析自己，承担责任，以便充分调动队员的积极性，与队员共同努力，争取取得下一场比赛的胜利。赛后总结在今后改进和提高训练方法与手段、开展更加具有针对性的练习、积累比赛经验中也起着重要的作用。

第二节　排球竞赛规则与竞赛编排工作

排球裁判员的竞赛组织与管理

　　一场排球比赛的顺利与否，裁判工作是其中重要的一环。裁判员在比赛中既要保证比赛双方在同等条件下进行比赛，又不能成为比赛的主角而影响参赛队运动员技战术水平的发挥。因此，裁判员执法工作的立足点应该是"公正一致"，这种公正一致不仅是对参赛队双方的公正一致，还需要被观众理解、认可和接受。

　　排球裁判员应具有高尚的职业道德和良好的职业素质，如准确的判断力、熟练运用规则的能力、高超的组织能力、把握比赛流畅的能力、惩处不良行为的能力等等，总之，一名优秀的裁判员应该通过规则的执行，使比赛给所有参与者带来丰富体验和美好享受，让运动员更好地发挥水平，让观众充分融入比赛，从而促进排球运动的发展。

　　作为一名合格的裁判员，首先要熟读规则并理解规则的精神，这是其执法的基础和先决条件。

一、排球竞赛规则要点

（一）比赛场地、器材与设备

1. 比赛场地

比赛场地为对称的长方形，包括比赛场区和无障碍区。

比赛场区为 18 m×9 m 的长方形。其四周至少有 3 m 宽的无障碍区。上空的无障碍空间从地面量起至少高 7 m，其间不得有任何障碍物。

国际排联世界性比赛，比赛场区边线外的无障碍区宽应 5 m，端线外的无障碍区宽应 6.5 m。比赛场地上空的无障碍空间至少高 12.5 m。

比赛场地的地面必须平坦、水平、划一。场地的地面不得有任何可能伤害队员的隐患。不得在湿滑或粗糙的地面上比赛。国际排联世界性比赛的地面只能是木制或合成物质的。任何地面都必须事先经国际排联验准。室内比赛场区的地面必须为浅色。国际排联世界性比赛场地界线为白色。比赛场区和无障碍区分别为另外不同的颜色。

（1）场地上的画线

所有的线宽 5 cm。其颜色应该是与地面以及其他画线不同的浅色。

① 界线：两条边线和两条端线划定了比赛场区。边线和端线都包括在比赛场区的面

积之内。

② 中线：中线在网下连接两条边线的中点。

③ 进攻线：每个场区各画一条距离中线中心线 3 m 的进攻线。

（2）场地上的区与区域

① 前场区：中线中心线与进攻线之间为前场区。前场区被认为是向边线外延长的，直至无障碍区的边沿。

② 发球区：发球区宽 9 m，位置在端线后。端线后两条边线的延长线各画一条长 15 cm、垂直并距离端线 20 cm 的短线，两条短线之间的区域为发球区，短线的宽度包括在发球区之内。发球区的深度延至无障碍区的终端。

③ 换人区：两条进攻线的延长线之间、记录台一侧边线外的范围为换人区。

④ 自由防守队员替换区：自由防守队员替换区是无障碍区的一部分，在替补席一侧的进攻线延长线和底线延长线之间。

⑤ 准备活动区：国际排联世界性比赛的无障碍区外的球队席远端角落，各画有 3 m×3 m 的准备活动区。其位置不应阻挡观众视线或位于球队席后方，观众看台位置应高于场地表面 2.5 m 以上。

（3）温度

最低温度不得低于 10℃（50 °F）。国际排联世界性比赛的温度，最高温度由国际排联技术代表决定。

（4）照明

国际排联世界性比赛的照明度，在距离场地地面 1 m 的高度进行测量，不应低于 2 000 勒克斯（Lux）。

2. 球网与网柱

（1）球网

球网架设在中线上空，高度为男子 2.43 m，女子 2.24 m。

球网的高度应从场地中间丈量，球网两端（边线上空）的高度必须相等，并不得超过规定网高 2 cm。

球网为黑色，宽 1 m（±3 cm），长 9.5~10 m（每边标志带外 25~50 cm），网眼直径 10 cm。球网上沿的全长缝有 7 cm 宽的双层白帆布带。帆布带的两端留有孔，用一根柔韧的绳索穿过帆布带，拉紧球网上沿固定在网柱上。球网下沿的全长缝有另外一条构造与球网上沿相同的 5 cm 宽帆布带，用绳索系在网柱上使网下沿拉紧。

（2）标志带

两条宽 5 cm、长 1 m 的白色带子为标志带，分别系在球网的两端，垂直于边线。标志带被认为是球网的一部分。

（3）标志杆

标志杆是有韧性的两根杆子，长 1.8 m，直径 10 mm，由玻璃纤维或类似的材料制

成。两根标志杆分别设置在标志带外沿球网的不同侧面。标志杆高出球网 80 cm。高出部分每 10 cm 应涂有明显对比的颜色，最好为红白相间。标志杆被认为是球网的一部分，并视为过网区的边界。

（4）网柱

两根网柱分别架设在两条边线外 0.5～1 m 处，高 2.55 m，最好可以调节高度。国际排联世界性比赛网柱应架设在边线外 1 m 处，其外部必须进行柔软包裹。

网柱应为光滑的圆形，并无拉链。一切危险设施和障碍物都必须清除。

3. 球

球是圆形的，由柔软皮革或合成革制成外壳，内装橡胶或类似材料制成的球胆。可以是一色的浅色或是彩色。

球的圆周：65～67 cm，重量：260～280 g，气压：0.30～0.325 kg/cm^2。

在一次比赛中所用的球，其特性包括圆周、重量、气压、牌号及颜色等，都必须是统一标准的。国际排联世界性比赛应采用 5 球制。设 6 名捡球员，无障碍区的 4 个角各 1 人，第 1、2 裁判员后面各 1 人。

（二）比赛参加者

1. 比赛队

（1）队的组成

一场比赛记录表中最多可登记 14 名运动员上场参赛。经主教练指定，最多 5 名官员（包括主教练）可以坐在球队席上，这 5 人必须登记在记录表和 0-2（bis）表上。不允许领队和随队记者坐在球队席或球队席后面的控制区。

球员中 1 名队员担任队长，队长在记录表上被注明。只有登记在记录表上的队员才可以进入场地和参加比赛。

（2）队的位置

球队席设在记录台的两侧，无障碍区之外。在比赛中只有球队的成员，才允许坐在球队席上，并参加赛前的准备活动。比赛中，替补队员应在准备活动区内，暂停时，在他们场区之后的无障碍区。两局比赛之间，队员可以在各自无障碍区用球做准备活动。

（3）装备及禁止佩戴的物品

队员的装备包括上衣、短裤、袜子（比赛服）和运动鞋。全队上衣、短裤和袜子的颜色、式样必须统一（自由防守队员除外），比赛服必须整洁。运动鞋必须柔软轻便，鞋底为没有后跟的胶底或合成革。

队员上衣必须有号码，序号为 1～20。号码必须在身前和身后的中间位置，并与上衣的颜色明显不同。胸前号码至少 15 cm 高，背后号码至少 20 cm 高，号码笔画至少 2 cm 宽。队长上衣胸前号码下，应有一条与上衣颜色不同的长 8 cm、宽 2 cm 的带状标志。

第 1 裁判员可以允许 1 名或多名运动员，赤脚比赛；局间或换人后更换浸湿或损坏的服装，但必须是相同的颜色、式样和号码；天气较冷穿训练服比赛时，全队服装颜色、式样必须相同（自由防守队员除外）。

禁止佩戴可能对运动员造成伤害及加力的物品。队员可以戴眼镜和隐形眼镜比赛，但风险自负。可以使用加压护具（带护垫的损伤防护器具）进行保护和支撑。国际排联世界性比赛中，此类护具应与比赛服颜色一致。允许使用黑、白或其他中间色调。所有球员应使用相同颜色。

2. 队的领导

队长和教练员应对全队成员的行为和纪律负责。自由防守队员不能担任队长和场上队长。

（1）队长

比赛前队长在记录表上签字，并代表本队抽签。比赛中队长担任场上队长。当队长不在场上时，教练员或队长应指定另一名队员担任场上队长代其行使职权，直至该队员下场或队长返回场上，或至该局结束。

比赛中只有场上队长在死球时可以和裁判员讲话：请求对规则和规则的执行进行解释，转达本队成员提出的问题或请求。如果他对解释不满意，可以选择抗议并立即向第 1 裁判员声明，保留其在比赛结束时将正式抗议写在记录表上的权利。请求允许：更换全部或部分服装；核对双方队员的位置；检查地板、球网和球等。在教练员缺席的情况下该队有助理教练可执行教练任务时除外，请求暂停或换人。

比赛结束后队长应感谢裁判员，并在记录表上签字承认比赛结果；如果他曾向第 1 裁判员提出过声明，进一步确认后可将对裁判员的解释或执行规则的正式抗议记录在记录表上。

（2）教练员

教练员应自始至终在比赛场区之外进行指挥，他与第 2 裁判员联系填写位置表、请求暂停或换人。

比赛前，教练员在记录表上登记和检查队员姓名、号码并签字。

比赛中，教练员每局开始前填写位置表，签字后交给第 2 裁判员或记录员；坐在靠近记录员一端的球队席上，但可以暂时离开；请求暂停或换人；与球队的其他成员一样，可以对场上队员进行指导。教练员进行指导时，可以在球队席前自进攻线延长线至准备活动区域之间的无障碍区内站立或行走，但不得干扰或延误比赛。

（3）助理教练员

助理教练员坐在球队席上，但无任何权利。教练员因任何理由，包括被处罚必须离队但不包括作为队员上场时，须由场上队长向裁判员提出请求，1 名助理教练员可以在教练员缺席期间承担其职责。

（三）比赛方法

比赛采用每球得分制，胜一球即得 1 分。正式比赛采用 5 局 3 胜制，先胜 3 局的队为胜 1 场。比赛前 4 局以先得 25 分同时超过对方 2 分的队胜 1 局。当比分 24：24 时，比赛继续进行至某队领先 2 分为止。决胜的第 5 局打至 15 分并领先对方 2 分的队获胜。

（四）关于比赛的行为

1. 击球的犯规

（1）4 次击球

每队最多击球 3 次（拦网除外）将球击回对区，如果超过则判为"4 次击球"。

（2）连续击球

一名队员连续击球两次，或球连续触及其身体不同部位。

（3）持球

球不能被接住和 / 或抛出。球可以向任何方向弹出。

（4）同时击球

两名或 3 名队员可以同时触球。同队的两名（或 3 名）队员同时触到球时，被记为两次（或 3 次）击球（拦网除外）。如果只有其中 1 名队员触球，则只记 1 次。队员之间的碰撞不算犯规。两名不同队的队员在网上同时触球，比赛继续进行，获球一方可再击 3 次。如果该球落在某方场区之外，判对方击球出界。

（5）借助击球

队员不得在比赛场地之内借助同伴或任何物体支持进行击球。但是队员可以挡住或拉住另一名即将犯规（如触网、过中线等）的同队队员。

2. 发球的犯规

（1）发球掩护

发球队的队员不得利用个人或集体掩护阻挡对方观察发球队员和球的飞行路线。发球击球直至球飞过球网垂直面的过程中，发球队的队员个人或集体挥臂、跳跃或移动，或集体密集站立遮挡了发球和球的飞行路线，则构成发球掩护。若接发球队可观察其中一项，则不构成发球掩护。

（2）发球击球时的犯规

① 发球次序错误：某队未按照记分表上所登记的发球次序发球为发球次序错误。取得发球权的球队，其 6 名场上队员必须按照顺时针的方向轮转一个位置，由轮到后排右侧（1 号位）的队员发球。

② 发球区外发球：发球队员在击球时或发球起跳时，不得踏及场区（包括端线）和发球区以外地面。击球后可以踏及或落在场区内或发球区以外。

③ 发球击球时球未抛起或持球手未撤离：球被抛起或持球手撤离后，必须在球落地

前，用一只手或手臂的任何部分将球击出。球只能被抛起或撤离 1 次，但拍球或在手中摆弄球是允许的。

④ 发球 8 秒：发球队员必须在第 1 裁判员鸣哨允许发球后 8 s 内将球发出。

（3）发球击球后的犯规

① 发出的球触及发球队队员或没有从过网区通过球网垂直面：过网区是球网垂直平面的一部分，其范围下至球网上沿；两侧至标志杆及其延长线；上至天花板。

② 界外球：球接触地面的部分完全在界线以外；球触及场外物体、天花板或非场上比赛队员；球触及标志杆、网绳、网柱或球网标志带以外部分；球的整体或部分从过网区以外过网；球的整体从网下空间穿过。

（4）位置错误

当发球队员击球时，如果队员不在其正确位置上，则构成位置错误犯规，其中包括通过不合法的换上场的队员。

当发球犯规与对方位置错误同时发生，则判发球犯规。当发球击球后的犯规与对方位置错误同时发生，则判位置错误犯规。

3. 球网附近的犯规

（1）过网击球

对方进攻性击球前或击球时，在对方空间触及球或对方队员。

（2）网下穿越进入对方空间并干扰对方比赛

（3）过中线

比赛中，在不干扰对方比赛的情况下，队员脚以上的身体任何部位越过中线触及对方场区时允许的，但其双脚（单脚）全部越过中线进入对方场区则为犯规。

（4）干扰比赛的情况下触网

队员触网不是犯规，他可以触及网柱、网绳或标志杆以外的其他任何物体，包括球网本身，但干扰比赛的情况下除外。

队员干扰比赛的行为有：击球行为触及标志杆及标志杆以内球网任何部分；利用球网进行支撑或稳定身体；造成了对本方有利；妨碍了对方合法的击球试图；拉网／抓网。

4. 进攻性击球犯规

除发球和拦网外，所有直接向对方的击球都是进攻性击球。进攻性击球的主要犯规有：

（1）后排队员在前场区完成进攻性击球，并且击球时球的整体高于球网上沿。

（2）在前场区内对高于球网上沿的对方发球完成进攻性击球。

（3）自由防守队员对高于球网上沿的球完成进攻性击球。

（4）队员在高于球网处，对同队自由防守队员在前场区用上手传出的球完成进攻性击球。

（5）在对方空间击球。

（6）击球出界。

5. 拦网犯规

拦网是队员靠近球网在高于球网处阻挡对方来球的行动，与触球点是否高于球网无关，只有前排队员可以完成拦网，触球时身体必须有一部分高于球网上沿。

没有触及球的拦网行动为拦网试图。触及球的拦网行动为完成拦网。拦网犯规主要有：

（1）过网拦网，在对方进攻性击球前，在对方空间完成拦网。

（2）后排队员或自由防守队员完成拦网或参加了完成拦网的集体。

（3）拦对方的发球。

（4）拦网出界。

（5）从标志杆以外伸入对方空间拦网。

（6）自由防守队员试图进行个人或参与集体拦网。

（五）比赛间断与延误比赛

比赛间断是完整的比赛过程后至下一次裁判员鸣哨发球之间的时间。合法比赛间断只有"暂停"和"换人"。每局比赛中，每队最多可以请求两次暂停和6人次换人。

1. 不符合规定的请求

（1）在比赛进行中或裁判员鸣哨允许发球的同时或之后提出请求。

（2）无请求权的成员提出请求。

（3）同一个队在同一比赛间断再次请求换人，除非运动员受伤或生病。

（4）超过规定的正常暂停和换人次数的请求。

比赛中第1次没有影响和延误比赛的不符合规定的请求，应给予拒绝而不进行处罚，但必须登记在记录表中。同一队比赛中再次提出不符合规定的请求都应判延误犯规。

2. 延误比赛

（1）拖延正常比赛间断。

（2）在裁判员鸣哨恢复比赛后，拖延间断时间。

（3）请求不合法的换人。

（4）再次提出不符合规定的请求。

（5）球队成员拖延比赛的继续进行。

在一场比赛中，对一个队成员的第1次延误比赛，给予"延误警告"。同一队的任何成员造成不论任何类型的第2次以及其后的延误比赛，都给予"延误判罚"，失1分并由对方发球。所有延误比赛的处罚都登记在记录表上。延误比赛的处罚对全场比赛有效。局前和局间的延误比赛处罚记在下一局中。

3. 例外的比赛间断

（1）受伤/生病

比赛中出现严重伤害事故，裁判员应该立即中断比赛，允许医务人员进入场地。该球重新比赛。如果受伤/生病队员已不能进行合法换人和特殊换人，则给予该队员 3 min 的恢复时间。一场比赛同一名队员只能给予 1 次供恢复的时间。如果该队员不能恢复，则该队被宣布为阵容不完整。

（2）外因造成的比赛中断

比赛中出现任何外界干扰，都应停止比赛，该球重新比赛。

（3）被拖延的间断

① 1 次或数次间断时间累计不超过 4 小时。

② 如果比赛仍在原场地进行，则间断的一局应保持原比分、原队员（判罚出场和取消比赛资格者除外）和原场上位置，已结束的各局比分保留。

③ 如果比赛改在其他场地进行，则间断的一局应取消，但保持该局开始时的队员阵容（判罚出场和取消比赛资格者除外）重新比赛，已登记的所有警告与处罚有效，已结束的各局比分保留。

④ 1 次或数次间断时间累计超过 4 小时，全场比赛重新开始。

（六）自由防守队员

每支球队有权在记录表上登记的队员名单中指定最多两名自由防守队员。

所有的自由防守队员都必须在比赛前登记在记录表规定的位置。自由防守队员在场上时为场上自由防守队员，如果该队还有另外 1 名自由防守队员，则将成为第 2 自由防守队员。任何时候都只能有 1 名自由防守队员在场上。

自由防守队员服装的主体颜色（或为新指定自由防守队员准备的背心）不能与其他队员服装主体颜色有任何的相同。自由防守队员要着与其他队员制式一致的号码。

自由防守队员不能进行发球、拦网和拦网试图。

自由防守队员可以替换在后排的任何 1 名队员，但不可以在任何位置上（包括场区和无障碍区）完成球整体高于球网上沿的进攻性击球。如果自由防守队员在前场区进行上手传球，其他队员在球的整体高于球网上沿的情况下不能进行进攻性击球，同样的传球行为在进攻区之外无妨。

自由防守队员替换不受次数限制，但涉及一个自由防守队员的两次替换之间必须有一个完整的比赛过程（一个处罚造成自由防守队员轮转到 4 号位或场上自由防守队员受伤造成的不完整过程除外）。场上队员可以被任何自由防守队员替换，场上自由防守队员可以由原场上队员替换，也可以由第 2 自由防守队员替换。

每局比赛开始时，自由防守队员在第 2 裁判员核对场上位置后，才能进场进行替换。此后的自由防守队员替换必须在死球之后与裁判员鸣哨发球之前进行。替换在鸣哨之后、

击球之前进行不被拒绝，但此行为不属合法程序，在该轮次结束时必须提醒场上队长，再次发生则给予延误处罚。对再次发生的延误替换应立即中断比赛，给予延误处罚，由延误处罚的等级决定发球权。

自由防守队员替换时，上下的地点在"自由防守队员替换区"。所有涉及自由防守队员的替换都必须在自由防守队员管理表上做记录。

当自由防守队员因受伤、生病、被判罚出场或取消比赛资格等原因不能继续比赛，而比赛队只有1名自由防守队员时，教练员（教练员不在场时由场上队长）可以重新指定1名不在场上的队员（被自由防守队员替换的原场上队员除外）为新自由防守队员。或者场上自由防守队员宣布不能继续比赛时，可由原队员替换上场，或立即进行重新指定自由防守队员的替换。比赛队有两名自由防守队员时，当其中1名自由防守队员不能继续比赛时，该队有权只使用1名自由防守队员比赛。该队不得再指定新的自由防守队员，除非另一名自由防守队员也不能继续比赛。

（七）不良行为

对轻微的不良行为不进行处罚，但第1裁判员有责任防止运动员出现接近被处罚程度的行为。

球队的成员对裁判员、对方、同伴或观众的不良行为，按程度分为3类。

粗鲁行为：违背道德准则和文明举止的行为。

冒犯行为：诽谤或侮辱的言语或形态或任何轻蔑的表示。

侵犯行为：人身攻击、侵犯或威吓行为。

第1裁判员根据不良行为的程度，分别给予判罚，判罚出场或取消比赛资格，登记在记录表上（表5-2-1）。

表 5-2-1 不良行为处罚等级表

种类	发生次数	违反者	处罚	牌	结果
轻微的不良行为	形式一	任一成员	不进行判罚	无	警示以预防
	形式二			黄牌	
粗鲁行为	第一次	任一成员	判罚	红	失一球由对方发球
	第二次	同一成员	判罚出场	单手红+黄	该局比赛离开比赛场地坐在判罚区域内
	第三次	同一成员	取消比赛资格	双手分持红+黄	该场比赛离开比赛控制区域

续表

种类	发生次数	违反者	处罚	牌	结果
冒犯行为	第一次	任一成员	判罚出场	单手红＋黄	该局比赛离开比赛场地坐在判罚区域内
	第二次	同一成员	取消比赛资格	双手分持红＋黄	该场比赛离开比赛控制区域
侵犯行为	第一次	任一成员	取消比赛资格	双手分持红＋黄	该场比赛离开比赛控制区域

注：形式一：通过场上队长进行口头警告；形式二：向相关队的成员出示黄牌，并登记在记录表上。

二、裁判员的组成及其职责与法定手势

（一）裁判员的组成

一场比赛的裁判员由第 1 裁判员、第 2 裁判员、挑战裁判员、替补裁判员、记录员（辅助记录员）、司线员（4 名 /2 名）组成。

（二）裁判员的工作位置

第 1 裁判员坐或站在记录台对面的球网一端裁判台上执行其职责，视线水平应高出球网上沿约 50 cm。第 2 裁判员站在第 1 裁判员对面、比赛场区外的网柱附近，面对第 1 裁判员执行其职责。挑战裁判员坐在国际排联技术代表指定之挑战专用区上执行任务。替补裁判员坐在国际排联场地示意图指定位置上执行任务。记录员坐在第 1 裁判员对面的记录台处，面对第 1 裁判员执行其职责。助理记录员坐在记录员的身旁执行职责。司线员如果是两名，应该分别站在每位裁判员右手的场区角端，距场角 1~2 m 处，各自负责自己一侧的端线和边线。如果是 4 名司线员，则站在无障碍区距场角 1~3 m 的位置上，各负责一条界线。裁判员与辅助人员位置见图 5-2-1。

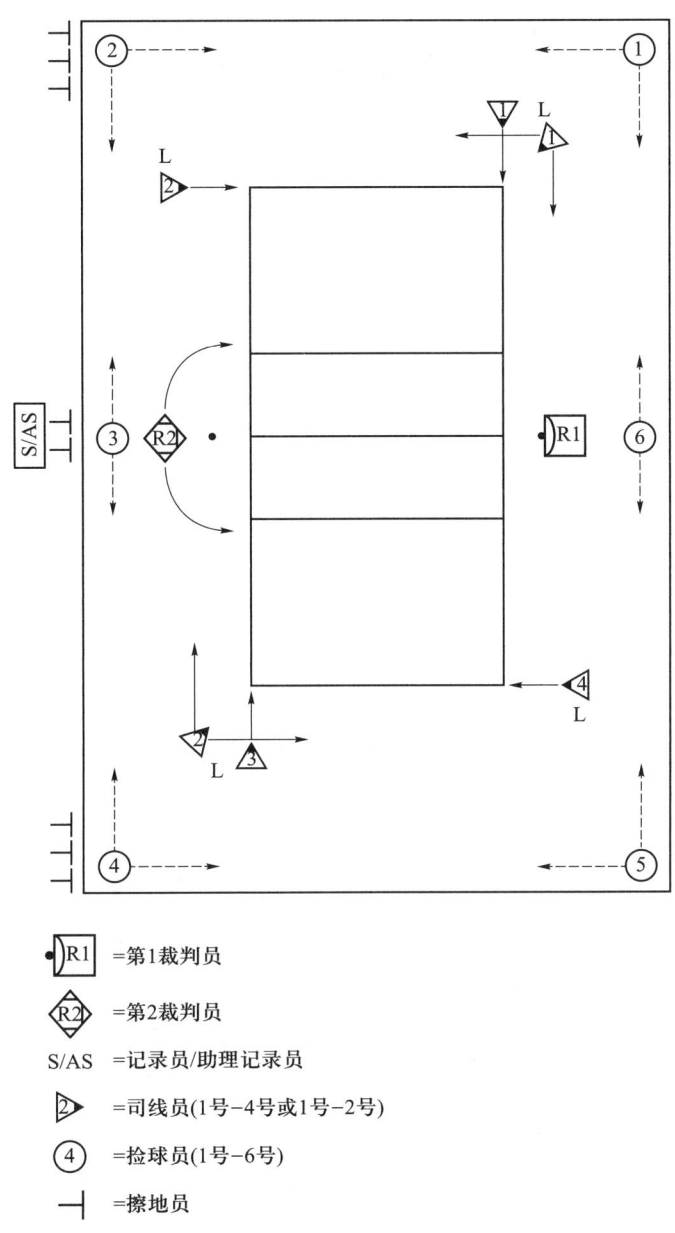

R1 =第1裁判员

R2 =第2裁判员

S/AS =记录员/助理记录员

=司线员(1号-4号或1号-2号)

=捡球员(1号-6号)

=擦地员

图 5-2-1 裁判员与辅助人员位置

（三）裁判员的权力与职责

1. 第1裁判员的权力和职责

（1）权力

第1裁判员自始至终领导该场比赛，对所有裁判员和球队成员行使权力。比赛中，他的判定是最终判定。如果发现其他裁判员的错误，他有权改判。他甚至可以撤换一名不称职的裁判员。他同样掌管捡球员和擦地员工作。

他有权决定涉及比赛的问题，包括规则中没有规定的问题。他不允许对其判定进行任何讨论。但当场上队长提出请求时，他应对判定所依据的规则和规则的执行给予解释。如果场上队长表示不同意解释，并立即声明保留比赛结束后将抗议写在记录表上的要求时，他必须准许。

（2）职责

比赛前，检查场地、器材和比赛用球；主持双方队长的抽签；掌握两队的准备活动。

比赛中，向球队提出警告；对不良行为和延误比赛进行处置；判定发球犯规和发球队位置错误，包括发球掩护；比赛中击球的犯规；高于球网和球网上部的犯规，以及主要是进攻一方的触网犯规；后排队员或自由防守队员的进攻性击球犯规；自由防守队员在前场区及延长区进行上手传球后，同伴在球高于球网处完成的进攻性击球犯规；球的整体从网下空间穿越；后排队员完成拦网，或自由防守队员试图拦网；球的整体或部分从其一侧过网区以外进入对方场地或触及了标志杆；发球或者第三次击球，球从一侧的标志杆上或外通过。

比赛结束后，检查记录表并签字。

2. 第2裁判员的权力和职责

（1）权力

第2裁判员是第1裁判员的助手，当第1裁判员不能继续工作时，可以代替其执行职责。他可以用手势指出其权限以外的犯规，但不得鸣哨，也不得对第1裁判员坚持自己的判断。

掌管记录员的工作；监督坐在球队席上的球队成员，并将他们的不良行为报告给第1裁判员；掌管准备活动区域中的队员；允许比赛间断的请求，掌握间断时间和拒绝不符合规定的请求；掌握各队暂停和换人的次数，并将第2次暂停和第5、6次换人告诉第1裁判员和有关教练员；发现队员受伤，可以允许特殊换人，或给予3 min的恢复时间；检查比赛场地的条件，主要是前场区；比赛中还要检查球是否符合比赛要求。

（2）职责

在每局开始、决胜局交换场区，以及任何必要的时候，检查场上队员的实际位置是否与位置表相符。

在比赛中，第2裁判员对以下犯规做出判断、鸣哨并做出手势：网下穿越进入对方场区和空间；接发球队位置错误；拦网一侧的队员触网犯规或触及第2裁判员一侧的标志杆；后排队员完成拦网和自由防守队员试图拦网犯规，或后排队员和自由防守队员进攻性击球犯规；球触及场外物体；第1裁判员难以观察时，球触及地面；球的整体或部分从过网区以外过网，飞入对方场区，或触及他一侧的标志杆；发球或者第三次击球，球从他一侧的标志杆上或外通过。

比赛结束后，检查记录表并签字。

3. 挑战裁判员的职责

监督挑战程序，确实依照现行挑战规则进行挑战。挑战裁判员执行任务时应穿着正式裁判服。挑战程序结束后，将犯规性质告知第 1 裁判员。

比赛结束后在记录表上签名。

4. 替补裁判员的职责

挑战裁判员的工作方法及挑战规则

替补裁判员执行任务时必须穿着正式裁判服；当第 2 裁判员缺席或无法继续执行任务或第 2 裁判员成为第 1 裁判员时，替补裁判员可以取代之；于比赛前及局间控管换人牌（如有使用）；每局开始前及局间检查球队席的平板电脑是否正常运行；协助第 2 裁判员保持无障碍区管理；协助第 2 裁判员指导被驱逐出局 / 取消资格的球队成员前往球队休息室；控制准备活动区及球队席上的替补球员；首发球员进场后，立即提供四个比赛用球给第 2 裁判员，并在第 2 裁判员核对完球员位置后，将一个比赛用球递给第 2 裁判员；协助第 2 裁判员指导擦地员的工作。

5. 记录员的职责

记录员根据规则填写记录表并与第 2 裁判员配合，通过蜂鸣器或其他声响通知裁判员以履行职责。

在比赛前和每局前按照规定程序登记有关比赛和比赛队的情况，包括自由防守队员的姓名、号码，并获取双方队长和教练员的签字；根据位置表登记各队的开始阵容（或者检查电子系统提供的数据），如果没有按时接到位置表，应立即通知第 2 裁判员。

在比赛中记录得分；掌握各队的发球次序，发现发球次序错误时，应在发球击球后立即通知裁判员；以蜂鸣器认可换人的请求，掌握并登记暂停和换人次数，并通知第 2 裁判员；对违背规则的非正常比赛间断请求要通知裁判员；每局结束及决胜局 8 分时，向裁判员宣布；记录警告、处罚的情况和不符合规定的请求；在第 2 裁判员指导下登记其他事件，如特殊换人、恢复时间、被拖延的间断、外因造成的间断等，掌握局间休息。

在比赛结束后登记最终结果；如果有提出抗议的情况并得到第 1 裁判员同意，记录或允许队长将有关抗议的内容写在记录表上；自己在记录表上签字后，取得双方队长和裁判员的签字。

6. 助理记录员的职责

记录有关自由防守队员的替换。协助记录员的工作。记录员不能继续工作时，替代他 / 她。比赛和每局开始前，准备好自由防守队员管理表；准备好备用记录表；比赛中，详细记录自由防守队员正常和特殊的替换；发现任何有关自由防守队员替换的犯规，用蜂鸣器通知裁判员；操作记录台上的手动记分牌；监督记分牌的正确显示；必要时填写好备用记录表的有关内容，交给记录员。

比赛结束后，在自由防守队员管理表上签字备查；在记录表上签字。

国际排联世界性比赛使用电子记录表，辅助记录员此时担任换人时的比分宣告、通知第 2 裁判员运动队比赛间断的请求，以及监督自由防守队员的替换。

7. 电子记录员

电子记录已经被国际排联广泛应用于国际排联比赛、世界性比赛和正式比赛中，其数据具有一一对应的特性，电子记录表与排球规则环环相扣，其不仅避免了记录员在记录过程中可能出现的疏忽，同时也提高了记录员操作的准确性和规范性。

电子记录员与记录员、辅助记录员共同坐在记录台，根据比赛情况在电子记录系统中录入比赛进程。在比赛结束后，电子记录员要快速打印表格，确认结果栏胜队后，双方队长签字；保存赛前教练员运动员签字的运动队名单，打印挑战表和自由人管理表。

8. 司线员的职责

司线员用旗示执行职责：当球落在他们所负责的线的附近时，示以"界内"或"界外"；触及接球队员身体后出界的球，示以"触手出界"；示意球触及标志杆、发球和第三次击球后球从过网区外过网等；示意发球击球时队员的脚踏出场区（发球队员除外）；示意发球队员脚的犯规；示意队员击球时或干扰比赛的情况下，触及他一侧标志杆高于球网上沿 80 cm 的部分，球从标志杆外过网，并进入对方场区，或触及他 / 她一侧的标志杆。在第 1 裁判员询问时，他 / 她必须重复旗示。裁判员手势表和司线员旗示表分别如表 5-2-2 和表 5-2-3 所示。

表 5-2-2　裁判员手势表

序号	手势名称	手势图	动作描述
1	允许发球		挥动手臂，指出发球方向
2	发球队		平举与发球队同侧的手臂
3	交换场区		两臂屈肘，在身体前后绕旋

续表

序号	手势名称	手势图	动作描述
4	暂停		一臂屈肘抬起,手指向上,另一手掌放在该手指尖上,然后指明提出请求的队
5	换人		两臂屈肘在胸前绕环
6a	轻微不良行为的警告		一手持黄牌举起
6b	不良行为的判罚		一手持红牌举起
7	判罚出场		一手持红牌和黄牌举起
8	取消比赛资格		双手分别持红牌、黄牌举起

续表

序号	手势名称	手势图	动作描述
9	一局（场）比赛结束		两臂在胸前交叉，手伸开，掌心向内
10	发球时球未抛起		一臂慢慢举起，掌心向上
11	发球延误		举起 8 个手指并分开，掌心向前
12	发球掩护或拦网犯规		两臂上举，掌心向前
13	位置或轮转错误		一手食指在体前水平绕环
14	界内球		手臂和手指向地面

续表

序号	手势名称	手势图	动作描述
15	界外球		两臂屈肘上举，掌心向后
16	持球		屈肘慢举前臂，掌心向上
17	连击		竖起两个手指并分开，掌心向前
18	4 次击球		竖起 4 个手指并分开，掌心向前
19	队员触网和发球未过网		一手触犯规队一侧的球网
20	过网犯规		前臂置于球网上空，掌心向下

续表

序号	手势名称	手势图	动作描述
21	进攻性击球犯规		一臂上举，前臂向下摆动
22	进入对方场区或球从网下通过或发球时脚的犯规或发球一刻队员不在场区之内		指向中线或相关的线
23	双方犯规和重新比赛		两臂屈肘，竖起拇指
24	触手出界		用一手掌摩擦另一屈肘上举的指尖
25	延误警告和判罚	WARNING　PENALTY	两臂屈肘上举，一手掌心向后，另一手持黄牌（警告）或红牌（判罚）贴靠其腕部

表 5-2-3 司线员旗示表

序号	旗示名称	旗示图	动作描述
1	界内球		向下示旗
2	界外球		向上示旗
3	触手出界		一手举旗，另一手掌置于旗杆顶
4	发球时脚的犯规或球通过球网时的犯规、球触及场外物体的犯规等		一手举旗绕环，另一手指标志杆、物体或相应的界线
5	无法判断		两臂胸前交叉

注：裁判员手势和司线员旗示均来自《排联竞赛规则 2021—2024 版》（中国排球协会译定）

三、排球竞赛编排工作

排球竞赛是检验运动员技战术水平的重要方式，是排球教学、训练的重要组成部分，是提高排球运动水平和普及发展排球运动的有效措施之一。通过举办各种类型、各种规模的排球赛事，能够促进排球运动技术水平的整体提高，增加各地区之间的经济文化交流，促进我国人民和世界人民的友谊和团结。

排球比赛的组织工作是一项复杂而细致的管理工作，需要科学的管理及合理的运行。其顺畅与否可以直接影响到比赛的进行和运动员技战术水平的发挥。

（一）竞赛组织工作

1. 赛前准备工作

（1）成立组织机构

通常需要根据竞赛的性质来确定组织机构的规模和形式。大型排球赛事的组织机构包括竞赛、新闻、医疗、交通、安保等多个部门。基层或学校小型竞赛活动的组织机构可以相应简化。

根据大型排球赛事竞赛组织管理模式的不同，组织机构的结构也有所不同。我国排球赛事的竞赛组织管理模式，以北京奥运会为一个分水岭。

北京奥运会之前，我国排球项目传统的办赛模式通常采用竞赛委员会直接领导模式，即竞赛项目为基本单元，通过组建单项竞赛委员会来全权承办各个项目的赛事的组织模式，其组织机构图（图5-2-2）一般为：

北京奥运会及之后的赛事组织，沿用2000年悉尼奥运会和2004年雅典奥运会的办赛模式，采用"场馆运行模式"，即在组委会领导下，以场馆为单位设立赛事管理机构，综合管理场馆内的一切事务。其组织结构图（图5-2-3）大致为：

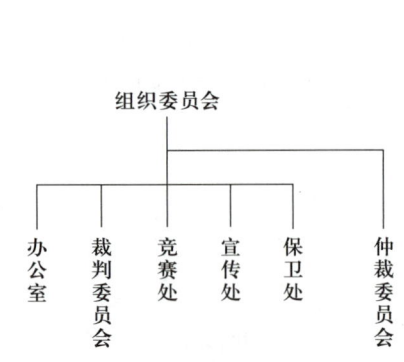

图5-2-2　组委会模式下的组织机构图

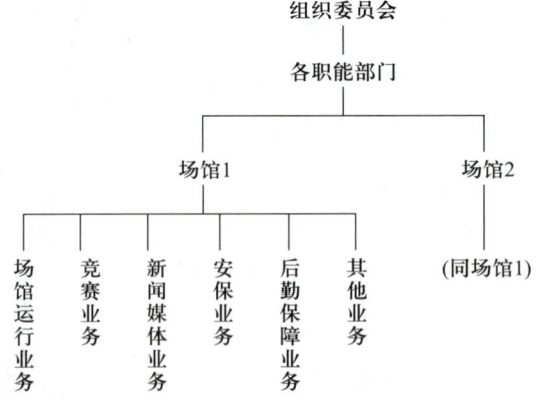

图5-2-3　场馆运行模式下的组织机构图

（注：其他业务包括观众服务、票务、餐饮、交通、物流、兴奋剂检测、颁奖、体育展示等）

采用主客场制组织竞赛时，应成立两个层次的组织领导机构。联赛组织委员会可包括竞赛部、新闻部、技术监察委员会和纪律委员会。赛区组织委员会可包括办公室、竞赛组、接待组、安保组、新闻组和财务组。

（2）制定竞赛规程

排球竞赛规程在一届排球赛事之前由主办单位进行制定，内容包括：竞赛名称、竞赛日期和地点、参加单位及资格、竞赛办法、录取名次和奖励办法、报名和报到日期地点、裁判员和仲裁委员会选派方法及注意事项等。它是竞赛组织者进行相关工作和参赛队报名参赛的依据，同竞赛规则一样，是竞赛组织者和参加者的指导性文件。

（3）制订运行工作计划

大型排球赛事的组织，首先要在场馆层面制订详细的运行工作计划，主要包括5方面的内容：

① 运行：包括各业务的详细任务、运行政策与程序、运行指挥体系、汇报和监督机制、应急预案等。

② 人员：包括组织结构图、各岗位工作职责、每日岗位班次清单、集群通信需求等。

③ 空间：包括场馆分区规划、详细空间设计、注册分区及通行控制图、客户群流线、功能用房列表等。

④ 物资：包括功能用房所需的家具、家电设备、办公用品清单、临时设施清单等。

⑤ 时间表：包括竞赛和训练日程、场馆运行工作进度计划、每日运行时间表、详细日计划等。

各业务的运行计划应紧密结合，既要分工明确又要协调配合，做到"无缝衔接"。

（4）赛前的一些具体工作

① 行政工作：包括接待、交通、食宿、票务、医务等。

② 竞赛相关工作：包括确定赛事活动日程、编印秩序册并下发、印制排球竞赛专用的各种表格、安排参赛队训练和赛前适应性训练、组织工作人员和志愿者的培训等。

③ 新闻宣传相关工作：协助各新闻媒体进行相关宣传报道。

④ 安保工作：根据赛会需要组织安排相应的警力，并进行相关培训。

2. 竞赛期间的工作

（1）召开赛前会议

大型排球赛事通常在赛前三天开始召开各种赛前会议，主要包括：排球单项协会（国际排联、亚排联、中国排协等）委派的管理委员会会议、管理委员会与组委会的联席会、运动员资格审查、技术会议、新闻发布会等。

（2）裁判培训和实习

组织裁判员和辅助裁判员的业务学习和现场实习。

（3）检查场地

由管理委员会下设的裁判委员会主任进行检查场地和器材的工作。

（4）赛时运行工作

各业务根据赛前制定的赛时运行时间表进行各自相关工作，示例如表5-2-4所示：

表5-2-4　赛时每日运行时间表（DCAS）示例

持续时间	+/−零时	时间		活动描述/任务	参与人员	地点
		开始	结束			
0：00	−2：00	10：00	10：00	场管工作人员和志愿者抵达场馆	场馆工作人员、志愿者	工作人员签到区
0：15	−1：45	10：15	10：30	场馆工作人员碰头会议	场馆工作人员	竞赛管理区
0：30	−1：30	10：30	11：00	志愿者的任务布置和准备工作	体育志愿者/各负责经理	各工作区
0：00	−1：00	11：00	11：00	比赛球队抵达场馆	运动队陪同	运动员上下车点
0：00	−1：00	11：00	11：00	管委会成员、裁判员抵达场馆	官员服务主管	官员上下车点
0：15	−1：00	11：00	11：15	比赛球队进入更衣室	运动队陪同	更衣室
0：15	−0：45	11：15	11：30	比赛球队赛前热身（不可以用球）	比赛场地工作人员	比赛场地
0：15	−0：45	11：15	11：30	比赛执裁裁判酒精测试	医务代表及国际技术官员	国际裁判休息室
0：00	−0：30	11：30	11：30	管委会和裁判员进入场地准备比赛	管理委员会和裁判员	比赛场地
0：00	−0：30	11：30	11：30	工作人员和志愿者就位	场地主管	比赛场地
0：01	−0：28	11：32	11：33	一裁二裁检查网高	一裁二裁	比赛场地
0：01	−0：27	11：33	11：34	掷币并挑边	一裁	记录台前
0：01	−0：26	11：34	11：35	场地辅助人员进入场地，介绍场地辅助人员	场地主管/场地工作人员/展示经理	比赛场地
0：01	−0：25	11：35	11：36	裁判和球队入场，广播比赛场次，握手	场地主管/场地工作人员/展示经理	比赛场地
0：10	−0：24	11：36	11：46	球队在本场地热身（可以用球，但不能用球网）	裁判/运动队	比赛场地

续表

持续时间	+/-零时	时间		活动描述/任务	参与人员	地点
		开始	结束			
0：10	-0：14	11：46	11：56	网前热身	裁判/运动队	比赛场地
0：01	-0：04	11：56	11：57	热身结束	裁判/运动队	比赛场地
0：03	-0：03	11：57	12：00	介绍裁判与参赛队	展示经理/播音员	比赛场地
1：30	0：00	12：00	13：30	比赛		比赛场地
0：00	+1：30	13：30	13：30	比赛成绩报告及数据统计报告的打印	竞赛成绩经理	成绩处理办公室
0：10	+1：30	13：30	13：40	引导（第1场比赛）队伍离开场地，通过混合区到休息室	运动队陪同/运动员	比赛场地

3. 竞赛结束工作

（1）公布最终比赛成绩，印发成绩公报。

（2）各单项奖的评选，例如，MVP、最佳阵容。

（3）组织颁奖仪式和闭幕式。

（4）安排和办理参赛队及裁判员离会有关事宜。

（二）竞赛制度、编排与成绩计算

竞赛制度是各参赛队之间如何取得比赛名次的方法。选择合理的竞赛制度，需要综合考虑比赛的性质、赛程、参赛队数量等方面的情况。

排球比赛经常采用的竞赛制度有循环制、淘汰制、混合制和佩奇制。

1. 循环制

（1）单循环

单循环是各参赛队在整个竞赛中均能相遇一次，最后按照各队在比赛中的得分和胜负场次来排名次的方法。通常在参赛队数量少而时间充足时采用。这种方法使得所有参赛队都有相遇的机会，是一种比较公平合理的制度。

① 比赛的轮数和场数的计算

比赛轮数：各队均完成一场比赛为一轮。

比赛轮数=队数（单数）；比赛轮数=队数（双数）-1

示例：7个队参加比赛，比赛轮数为7轮；8个队参加比赛，则比赛轮数为7轮。

比赛场数：

比赛场数=队数（队数-1）/2

示例：7个队参加比赛，比赛场数为：7(7-1)/2=21场

② 编排方法

进行编排时，先以数字序号代替队名，不论参赛队是奇数还是偶数，都按照偶数进行编排，如果参赛队为奇数，则以0代替。遇到0的队伍为轮空。通常有两种编排方法：

a. 固定轮转编排法：第一轮，将参赛队平均分为左右各一半，左边序号依次从上往下排，右边序号从下往上排。第二轮开始，固定左上角序号，其余按照逆时针进行循环编排（表5-2-5）。

表5-2-5　5（6）个队的编排方法

第一轮	第二轮	第三轮	第四轮	第五轮
1-0（6）	1-5	1-4	1-3	1-2
2-5	0（6）-4	5-3	4-2	3-0（6）
3-4	2-3	0（6）-2	5-0（6）	4-5

这种编排方法是基层比赛的常用编排方法，它的优点是简单易行，缺点是容易造成不公平现象——第二轮的轮空队从第四轮起每场都与前一轮的轮空队比赛。

b. 贝格尔编排法：为避免上述编排方法的不合理现象，可采用贝格尔编排法进行编排。贝格尔编排法第一轮与固定轮转编排法编排相同。第二轮将第一轮右上角的编号（"0"或最大的一个代号数）移到左上角，右下角的编号移至右上角，左边第二个号数以新右上角的号数为起点进行顺序排列。第三轮"0"或最大的一个代号数移到右上角，右下角的号数移至左上角，左边第二个号数以新左上角的号数为起点进行顺序排列。此后几轮以此类推。

贝格尔编排法可以简单概括为，"0"或最大号数两边摆，右下角号数提上来，其余号数顺序排（表5-2-6）。

表5-2-6　8（7）个队参赛的编排方法

第一轮	第二轮	第三轮	第四轮	第五轮	第六轮	第七轮
1-8（0）	8（0）-5	2-8（0）	8（0）-6	3-8（0）	8（0）-7	4-8（0）
2-7	6-4	3-1	7-5	4-2	1-6	5-3
3-6	7-3	4-7	1-4	5-1	2-5	6-2
4-5	1-2	5-6	2-3	6-7	3-4	7-1

编排完成后需要将数字序号变为队名，通常有以下几种做法：抽签，上届名次为序，东道主代号为"1"，上届第一名为"2"，以此类推。

③ 编排比赛日程

编排对阵完成后就可以将代号换成队名，加上比赛日期和比赛时间，进行比赛日程的编制（表5-2-7）。

编排日程要秉承公平一致的原则，综合考虑各参赛队的比赛场地、白天晚上比赛次数、两场比赛之间的间隔时间等方面，尽可能做到科学合理、条件均等。

此外，在国际大型赛事中，按照惯例，赛事组委会可以对东道主队的比赛场地和时间进行有限次数的微调，以利于电视转播和吸引观众。

表 5-2-7　比赛日程表示例

日期	时间	参赛队
2022-5-20	14：30	辽宁—浙江
	16：30	上海—江苏
	18：30	山东—河南
	20：30	天津—四川
2022-5-21	14：30	四川—浙江
	16：30	河南—天津
	18：30	江苏—山东
	20：30	辽宁—上海

（2）双循环

双循环是各参赛队在一次赛事中相遇两次，最终按照各队在赛事中得分和胜负场次来排名的比赛方法。一般在参赛队较少而竞赛时间较长时采用。目前，我国排球联赛的第一阶段就采用主客场双循环的赛制进行。

双循环赛制比单循环的总场数增加一倍，其编排与单循环基本相同，通常赛完第一循环后，再赛第二循环，最后计算总分来排名次。

（3）分组循环

分组循环赛制是通过分组的方法，在各组内进行单循环比赛的方法，通常在参赛队较多而赛程较短的情况下采用。

分组循环通常分预赛和决赛两个阶段。

① 预赛阶段：将参赛队分为数量相等的几个小组，各组参照单循环编排，排出小组比赛表（表5-2-8）。

表 5-2-8　16 个队的分组

组别	参赛队			
一	1	8	9	16
二	2	7	10	15
三	3	6	11	14
四	4	5	12	13

数字序号转换成队名有两种方法：上届比赛名次；抽签。先确定种子队，其数量与组数相同。如果分 4 个组进行比赛，应有 4 个种子队。先用抽签的方法将种子队安排在各组内，然后再用抽签的方法确定其余各队所在组的位置。

② 决赛阶段：各队在预赛阶段的名次决定其进入决赛阶段比赛的位置，并且预赛阶段成绩带入决赛阶段，在预赛阶段已经相遇过的队，决赛阶段不再进行比赛。

常用的比赛方法有：同名次赛、分段赛、交叉赛、录取名次赛等。

a. 同名次赛：就是将各小组预赛中相同名次编在一起进行比赛，如预赛时四个组的第 1 名编成一组进行单循环赛，决出 1~4 名，各小组的第 2 名编在一起决出 5~8 名。

b. 分段赛：将各小组的名次分为几段，同一段名次的队编在一组决出总名次，如预赛两个组的 1、2 名编在一起决出 1~4 名，两个组的 3、4 名编在一起排出 5~8 名。

c. 交叉赛：各组的前两名交叉比赛，两场胜者进行决赛争夺 1、2 名，两场负者再相互比赛决出 3、4 名，各组 3、4 名用同样方法决出 5~8 名，以此类推。

d. 录取名次赛：根据竞赛规程规定的录取名次，在各小组中取录数量相等的队进入决赛。例如，有 16 个队参赛，规定录取前 8 名，预赛分成两个组，则每组前 4 名的队，进入第二阶段决赛，其余的队不再比赛。

（4）循环制比赛确定排名的原则和方法

全国排球比赛中一般采用循环赛制的比赛（或比赛阶段），按照以下顺序的标准确定排名：

① 胜场：在同组比赛中获胜的比赛场次数量，胜场多者排名在前。

② 比赛积分：当两队或两队以上胜场相等时，比赛积分多者排名在前，积分办法为：3∶0 或 3∶1 时，胜队积 3 分，负队积 0 分；3∶2 胜时，胜队积 2 分，负队积 1 分。

③ 胜负局比值（C 值）：当两队或两队以上比赛积分仍相等时，全部比赛胜负局数比值大者排名在前。

④ 总得失分比值（Z 值）：当两队或两队以上胜负局比值（C 值）仍相等时，全部比赛得分值与失分值比值大者排名在前。

⑤ 当三队或三队以上总得失分比值（Z 值）仍相等时，则仅在这几支球队之间的比赛中采用第 1 条和第 2 条的标准确定排名。

2. 淘汰制

淘汰制是在比赛中失败一次即退出比赛，获胜者继续比赛，直到最后决出冠亚军为止。通常在参赛队数较多而举行比赛期限较短时采用。

（1）比赛轮数及场数计算方法

① 比赛轮数：如果参加的队数是 2 的乘方数时，则比赛轮数是以 2 为底的幂的指数。

示例：8 个队参加比赛，$8 = 2^3$，故比赛轮数为 3；16 个队参加比赛，$16 = 2^4$，故比赛轮数为 4。

如果参加的队数不是 2 的乘方数，也就是说参加队数介于两个 2 的乘方数之间，则轮数是较大的一个以 2 为底的幂的指数。

示例：14 个队参加比赛，$8 < 14 < 16$，则按 16 个队的轮数来计算，$16 = 2^4$，故比赛轮数为 4。

② 比赛场数：场数 = 队数 −1

示例：8 个队参加比赛，场数 = 8−1 = 7 场。

（2）编排方法

编排时，以数字序号作为位置数，按照如图 5-2-4 的形式进行编排。如果参赛队的队数是 2 的乘方数，位置数与队数相同；如果参赛队的队数不是 2 的乘方数时，则要根据参赛队数，选择与其接近且较大的 2 的乘方数为位置数，位置数减去参赛队数为轮空数。如 14 个队参加比赛，则应有 16 个位置数，2 个轮空数。

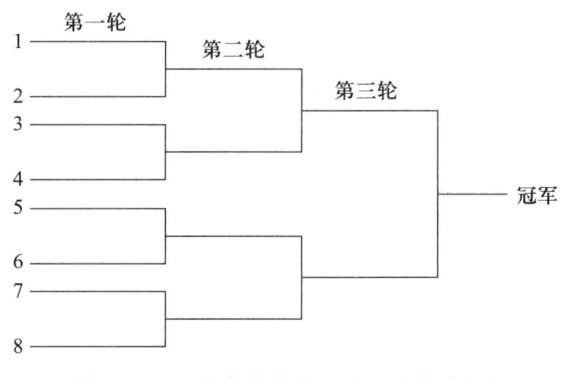

图 5-2-4　比赛编排表（以 8 个队为例）

编排完成后通过抽签的方法确定各参赛队的位置。轮空队只能在第一轮比赛中出现，不能在其他比赛轮次中出现。

此外，为了避免强队提前相遇，可预先设置种子队，在编排时首先将其分别排入合理位置。种子队的确定可以依据其技术水平和最近参加的主要比赛所取得的名次综合考虑。种子队的数量依据参赛队的数量而定，通常每 4 个队设 1 个种子队较为合适。种子队应平均分布在各个区内。如 16 个队参加比赛，设 4 个种子队，分别安排在 1、16 和 8、9 号位置上（图 5-2-5）。

图 5-2-5　比赛编排表（以 16 个队并设种子队为例）

3. 混合制

混合制是在竞赛中同时采用循环制和淘汰制的比赛方法。例如，将竞赛分为预赛与决赛两个阶段，前一阶段采用循环制，后一阶段采用淘汰制确定最终排名；或者相反。

4. 佩奇制（PAGE 制）

佩奇制的比赛方法是先通过单循环比赛产生前 4 名（或分组循环赛产生每组前 2 名），然后第 1、2 名之间（或每组第 1 名）和第 3、4 名之间（或每组第 2 名）分别进行比赛，3、4 名（或每组第 2 名）比赛的负方获得第 4 名，胜方与 1、2 名（或每组第 1 名）比赛的负方再进行一次比赛，负方获得第 3 名，胜方与 1、2 名（或每组第 1 名）比赛的胜方进行决赛，负方为亚军，胜方为冠军。

思考与实践

1. 排球比赛临场指挥阶段具体都有哪些工作需要完成？
2. 掌握排球竞赛规则基本内容，熟悉排球裁判员基本手势。
3. 使用贝格尔编排法完成 8 支球队的比赛编排。

第六章 排球运动科学研究与信息技术

本章导言

"科学技术是第一生产力"，在排球项目的发展进程中也是如此。排球科研与科技成果为排球的运动实践服务，在训练、参赛、管理、保障等各方面提供了科学依据与理论指导，是促使排球项目科学化、现代化发展的根本动力，是提高我国体育科学理论水平的重要途径。学生应更好地了解、熟悉已有的科研理论与科技成果，并在此基础上运用科学的研究方法与手段尝试创新，使我国能够紧跟甚至引领排球项目发展的国际潮流。此外，随着现代科技的发展，以人工智能、大数据为代表的新一代信息技术在体育领域得到创新应用，为排球运动项目的发展带来了新动力。

学习目标

1. 了解排球技战术的研究方法与研究成果；熟悉排球体能训练的发展趋势；理解排球科研方法与手段的整体架构。

2. 掌握科学的排球技战术、体能训练方法，熟知常见科技手段在训练中的应用场景，学会运用排球科研的常见方法与手段，提高科学分析问题和解决问题的能力。

3. 通过本章知识学习，培养学生基本的排球理论研究的科学素养，提高学生理论与排球运动实践相结合的能力，激发学生从事排球理论创新与科技创新的自我意识。

4. 了解信息技术在排球领域运用现状，理解信息技术对排球训练及竞赛的重要意义。

第一节　排球科学研究的范围与内容

排球运动
科学研究
与信息技
术

排球科学
研究

随着排球科学研究的不断深入，其研究的范围愈发广泛，研究的内容也愈发丰富。依据体育科学研究方法，根据排球运动的研究方向和研究性质等具体情况，可将排球运动科学研究划分为以下几个主要方面：

一、排球运动发展趋势的研究

主要是追溯排球运动的发展进程，揭示研究对象的特征、发展规律及其成因，阐述其今后发展的走势，如"世界排球运动发展趋势——兼析亚洲排球落后的原因""我国排球运动发展特征、影响因素及发展规律的研究""我国竞技排球运动技战术发展的阶段性特征研究""中国竞技排球发展的促进因素""我国优秀排球运动员年龄、身高、体重与克托莱指数十年来发展状况的研究"和"从排球规则的演变看排球运动的发展趋势"等。

二、排球训练理论与方法的研究

主要是通过对排球运动训练的状态和规律的探索，对排球训练的主体、训练方法和组织、影响训练的因素、训练效果的评定及竞赛等进行的研究，如"悬吊训练对排球运动员平衡能力的影响""排球运动员专项体能训练的核心要素""现代排球拦网技术的实战训练""振动力量训练提高排球运动员专项素质研究"和"试述排球二传手的观察能力训练"等。

三、排球教学理论与方法的研究

主要是通过对教学理论在排球教学中的运用，排球教学特殊规律的探索，排球教学过程、教学目的、教学原则、教学大纲、教学进度、课程内容、教学方法、练习手段、课的组织及考核等进行研究，如"大概念、大单元、任务群：实战能力进阶导向下重构中小学排球教学内容体系""排球教学原则重构原理与方法的研究""普通高校排球教学对排球意识的培养""抛锚式教学模式在高校排球选项课中的实验研究""多元智能理论在高校体育专业术科教学中的应用研究——以排球专修课教学为例""'视频回放'方法在排球技术教学中的应用研究""分层互助教学模式在体育院校排球普修课教学中的应用"和"课内外一体化教学在排球教学中实施的可行性研究"等。

四、排球技战术的研究

包括通过对排球动作技术运用生物力学、肌电学分析等，揭示其动作特征及机理，推动排球技术的提高或创新，如"不同性别排球运动员扣球着地下肢技术分析""排球运动起跳过程中踝关节的生物力学特性"和"我国青年男排运用防守技术中非正规动作的研究"等；还包括对技战术效果统计对比分析，揭示高水平队伍技战术运动特点，探究新的技战术形式，如"2008年北京奥运会女子排球赛4强进攻能力对比分析"和"北京奥运会女子排球强队进攻效果比较"等；还包括对技战术统计方法手段、评价体系的研究，如"竞技排球数据挖掘系统的功能与运用"和"中国女排技战术诊断系统的研制与应用"等。

五、排球运动员体能的研究

主要是通过先进的训练手段来分析排球运动员体能，提高专项体能的训练方法、评价体系、诊断，以及在比赛中的体能分配，如"排球运动员专项体能训练的核心要素""排球运动员比赛过程中专项体能运用的基本特征""优秀排球运动员专项体能评价与诊断系统的开发与应用""不同频率振动刺激对排球运动员力量及平衡能力影响的实验研究""竞技排球后备人才'核心力量训练'实践研究""高水平排球运动员肩部内外旋转力量特征的研究""我国优秀沙滩排球运动员灵敏素质理论及其影响因素实证研究""我国优秀排球运动员专项体能评价体系与诊断方法的研究""中国优秀女子沙滩排球运动员体能特征及其评价体系研究"和"优秀沙滩排球运动员灵敏素质影响因素及其结构模型研究"等。

六、排球运动员智能特征的研究

主要是通过探讨排球运动员的智力特征、运动智能，来了解和分析排球运动员应具备的智能特征、对运动的认知能力、神经判断能力等，如"排球运动员智力特征的研究""我国少年排球运动员智能特征的研究""排球运动员决策神经效率的fMRI研究""排球运动员中枢神经系统机能监控相关指标研究"和"少年男子排球运动员赛期大脑皮质神经强度水平的反应特征"等。

七、排球运动员心理特征和心理训练方法的研究

主要是通过运动心理学的理论，运用运动心理实验和测试方法以及心理训练的具体方法，对排球运动员训练与竞赛过程中的心理过程、心理状态以及个性和心理特征等方面进行的研究，或探究参与排球运动对心理所产生的影响，如"运动心理坚韧对排球运动员运动投入的影响：有调节的中介效应""排球运动员心理韧性和风险决策行为的关系"和"在运动中促进心理健康——评《气排球》"等。

八、排球运动员选材的研究

主要是通过分析排球运动专项特征的需要，从遗传学、心理学、体育经济学等多个理论角度分析，解决排球运动选材范围、选材标准、选材方法、选材途径等关键问题，如"排球运动员选材指标体系的研究""我国排球'跨界跨项'选材中关键问题的研究""浅

析少年排球运动员的科学选材"和"我国优秀排球运动员二传手的选材分析"等。

九、排球后备人才培养的研究

主要是通过实地调研、问卷调查、专家访谈等方法，以可持续发展的研究视角对我国排球后备人才的影响因素及其未来趋势进行调查分析，为各级体育行政主管部门和人才培养单位提高后备人才培养质量提供理论依据，如"我国排球后备人才可持续发展研究""我国排球后备人才可持续发展影响因素及其未来趋势分析""中美排球后备人才培养现状比较""我国排球后备人才培养影响因素及优化策略"和"应用'AHP'法探索影响排球后备人才培养因素的研究"等。

十、排球运动员损伤与恢复的研究

主要通过运动生理学的理论，借助先进的仪器和设备，结合排球运动的特点，分析排球运动员的致伤原因和伤病影响，从而科学指导如何有效避免伤病以及进行伤病恢复，如"性别和动作对排球运动员前交叉韧带损伤危险因素的影响""女子排球运动员训练中髌骨软骨损伤的原因及预防措施""浅析排球运动损伤的发生与预防"和"排球运动员肩袖损伤后扣球发力顺序分析及受伤原因探讨"等。

十一、排球竞赛规则的研究

主要是通过运动竞赛学与裁判法的理论与方法，对排球竞赛规则发展和完善、规则的修改对排球技战术的影响，竞赛制度与编排以及裁判员及其工作等进行的研究，如"NCAA 排球规则之独特性及其对 FUSC 排球运动的启示""排球运动竞赛规则改革思路探讨"和"新奥运周期排球规则的修改与展望"等。

十二、排球精神文化的研究

主要是通过结合新时代背景，对以"女排精神"为代表的一系列排球精神文化的历史与内涵进行探究，用以弘扬现代体育精神，为全面深化体育改革提供价值引领，为建设体育强国提供精神支撑，如"中国'女排精神'的发展历程、基本内涵与传承路径""女排精神的演进逻辑与价值意蕴""女排精神与体育文化"和"台山九人制排球文化的传承与发展"等。

十三、排球产业的研究

主要是通过体育经济学、体育管理学等相关理论对排球产业发展现状及运行机制进行分析，并根据可持续发展理论探究排球产业未来发展的前景与可行路径，如"中国排球市场失效与市场规制——兼论中国排球产业的发展""我国职业沙滩排球项目市场化可行性研究""CVA（中国排球协会）联赛品牌打造——'全国排球联赛'的兴起与发展"和"我

国排球职业联赛产业发展研究"等。

十四、排球运动其他形式的研究

主要是通过对排球运动的不同形式如沙滩排球、气排球、坐式排球、软式排球、雪地排球等进行科普传播或深入研究，丰富竞技类与大众娱乐类排球的研究框架体系，助力排球运动的进一步推广与发展，如"我国沙滩排球运动的现状与对策研究""我国坐式排球运动现状分析与发展对策研究""我国创新的气排球与项目展望"和"冬奥视域下我国开展雪地排球项目的时代价值与应然路径"等。

第二节 科学研究的基本程序

科学研究的基本程序由以下七部分组成。

一、选题

选题是依据研究方向来确定研究内容并选择研究课题。其中，研究方向是指研究课题所归属的学科领域和研究范围。选择科研课题是科研工作的第一步，是撰写论文、开展研究的前提，同时也是科研准备阶段的关键步骤与主要任务。研究者应结合自身研究兴趣、研究能力和研究条件确定研究方向。

二、研究资料收集整理

研究资料收集整理是指根据选题去调查收集相关的文字资料、数据资料、视图资料等，并对调查收集的资料科学地进行筛选、分类与整理，使资料具有准确性、简明性、条理性和系统性。研究资料收集整理是科学研究从调查阶段过渡到研究阶段的重要环节，是提高调查资料质量和使用价值的必要步骤，其整理出的结果是开展科学研究的重要研究基础。

三、研究设计

研究设计是指对课题研究的全过程进行基本步骤的设计，主要包括对研究假设、研究对象、研究指标、研究方法、数据处理方法、研究方法等进行全面细致的设计，并最终形成系统的、可行的研究方案或研究工作计划。在这一过程中可参考与研究课题相关的文献资料所采用的成熟的研究设计，也可根据选题内容与研究目的进行创新性研究设计。研究设计要充分考虑其科学性、合理性、可靠性、可行性以及经济性。

四、研究方法选取

研究方法是指进行科学研究所采取的工具与手段，选取适合的研究方法是进行科学研究的重要基础。研究方法始终服务于研究目标和研究内容，只有合适不合适之说，其本身没有绝对的先进或好坏之分。所谓"先进的研究方法"，主要是从技术角度给出的结论。常用的有文献研究法、调查法、观察法、实验法、实证研究法、定量分析法、定性分析法、模拟法等。

五、理论分析

通过对资料的整理和分析，得到科学研究的成果——科学假说或科学理论。如果研究任务是验证一个假设，通过观察或实验之后，发现事实与假设相符，那么，假设就可以上升为假说；如果研究任务是验证一个假说，通过观察或实验之后，发现事实与假说相符，那么，假说就可以上升为理论。这一环节主要使用科学抽象、假说、演绎等理论性方法及逻辑思维方法。

六、数理分析

通常采用 EXCELL、SPSS 软件，进行参数估计、假设检验、方差分析和回归分析等数理分析方法，对研究所得数据进行分析。

七、论文撰写

科学研究成果应通过学术论文、研究报告等形式表现出来，这一环节主要使用逻辑论证的方法和理论思维方法。

第三节　科学研究的选题

科学研究有许多不同的类型，包括基础研究与应用研究，调查研究与实验研究，实证研究与综述研究等，研究者应当根据自己的研究兴趣和现有的条件进行选题，开展科学研究。排球运动选题是指在科学研究活动中选择排球运动中，尚未被认识和解决的，或认识和解决得不完善的，研究课题的途径及程序。

一、选题的来源

选题主要分为两大类，即引领性选题和总结性选题。引领是指创造性地解决社会实践的紧迫需要，是一种直接性来源。总结是指通过查阅文献资料，根据研究领域最新的成果和有关学科发展的趋势及前沿，从中挖掘课题，是一种间接性来源。

在排球运动选题的实践中，可以大致分为以下几个具体途径：

（一）排球运动与其他相关学科交叉的边缘区

结合不同学科的研究视角、学科知识、研究方法等，进行学科资源整合并对排球运动的相关问题进行交叉学科的综合性研究。其已经成为现代科学研究新的发展方向。

（二）排球运动中的已有理论与事实之间的矛盾和冲突

分析已有的排球理论研究与排球运动实践两者之间的相互作用关系，针对其中的矛盾冲突点，探求理论与实践相结合的合理方式，用以完善已有排球理论的可行性和实践性。

（三）对排球运动科学研究中已有的科学假说进行实践检验

对排球运动科学研究中理论层面的科学假说进行实践检验，验证科学假说的合理性，对假说进行优化并尝试提出新的研究思路与方法。

（四）其他领域新的实验技术或发明成果在排球运动中运用、推广、移植、改进和创新

根据研究目标借鉴其他领域的实验技术或发明成果用以排球领域的研究，并结合排球运动的自身的特点，对其进行运用、推广、移植、改进和创新。

（五）在已取得的研究成果的基础上进行追踪调查的研究

将排球运动中已经取得成功的研究成果作为基础，进行追踪调查研究，从中发现新的问题。

（六）抓住研究中意外出现的新问题和新线索

发现并探究排球运动的实践中偶然出现的创新性问题和线索，分析其出现的深层原因，尝试将这种"偶然"变成有利于排球实践的"必然"。

（七）以失败的线索为借鉴，从反面提出新的研究课题

分析前人排球研究失败的原因，对其进行总结、归纳，尝试提出新的研究方案来攻克之前研究的难点。

（八）从排球运动教学训练的实践中提出新的研究课题

在排球教学训练的实践中，根据实践中出现的问题，针对性地提出新的研究课题。

二、选题的原则

（一）根据个人兴趣选择课题

选择课题时，研究者首先要了解排球运动研究的范围，从中找到自身的关注点与兴趣所在。结合自身兴趣进行科学研究可以大大提高科学工作者在研究过程中的积极性与幸福感。

（二）根据理论需要选择课题

解释和理解排球运动的客观规律，建立和发展科学研究的理论体系，使其对排球运动的实践产生具有普遍意义的指导作用，是体育科学研究的重要目的。可以从检验理论、质疑理论和评判理论等几个方面寻找科学研究的切入点。

（三）根据实践需要选择课题

排球运动科学研究的重要目的之一是解决排球实践中出现的问题，为排球运动的实践需要服务。通常，来自排球运动实践中的课题大多属于应用研究，其研究结果具有直接的应用价值。

（四）根据创新发展选择课题

体育科学研究要解决理论和实践中尚未解决的课题，为科学事业的发展和体育事业的发展作出贡献。新颖性、独特性、先进性和前瞻性是科学研究或科学探索的特点，也是选题时应遵循的基本原则。

（五）根据科学理论选择课题

科学选题必须在科学理论的指导下进行，必须以事实依据和科学依据为前提。如果选题违背了科学理论或缺乏事实依据和科学依据，研究就难以达到预期效果，即使得出了研究结果，其科学价值也无法保证。

（六）根据现有条件选择课题

根据研究者具备的主观条件和客观条件选择科研课题，即通常说的可行性原则。主观条件是指研究者完成课题所必须具备的科学知识、研究能力和工作经验，以及对于科学研究方法掌握的深入程度和运用的熟练程度。客观条件是指完成课题所必备的信息系统、测量工具、仪器设备、主试和被试的人力资源、研究小组的人力资源、社会保障和社会支持系统，以及完成研究所必需的经费、时间等。脱离实际条件的选题将难以推进。

（七）根据项目特征选择课题

根据排球运动的项目特征，从项目的本质特征中寻找和选择课题，才有可能得出更有影响力的研究成果。

三、选题的程序

（一）确定研究方向

研究方向是选题的基础，确定研究课题必须确定研究方向。研究课题展示研究方向，研究方向又限定研究课题。一般情况下，研究者应根据自身感兴趣的问题、熟悉的项目和现有的研究条件，来确定研究方向。

（二）查阅文献资料

查阅文献资料是进行科学研究的重要步骤之一，通过查找与研究方向相关的国内外的文献资料，进行文献资料的整理和分析，为研究设计提供定量和定性的资料支撑。

（三）课题论证

课题论证是科学研究的核心内容，论证所引用的调查资料必须真实，只有真实的证据才能导出正确的结论；论证必须准确，只有准确的推论才能保证可靠的证明。此外，课题论证是一个不断反复进行调整的过程，经常需要反复调研和多次论证。

（四）准确表述题目

经过课题论证推敲，确定最终的研究内容和研究目的等，并据此确定选题题目。

第四节 科学研究的方法

一、资料与事实收集的方法

进行排球运动的科学研究，一个很重要的任务就是有目的、有计划地收集相关的文献资料和事实资料。其主要方法有文献法、调查法、观察法和实验法。

（一）文献法

文献法是指根据研究内容，通过阅读、分析、整理有关文献材料，系统地收集研究课题所需的相关资料，为选择、确定、论证和解决研究课题提供理论依据。

1. 文献资料查找、阅读、积累和引用的方法

（1）查找文献资料。按照是否使用检索工具，可将文献资料查找方法分为索引法和追溯法两种。索引法是指利用检索工具直接查找文献，其又可细分为两种：一种是分段法，即根据课题需要划分出一段时间范围查找文献；另一种是顺查－倒查法，即从课题的原始研究年代起，一直查到现在，称为顺查，或从近期逆时间查找，称为倒查。追溯法是指不用检索工具，而通过文献后面所附的参考文献，逐步回溯查找其他相关文献。

（2）阅读文献资料。文献资料阅读多采用泛读和精读两种方法。泛读就是通过摘要、引言、小标题和结论等的浏览，对文献的概要有大致的了解。精读就是在泛读的基础上，熟悉其重点内容，掌握主要论点、论据和结论等。

（3）积累文献资料。文献资料的积累，其主要内容应该包括：文献资料发表的出处、时间及作者姓名；研究主题、研究对象；试验程序与方法；论证论题的事实依据；研究结论；尚未解决的问题等。

（4）引用文献资料。引用的文献资料必须是作者阅读过的，并与论文主题密切相关的，其出处必须准确无误，而且是可以查到的。在引用文献时要注意引文的时效性，要以3~5年内的文献为主。此外还要注意格式与数量的要求。

2. 文献综述

文献综述是在全面收集与课题有关资料的基础上，通过归纳、整理和分析，对一定时期某一学科或专题的研究结果进行系统的、全面的综合叙述和评论。

（1）文献综述的功能。寻找选题的切入口。文献综述是对大量的原始文献中的数据、资料和主要观点进行归纳、分析和整理而撰写的研究成果。文献综述要全面、完整、系统地反映国内外某一学科、某一专题、在某一特定时期的发展状况和趋势，并确切地反映其最新的动态、进展、原理、技术和方法等。通过文献综述，可以帮助研究者及时而准确地捕获科学研究的前沿课题。

阐述选题依据。就是阐述该课题研究的价值，需要通过对国内外相关研究结果的分析，阐明这个研究课题前人做了哪些工作，做到什么程度，有什么理论上和方法上的失误；本研究应该如何做。

支持研究结果论证。通过高质量的文献综述，可以使研究者获得大量的可以利用的论证素材。这些论证素材可以帮助研究者在撰写论文的结果与讨论部分时，作为论据加以使用，从而增强论文研究结果的说服力。

（2）文献综述的结构。文献综述一般由前言、主体部分、小结和参考文献4个部分组成。

前言的写法有两种：一是说明综述的目的意义和综述的范围；二是简要说明所要综述问题的现状和争论的背景。撰写的基本架构是：说明研究课题起始及其历史沿革；说明课题研究的可持续性；说明课题研究功能，以导出综述课题的研究价值；说明综述的基本

范围。用少量的文字，极其扼要地说明综述课题的发展历史、研究进展、研究的目的与意义。

主体部分的写法是将他人的研究成果合乎逻辑地罗列出来，即把前人的研究结果或者研究结论，依据其相同与不同、肯定与否定、两者皆可的类别进行归纳、整理和条理化。所引文献的影响力、时效性等在很大程度上决定了综述的质量。在罗列他人研究成果的基础上，还要进行自己的分析和评论。

小结的写法就是言简意赅地概括经综述分析后提出的见解。

（二）调查法

调查法是根据课题研究的需要，通过问卷、通信、个别谈话、座谈和观察等手段，获取事实材料的一种科学研究方法。

1. 调查方法

在排球运动科学研究中最常用的调查方法有问卷法、特尔斐法（专家调查法）、现场调查法和追踪调查法。

（1）问卷法。问卷法是指利用问卷这种控制式的测量对所研究的问题进行度量，从而收集事实材料进行研究分析的方法。一份完整的问卷一般包括简短的说明词和问卷正文两部分。

（2）特尔斐法。特尔斐法是指以信函的方式，在专家彼此匿名的情况下，征询有关专家对某个重大问题的意见，并根据意见进行直观预测的方法。基本程序是：第一轮用开放式的调查表，只提出预测问题，连同有关的资料、信息和情报函寄给相关的专家，请专家围绕预测问题提出预测事件，集中专家的意见总结归纳出第一轮结果；再将反馈的结果匿名寄给各专家，专家们根据归纳结果再次综合分析，提出新的论证意见寄回。通常要如此反复经过4轮左右的调研，直到得到一致的意见。

（3）现场调查法。现场调查法是指对现场当时正在发生的情况进行调查的方法。这种调查通常在较短时间内对某一特定的"时点"进行观察。

（4）追踪调查法。追踪调查法是指对调查对象作有间隔的、较长时间的观察，几年至十几年不等。

2. 调查研究的步骤

调查研究的步骤一般分为准备、实施和总结三个环节。

（1）调查前的准备。明确调查目的；熟悉调查对象；学习相关知识；制订调查计划；拟订调查提纲；做好必要的物质准备。

（2）调查的实施。按调查计划、提纲收集、记录材料和事实，并对所收集的材料和事实进行核实和初步处理。

（3）调查工作的总结。对调查材料与事实进行分析和归纳，并撰写调查报告或学术论文。

（三）观察法

观察法是研究者通过感觉器官或借助于科学仪器，有目的、有计划地感知处于自然状态下的研究对象，从而获得科学事实的研究方法。

1. 观察法的类型

观察法根据不同的研究需要，有多种类型，感官观察、仪器观察、定性观察和定量观察、随机观察和系统观察等。

2. 观察的步骤

（1）制订观察计划。观察计划包括观察的目的和任务、观察对象的选择、观察地点与时间、观察指标的选择、观察仪器设备的选择及具体要求等方面的内容。

（2）观察前的准备。与观察工作有关的单位取得联系和配合；了解和熟悉观察对象的一般情况；备齐观察所使用的仪器设备，掌握仪器设备的操作性能，并对仪器设备进行校准和调试。

（3）观察的实施。在观察实施过程中应注意的基本要求；操作程序应有具体的规定，观察时要遵循全面性原则和典型性原则，切忌主观片面；尽量按照原观察计划进行观察；一次观察的内容不宜过多；观察人员要保持注意力高度集中；多人合作观察时，职责和分工必须明确；要防止人体感官感觉和仪器的误差；观察工作结束后，应及时整理获得的事实材料。

（四）实验法

实验法是指研究者根据课题研究的目的和任务，通过科学仪器和设备，有目的地干预、控制或模拟所研究的事物，以便在最有利的条件下对其进行观察，从而获得科学事实的研究方法。

1. 实验法的类型

按照不同的分类标准，实验法有不同的类型，如定量实验、定性实验、对照实验、模拟实验、析因实验等。在排球运动科学研究中，常用的实验方法有以下三种。

（1）定量实验。用来深入了解事物和现象的性质，揭示各因素之间的数量关系，确定某些因素数值的实验方法。

（2）定性实验。是指判定研究对象具有哪些性质，或鉴别某些因素是否存在，某些因素之间是否有联系以及某个因素是否起作用，或者探索研究对象具有何结构性内耗的手段与方法的优化研究。

（3）对照实验。是指对两个以上有个别变量不同的实验组获得的结果进行比较研究的实验方法。

2. 实验方案

实验方案是指对所要进行的实验过程预先作出的理论设计，其内容主要包括题目、实

验目的、实验方法、实验原理、实验时间、实验人员、被试对象、施加因素、观察指标、实验步骤、实验记录、数据处理方法和实验器材等。

3. 实验设计

实验设计是指根据实验对象的特点，合理安排实验样本、程序和次数，以提高实验效率，缩小随机误差，获得最佳实验效果，并使之能有效地进行统计分析的理论与方法。

4. 实验步骤

使用实验方法收集科学事实，一般要经过制定实验方案、实验前的准备、实施实验和整理分析实验数据得出实验结果 4 个环节。

二、体育科学研究的逻辑分析方法

在体育科学研究中，研究者可对资料与事实按照逻辑进行判断和推理，称为逻辑分析法。科学研究的理论分析方法很多，排球运动科学研究中常用的有比较法、分类法、类比法、分析法、综合法、归纳法、演绎法、论证法等。

（一）比较法

在排球运动科学研究中，经常要用到比较法，这是一种应用较广泛的方法。在应用中要对比出研究对象之间的相同点和不同点，并根据表现出的异同去探究造成该现象的本质原因。如通过对中国女排运动员和国外优秀女排运动员拦网瞬间髋关节角度的比较，揭示两者在技术能力和力量素质等方面的差异。

（二）分类法

分类法是指将具有共同特点的个体研究对象归纳为一类或将具有共同特征的子类集合成类的逻辑方法。分类法在排球运动科学研究中经常使用，可将大量庞杂的事实材料进行系统整理，揭示研究对象之间的内在联系，以做出科学预言以及揭示研究对象的历史发展规律。

（三）分析法

分析法是指将复杂的研究事物分解成各个部分逐一加以考察研究，从而认识研究事物构成或本质的一种思维方法。在分析动作时，为了保证分析的合理性和有效性，必须分析最基本的成分（基本成分要相对独立），寻找各部分之间的本质联系，并结合综合法和实验法等的运用。

（四）综合法

综合法是指将研究事物的各部分、各方面结合起来加以研究，从而在整体上把握事物的本质和规律的一种抽象思维方法。在排球运动科学研究中，将某一动作的各阶段都加以研究以后，把各阶段联系起来，考察它们之间的相互关系以及各阶段动作与整体动作的内在联系，借以把握其本质及规律。

（五）归纳法

归纳法是指对大量的经验材料进行分析和整理，将其上升为理性认识，再从若干特殊的理性认识推演为一般的理性认识，即由经验阶段跨入理论阶段的逻辑方法。在排球运动科学研究中，归纳法就是根据一类事物部分对象与某种属性之间的因果关系，推出该类研究事物中所有对象都具有这种属性的研究方法。

（六）演绎法

演绎法是指按照一定的逻辑规则从若干命题直接引出一个命题的逻辑推理方法。演绎法是构造科学理论体系最基本的方法，也是验证理论所不可缺少的手段。

（七）论证法

论证法是指根据某个或某些判断的真实性，来证明另一个判断的真实性的逻辑方法，论证由论题、论据和论证方式组成。在运用论证法时，论题必须明确，论据必须真实与充足，论证要合乎逻辑规律，才可以得出正确的结论。

三、体育科学研究的数理分析方法

在排球运动科学研究中，为了要对研究对象的质获得比较深刻的认识，需要对量作出刻画，这就需要借助数理统计的方法。

（一）描述性统计方法

在排球运动科学研究中，描述性统计方法是指对研究者收集到的大量的研究结果，首先需要对数据进行初步的整理、概括和计算，如统计分类和制作统计图表等；随后就要对数据的特征进行描述性分析。对数据的特征进行描述性统计的方法主要有：平均数、标准差变异系数、相关系数等。描述性统计是用揭示数据分布特性的方式来汇总并表达定量数据的方法，是推断性统计方法的基础。

（二）推断性统计方法

在排球运动科学研究中，推断统计是指用概率数字来决定某两组或多组数字之间存在某种关系的可能性，并由样本特征来推断总体特征的统计方法。研究者为了判断观察实验的样本材料对总体的性质，如，判定实验组和对照组两个样本统计值出现的差异是否真正存在于两个总体之间，也就是统计判断差异是由于抽样误差所致还是实验施加因素所致，就需要用到推断性统计方法。其主要包括总体参数估计和假设检验两个方面，其中假设检

验是排球运动科学研究中应用得最广泛的统计方法。假设检验的主要方法有；独立样本 t 检验、配对 t 检验、单因素方差分析、两个独立样本非参数检验等。

（三）多元统计分析方法

多元统计方法是分析实验数据中多个相互关联的指标或因素之间统计规律的一种综合性数理统计方法。排球运动科学研究中常用的方法主要有：多元方差分析、主成分分析、因子分析、多元正态分布及其抽样分布、协方差阵的假设检验、直线回归与相关、多元线性回归等。在排球运动科学研究中，经常会遇到多个指标或因素相互关联、相互影响，可利用 SPSS 等相关软件，较为轻松地解决这一类复杂的实际问题，使复杂的数据、指标简单化。

第五节 科学研究论文的撰写

一篇完整的科学研究论文通常包括标题、作者姓名和单位、脚注、摘要及关键词、引言、研究对象与方法、研究结果与讨论、结论、参考文献这九部分内容。

一、标题

标题是读者首先见到的部分，也是文献检索的最重要部分。标题要简明扼要地概括出论文的研究内容、研究对象、研究方法等关键因素，主标题字数不宜超过 20 个字，可以设立副标题。

二、作者姓名和单位

作者姓名和单位亦是文献检索的重要线索。作者姓名可包括对研究做出实质性贡献的多位作者，按照贡献的大小排序。作者单位应采用全称和正式名称。作者属于不同单位时，应分别列出。

三、脚注

脚注可以包括本课题的课题来源、作者基本信息、联系地址、工作单位和联系方法等。

四、摘要及关键词

摘要是对研究报告的总结，应对研究目的、研究方法、研究结果和研究意义等进行简要叙述。摘要的字数以 300 字左右为宜。摘要后应有关键词，关键词是指从论文的题目、摘

要、正文中筛取出的对表述论文的中心内容有实际意义的规范化词语，一般选取 3 至 8 个。

五、引言

引言（或前言）主要说明研究选题的理由，一般包括：研究的背景、目的；研究所涉及的问题；分析、研究边界；前人研究工作的简要回顾；研究遵循的基本理论及原则；研究方法；预期结果等内容。前言的字数一般为论文总字数的 5% 左右。

六、研究对象与方法

研究对象是事物的现象或具体的人。研究对象部分一般应包括：研究对象的基本资料，如，是具体的人则应注明年龄、性别等；研究对象的来源、数量及抽样方法等内容。研究方法部分一般应包括：观察、实验的技术；观察、实验的过程；数据处理方法等内容。

七、研究结果与讨论

研究结果与讨论是论文的主体部分。观察结果、实验结果是全篇论文的基石，所有的推理由此导出，所有的讨论由此展开，所有的结论由此获得。在描述研究结果时要注意：数据准确和充足，并具有必要性和代表性，研究结果尽可能用统计图表直观展示；研究结果的描述层次要清晰，需抓住本质。讨论是对研究结果从感性到理性的逻辑思维及推理的过程，也是通过科学抽象建立科学理论的过程，因此，应准确应用各种理论的方法，客观、严谨、清晰、透彻地对所研究的结果作出解释和说明。

八、结论

结论是以研究结果与讨论为前提，经过严密的逻辑推理做出的最后判断。结论一般包括：作者对研究结果进行分析与讨论后形成的见解；从论文总体观点中引申出来的推论预测；作者对今后进一步深化研究的具体意见或设想等内容。

九、参考文献

参考文献部分应将正文引用过的所有文献一一对应列出，即在文后将正文中提到的他人观点和成果用序号标出。

第六节　新一代信息技术助力排球运动创新发展

新一轮科技革命推动人工智能技术加速演进，以深度学习为代表的技术进步拉开了新一轮人工智能浪潮的序幕，迅速在计算机视觉、智能语音、自然语言处理等领域落地应用。近年来，人工智能技术也逐步进入体育领域。根据 Alen Rajšp 的研究，人工智能的大部分方法，如计算智能、数据挖掘、深度学习、机器学习等均在体育领域得到应用。例如，美国 Google 公司的通用学习算法 TensorFlow 在体育赛事中得到广泛应用；意大利 DataProject 公司开发的 DataVolley 软件，用于排球比赛、训练数据的解析还原，以及数据的统计分析；瑞士 Dartfish 公司的 Dartfish 视频动作分析软件，广泛应用于体育赛事人体动力学分析；德国 SIMI Reality Motion System 公司的 Simi Scout 视频技战术分析软件，对运动员行为、球的运行参数等指标进行采集与分析，应用于排球项目等体育数据采集分析领域。

一、在排球战术体系上的推动作用

1. 排球比赛实时态势推演和决策辅助

近年来，智能算法在排球赛事的战略决策研究中越来越受到关注，利用人工智能大数据技术分析球队的战术策略和技战术风格，并由此优化战略决策，制定针对性的战术对策。针对临场比赛的快速决策需求，利用人工智能技术构建多智能体实时态势推演，实现宏观战略仿真和微观战术实时生成，在赛场上为教练团队提供决策辅助。

2. 推动技战术可视化及运动表现分析

针对排球运动项目的连续性、动态性、多维性、复杂性和不确定性等特点，以时空位置数据和事件数据为基础，构建运动空间状态感知，运用运动表现特征提取、动作质量评估、非线性动态策略分析等技术进行运动表现分析。基于运动空间状态和运动表现结果，进行交互和沉浸式展现，推动技战术可视化。

3. 数据分析和预测

人工智能技术可对大量的数据进行分析和预测，提高排球比赛结果的准确性。基于人、球位置数据的时空语义信息重构是进行战术识别及策略行为分析的核心。融合技术表现数据，从比赛时空数据中识别动态关系、个体状态、合作任务、竞争目标，分析个人以及球队的击球模式、移动模式、展现运动区域使用效率和控制能力。例如，基于人、球位置信息、事件和技战术行为数据重构比赛的博弈过程，进行数据分析和预测。

二、在排球训练体系上的推动作用

人工智能和大数据技术在排球训练体系上的推动作用，表现在队员信息采集和处理、运动健康监测、协助教练和运动员进行科学化个性化训练方案制定、提高比赛表现和成绩、专业精英运动员培养等，从而实现训练的智慧化和科学化。

1. 建立排球大数据中心

建立排球大数据中心，运用超融合技术和 AI 算法框架构建高性能基础计算平台，搭建排球标准技战术动作视频系统、智慧训练系统、运动员体能训练管理系统、排球大数据管理与分析系统等。科学分析运动员的训练数据及团队的竞赛训练状态；打造基于能量代谢、力量功率、速度灵敏、平衡稳定、动作记录与分析等指标于一体的体能评估管理体系；进行数字化战术绘制、科学预测比赛态势、优化战术和训练决策，实现智慧化精准训练。

2. 运动员动作识别与技术表现评估

人工智能可进行多视角多目标高速率视觉追踪和运动捕捉，特定技术动作识别以及三维动态轨迹智能建模。例如，在深度学习及联邦学习框架下，利用视觉追踪技术，及时捕捉场上运动员位置布局；利用运动捕捉技术，完成对动作体态数据的快速收集；利用三维动态轨迹建模技术，辅助教练员准确识别球员各部位动作轨迹，帮助教练对运动员的技术表现进行评估，制订更加科学的训练计划。

3. 排球训练虚拟仿真

排球比赛是对抗激烈、速度快、技战术多变的高水平运动，在训练过程中采用虚拟现实技术为教练和运动员提供沉浸式的训练体验，有助于提高运动员的体能素质、技能水平以及心理素质。

三、在排球比赛中辅助执裁

排球比赛球速快，落点难以凭肉眼判断，人工智能技术在排球比赛中可辅助裁判高效执裁。例如，由光学运动实时跟踪捕捉设备、数据信息处理、数字显示和声音发光警示设备组成的界外球数字检测系统，以及鹰眼挑战－排球裁判辅助系统在联赛中起到了很好的辅助执裁作用，有助于提升赛事的公平性，提高联赛观赏性与关注度，推进排球项目的发展。

四、对排球设施的支撑作用

人工智能可显著提升排球运动的交互性，带动排球场地转型升级；大数据技术为排球人群提供精准服务；物联网技术可用于排球场馆及设施的智能化管理，高精度智能感知设备的开发等。

五、对排球赛事活动的支撑作用

5G 技术服务于排球赛事直播，为观众带来全新的观赏体验。云计算技术实现排球赛事在线报名、排名、抽签、赛程和裁判员安排等功能，简化组织流程。元宇宙技术为排球运动项目提供创新体验，如：创建虚拟比赛，球员和粉丝可以通过 VR 设备进入虚拟空间观看比赛、参加训练和交流；创建和收集数字版权和实体珍藏品，这些数字收藏品可以包括排球球员的签名道具、比赛照片和视频，以及创建虚拟门票和广告。此外，区块链技术提高了赛事管理的安全性。

第七节　数据统计软件 Data Volley 介绍

一、软件简介

Data Volley 软件是由意大利某体育软件公司开发的一款排球技战术数据统计和处理分析软件，已在世界各国国家排球队得到认可并广泛使用。它能够实现排球技战术统计分析和比赛视频同步，能够以图表和视频等多种效果呈现数据统计与视频数据实现关联，界面简洁美观，分区明晰，键盘配合鼠标快速录入，分析功能全面，可以根据队伍的不同需求进行分析。

Data Volley 软件功能强大且全面，可针对某个人或某个运动队进行点、线、面的平面统计分析，也可进行视频剪辑分类的空间统计分析。Data Volley 软件仅需一个人就可以完成操作，提高了工作效率和准确性。它有全面、直观、形象、细致、迅速和有针对性等优势。尤为突出的优点是它可以对一个运动队的多场比赛进行综合分析，且能做到在比赛现场迅速、准确地提供决策依据。

二、操作使用方法

（一）添加新赛季

在主界面中点击框体左上角"My Season"选项，弹出下拉菜单，选择"New Season"建立一个全新赛季如图 6-7-1，在对话框中输入新的赛季名称如图 6-7-2 所示。

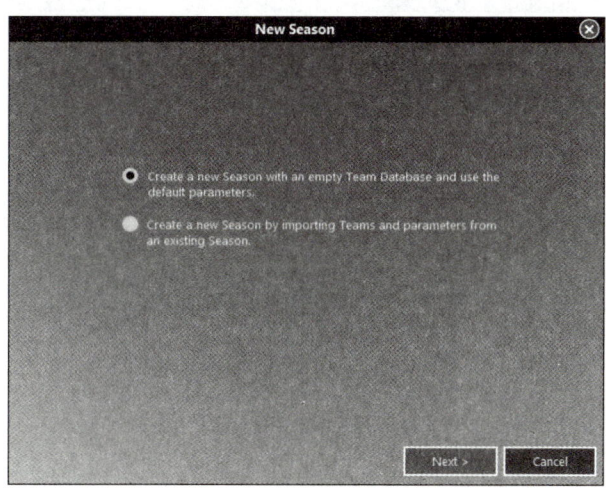

图 6-7-1　创建新赛季

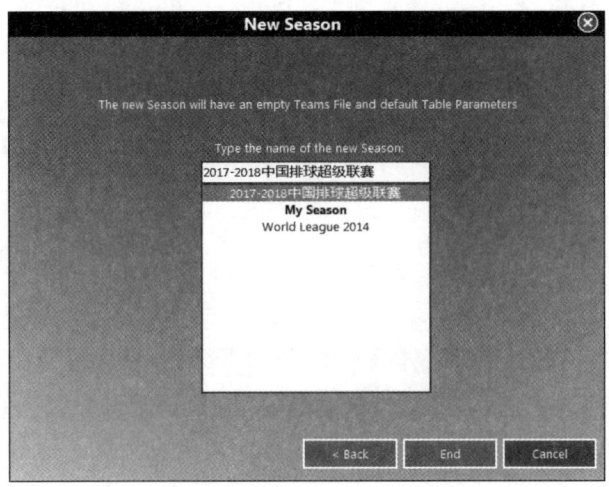

图 6-7-2　输入新赛季名称

建立成功后，会在屏幕操作窗口显示新赛季的界面，如图 6-7-3 所示。

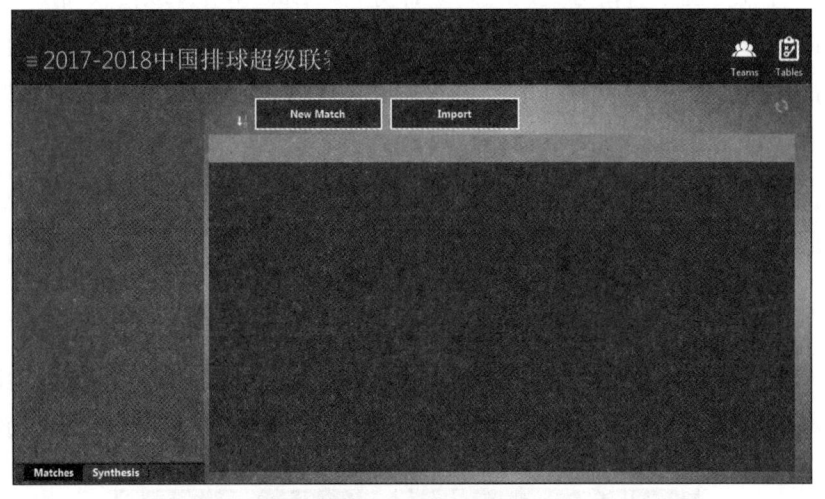

图 6-7-3　新赛季界面

（二）添加球队及队员信息

在主界面中点击框体右上角"Team"按钮，弹出"Team database"窗口，如图 6-7-4 所示。

可以在列表中点选所要记录的比赛双方的队伍，如果列表里没有所要记录的这场比赛的参赛队伍，点击"New"按钮，在弹出的对话框中填写球队代码和球队全称，如图 6-7-5 所示。

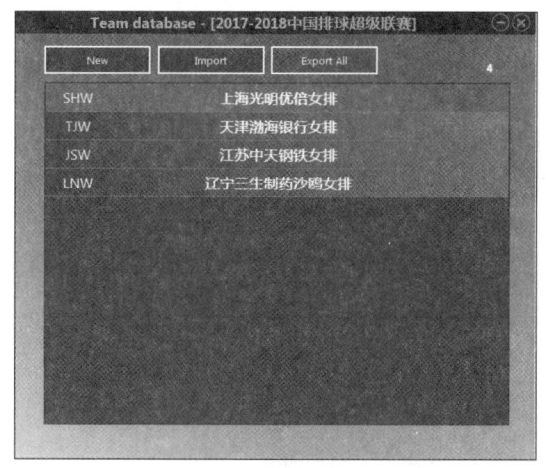

图 6-7-4　Team database 窗口

图 6-7-5　添加新的队伍

（三）建立一场比赛

球队及队员信息添加完成后，就可以建立一场比赛了，在主界面框体顶部可点击 "New Match" 来新建一场比赛的记录，或者点击 "Import" 导入已有比赛记录的信息，如图 6-7-6 所示。

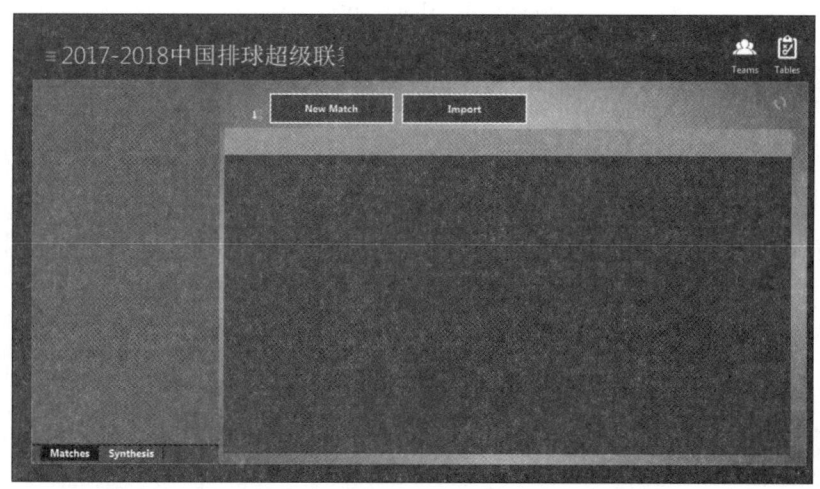

图 6-7-6　联赛界面

点击 "New Match"，弹出 "Match notes" 对话框，如图 6-7-7 所示。

在本界面中填写比赛日期、时间、赛季、比赛类型、赛程、裁判、比赛地等相关信息；选择两支参赛球队，通过点击左侧的 "…" 按钮打开球队选择窗口，选择比赛队伍并确定，可以看到相应的队伍信息会显示在后面的信息栏中。选择好球队后，点击球队信息后面的球衣图标，可以根据临场球队的球衣颜色进行选择，共有 16 种颜色。系统默认上方为主队，下方为客队（建立好之后可以通过操作反转主、客两队）。点击确认按钮，弹出运动员名单，如图 6-7-8 所示。可对运动员信息进行修改：点击 "Add" 按钮可添加球员，点击 "Not on roster" 按钮可将选定的球员移出本场比赛球员名单，每队球员名单最多 14 人。全部确认后点击确认按钮，进入比赛录入界面。

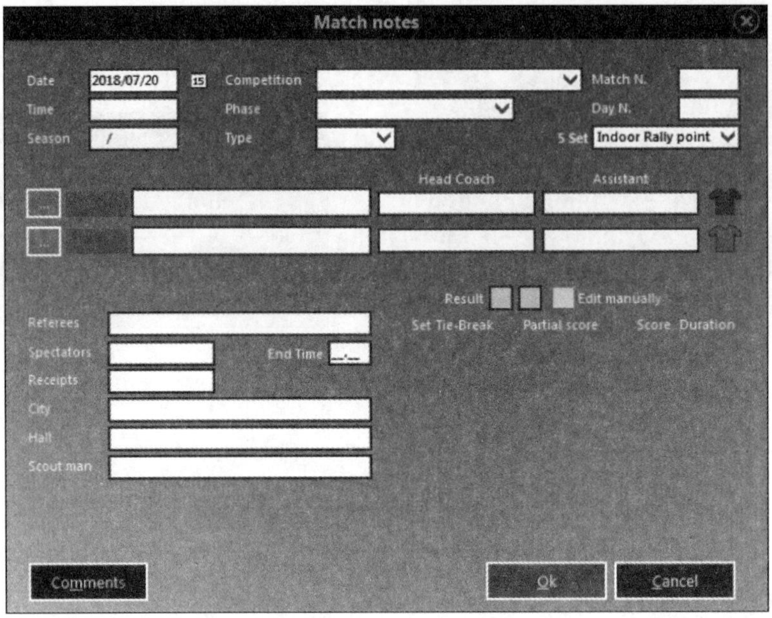

图 6-7-7 Match notes 窗口

图 6-7-8 运动员名单

（四）用户界面

在比赛基本信息设定完毕后，点击确定按钮，就可以看到记录模式基本界面如图 6-7-9 所示。这种模式主要由三个字窗口组成：位于左侧的"代码列表窗口"，这里会显示用户输入的记录和系统根据输入自动生成的全部代码。双击或右键单击某行代码可以对该代码进行修改;右侧窗口底部(可调整到顶部或单独分离出来)是"操作代码输入窗口",用户通过此窗口输入相应的代码;右侧主窗口是"站位窗口",这个窗口显示比赛双方的比分、队员列表和场上站位情况,该窗口按键功能如图 6-7-10 所示。

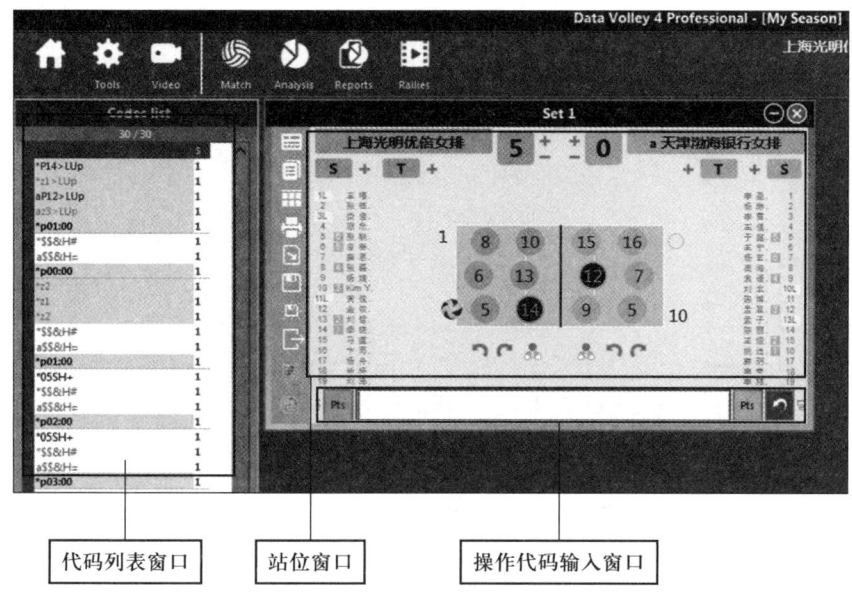

图 6-7-9 比赛记录界面

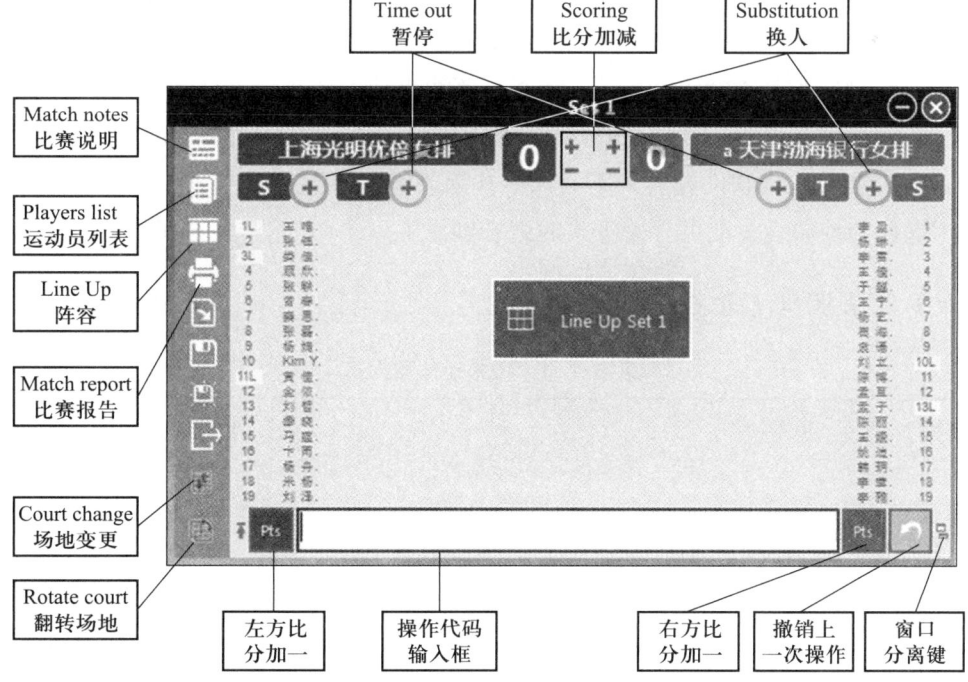

图 6-7-10 站位窗口功能说明

（五）开始记录

正式开始一场比赛的记录，首先要设定场上阵容，点击"Line Up"调出首发窗口，如图 6-7-11 所示。

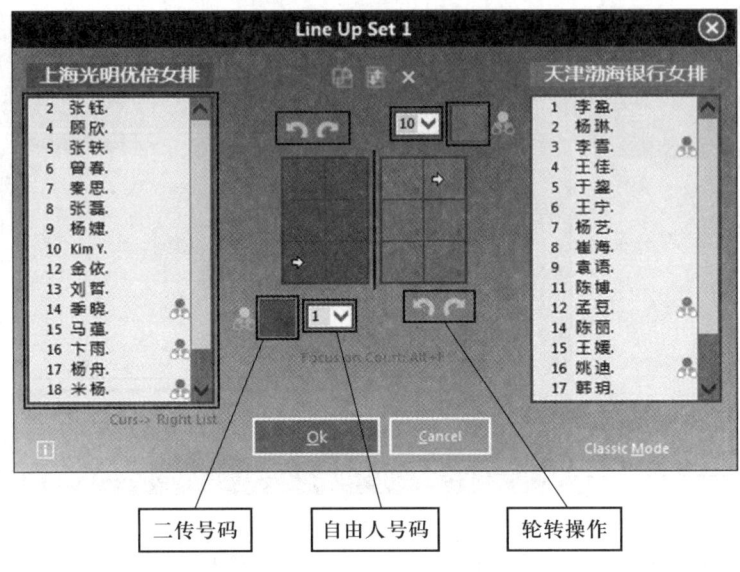

图 6-7-11　Line Up 窗口

在首发阵容窗口可以通过键盘输入或者鼠标拖动确定双方出场阵容，并将二传、自由人填入对应位置。首发阵容填写完毕后点击确认按钮，此时可以看到一个带有双方首发阵容的排球场地，场地上各个位置与填写的首发阵容对应，排球图标代表当前发球方，默认情况下，它会显示在主队一方，在开始记录前一定要确定发球方显示与比赛实际情况是否相符，否则可能会造成软件轮转判断错误。如果不符，可点击球场外空心圆变更发球权。完成上述操作和校对后，便可开始正式的记录操作了。

（六）记录代码（表 6-7-1）

表 6-7-1　技术动作及代码

技术动作	代码
发球	S
接发球	R
进攻	A
拦网	B
垫球	D

技术动作	代码
传球	E
自由球	F

1. 回合情况

主队 10 号队员发球效果一般，客队 8 号队员接发球效果一般，客队 13 号队员扣球得分，主队 8 号队员单人拦网触手出界，主队得分。

2. 如何记录

10S－a8R＋a13A　8B＝

3. 代码解释

"10"：10 号队员。

"S"：发球。

"－"：效果一般。

"　"（空格）：用于分隔两句动作代码。

"a"：客队。

"8"：8 号球员。

"R"：接发球。

"＋"：效果一般。

"a"：客队。

"13"：13 号球员。

"A"：进攻。

"8"：8 号球员。

"B"：拦网。

"＝"：效果失分。

4. 代码简写

录入中可以用"."进行代码简化，提高录入速度。发球与接发球、扣球与拦网、扣球与防守之间的代码可以简化。

如上方代码可以简化为 10S－.8　a13.8＝

（七）结束记录

结束一局比赛：一局比赛达到结束条件时，系统会自动弹出对话框询问是否结束本局比赛（图 6-7-12），选择"Yes"，并确认本局比赛用时（图 6-7-13），即可结束本局比赛。系统会自动在代码列表中添加一局比赛结束的代码，准备进入下一局比赛的记录。

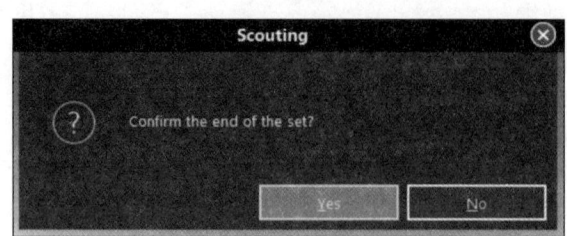

图 6-7-12　结束一局比赛

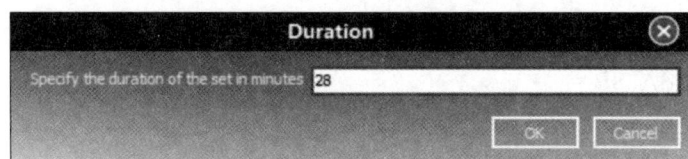

图 6-7-13　确定本局比赛用时

结束一场比赛：一场比赛结束后，选择保存后关闭比赛。

（八）输出比赛报告

在记录完毕后，或者在记录过程中，都可以查看比赛报告，通过"Reports"菜单下的各子菜单中的"Match report"，来打开当前比赛报告，如图 6-7-14 所示。

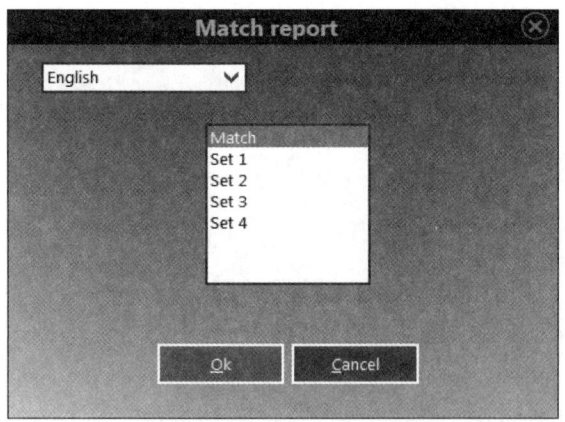

图 6-7-14　Match report 窗口

点击"Ok"按钮即可输出比赛报告，生成的报告如图 6-7-15 所示。在此可直接打印报告，也可将报告保存成 PDF、JPG 等格式保存。

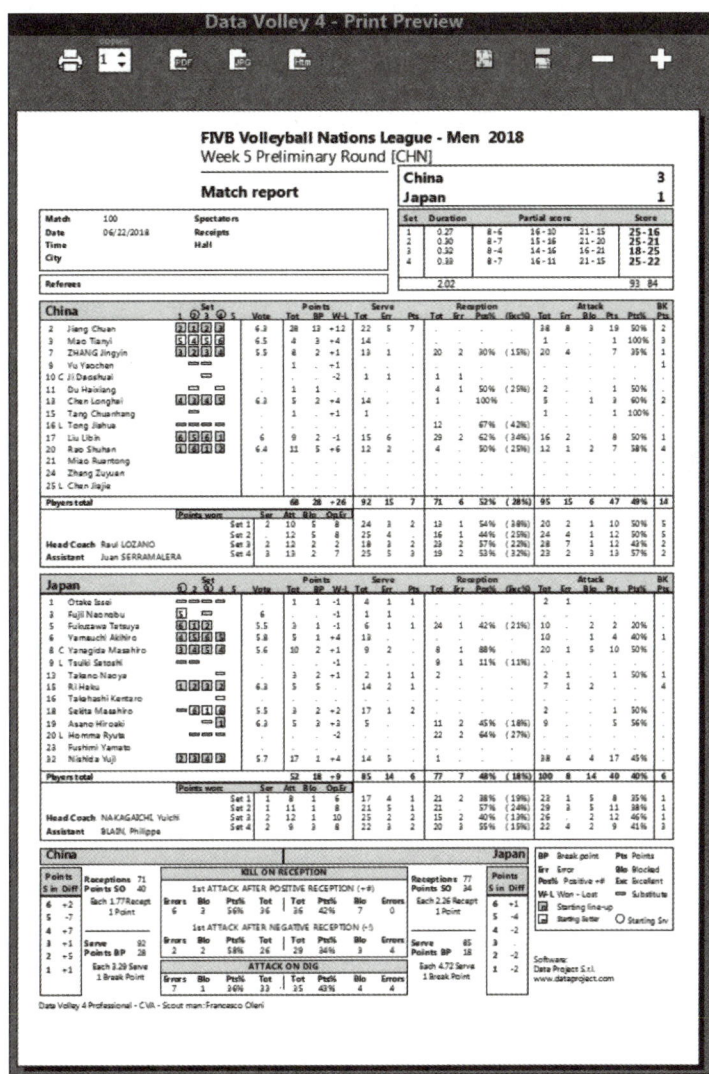

图 6-7-15　生成比赛报告

Data Volley
录入代码

思考与实践

1. 排球运动科学研究的范围与内容都有哪些?

2. 排球运动科学研究的基本程序分为几步?

3. 排球运动科学研究的选题的来源有哪些?

4. 排球运动科学研究的数理分析方法都有哪些?

5. 排球运动科学研究论文的结构包括哪些部分?

第七章　多种形式的排球

💬 本章导言

    排球运动发展百年，活动形式由简至繁，参与人群由少变多，其高度的观赏性吸引着每一名爱好者的参与。当前世界排球运动展现出了蓬勃的发展态势，不仅满足了普通参与者专业竞技与休闲娱乐的精神追求，其中多样的活动形式也为不同人群提供了大量参与的机会，如气排球、沙滩排球、雪地排球、软式排球、坐式排球等。

⚙ 学习目标

1. 熟悉多种排球运动形式的比赛方法。
2. 了解气排球、沙滩排球、雪地排球等排球形式的主要规则。

第一节 气排球

一、气排球运动的起源、发展与现状

气排球运动是由我国首创的一种排球衍生项目，适合于群众性体育活动，相比于排球，它的球体大而轻，运动强度相对较低，且更易学易上手。随着整个社会运动热情的高涨，这一原本小众的运动项目，逐渐进入了大众视野，现如今气排球已经发展成为一项新兴的流行体育运动。

作为集健身、休闲、娱乐为一体的群众性体育运动项目，气排球运动经过近40年的发展，以其球体轻、球质软、运动损伤小、参与者技术准入"门槛"低、场地设备简单，以及观赏性、娱乐性强的特点，尤其是集体项目群体参与性高的特性，迅速向各行业、系统、社区、企业、学校等广泛传播，不同年龄、不同性别、不同职业人群纷纷参与到气排球运动中。气排球已成为群众喜闻乐见、热衷参与的健身运动项目，在我国全民健身、休闲健身活动中发挥着重要的社会作用。

（一）气排球的起源

气排球运动起源于1984年，在20世纪80年代的呼和浩特，当时的生活和娱乐条件相对落后，体育健身器材相对较少，呼和浩特铁路局有不少退休人员，为了丰富员工的晚年生活，集宁铁路分局鼓励员工参与体育活动，并积极寻求适合老年人特点的运动内容与方式。当时的员工受春节联欢晚会上吹气球活动的启发，用绳子将活动场地隔开，参与者在线两边展开对抗，隔网进行使"气球过网"的对阵游戏，参与人数可多可少，可用嘴吹、用头顶、用手拍，活动形式自由且气氛活跃，运动量不大，非常适合中老年人参与。后又改用儿童玩具塑料球代替气球，这项活动逐步在呼和浩特铁路局内传播开来。

1989年9月，中国老体协常务副主席、火车头老体协第一届副主席在呼和浩特铁路局第四届全局老年人运动会上观看了气排球比赛后，建议在全国铁路系统内推广。1991年6月，在火车头老体协第三次会议上，进行了气排球运动介绍性表演，受到了在场人员的一致好评，并认为应将这种运动发展成为一项正式的群体竞技项目，让更多的人有机会参与。同时，火车头老体协派出气排球运动考察小组进行实地考察，并根据排球规则，编写了我国第一本《气排球竞赛规则》，同时在上海特制了比赛用的气排球。这标志着气排球运动的正式诞生。

（二）气排球的发展与现状

气排球的发展大致分为三个阶段：

1. 宣传与推广阶段（1989—2003 年）

这一阶段要从 1989 年 9 月，火车头老体协第一副主席韩统武在呼和浩特铁路局第四届全局老年人运动会上观看了气排球比赛后，建议在全国铁路系统推广开始。随后 1991 年编写了《气排球竞赛规则》并在铁路系统内得到推广，气排球运动开始走上了规范化的发展道路。

第一版《气排球竞赛规则》编写后，气排球比赛开始在全国铁路系统内频繁举行，并逐渐受到教育工作者和国家体育总局的关注。2003 年，国家体育总局组织了专家团队研究修订了《气排球竞赛规则》。

2. 普及与提高阶段（2004—2014 年）

随着全民健身的推进，气排球运动不仅仅活跃在老年人群体当中，也开始走进了其他年龄段运动者的视野当中，年轻人开始更多地参与到气排球运动中来，使气排球运动得到进一步发展。

2004 年由中国老年体协牵头的全国首届老年人气排球比赛成功举行，并成了每年一届的常规赛事，使得气排球运动的影响力进一步提升。2005 年，我国制定了《老年气排球竞赛规则》，气排球运动在中老年群体中得到进一步推广，并更加规范化。2007 年，《气排球裁判员技术等级制度（试行）通知》下发，明确了各级裁判员申报和审批工作。2012 年开始，国家体育总局每年下拨专项经费来支持气排球运动，随后的一年中国排球协会审定了中英双语的《气排球竞赛规则》，以促进我国气排球运动向全世界传播与推广。

3. 迅猛发展阶段（2015 年至今）

自 2015 年以来，我国气排球运动进入快速发展阶段，每年在全国各地都有不同规模的赛事举办。各种气排球赛事活动吸引了大众的目光，越来越多的人开始熟知气排球这项运动。

2015 年，在国家排球运动管理中心的大力支持下，全国"超级杯"气排球联赛正式举办，比赛设老年组、中年组、青年组和大学生组四个组别，海选赛由各省市、行业体协自行举办，赛事规模大、影响范围广，推动了气排球运动在各行各业的开展，同时也有效改善了气排球运动在高校普及不高的局面，极大地促进了我国气排球运动的发展，随着"超级杯"联赛的持续举办，我国气排球运动即将进入一个全新的发展阶段。

在国家排球运动管理中心出台的政策背景下，气排球运动的发展更加规范化和科学化。气排球运动在具体开展中，也得到了各地排球协会的大力支持，可以说气排球运动有了一个更加良好的环境和氛围。

二、气排球运动的特点、意义与功能

（一）气排球运动的特点

1. 简单方便易操作

气排球运动对场地要求较低，在宽阔地段拉上网就可以进行，最常见的是利用羽毛球场地作为气排球场地进行比赛锻炼，且器材简单，价格适宜，易携带。

2. 运动量安全可控

气排球因球体轻、球形大、球速慢、材质柔软、手感舒适，在开展活动中比较安全，极大限度消除了人们对排球运动球速快、力量大的恐惧心理。

3. 适用人群非常广泛

气排球的适用人群非常广泛，无论年龄、性别、身体素质还是技术水平如何，都可以找到适合自己的参与方式。这也是气排球成为一项受欢迎的运动的原因之一。

4. 技术全面性与独特性

气排球需要运动员具备多种技术，如发球、接发球、扣球、拦网、防守等。运动员需要全面掌握这些技术，才能在比赛中发挥出自己的水平。

5. 战术集体性与开放性

气排球是一项集体运动项目，需要队员之间密切配合，采取不同的战术来应对对手的不同防守。

6. 趣味性与观赏性强

气排球中激烈的攻防对抗和丰富的打法变换，无论参加者还是观赏者都会得到愉悦和满足。

7. 推广与发展前景好

气排球运动对技、战术的要求不高，没有排球运动技术基础的人都能很容易地加入比赛，所以气排球运动是一项容易推广的健身运动项目。

（二）气排球运动的意义

1. 身体发展意义

（1）改善生理功能。气排球运动从生理学角度分析，可以提高能量代谢水平和心肺功能、视觉器官的功能以及肌肉、骨骼、关节的功能。

（2）促进生长发育。气排球是一项全身性的运动，通过跳跃、奔跑和各种动作可以促进骨骼和肌肉的发育。

（3）增强身体素质。气排球能够锻炼心肺功能、肌肉力量和灵活性，促进身体的健康发展。

（4）提高抵抗力。气排球是一项有氧运动，可以增强身体的免疫力，促进血液循环，增加氧气和营养物质的供应，提高身体对疾病和病毒的抵抗能力。

（5）提高智力。参与气排球运动可以培养思维判断能力和决策能力，提高智力水平。

（6）提高运动能力。通过长期的训练和比赛，可以不断提高运动能力，包括爆发力、耐力、灵活性等。

2. 心理发展意义

（1）缓解压力。参与气排球运动可以分散注意力，释放紧张情绪，减轻压力，产生愉悦感，提高心理健康水平。

（2）疏导情绪。参加气排球运动可以让参与者学会更好地控制自己的情绪，学会遇事沉着冷静，淡定从容。

（3）丰富情感。气排球是一项团队合作的运动，通过与队友的合作和交流，可以培养情感和人际关系，丰富个体的情感世界。

（4）健全人格。气排球不仅可以提高个人的身体素质和技能，还可以培养团队合作精神、互助精神、自信心、纪律性和责任感。

（5）完善品格。气排球运动强调团队合作、公平竞争和遵守规则，参与运动可以培养个体的品格，包括责任心、公正性、团队精神等。

3. 社会性发展意义

（1）提高个体的劳动能力。通过长期的训练和比赛，可以提高个体的反应能力和运动技能，提高个体的劳动能力。

（2）促进社会角色适应。参与气排球运动可以培养个体对社会角色的认知和理解，通过扮演不同的角色（如队员、队长、教练等），可以提高个体的社会角色意识和适应能力。

（3）培养社会参与意识。参与气排球运动可以培养个体的社会参与意识，激发其对社会的关注和参与，提高个体的社会责任感和社会参与能力。

（4）提高社会交际能力。气排球是一项集体活动，通过参与气排球运动，可以加强人际关系，增进社区和邻里之间的交流与互动。

（5）懂得社会竞争与合作。气排球是一项需要团队合作的运动，通过与队友的默契配合，沟通和协作，可以培养团队精神、互助精神和集体荣誉感。

（6）提高社会活动组织与管理能力。参与气排球运动可以培养团队协作、赛事组织、训练计划等方面的能力，提高个体在社会活动中的参与度和管理能力。

（7）提高社会创造创新能力。气排球运动需要个体根据比赛情况和对手的变化进行灵活的战术调整和创新，通过参与运动可以培养个体的创造性思维和创新能力，提高个体在社会中的创造力和创新能力。

三、基本竞赛规则

（一）场地（图 7-1-1、图 7-1-2）、器材与装备

比赛场地为长 12 m、宽 6 m 的长方形，其四周至少有 2~3 m 宽的无障碍区，向上至少有 7 m 高的无障碍空间。

男子网高 2.10 m，女子网高 1.90 m。网柱安装在边线外 0.5~1 m 处，中线的延长线上。

球体由柔软的高密度合成革材质制成，颜色为彩色。球的周长为 72~78 cm，重量为 120~140 g，气压为 0.15~0.18 kg/cm²。

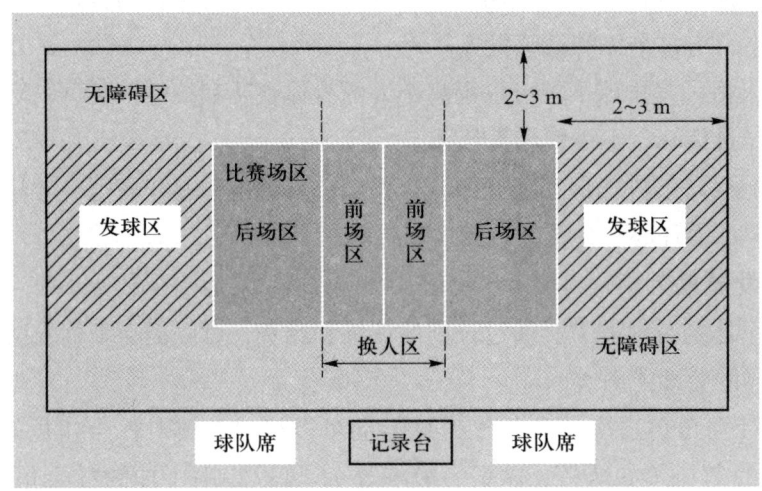

图 7-1-1　气排球正式比赛场地

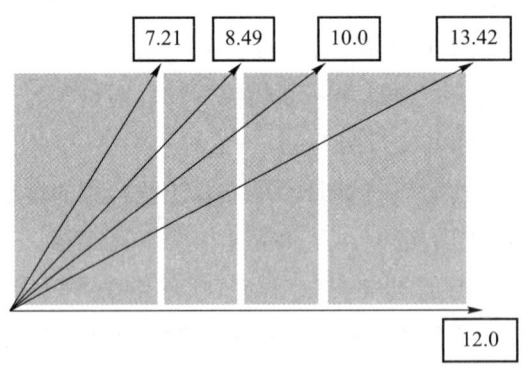

图 7-1-2　比赛场地的检查大量

（二）比赛的参与者

一个队由 10 人组成，其中有 1 名领队，1 名教练员，8 名运动员；领队、教练员可兼

运动员。只有登记在记分表上的球队成员，方可进入场地和参加比赛。一经教练员、队长在记分表上签名确认后，即不得更换。

队长应有队长标志，赛前在记分表上签字，并代表本队抽签。比赛中如队长在场上，为当然的场上队长，如被换下场时，由教练员或队长指定另一名场上队员担任场上队长。在教练员缺席的情况下，场上队长在比赛中可以请求换人和暂停。

（三）比赛方法

1. 记分方法

气排球裁判员规则及工作流程

比赛采用每球得分制，即胜一球得一分。

（1）胜一场。比赛采用三局两胜制，胜两局的队为胜一场。如果 1：1 平局时，进行决胜局（第三局）的比赛。

（2）胜一局。第一、二局先得 21 分同时超过对方 2 分为胜一局，当比分 20：20 时，比赛继续进行至某队领先两分（22：20、23：21……）为胜一局。

决胜局，先得 15 分同时超过对方 2 分的队获胜，当比分 14：14 时，比赛继续进行至某队领先两分（16：14、17：15……）为胜一局。

决胜局 8 分时双方队员交换场地进行比赛，比赛按照交换时的阵容继续进行。

（3）得一分。以下情况为得一分：球成功地落在对方场区；对方犯规；对方受到判罚。

（4）弃权与阵容不完整。某队被召唤后拒绝比赛，则宣布该队为弃权。对方以每局 21：0 的比分和 2：0 的比局获胜。某队无正当理由而未准时到达比赛场地，则宣布该队为弃权，处理方法同上。某队被宣布一局或一场比赛阵容不完整时，则输掉该局或该场比赛，判给对方胜该局或该场比赛所必要的分数和局数。阵容不完整的队保留其所得分数和局数。

2. 比赛的组织

（1）抽签。比赛开始前和决胜局开始前，由第一裁判员召集双方队长抽签。

获先者选择其中一类：① 发球或接发球。② 场区。

另一方可挑选余下部分。

（2）开始阵容。每队场上必须始终保持 5 名队员或 4 名队员的比赛阵容。队员的轮转次序应按位置表登记的顺序进行。

位置表一经交给第二裁判员或记录员，除正常换人外，其阵容不得更改。

（3）场上位置。发球队员击球时，双方队员（发球队员除外）必须在本场区内按轮转次序站位。

4 人制比赛队员位置：靠近球网 2 号位（右）、3 号位（左）二名队员为前排队员，另外二名队员 1 号位（右）、4 号位（左）为后排队员。1 号位队员与 2 号位队员同列，3 号位队员与 4 号位队员同列，如图 7-1-3 所示。

5 人制比赛队员位置：靠近球网 2 号位（右）、3 号位（中）、4 号位（左）三名队员为前排队员，另外二名队员 1 号位（右）、5 号位（左）为后排队员。1 号位队员与 2 号位队员同列，4 号位队员与 5 号位队员同列，如图 7-1-4 所示。

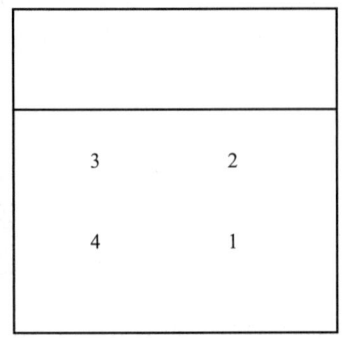 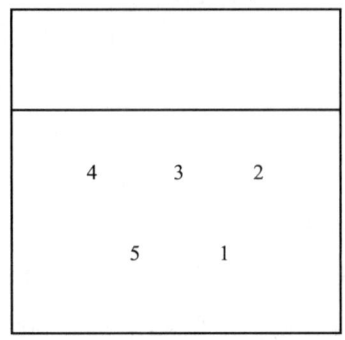

图 7-1-3 4 人制场上队员位置图　　　　图 7-1-4 5 人制场上队员位置图

轮转次序、发球次序以及队员位置的确定均以位置表为依据。某队得 1 分，同时得到发球权后，所有队员必须按顺时针方向轮转一个位置，由 2 号位队员轮转至 1 号位发球。

（4）位置错误

当发球队员击球时，如果队员不在其正确位置上，则构成位置错误犯规。当发球队员击球时的犯规与对方位置错误同时发生，则判发球犯规。当发球队员击球后的犯规与对方位置错误同时发生，则判位置错误犯规。

（5）轮转错误

没有按照轮转次序进行发球为轮转错误。队员的错误轮转次序必须纠正。记录员应准确地确定其错误何时发生，从而取消该队自犯规发生后的所有得分，对方得分仍然有效。如果不能确定犯规发生的时间，则仅判失 1 分，由对方发球。

如某队因对方被判罚而得 1 分，本方所得该分后也必须轮转一个位置，原该分该轮的发球队员不再发球，轮转由下一轮发球队员发球。

（四）比赛行为

1. 界内球

球触及比赛场区的地面包括界线为界内球。

2. 界外球

下列情况为界外球：

（1）球接触地面的部分完全在界线以外。

（2）球触及场外物体、天花板或非场上的成员等。

（3）球触及标志杆以及标志杆以外的球网、网绳或网柱。

（4）球的整体从网下穿过。

（5）球的整体或部分从过网区以外过网进入对方场区。

（6）球的整体越过中线的延长线。

3. 击球犯规

球可以触及身体的任何部分。击球时（包括第一、二、三次击球），允许身体不同部位在一个动作中连续触球。出现以下情况为击球犯规。

（1）4 次击球：一个队连续触球 4 次。

（2）借助击球：队员在比赛场地内借助同伴或任何物体的支持进行击球。

（3）持球：没有将球击出，造成接住或抛出。

（4）连击：一名队员连续击球两次或球连续触及其身体的不同部位。

4. 发球犯规

队员发球的次序按位置表上的顺序进行。一局中首先发球之后，当胜一球时，必须轮转发球，由前排右（2 号位）队员轮换至 1 号位发球。出现以下情况为发球犯规。

（1）发球掩护：发球队的队员个人或集体不得利用掩护阻挡对方观察发球队员和球的飞行路线。发球队的队员个人或集体挥臂、跳跃或左右移动，或集体密集站位遮挡球的飞行路线，则构成发球掩护。

（2）发球队员在发球击球时，不得踏及端线和发球区以外地面。跳发球起跳时，脚不得踏及或超越跳发球限制线。起跳空中击球后，脚可以落在任何位置。

（3）发球队员未在第 1 裁判员鸣哨后 8 s 内将球击出。

（4）发球次序错误。

5. 进攻性击球犯规

除发球和拦网外，所有直接击向对方的球都是进攻性击球。球的整体通过球网垂直面（包括触及球网后再进入对方空间）或触及对方队员，则认为完成进攻性击球。出现以下情况为进攻性击球犯规。

（1）在对方空间击球。

（2）击球出界。

（3）在前场区，完成进攻性击球，球的飞行轨迹没有高于击球点，球过网时没有明显向上的弧度（包括水平飞向过网）。

（4）对处于本场区内高于球网上沿的对方发球完成进攻性击球。

6. 过中线犯规

队员的一只（两只）脚部分越过中线触及对方场区的同时，其余部分接触中线或置于中线上空是允许的，不判为犯规。队员除脚以外，身体任何其他部位触及对方场区为过中线犯规。

7. 触网犯规

队员触网即犯规，比赛过程中在任何情况下都不得触网。队员击球后可以触及网柱、全网长以外的网绳或其他任何物体，但不得干扰比赛。由于球被击入球网而造成球网触及队员，不算犯规。

8. 拦网犯规

拦网是队员靠近球网，在高于球网处阻挡对方来球的行动，与触球点是否高于球网无关；只有前排队员可以完成拦网。没有触及球的拦网行动为拦网试图。触及球的拦网行动被视为完成拦网。

过网拦网的触球必须在对方进攻性击球之后。在对方进攻性击球同时或之前拦网触球均为犯规。当球飞向过网而尚未过网，有同队队员准备击该球时，不能过网拦网。拦网犯规还包括以下情况。

（1）后排队员完成拦网或参加完成拦网的集体。

（2）拦对方的发球。

（3）拦网出界。

（4）从标志杆外进入对方空间拦网。

（5）拦网队员过网拦网，在对方进攻性击球同时或之前触球。

（6）当球飞向过网而尚未过网，有同队队员准备击该球时完成拦网。

9. 比赛间断与延误比赛

正常的比赛间断有"暂停"和"换人"。每局比赛中，每队最多请求 5 人次换人和 2 次暂停。所换队员不受位置限制，每次暂停时间为 30 s。

（1）不符合规定的请求

① 在比赛进行中或裁判员鸣哨发球的同时或之后提出请求。

② 无请求权的成员提出请求。

③ 同一队未经过比赛过程再次请求换人。

④ 超过所规定正常间断次数的请求。

在比赛中第一次没有影响和延误比赛的不符合规定的请求应予拒绝而不进行判罚。同一场比赛中再次提出不符合规定的请求应判延误比赛。

（2）延误比赛

① 换人延误时间。

② 在裁判员鸣哨恢复比赛后，拖延暂停时间。

③ 请求不合法的替换。

④ 再次提出不符合规定的请求。

⑤ 球队成员拖延比赛的进行。

在一场比赛中，对一个队成员的第 1 次延误比赛，给予"延误警告"。同一队的任何成员造成不论任何类型的第 2 次以及其后的延误比赛，都给予"延误判罚"，失 1 分并由对方发球。所有延误比赛的处罚都登记在记录表上。延误比赛的处罚对全场比赛有效。局前和局间的延误比赛处罚记在下一局中。

第二节 沙滩排球

一、沙滩排球的起源与发展

沙滩排球是排球家族的成员之一。其技战术的形成沿袭了室内排球的特点，具有很强的集体性、竞争性、趣味性、观赏性、娱乐性等特点，是一项适合个体身心发展的运动项目。沙滩排球是由两名队员在室外有球网的沙滩场地上进行比赛，并无职责分工，技战术运用主要体现在两个队员之间的默契配合和个人意识行动。

沙滩排球

沙滩排球诞生于排球的发源地美国。20世纪在加利福尼亚的海岸就出现了这样一种游戏。1940年左右，美国的加利福尼亚海滨和巴西的沿海地区便有了沙滩排球比赛。20世纪50年代以后沙滩排球逐渐向地中海沿岸及太平洋沿岸国家传播开来。这期间，借助那些热爱沙排运动的民间赞助商的大力支持，各种组织、各种规模、各种水平的沙滩排球比赛开展非常频繁，极大地促进了沙滩排球的推广。1965年加利福尼亚沙滩排协成立。该协会第一次对沙滩排球的规则做了统一规定。当时的比赛有两人制、三人制、四人制以及男女混合等多种形式。

1986年，第一次国际性沙滩排球比赛在巴西里约热内卢举行。该运动在一批优秀巴西选手的带领下，进一步职业化、商业化。1992年，国际排联（FIVB）成立了沙滩排球部；1993年，国际奥委会接纳沙滩排球为奥运会正式比赛项目；1996年，在美国亚特兰大举办首届奥运会沙滩排球比赛。随着沙滩排球运动商业化和职业化步伐的加快，沙滩排球运动在世界上的影响力也日益增大，现有150多个国家的排球协会开展了沙滩排球运动，全球大约有2 000名职业球员。

（一）我国沙滩排球发展

沙滩排球在我国起步较晚，1987年我国首次组队参加沙滩排球国际邀请赛。在以后的几年中陆续在北戴河、深圳、海南等地举办了不同形式和不同水平的沙滩排球比赛。1994年在广西北海举办正式全国沙滩排球巡回赛；1997年我国首次派队参加世界沙滩排球锦标赛，自此中国沙滩排球走向了世界。

1993年，国际奥委会正式把沙滩排球列为奥运会比赛项目后，中国排球协会于1994年开始举办正式的全国沙滩排球比赛，而且每年举办几站比赛，规模越来越大，参赛的球队越来越多。

1997年，青岛首次举办了"97女子沙滩排球世锦赛中国站"的比赛，同年第8届全运会上沙滩排球被列为正式比赛项目。

1998 年，曼谷亚运会上首次组队参赛的中国男子沙滩排球队一举登上冠军宝座。

1999 年 8 月，大连市承办了"99 世界女子沙滩排球巡回赛中国站"的比赛，中国姑娘不畏强手，顽强拼搏，获得第 7 名的历史最好成绩。同时中国沙滩排球历史上第一次全面和专业化大集训在海南文昌进行，来自全国各地的 36 支男女代表队共计 96 人参加。在集训期间，根据现代世界沙滩排球运动发展的特点和技战术需要，各队狠抓基本功的训练，使技战术合理化、规范化、熟练化，尽可能与世界沙滩排球运动接轨，并加强了沙滩排球所需的专项素质训练。

2000 年，中国沙滩排球首次进入奥运会，并有两对女选手在悉尼奥运会上亮相，其中迟蓉和熊姿取得了并列第 9 名，张静坤和田佳取得并列第 17 名。在 2001 年世界沙滩排球锦标赛上，我国选手迟蓉、熊姿和田佳、王菲分别获得第 5 名和第 17 名，在 2006 年世界巡回赛波兰站比赛中，中国男子沙排选手徐林胤、吴鹏根发挥出色，夺得中国男子沙排史上首个世界巡回赛季军。同年的多哈亚运会上，中国男、女沙排队共获 2 金、1 银、1 铜；釜山亚运会中国队仅有一枚金牌；曼谷亚运会上中国队收获金、银、铜牌各一枚。在 2007 年 7 月底结束的世界沙滩排球锦标赛上，中国组合不仅创纪录地夺得一枚银牌，而且女子两对组合闯入半决赛，男子两对组合跻身八强。

2008 年北京奥运会女子沙滩排球比赛中，田佳、王洁获得银牌，张希、薛晨获得铜牌这是中国沙排在历届奥运会上的最佳战绩，为中国沙滩排球创造了新的历史。从悉尼奥运会的第 19 名，到雅典奥运会的第 9 名，再到北京奥运会斩获两枚奖牌，能够在第三次派队出征奥运就取得如此大的进步。

2010 年 6 月 13 日，中国选手张希和薛晨夺得了世界沙滩排球女子巡回赛莫斯科大满贯赛比赛的金牌；14 日吴鹏根和徐林胤夺得男子冠军。国际排联设立这个赛事 24 年来，这是中国男子选手第一次夺得冠军，而且是大满贯赛冠军。他们的胜利还使得中国选手包揽了本次大赛的男女冠军。在世界沙滩排球巡回赛的历史上，以前只有美国和巴西两个超级强国的选手包揽过男女冠军。

（二）国际沙滩排球发展

沙滩排球最早出现在 20 世纪 20 年代美国的加利福尼亚，在美国逐渐广泛开展，被视为美国排球的"国粹"。一到夏季，人们便涌向海滩，架起球网，在阳光下尽情跳跃、垫球、扣球、鱼跃。人们还把游泳、冲浪、打排球结合起来，享受着大自然带给人类的乐趣。后来，这种在海滩上娱乐的形式被越来越多的崇尚户外运动的人所喜爱。

1927 年，沙滩排球穿越大西洋来到法国。

1947 年，首届 2 人制男子沙滩排球赛在美国加州的国家海滨浴场举行。

1948 年，加利福尼亚举行了首届沙滩排球巡回赛。随着社会经济的发展，生产水平与物质文化水平的提高，社会和个人对体育的需求越来越强烈。

1976年，出现了职业沙滩排球运动员，从而使沙滩排球运动的水平有了质的飞跃。

1980年，商业性沙滩排球赛在美国被列入体育日程计划。

1982年，美国成立了职业沙滩排球联合协会，简称AVP。

1987年起，国际排联开始宣传、普及沙滩排球运动，并将它作为一项崭新的排球形式在世界范围内进行普及推广。

1987年2月，国际排联在巴西举办了第一届男子沙滩排球锦标赛，以后每年举办一届，采用世界各地巡回比赛的方式进行，以运动员年度总积分排出最后名次。

1992年，沙滩排球开始走向奥运会。

1993年2月，世界沙滩排球系列巡回赛在巴西举行，国际奥委会官员及其他体育组织的著名人士观看了比赛，他们认为沙滩排球是一项极其引人入胜而且非常流行的体育运动，具有进入奥运会的合法性，当年国际奥委会101次会议决定将沙滩排球列为1996年亚特兰大奥运会正式比赛项目，并规定参赛男队24支，参赛女队16支，东道主美国队男女各派3支队。自此，排球运动在奥运会上又增加了两枚金牌，加上赞助商们对沙滩排球运动的争相投资，激发了运动员训练与参赛的欲望，沙滩排球发展速度进一步加快，技战术水平不断提高，比赛规模日益扩大。

从1996年开始，沙滩排球风靡全球，国际排联世界性巡回赛已扩大到五大洲的29个国际赛站。

1998年，国际排联经协商，设立了挑战赛、卫星赛和业余赛，作为国际巡回赛以外的重要赛事，从而极大地推动了沙滩排球运动的普及与发展，扩大了沙滩排球运动在世界各大洲的影响。

（三）沙滩排球赛事发展

1989年，国际排联创立了2人制男子沙滩排球巡回比赛，赛场分别设在巴西、意大利和日本，首次比赛吸引了世界众多优秀沙滩排球运动员参加，并获得巨大成功。通过此次比赛，国际排联不仅将沙滩排球列为正式竞技比赛项目，而且还确定了其最高等级的赛事为：世界沙滩排球锦标赛、世界沙滩排球大满贯赛和世界沙滩排球巡回赛三大赛事。至此，沙滩排球有了统一准确的竞赛规则，比赛采用双败淘汰赛制（从2002年起，竞赛赛制改为第一阶段分组单循环，小组前两名进入第二阶段前16名的单败淘汰赛），参赛运动员必须事先注册并通过比赛进行积分排名。

在国际排联及其218个会员协会的不懈努力下，沙滩排球运动在近十多年来得以普及和迅猛发展。据资料统计，世界沙滩排球巡回赛由最初的每年5站，现已增至每年男子13站、女子12站。目前，世界上已有上百个国家和地区成立了沙滩排球组织并正式开展了沙滩排球运动，从事沙滩排球运动的运动员接近6 000万名。每年有80多个国家和地区电视转播或播放沙滩排球的赛事，收看电视的观众人数超过了5亿人。这些数据表明，沙滩排球不仅是体育节目报道中的一个新的热点，而且，它作为一项大众体育项目，已成为世界上最为流行的夏季运动项目之一。

二、基本竞赛规则

（一）器材和设备

1. 比赛场地

比赛场地包括比赛场区和无障碍区。比赛场区为长 16 m、宽 8 m 的长方形。其四周至少有 3 m 宽的无障碍区。从地面向上至少有 7 m 高的无障碍空间。

国际排联正式国际比赛场地边线外和端线外的无障碍区至少 5 m，最多 6 m，比赛场地上空的无障碍空间至少高 12.5 m。

国际排联正式国际比赛的场地，沙滩必须至少深 40 cm 并由松软的细沙组成。比赛场地的地面不得有任何可能伤害队员的隐患。

两条边线和两条端线划定了比赛场区。边线和端线都包括在比赛场区的面积之内，没有中线。所有的界线宽 5~8 cm。

端线之后，两条边线延长线之间的区域为发球区。发球区的深度延至无障碍区的终端。

2. 球网和网柱

球网设在场地中央中心线的垂直上空，拉紧时长 8.5 m，宽 1 m。

球网网孔为 10 cm 见方。球网上、下沿的全长各缝有 5~8 cm 的双层帆布带，最好是深蓝色或鲜明的颜色。用一根柔韧的钢丝贯穿上沿的帆布带，用一根绳索贯穿下沿的帆布带，使它们与网柱固定以将球网拉紧。两条宽 5~8 cm（与边线同宽）、长 1 m 的彩色带子为标志带，分别设在球网两端，垂直于边线。标志带是球网的一部分。允许设置广告。

标志杆是有韧性的两根杆子，长 1.80 m，直径 10 mm，由玻璃纤维或类似质料制成。标志杆分别设置在标志带的外沿，球网的不同侧面。标志杆高出球网 80 cm。高出的部分每 10 cm 应涂有明显对比的颜色，最好为红白相间。标志杆为球网的一部分，并视为过网区的界限。

球网的高度男子为 2.43 m，女子为 2.24 m。

支架球网的两根网柱必须为高 2.55 m 的光滑圆柱，最好能够调节高度。网柱固定在两条边线外 0.7~1 m 的地方。禁止用拉链固定网柱。一切危险设施或障碍物都必须排除。球柱必须用保护垫包裹起来。

3. 球

球是圆形的，由柔软和不吸水的材料制成外壳（皮革、人造皮革或类似材料），以适合室外条件，即使在下雨时也能进行比赛。球内装橡胶或类似质料制成的球胆。

颜色：明亮颜色（浅黄色或其他浅色，如橙色、黄色、粉红色、白色等。）

圆周：66~68 cm。重量：260~280 g。内压：171~221 mb（0.175~0.225 kg/cm^2）。

在一次比赛中所用的球，其特性，包括颜色、圆周、重量、内压、牌号等，都必须是统一的。国际排联正式比赛必须使用经国际排联批准的球。国际排联正式国际比赛应采用三球制。设 6 名捡球员，无障碍区的四个角落各 1 人，第 1、2 裁判员后面各 1 人。

（二）比赛参加者

1. 比赛队
一个队由两名队员组成。只有登记在记分表上的两名队员才可参加比赛。国际排联正式比赛中不允许教练员进行场外指导。队长应在记分表上注明。

2. 队长
队长在比赛开始前：① 在记分表上签字。② 代表本队进行挑边。

比赛后队长在记分表上签字承认比赛结果。

（三）记分方法

1. 胜一场
胜两局的队胜一场。如果 1：1 平局时，决胜局（第三局）先得 15 分，并至少领先对方 2 分的队获胜。

2. 胜一局
一局中（决胜局除外）先得 21 分并同时至少超过对方 2 分的队胜一局。当比分 20：20 时，比赛继续进行至某一队领先 2 分为止。

3. 胜一球
无论是发球失误，还是击回球时失误或任何其他的犯规，对方即胜一球。如果对方是发球队，则得 1 分并继续发球。如果对方是接发球队，则获得发球权同时得 1 分。

（四）比赛的准备和组织

1. 比赛的准备
第 1 裁判员应在准备活动之前召集双方队长挑边。

挑边获胜者选择：① 发球或接发球。② 场区。

挑边失利者从余项中选择。

挑边失利者在第二局前有权先选择①或②。决胜局前重新挑边。

2. 队的阵容
每队的两名队员自始至终参加比赛。没有换人，也不允许更改运动员。

3. 队员的位置
当发球队员击球时，双方队员（发球队员除外）必须在本场区内。队员在场内可随意站位。没有固定的位置。没有位置错误犯规。

发球次序必须在整局比赛中始终如一（在队长挑边后立即确定）。

没有按照发球次序发球视为发球次序犯规。发球次序犯规判失掉该球。

（五）比赛行为

1. 击球行为

裁判员鸣哨允许发球，发球队员击球，比赛开始。

裁判员鸣哨则比赛中断，但是如果裁判员是由于比赛中出现犯规而鸣哨的，则比赛的中断实际是由犯规的一刻开始的。

球触及比赛场区的地面包括界线为界内球。

下列情况为界外球：

（1）球接触地面的整个部分落在界线以外（未触及线）。

（2）球触及场外的物体或非比赛人员。

（3）球触及标志杆、网绳、网柱或球网的标志带以外部分。

（4）发球和第三次击球后，球的整体或部分从非过网区完全越过网的垂直面。

每队最多可击球三次将球从球网上空击回对方。无论是主动击球或被球触及，均作为该队击球一次。一名队员不得连续击球两次（拦网除外）。

身体任何部位都允许触球。球必须被击出，而不能被接住或扔出。球可以向任何方向弹出。

下列情况例外：

（1）用上手传球动作防守急难球时，球在手中可短暂停滞。

（2）当双方队员网上同时触球时可以"持球"。

球可以触及身体的不同部位，但必须是同时触及。

下列情况例外：

（1）在拦网中，允许一名或更多的拦网队员在同一拦网动作中连续触球。

（2）在第一次击球时，除上手传球外，允许身体不同部位在同一击球动作中连续触球。

下列情况为犯规：

（1）4次击球：球在进入对方场区之前一个队击球4次。

（2）借助击球：队员在比赛场地以内借助同伴或任何物体进行击球。

（3）持球：队员没有将球击出。但防守急难球时或双方队员网上同时触球时造成的"短暂持球"除外。

（4）连击：一名队员连续击球两次或球连续触及队员身体的不同部位。

2. 球网附近的球

球必须通过球网上空的过网区进入对方场区。过网区是球网垂直平面的部分，其范围是：

（1）下至球网上沿。

（2）两侧至标志杆及其假想延长线。

（3）上至天花板或障碍物（如果有的话）。

球的整体或部分从过网区以外的空间飞入对方无障碍区时按如下规定可在本队击球次

数之内将球击回：球必须整体或部分地从同一侧过网区以外空间被击回。对方不得阻拦。

球的整体越过球网以下垂直平面为"界外球"。

队员可以进入对方场区将尚未完全越过球网垂直平面的球从网下或过网区外击回。

3. 球网附近的队员

每队必须在其本场区内及其空间进行比赛，但允许队员越出无障碍区进行救球，将球击回。

拦网时，允许拦网队员越过球网触球，但必须在对方进攻性击球之后并不得妨碍对方比赛。

允许队员进攻性击球后手越过球网，但必须在本场区空间完成击球。

禁止触及球网的任何部分和标志杆。

队员击球后，可以触及网柱、全网长以外的网绳和其他任何物体，但不得影响比赛。

由于球被击入球网而造成的球网触击对方队员不算犯规。

由头发造成的轻微触网不算犯规。

4. 发球

发球队员在发球区内用一只手或手臂将球击出而进入比赛的动作称为发球。每局的首先发球在挑边后即被确定。一局中首先发球之后，队员按下列规定进行发球：

（1）当发球队胜一球时，原发球队员继续发球。

（2）当接发球队胜一球时，获得发球权并由上次未发球的队员发球。

发球队员可在发球区自由移动。发球击球时或跳发球起跳时，发球队员不得触及场区（包括端线）和发球区以外地面，其脚不得伸至线下。击球后，发球队员可以踏及或落在发球区外或场区内。

由于发球队员触动沙子而造成的界线移动不算犯规。发球队员必须在第 1 裁判员鸣哨后 5 s 内将球发出。裁判员鸣哨前的发球无效，该球重发。球被抛起或持球手撤离后，在球落地前，用一只手或手臂的任何部分将球击出。球被抛起或持球手撤离后，未触及发球队员而落地，被视为一次发球。不允许发球试图。

5. 进攻性击球

（1）定义：除发球和拦网外，所有直接向对方的击球都是进攻性击球。当球的整体通过球网垂直面或被对方拦网队员触及，进攻性击球则宣告完成。任何队员都可以对任何高度的球进行进攻性击球，但触球时必须在本场地空间。

（2）进攻性击球犯规：队员在对方场地空间击球。队员击球出界。队员用张开的手指吊球完成进攻性击球。队员对对方发过来的球在球的整体高于球网上沿时完成进攻性击球。队员用上手传球且传球轨迹不垂直于双肩连线完成进攻性击球。传给同伴的球除外。

6. 拦网

拦网是队员靠近球网、将手伸向高于球网处挡对方来球的行动。拦网后可以由任何一名队员进行第一次击球包括拦网时已经触球的队员。拦网时队员可以将手或手臂伸过球

网，但不得影响对方击球。过网拦网触球应在对方队员进攻性击球之后。

拦网的触球算作球队的一次击球。一个队拦网触球后只能再击球两次。在一个动作中，球可以连贯（迅速而连续）地触及一名或更多拦网队员。这仅算作球队的一次击球。身体任何部位都可以拦网。

以下行为判拦网犯规：

在对方进攻性击球前或击球同时，拦网队员在对方场区空间触球。队员从标志杆以外伸入对方空间拦网。队员拦对方发球。拦网出界。

（六）暂停和延误

1. 暂停

暂停是正常的比赛间断，时间为 30 s。在 FIVB 巡回赛和正式比赛中，第一局和第二局每当双方比分同为 21 分时，有一次 30 s 的技术暂停。每局比赛中，每队最多可请求 1 次暂停。

当比赛成死球时，在裁判员鸣哨发球之前，队员可用相应的手势请求暂停。一次暂停可与另一次暂停相连续，中间无须经过比赛。队员必须得到裁判员的同意才能离开场地。

2. 比赛的延误

一个队拖延比赛继续进行的不正当行为称为延误，包括以下行为：

（1）在裁判员鸣哨恢复比赛后，拖延暂停时间。

（2）在同一局中再次提出不符合规定的请求。

（3）拖延比赛的继续进行，正常情况下，从上一个球结束到裁判员鸣哨发球最多时间为 12 s。

3. 交换场区和局间休息

对方每积 7 分（第 1、2 局）和 5 分（第 3 局）后交换场区。

局间休息为 1 min。第 3 局前休息时，第 1 裁判员遵照规则主持挑边。

换场区时，没有休息时间。球队必须无延误地交换。如果未按时交换场区，则在发现时立即进行，比分保持不变。

第三节　其他形式排球运动介绍

排球运动包含多样的运动形式，除前面介绍的气排球与沙滩排球为人熟知以外，还有多种衍生形式也较为常见，如雪地排球、软式排球、4 人制排球、坐式排球、小排球、9 人制排球等。

一、雪地排球

（一）起源及发展

雪地排球作为一项新兴的排球项目，获得了国际排联的大力推广，目标是最终将雪地排球项目带入奥运会，成为冬奥会正式比赛项目。这项新奇的排球活动起源于 2008 年的奥地利，在海拔 1 850 m 的瓦格林－克莱纳尔山脉上，人们将排球运动带到雪地上来，在莫扎特飞行站架起了球网，使排球运动正式走进了冰天雪地的户外。2011 年，雪地排球运动被奥地利排球联合会确定为正式运动项目，奥地利规范了雪地排球规则、装备，使雪地排球运动逐渐完善。2012 年，奥地利圣安东·阿伯格和德国巴伐利亚州的斯皮津基开展了雪地排球巡回赛，这也是雪地排球官方首次国际赛事。

通过推动雪地排球项目在全球开展，国际排联拓展了排球运动在室外的活动场域，同时覆盖一年四季，充分展示了排球运动的乐趣与激情，也向着"大排球"发展理念坚定前进。

（二）主要开展地区

2012 年至 2014 年，瑞士、意大利和捷克等国家结合旅游逐步开展雪地排球运动。经过初期发展，雪地排球逐渐从奥地利走向欧洲各国。2015 年 10 月，雪地排球项目正式列入欧洲排球联合会官方目录中，成为欧洲正式推广发展的排球项目。

（三）基本竞赛规则

1. 场地与器材

（1）比赛场地与球网。比赛场地是一个 16 m × 8 m 的长方形场地，四周都有一个至少 3 m 宽的无障碍区。无障碍区是指比赛场区上方没有任何障碍物的空间。比赛场区上空的无障碍空间从地面量起至少高 7 m，其间不得有任何障碍物。

场地必须由雪组成，尽可能平坦和均匀，没有岩石和其他任何可能对运动员造成割伤或伤害的东西。正式比赛场地，雪必须至少 30 cm 深。

发球区是端线后面一个 8 m 宽的区域，延伸到无障碍区的边沿。

比赛网高为男子 2.43 m，女子 2.24 m。网的高度可能因特定年龄组而异。网长 8.0~8.5 m，宽 1 m（+/−3 cm），拉紧后垂直放置在球场中间的窄轴上。

标志带是两根 5 cm 宽（与场线宽度相同）、1 m 长的彩色带垂直固定在网上，并置于每条边线的正上方。标志带被认为是球网的一部分。

标志杆是有韧性的两根杆子，长 1.8 m，直径 10 mm，由玻璃纤维或类似的材料制成。两根标志杆分别设置在标志带外沿球网的不同侧面。标志杆高出球网 80 cm。高出部分每 10 cm 应涂有明显对比的颜色，最好为红白相间。标志杆被认为是球网的一部分，并视为过网区的边界。

（2）比赛用球。球是圆形的，由柔性材料（皮革、合成革或类似材料）制成。球的内部有一个由橡胶或类似材料制成的球胆。球的颜色为浅色均匀的颜色或多种颜色的组合。求得圆周为 66～68 cm，重量为 260～280 g，气压为 0.175～0.225 kg/cm^2。

2. 比赛参加者

一支球队由三名球员组成，可能还有一名替补球员。只有登记在记录表上的运动队成员才能正常进入比赛控制区，参加赛前的正式热身和比赛。球队中一名队员为队长，应在记录表上注明。比赛期间，球员不得接受外部援助或指导。

球员的装备包括：对雪有很好抓地力的鞋，不会对球员的健康构成任何威胁，长袖或短袖的贴身 T 恤和紧身长裤。球员可以在紧身长裤的外面穿短裤。球员可以戴手套和帽子/头罩。同一队的队员必须穿相同颜色和款式的队服，球员的球衣必须有从 1 到 4 的编号。

3. 比赛方法

（1）计分方法。比赛采用每球得分制和三局两胜制，每局比赛先得 15 分同时超过对方 2 分为胜一局，当比分 14：14 时，比赛继续进行至某队领先两分为胜一局。如果 1：1 平局时，进行决胜局（第三局）的比赛。决胜局总共 15 分，至少领先 2 分为胜。

（2）弃权或阵容不完整。当某队被召唤后拒绝比赛，或无正当理由而未准时到达比赛场地，则宣布该队为弃权。对方以每局 15：0 的比分和 2：0 的比局获胜。某队被宣布一局或一场比赛阵容不完整时，则输掉该局或该场比赛，判给对方胜该局或该场比赛所必要的分数和局数。阵容不完整的队保留其所得分数和局数。

（3）比赛的组织。比赛开始前由第 1 裁判员主持抽签，决定第 1 局首先发球的队和场区。抽签由双方队长参加。抽签获胜方可以选择：发球或接发球；或场区另一方挑选余下部分。在第二局中，抽签失败的一方可以选择发球或接发球或场区。决胜局将重新抽签。

（4）场上位置。发球队员击球时，双方队员（发球队员除外）必须在本场区内按轮转次序站位。球员们可以自由选择自己的位置。球场上没有固定的位置。

（5）轮转与轮转错误。比赛期间必须保持发球次序（抽签后立即由队长决定）。当接发球队获得发球权时，其队员"轮换"一个位置。

轮转错误是指没有按照轮转次序发球。该队被判给对手得一分和发球权。

（6）比赛行为。雪地排球与室内排球基本规则基本相同，本处不再赘述。

二、软式排球

（一）起源及发展

20 世纪 80 年代中期，软式排球在日本山梨县诞生，并很快成为日本中老年人和家庭娱乐健身的一项体育活动，且以其独特的魅力迅速普及到日本的中小学校。1988 年 2 月，日本排球协会制定了软式排球竞赛规则。1992 年，软式排球运动进入日本学校，成为中小学体育课的一项教学内容。1993年4月，"日本沙滩软式排球协会"单独成立。自此，软式排球在日本全面普及并向国外推广。

2000年以来，在国家相关部门的大力倡导和组织推动下，软式排球在国内大、中、小学及社会团体中有计划、有组织地开展，举办了多层次的软式排球培训班和软式排球比赛，软式排球运动得到有力的推广和发展。当前，软式排球运动在中国方兴未艾，蓬勃发展。

（二）基本竞赛规则

1. 场地器材

（1）比赛场地与球网

根据我国软式排球规则，正式比赛分为A制（4人）和B制（6人）两种。A制：比赛场区为长16 m、宽9 m的长方形，其四周至少有3 m宽的无障碍区，从地面向上至少有7 m高的无障碍空间。B制：比赛场区为长18 m、宽9 m的长方形，其四周至少有3 m宽的无障碍区，从地面向上至少有7 m高的无障碍空间。

球网架设在中线上空，高度为男子2.35 m、女子2.20 m，青少年组球网高度可适当降低。

（2）比赛用球

球是圆形的，由柔软的材料制成，能适应室内外比赛。

球的颜色：应是浅色。

球的圆周：成人组65~67 cm，青少年组63~65 cm。

球的重量：成人组220~240 g，青少年组200~220 g。

比赛用球应当有一定的弹性，其标准为：在2 m高处自由下落反弹高度不低于50 cm。

2. 比赛参加者

（1）队的组成

一个队由8名队员组成。A制上场比赛的为4名队员，B制上场比赛的为6名队员。可设1名教练员、1名领队队员，上衣号码序号为1—12号。

（2）队员的场上位置

A制：1号位为后排队员。2、3、4号位为前排队员。

B制：1、5、6号位为后排队员，2、3、4号位为前排队员。前后排队员位置不能颠倒，同排队员位置不能交叉（发球队员除外）。

接发球队获得发球权后，该队队员必须按顺时针方向轮转一个位置（A制：2号位队员转至1号位，1号位队员转至4号位等。B制：2号位队员转至1号位发球，1号位队员转至6号位等）。

3. 比赛方法

（1）每球得分制。

（2）三局两胜制，胜两局的队胜一场，如果1:1平局时进行决胜局。

（3）前两局，先得 25 分并同时超过对方 2 分的队胜一局，当比分 24∶24 时比赛继续进行至某队领先对方 2 分为止，没有最高上限。

（4）决胜局，先得 15 分并同时超过对方 2 分的队胜该局。当比分 14∶14 时比赛继续进行至某队领先 2 分为止，没有最高分限，比分到 8 分时交换场区。

（5）弃权。某队被召唤之后拒绝比赛则宣布该队为弃权，以 0∶2 的比局和 0∶25、0∶25 的比分失利。某队无正当理由而未准时到场则宣布该队弃权。

（6）发球队员必须在肩以下部位将球击出，即下手发球。

三、4 人制排球

（一）起源及发展

在排球大家庭中，4 人制排球是一位相对年轻的成员。这项运动又被称为公园排球，是由国际排联于 1998 年在室内排球和沙滩排球的基础上正式推出的。它具备简单易懂的规则，适合各个年龄段和性别的人群参与。一方面，它可以作为初学者接触排球的理想之选；另一方面，它也适用于高水平竞技。作为一种既适合入门又可用于竞技的排球项目，4 人制排球在普及和推广方面具有显著的优势。

（二）基本竞赛规则

1. 器材与场地

（1）4 人制排球比赛场区为长 13.4 m、宽 6.1 m 的长方形，包括比赛场区和四周至少有 3 m 宽的无障碍区。比赛场地上空的无障碍空间从地面量起至少高 7.5 m，其间不得有任何障碍。所有的界线宽 5 cm，其颜色须区别于场地颜色。当使用国际标准羽毛球场地塑胶时，所有界线宽 3 cm；当使用拼装式运动地板时，界线可适当加宽。

（2）球网架设在中线上空。球网为黑色，长 7.1 m，宽 1 m，网孔为 10 cm^2。女子网高 2.0 m、男女混合网高 2.1 m、男子网高 2.2 m。球网高度应用量尺从场地中间丈量。球网两端离地面必须相等，不得超过规定高度 2 cm。网高可以根据比赛队员的水平进行适当调整。

（3）球是圆形的，可以使用软式排球、国际标准的排球或沙滩排球。软式排球由橡胶材料制成，颜色为亮丽的彩色。圆周长分别为 63~65 cm、70~72 cm、77~79 cm，重量为 170~220 g，充气时以软式排球的周长作为衡量标准，保证球的周长在规定范围内即可。使用国际标准排球或沙滩排球时，充气时以规定的标准气压为依据，排球 0.3~0.325 kg/cm^2，沙滩排球 0.175~0.225 kg/cm^2。

2. 比赛方法

（1）队的组成。正式比赛，球队由 4 名队员、1 名教练员组成，整场比赛不得进行更换。可以男女混合组队比赛，一般采用 2 男 2 女或 3 男 1 女的组合形式。

（2）计分方法。4人制排球比赛采用三局两胜制，以某队先赢得21分并同时超过对方2分为胜一局（如21∶23、22∶24）。如果1∶1平局时，决胜局（第3局）打至15分同时超过对方2分的队获胜。8分时交换场地。当比分14∶14时，比赛继续进行至某队领先两分为止。

3. 比赛行为

（1）比赛中，场上4名队员不分前后排，都可以参与扣球和拦网。

（2）队员发球的次序由球队自己决定，没有固定的发球次序。当接发球队胜一球时，获得发球权并自行确定发球队员，可由原发球队员继续发球，也可以更换一名队员发球。当发球队胜一球得分时，可由原发球队员继续发球，也可以更换一名队员发球。当发球直接得分时，发球队必须换由任意另外一名队员继续发球，否则，判罚发球次序错误，判该队失一分，由对方发球。

（3）正常的比赛间断只有"暂停"。每局比赛中，每队最多请求1次暂停，暂停时间为30秒。

（4）其他规则同6人制排球规则。

四、坐式排球

（一）起源与发展

坐式排球运动最早于1956年在荷兰出现。荷兰军队的伤员协会组织伤残军人进行体育活动时，将当时在其国内开展的拳球（FIST BALL）运动和排球运动巧妙地结合起来，发明了适合残疾人进行活动的体育项目——坐式排球。1975年荷兰人第一次组织了坐式排球比赛，制定了简易的比赛规则，对原来排球场地、球网的高度等进行了缩小和降低，同时明确规定了上场比赛的人数，使之适合残疾人坐在地面上进行比赛。此后，经过不断的摸索和实验，坐式排球比赛规则逐渐完善，发展成为适合残疾人参与的体育活动。

坐式排球是为适应残疾人锻炼身体的需要和满足其参加排球运动的愿望而产生的，是残疾人排球运动的一种形式。根据残疾人不同的生理特点，残疾人排球还有许多形式：如单下肢（一个假肢）残疾人采用的立式排球、双下肢残疾人采用的坐式排球、轮椅排球以及盲人排球等。国际比赛中常采用的形式为立式排球和坐式排球。参加比赛的运动员必须符合国际伤残人运动组织ISOD手册中规定的有关标准，每位运动员必须持有由排球竞赛医务部门颁发的个人伤残级别合格证。

（二）基本竞赛规则

1. 场地与器材
（1）比赛场地

比赛场区为长10 m、宽6 m的长方形，界线宽5 cm，界线宽度包括在比赛场区内。

中线的中心线将比赛场区分为长 5 m、宽 6 m 的两个相等场区。两条进攻线与中线平行，距中线中心线 2 m。在端线外各画有两条长 15 cm，垂直并距离端线 20 cm 的短线，一条在右侧边线延长线上，另一条在其左侧 2 m 两条短线之间为发球区。

（2）球网和网柱

球网：为黑色，宽 0.8 m，长 7 m，，网眼直径 10 cm。

标志带：球网上有两条宽 5 cm、长 0.8 m 的白色带子，为标志带，分别系在球网的两端，垂直于边线和中线的轴线上。两条标志带均为网的一部分。

标志杆：两根具有韧性的杆子长 1.8 m，直径 10 mm，由玻璃纤维或类似质料制成。两根标志杆分别设置在标志带外沿、球网的不同两侧。标志杆上应标有颜色对比强烈的 10 cm 的宽带。标志杆高出球网上端 1 m。

网柱：网柱至少高 1.25 m，固定在距边线至少 1 m 的比赛场地上，所有危险设施必须拆除。

网高：男子比赛网高 1.15 m，女子比赛网高 1.05 m。

（3）比赛用球

比赛用球是圆形的，由柔软皮革或合成革制成外壳，内装橡皮或类似质料制成的球胆。颜色应是一色的浅色或彩色。圆周为 65~67 cm，重量为 260~280 g，气压为 0.30~0.325 kg/cm^2。

2. **球队组成**

坐式排球是一项集体比赛项目，每队由 12 名队员组成。两队各派 6 名队员，在由球网分开的场地上进行比赛。一个队最多有 12 名队员，包括最多两名最低限度残疾的队员。场上 6 名队员中可以包括最多 1 名最低限度的残疾的队员，如果自由防守队员在场上，6 名队员应该仍确保这个必要条件。

3. **比赛位置**

运动员场上位置是由其臀部着地部位来判定。臀部是指"身体的上部"即从肩到臀部。每一名前排队员至少其臀部着地的一部分比同列后排队员的臀部着地部分距中线更近。每一名右边（左边）队员至少其臀部着地的一部分比同排中间队员臀部的着地部分距离右（左）边线更近。

4. **侵犯对方场地**

比赛任何时间只要没有影响对手的比赛，运动员的手脚允许越过中线，但要立即将手和脚收回自己的场地。

禁止运动员的其他部位触及对手的场地。

在不干扰对手的情况下允许从球网下面进入对方的空间。

5. **发球**

发球运动员必须在发球区内发球。击球时运动员的臀部必须在底线的后面不能触到底线。

6. 进攻性击球

无论前排进攻还是后排进攻，运动员的臀部都不能离开地面。后排队员进攻时其臀部不能触及进攻线或越过进攻线。

7. 拦网

运动员在比赛中，前排三名队员可以随时拦发球直接得分，同时所有队员可以直接将对方的发球扣回对方场内得分（后排队员必须在后场区内扣球才行），但身体上部必须与地面接触。

8. 防守

运动员在比赛过程中其臀部始终不得抬离比赛场地，但在防守区或无障碍区进行防守时其臀部可以暂时抬离比赛场地，也允许将球直接击入对方区域。在进攻区内进行防守时如不是拦网也允许运动员的上体短时间离开比赛场地的地面。

9. 裁判员的位置

第 1、2 裁判员均站立在球网两端场地上执行裁判工作，司线员和捡球员也均站立执行工作。

五、小排球

（一）起源与发展

小排球又被称为"迷你排球"。大约在 20 世纪 60 年代初，民主德国的教练员在开展儿童排球的活动中创造了"小排球"，并取得了较好效果。此后小排球活动在世界各国得到普遍开展。1975 年在瑞典、1979 年在意大利、1982 年在阿根廷相继召开了国际小排球讨论会。目前在意大利、德国、日本、墨西哥、匈牙利、美国、加拿大、中国和保加利亚等国都广泛开展了这项运动。如今，国际排联已把它和学校排球运动一起列入现代排球的发展规划之中，并设有专门的小排球委员会分管这项少年儿童喜爱的活动。国际排联小排球委员会为便于更好地进行国际交流和更广泛地开展 9~12 岁少年儿童的排球活动，于1971 年统一了小排球比赛的规则。我国于 2023 年 5 月出版了最新的《小排球竞赛规则》，面向全国推广，是全国小排球（6~12 岁）竞赛标准、规则和规范的唯一依据。

（二）基本竞赛规则

1. 器材与场地

（1）小排球比赛场区为长 16 m、宽 8 m 的长方形，距中线中心线 2.5 m 处设有扣球限制线，将场地分为前场区和后场区。比赛场区和四周至少有 3 m 宽的无障碍区。比赛场地上空的无障碍空间从地面量起至少高 7 m，其间不得有任何障碍。

（2）男子、女子球网高度均为 2.0 m。

（3）球的制作同一般排球，球的面料由柔软的高密度合成革材质制成。颜色为彩色（可以是一色的浅色或是彩色）。圆周长为 60~62 cm，重量为 210~230 g，气压为 0.3~0.325 kg/cm^2。

2. 比赛方法

（1）比赛采用每球得分制，即胜一球得一分。比赛采用三局两胜制，胜两局的队为胜一场。如果 1∶1 平局时，进行决胜局（第三局）的比赛。每局先得 15 分同时超过对方 2 分为胜一局，当比分 14∶14 时，比赛继续进行至某队领先两分为胜一局。决胜局领先队得到 8 分时双方队员交换场地进行比赛，比赛按照交换时的阵容及位置继续进行。

（2）第一局和决胜局由抽签选定发球权的队首先发球。第二局由前一局未首先发球的队发球。

（3）获得发球权以后，队员要按顺时针方向轮转位置，轮转方法同 6 人制排球。

3. 比赛行为

比赛中的击球行为等规则要求同 6 人制排球规则。

六、9 人制排球

（一）起源与发展

排球运动传入亚洲时，首先采用的是 16 人制。受远东运动会的影响。1919 年改为 12 人制，1927 年改为 9 人制，1951 年改为 6 人制。由于 9 人制排球没有位置轮转，且规则比较宽松，技术要求不高，所以深受一般排球爱好者的青睐，至今仍然在东南亚和我国南方盛行。我国的一些沿海地区，特别是一些"排球之乡"，仍然有不少爱好者参加 9 人制排球活动。我国妇女与日本妇女之间也经常开展 9 人制排球活动，并以此作为国际交流的一种形式。

（二）基本竞赛规则

1. 场地与器材

9 人制排球比赛场区为长 22 m、宽 11 m 的长方形。比赛场地内设有网柱、球网和球。男子球网高度 2.43 m、女子球网高度为 2.24 m。

比赛使用标准排球（同 6 人制排球比赛用球）。

2. 比赛方法

（1）正式比赛采用五局三胜制，每球得分，以某队先得 21 分并领先对方 2 分为胜，无最高分限。

（2）9 人制排球比赛是双方各上场 9 名队员，场上队员分 3 排站立，一般头排中间的队员是二传手，头排左、右 2 名队员为快攻手和拦网手；二排中间的队员为快攻手、强攻手兼接应二传手，二排左、右两名队员一般为强攻手；后排的 3 名队员均为防守队员。

（3）比赛中，进攻主要采用快球掩护下的各种战术。防守一般采用头排 3 人集体拦网、二排中的队员跟进保护、后排 3 名队员防守的布防形式。

3. 比赛行为

（1）场上队员的位置不轮转，也无固定位置，不分前后排，无位置错误，只按事先排定的发球顺序依次发球。任何队员都可以在任何高度进行进攻性击球和拦网。

（2）持球和连击尺度放宽，但不鼓励捞、捧、携带球等动作。

（3）球网高度男子为 2.30~2.43 m，女子为 2.10~2.24 m。比赛场区内无中线和进攻线。

思考与实践

1. 简要介绍气排球运动的主要特点与优势。

2. 沙滩排球与室内排球在击球规则方面主要区别在哪里？

3. 雪地排球与沙滩排球规则的主要区别在哪里？

第八章　排球健身与伤病预防

本章导言

排球是一项对运动能力要求很高的运动，运动损伤发生率也较高。排球专项的运动损伤有其项目特征，不仅仅是上肢的损伤，还涉及全身各个部位如腰和下肢等。为了更好地预防和减少运动损伤，需要了解和探讨排球运动损伤的发生原因、机制、表现和损伤防护及康复方案，以降低其危害，最大限度恢复运动表现。

学习目标

1. 了解排球运动损伤的机制与影响因素；熟悉排球运动损伤的病因、分类和特点；掌握排球运动损伤的防护、处理原则和方法。

2. 熟悉和掌握常见排球运动损伤的发生规律，学会损伤的基本防护和康复训练方法，提高分析问题和解决问题的能力。

3. 通过本章知识学习，培养学生严谨科学的学习态度和精益求精的动手能力，提高预防为主的防伤意识，促进运动表现恢复的自我意识和技能形成。

第一节　排球健身特点与价值分析

健康排球与大众排球

排球运动在我国有较好的群众基础，其健身价值也不容小觑。排球运动具有集体性、攻防转化双重性、机体刺激全面性等特点，可以满足不同人群对生理和心理发展的需要。从学校体育来看，排球是各学龄段学校体育课程中重要组成部分之一，是学生提高身心健康、促进社会化发展的重要手段；从群众体育来看，排球运动对不同性别、不同年龄的人群具有良好的健身效果，可以提高身体素质，改善心肺功能，提高交际能力、提升幸福感，是我国全民健身运动中一项群众喜闻乐见的体育活动。

一、排球运动对身体形态和成分的改善

常见的身体形态评价指标

身体形态是指人体在特定空间下身体的外部结构、形态、体型及姿态等，常用的评价指标主要包括身高、体重、身体质量指数（BMI）、长度、围度等。

身体成分是指体内各种成分的含量（如肌肉、骨骼、脂肪、水和矿物质等），常用体内各种物质的组成和比例表示，主要包括皮褶厚度、去脂体重（也称瘦体重）、体脂百分比、身体和内脏脂肪含量等反映人体内部结构比例特征的指标。

（一）排球健身运动改变身体形态

常见的身体成分指标

休闲排球可以被认为是一种有用的、低强度的、愉快的运动，对排球运动员以及普通人群具有广泛的健康和健身益处。例如，软式排球是以中老年和儿童为对象，以重量轻、体积大、制造材料柔软、不伤手指等为特点的群众体育项目。气排球运动是一项集运动、休闲、娱乐为一体的群众性体育项目，作为一项新的体育运动项目，其打法和计分方法与竞技排球基本相同，如今已经受到越来越多年轻人的喜爱。考虑到排球在世界范围内的普及，用这项运动做健康和身体健康增强干预措施的训练研究是十分必要的。

儿童身体活动的减少也与其年龄成反比，随着儿童年龄的增加，他们的自发身体活动减少。一项体育活动的形式和受欢迎程度对其在儿童和青少年群体中的习惯性养成是至关重要的，排球在青少年人群中是一项非常受欢迎的体育活动，特别是对于女性，是最常用的体育活动之一。经过长期的排球运动，女性排球运动员身高和体重的增加明显高于正常发育的非运动员人群，在12~13岁年龄段最为显著。

我国老年人由于饮食结构不均衡、缺乏体育锻炼等原因，导致BMI水平显著高于日本

老年人，大多已进入了超重和I度肥胖范围。长期规律的排球运动可明显使肥胖老年人身体形态结构发生适应性塑变，降低老年人 BMI 值，对预防肥胖、提升身体机能有着积极作用。

（二）排球健身运动改善身体成分

从孩提时代起，定期和充分的训练不仅促进体能和运动能力的发展，而且还能发展个体的一系列特征，其中许多个人特征被认为是坚持体育锻炼的预测因素，如努力的能力、决心、勤奋、继续从事活动和完成任务的倾向。因此，有规律的体育活动可能会成为个体生活方式的一部分，在一个人的日常生活中包括足够的体育活动对于个人的健康非常重要，身体活动对健康和优化身体成分参数的贡献在许多研究中都有体现。排球运动员与相同年龄段和同性别的非运动员人群身体成分变化是不同的，体重的增加主要表现为去脂质量、骨骼肌质量和全身水分的增加。

而在体重一致的情况下，排球运动员的去脂质量会显著高于同龄人，其变化程度与骨骼肌质量增加和体脂百分比降低是相对应的。考虑到儿童肥胖会延续到成年，因此建议儿童和青少年每天进行持续 60 min 的中等强度的排球健身运动，有利于其生长发育，避免肥胖的发生。当然，排球对于身体成分的改善作用不仅仅局限于儿童和青少年，对于青年、中老年人群同样适用。

二、排球运动对生理机能的改善

生理机能指各器官、系统的工作能力，是衡量人体健康与否的重要指标。人体生理机能水平受到年龄、性别、季节气候、运动训练等多重因素的影响，其中运动是较容易控制、改变的因素之一。运动锻炼对机体生理机能的发展有良好的促进作用，而排球运动属于有氧运动形式之一，自然也有促进机能水平提升的作用。研究显示，长期参与排球健身能显著改善各器官系统的功能状态，特别是对运动系统功能改善有显著作用，可产生包括增强肌肉力量、耐力，增加骨密度，提高能量代谢水平，提高身体素质等一系列的益处。

（一）排球健身后心肺机能的改善

心肺功能（CRF）又叫心肺耐力，是人体心脏泵血能力和肺摄取氧的能力，综合反映了机体摄取、运输、利用氧的能力，是健康体适能的重要组成部分。心肺耐力与全因死亡率密切相关，研究表明，低水平的 CRF 与明显增加的全因早期死亡风险有关，特别是与心血管疾病死亡风险高度相关。心肺功能还与全身大肌群参与的、动力性中到大强度长时间运动能

心肺功能
的评价

力有关，高水平 CRF 与高水平身体活动相关，主要表现为拥有较高水平 CRF 的人，其运动能力也更强；长时间的较高水平身体活动可以提高心肺耐力。心肺功能评价可分气体交换功能评定、氧运输能力评定、有氧代谢能力评定三部分。

国外专家研究发现，一场排球比赛的平均心率约为 148 次 / 分，属于中等强度运动；

从其供能特点来看，它是以有氧供能为主的运动，所以综合来看排球运动是一项中等强度的有氧运动，具备有氧运动的所有锻炼价值。

1. 排球健身运动改善肺功能

肺功能即呼吸系统功能，肺的主要功能就是进行内外环境间的气体交换，从外界摄取氧气，排出二氧化碳。肺功能评定常用的指标包括肺活量、潮气量、最大通气量、用力肺活量等，通过这些指标可客观评价肺容量、肺容积、肺通气功能。排球健身运动属于中等强度有氧运动，研究业已证明，长期坚持有氧运动可提高呼吸系统气体交换效率，改善肺泡弹性、通透性，增强呼吸肌的收缩力量，减小气道阻力进而使肺通气量及肺活量提高。在实践中也已证实长期参与排球健身运动有助于改善肺活量、第 1 秒通气量等指标。

2. 排球健身运动增强机体运输氧的能力

机体运输氧气至全身各处主要依靠心脏泵血功能和血液携氧能力来实现。心率、心搏出量是反映心脏泵血功能的重要指标，受训练水平等因素的影响，运动水平高的人静息心率更低、心搏出量更高。研究发现，与普通人相比，长期排球健身人群静息心率更低，运动时心率增加幅度更小，运动后心率恢复更快，心搏出量也更高。心功能指数也是评价心脏射血功能、反映心功能的重要指标之一，排球健身运动作为典型的有氧运动能有效提高心功能指数，改善心脏射血功能。心率、心功指数等指标的变化，提示排球健身运动能显著改善心脏泵血功能、提高心率储备。

氧气在血液中的运输主要是通过与红细胞中的氧合血红蛋白结合，因此对血液运氧能力的评估主要就是对血液理化性质的评估。长期规律的排球健身运动后，血浆容量增加、红细胞压积降低，使得血液相对稀释、血液黏稠度降低；长期、规律的排球健身运动能显著增加红细胞数量，增强红细胞变性能力，提高红细胞的流动性。这些积极改变使得血液循环阻力降低，改善了血液对各器官和肌肉的灌注，提高了机体运氧能力。

3. 排球健身运动增强有氧代谢能力

有氧代谢能力一般通过测定最大摄氧量来反映。最大摄氧量是指运动强度达到最大时机体所能摄取并利用的最大氧量，是综合反映心肺功能的最佳指标。

国内外研究实践已证明，长期参与排球健身能显著提高参与者的最大摄氧量，提高有氧代谢能力，排球是发展心肺耐力的最佳运动形式之一。

（二）排球健身后其他器官机能的改善

排球健身运动不仅可以提高机体的心肺耐力，在改善运动系统、神经系统、代谢系统等方面同样有着不可或缺的价值。

1. 排球健身运动改善骨骼肌机能

排球运动时的发球、传球、垫球等技术对肌肉机能有着较高的要求，肌肉附着在骨骼上，通过收缩牵引骨骼完成各项动作技术，在此过程中肌肉不断受到刺激，产生系列良性变化。研究数据显示，与普通人相比，参与排球训练的青少年拥有更高的肌肉质量和肌肉含量百分比，纵跳高度更高，等速肌力测试也显示出更强大的下肢屈、伸肌力。中老年人由于年龄的增长，身体机能处于不断衰弱状态，肌肉质量、力量、耐力等不断下降，而运动则有助于延缓其衰减，长期参与排球健身的中老年人肌肉质量可显著增加，握力、下肢肌力明显提高，跳跃能力有所改善，随着运动持续时间的增加，改善效果更加明显。

肌肉耐力是指肌肉长时间做功的能力，反映了肌肉的抗疲劳能力，也是肌肉机能的重要体现。研究显示，规律排球运动后，腹部肌肉耐力提升，等速肌力测试结果提示下肢屈伸肌群耐力显著提高。肌肉耐力的提高需要小强度、重复次数多的训练，排球比赛中高频次的短时移动、跳跃、扣球等动作与耐力训练原理高度切合，能有效提高肌肉耐力。

2. 排球健身运动提高骨密度

研究发现，与普通人群相比，长期参加排球健身人群和排球运动员骨密度更高，其中以股骨、髋骨、肱骨、腰椎等部位最为显著，涉及各年龄段的多项长期跟踪研究显示，青年长期参与排球运动，其髋关节、腰椎和前臂的骨密度显著提高，中老年人群则表现为骨密度下降速率降低，骨量流失减少，这些变化与排球运动特点高度相关。排球要求运动员使用上肢来完成发球、扣球、垫球等技术动作，上肢桡骨等长期受到来自不同方向的应力刺激，使得该部位骨合成增加，骨密度提高，同时，排球运动时频繁跳跃使得下肢股骨、髋骨等长期接受纵向应力刺激，也增加了下肢、腰椎等各部位骨质合成。

排球运动对骨密度的影响表现出了不对称性的特点，主要体现为双上肢不对称，研究显示，排球运动者双侧上肢骨密度具有显著差异，一般表现为右侧上肢骨密度显著高于左侧。大多数人为右利手，运动时多用右侧上肢完成各种动作，右侧上肢更多地接受来自球的应力刺激，更能促进骨密度的提高。

3. 排球健身运动改善神经系统功能

人体的一切生命活动都是在神经系统的支配下完成的，随着年龄的增大，机体各器官、系统功能逐渐减弱，神经系统功能也在不断退化。随着神经系统功能的减弱，机体出现认知障碍、反应迟缓、记忆力下降等问题，甚至导致神经退行性疾病。运动是改善神经系统功能、延缓神经系统功能退化进程的有效方式之一。国内外研究发现，一段时间中等强度的有氧运动后，老年人的记忆、协调、执行能力显著提高，认知功能障碍有所改善；另外有研究报告称，中等强度有氧运动后健康未成年人抑制、工作记忆和转换功能显著提高，青年人的工作记忆能力、处理速度、执行能力显著改善，健康老年人则在定向力、注意力、记忆力、计算力等多个方面都有显著提高。对排球运动的相关研究也证实了长期参与排球健身的老人反应更快、认知测试成绩更好。

排球比赛时需要集中注意力以应对赛场上可能发生的各种状况，同时也需要运动者拥有较好的反应力、判断力以便及时做出击球动作，长期参与必然会使参与者的神经系统出现适应性变化。从生理生化角度考虑，运动具有促进脑源性神经营养因子的表达、提高神经递质水平等作用，可以有效促进神经的生长、减少海马体积损失、延缓脑萎缩，从而改善神经系统功能。

4. 改善血脂、血糖代谢

由于生理机能的退化、减弱，老年人容易出现糖脂代谢异常，导致血糖、血脂异常增高，诱发糖尿病、高血脂、心血管疾病。

从已发表的研究来看，排球对血糖、血脂的影响也遵循了有氧运动对糖脂代谢影响的一般规律，多项研究均显示，长期气排球运动后参与者空腹血糖显著下降，血清低密度脂蛋白（LDL-C）、总胆固醇（TC）、甘油三酯（TG）含量显著降低，高密度脂蛋白水平显著上升。血液中各脂蛋白浓度比也是反映动脉硬化程度的重要指标，排球运动后运动者血浆中 TC/HDL-C 比值显著下降、HDL-C/LDL-C 比值增高，提示机体抗动脉粥样硬化和冠心病危险性的能力提升，患冠心病风险下降。

三、排球对身心素质的改善

一场排球比赛持续时间通常超过 1 个小时，长时间的运动要求参与者有较好的耐力，完成拦网、扣球等技术动作需要参与者拥有较好的跳跃能力，接球、发球等动作需要依靠爆发力来完成。比赛和锻炼过程中，参与者必须快速完成身体移动、接发球等动作，由此对其手眼协调能力、平衡能力、移动能力等都有较高要求。由此来看，长期参与排球运动对个人耐力、平衡、协调、速度等身体素质的发展均有较好的促进作用。

经常参加体育运动的人在活动过程中和活动后都会在心理上产生愉悦和满足感。排球运动也不例外，它除了具备其他运动对于心理状态的积极作用以外，作为一个集体项目，它的协作性必须要求每一个成员相互理解、相互包容、团结一致，这对协调人际关系、改变性格缺陷非常重要。此外，排球运动中每完成一个优美的动作，都能给人产生一种自豪感，能增强人的表现欲，这对克服孤僻、胆怯等性格也非常有效，因此将排球运动作为载体，有利于解脱自我封闭意识，培养交流、交往的欲望，产生合群的心理定势。另外，排球运动大多具有竞争性，通过一定方式的比赛，可以培养人勇敢果断、顽强的意志品质，并有效克服心理障碍，促进心理健康。

（一）排球健身让青少年乐观开朗

青少年时期的心理活动是活跃而波动的。由于青少年处于发育时期，内分泌生理改变突出、自主神经不稳定、情绪易波动，这个时期易受不良信息的影响。经常参加排球运动，可促进机体的新陈代谢水平，提高神经系统的活动能力，增强呼吸和循环系统的功能，使大脑供氧充分，进而使记忆力增强，思维更加敏捷灵活，可使机体产生极大的舒适感。在排球运动项目中，去感受运动的美感、力量感、韵律感，从而陶冶情操，开阔心胸，激发生活的自信心和进取心，形成豁达、乐观、开朗的良好心境。排球健身能提高青少年的心理耐挫水平，使青少年能正确地面对和处理各种挫折和困难，形成高尚的人格和独特的个性。排球运动为学生提供了更多的交往机会，增进青少年之间的友谊，提高青少年的适应能力。青少年通过参加排球运动，体验运动的乐趣，展示自己的风采，从而自信地参与到各项活动中。

（二）排球健身让青年人激情洋溢

青年时代是人生中最美好的黄金时代。青年人智力发展迅速，观察力发达，记忆力强，思维敏捷，想象丰富，操作能力和求知欲望等都很强，但面对求学、就业、工作、恋爱、婚姻、家庭、人际关系等问题，必然产生各种各样的心理反应，妥善处理好这些心理反应，就能促进心理健康，反之则会损害心理健康，甚至造成精神创伤。

排球作为增强人与人联系的纽带，把不同的人聚集在一起，大家相互竞争、相互合作、相互交流，有助于消除孤独感和焦虑感，增进感情的交流，改善人际关系，拓宽社会交往，获得健康，收获彼此间的友谊。

（三）排球健身让中老年人充实有趣

人到中年，一方面社会责任重，另一方面身体机能开始退化，老年人退休后，社会活动范围减小、活动内容减少，生活角色上的剧变，身体机能的变化，使一些人在生理、心理上一时无法适应，易引起情绪上的低落、压抑、焦虑等负面情绪。这些负面心理问题的出现，一方面会直接干扰到中老年人的生活质量，另一方面还可能会诱发和加剧某些疾病。适度的体育锻炼，促使中老年人能够积极与他人接触，增加室外活动机会，改善其身体健康状况。诸如气排球运动，其负荷小、强度低，球的飞行速度慢，来回次数多，中老年人在排球运动比赛场上可随意地发挥有助于丰富生活，陶冶情操，使生活变得充实有趣，对减少或消除不良心理活动有着积极的作用。

积极参与排球运动加强了人际交流，有利于促进社会的和谐发展，积极参与排球运动丰富了人们的业余生活，有助于个体身心健康发展。排球运动的开展满足了不同年龄段的需求，是全民健身的重要运动项目之一。

第二节　排球运动损伤与康复

排球运动损伤与康复

一、排球运动损伤的流行病学

随着"健康中国"战略的实施，越来越多的人将运动作为健康生活方式，无论是竞技体育还是大众健身，出现运动损伤不可避免。排球是我国的优势竞技体育项目，也是大众喜爱的运动之一，研究排球运动损伤的流行病学具有重要意义，是损伤防治的基础。

排球运动虽然属于非接触性的运动，但需要反复跳跃、扣球、倒地救球等，通常肩、手、膝、腰、踝、颈等部位损伤居多。总体上，踝关节是最常见的受伤部位（25.9%），其次是膝关节（15.2%）、手指（10.7%）和腰椎/腰部（8.9%），训练和比赛中的损伤发生率无显著差异（分别为 6.91 与 7.48/1 000 例运动员）。

排球运动损伤的发生率与运动水平、训练水平呈正相关，流行病学也会因所分析的运动员水平而异。2015 年世界排联（FIVB）损伤检测系统对 2 710 份报道进行的调查显示，总共报道的 440 例损伤中有 275 例发生在比赛期间（62.5%），165 例发生在训练期间（37.5%），比赛损伤的发生率为 10.7 次/（1 000 名球员·小时）；资深球员的损伤发生率高于少儿球员（RR：1.32，95%CI：1.03~1.69），而性别之间无差异（RR：1.09，95% CI：0.86~1.38）；大多数损伤为轻至中度，严重损伤罕见，10/144 例损伤导致停止训练超过 4 周，其中 8 例发生在比赛期间，相当于每 1 000 名球员每小时有 0.3 人严重损伤（95% CI：0.86~1.38）；最常见的损伤类型为关节扭伤（32.5%，$n=143$），其次为肌肉拉伤（14.1%，$n=62$）和挫伤（12.7%，$n=56$）。扭伤中踝关节是最常见的受累部位，其次是手指和膝关节；肌肉拉伤最常见的部位是腰部和大腿；膝关节损伤中髌腱末端病，在室内排球男性运动员中更多见，约占 50%，高水平精英运动员发生率为 40%，位置上副攻更容易出现这种"跳跃膝"损伤。2021 年全美大学体育协会（NCAA）关于女排运动员腰背损伤 5 年流行病学特征分析指出，腰背疼痛（LBIs）发生率和复发率均较高（分别为 4.89/10 000 和 29.2%）。而相反急性创伤导致的 ACL 损伤并不多见，美国女大学生排球运动员中 ACL 损伤发生率约为 0.1/1 000 例，明显低于足球和篮球运动员（0.4/1 000 例和 0.27/1 000 例）。

中国女排运动员创伤特点及预防研究指出，参加 2008 年北京奥运会的 12 名国家女排队员的运动损伤率高达 95%，损伤率与排球技术训练、身体素质训练的不合理有关，伤病发病率最高的是膝伤和腰伤，踝关节、腕关节、肩关节、指间关节以及肌肉的劳损和急性损伤比较多见。

场上不同位置队员的运动损伤情况报道显示，容易受伤的运动角色依次为主攻手、副攻手、二传手和自由人。扣球手（主攻、副攻）受伤通常发生在跳跃落地、击球和拦网中，常见损伤依次为踝关节扭伤、肩关节不稳/撞击、腰椎滑脱、髌腱末端病和手指挫伤；二传的传球容易发生腕部肌腱炎和手指损伤；自由人接发球和鱼跃救球，容易出现挫伤、腱鞘炎和腰部损伤，如果头/颈部触地发生脑震荡和颈椎扭挫伤概率也较高。最常见的损伤原因依次为扣球（33.70%）、拦网（24.15%）、扑救（17.41%）、传球（11.23%）和其他（14.04%）。

排球运动损伤具有项目特点，损伤部位、损伤种类、损伤性质、损伤原因及队员位置均具有一定的规律性，同时损伤发生率与训练水平、比赛、运动等级也密切相关。

二、排球损伤发生机制

排球是一项对运动能力要求很高的运动，损伤主要分为急性损伤和累积性损伤。急性损伤常见踝、膝和手指的创伤，而肩、膝和腰损伤多发过度使用综合征。理解排球运动中特定技术动作的生物力学特点，了解排球常见损伤发生的机制，不仅有助于运动员有更好的运动表现，还可以有效降低损伤风险。

排球运动的技术动作大部分是在腾空跳起或半蹲状态下完成，因而膝关节的损伤发病率很高，这些技术动作虽主要由下肢完成，但扣球、拦网、跳发球等需上肢配合，连接上下肢运动的枢纽是腰腹核心部分，因此腰部损伤在排球运动员中较常见，而踝关节、肩关节、腕关节、指间关节以及肌肉的急慢性损伤也多见。

跳跃是排球运动最重要的动作，影响着发球、扣球、拦网和落地，跳跃高度越高，动作表现越好。跳跃动作中肌肉产生的力量通过肌腱传递到骨骼，最终传递到地面，发力的过程受肌肉特性、肌腱组成、起跳技术等因素的影响。膝关节是下肢的枢纽，跳跃过程中股四头肌的反复收缩，对髌骨附着点的牵拉导致髌骨软骨病与跳跃膝的发生。跳跃中运动员膝关节大多数时间在半屈曲位进行屈伸和扭转活动，这样有利于快速变向或伸膝发力，而此时的膝关节处于解剖生理弱势的位置，周围只有少量肌肉保护，侧副韧带以及关节内的交叉韧带处于松弛状态，膝关节失去了周围稳定结构的支撑保护，在突然扭转或发力下，如果膝关节扭转的程度超出了人体解剖学和生物力学的限度，发生膝关节半月板或韧带的急性损伤概率会大大提高。排球运动中的急停、急转、减速、跳跃、落地不稳等会造成膝关节外翻、外旋和过伸的损伤。

排球运动员踝关节损伤主要发生在完成扣球或拦网下落时的落地不稳，由于踝关节的特殊结构（外踝位置低，外侧韧带较内侧松弛，距骨前宽后窄），易造成足内翻的扭伤。落地时足部处于跖屈内翻位，踝关节处于不稳定状态，将会向一侧倾斜或踩在他人足上，增大踝关节损伤风险。

排球进攻（扣球）是一种高度技术性、独特的头顶运动，重复频率很高。在扣球过程中，击球时肩部承受较大内收力矩和肘关节压缩力；发球是另一种重复的头顶动作，对球员击球的肩关节产生很大的负荷。肩关节是典型的多轴关节，关节囊薄弱而松弛，灵活但稳定性较差，在重复多次负荷过大的扣球、发球等技术动作时极易产生损伤。另外在扣球过程中，前臂向外拉伸方向几乎垂直于内部摆动方向，使关节周围的肌肉承受很大的力量，特别是手臂从伸展到以最大速度停止，其受力是持续的，肩关节和肌肉受力很容易超出正常范围而导致受伤。这些技术动作的不断重复可能会造成优势肩的功能、形态和生物力学变化，如关节活动范围（ROM）、肌肉力量、肩关节囊和肩胛骨位置的变化。研究显示，排球运动员的优势肩与非优势侧相比，呈现出肌肉失衡，这很可能是肩部过度使用损伤的易感因素；头顶击球动作需要复杂的神经肌肉控制，尤其是躯干和肩部的协调运动，排球肩部损伤中有一半是肌腱炎症或肩峰下撞击，表明慢性过度使用可能会因肌肉失衡和重复性高速运动而加剧。

为完成击球动作，排球运动员需将身体扭转，腰部不断地伸展，多数情况下由于核心肌肉力量不足，腰腹肌收缩不协调，使脊柱后伸过度，易造成运动员腰部损伤。慢性肌劳损、腰椎间盘突出症等也与大量扣球训练和长期劳损积累密切相关。

在扣球和拦网过程中均需要腕关节参与，训练负荷过大和过度疲劳会使关节软组织磨损，造成腕关节慢性损伤；拦网时由于判断不准确出现起跳时间、位置不对、拦网手型不正确等被球击打造成手指关节挫伤；在鱼跃以及滚翻等动作时也可能出现手指急性损伤。

三、影响排球运动损伤的因素

排球运动损伤的原因分为潜在因素和直接因素，潜在因素主要是排球项目本身的技术特点与人体运动解剖结构的生理特征之间存在的矛盾；直接因素也称为客观因素，包含运动员的训练水平、损伤防护意识等。

（一）潜在因素

潜在因素通常是不可改变的损伤风险因素，早期正确评估排球运动损伤的潜在影响因素，是预防运动损伤发生的关键。

跳跃和扣球是排球技术动作中最常见的，排球非接触性损伤很普遍，并且近60%的过度使用损伤发生在下肢，项目的动作要求与膝关节处于半屈位发力的解剖薄弱环节之间存在矛盾，是膝关节损伤的潜在原因；同样，扣球的反复挥臂技术动作与肩关节灵活但稳定性不足的解剖生理特点也存在矛盾，加之头顶挥球动作的准确性与实效性是需要复杂的神经肌肉控制、躯干肩部协调、下肢肩部配合运动，反复的过度使用造成肌肉失衡，成为肩关节损伤的潜在因素。

（二）直接因素

常见的直接因素包括专项训练水平、运动员的临场状态、运动环境和比赛训练的组织等。排球运动对专项技术动作要求很高，训练或比赛时如果运动员技术动作不娴熟或运动中的激烈对抗，均有可能导致技术动作变形，因此违反了人体结构和功能特点而造成损伤。如发球、垫球、扣球、拦网等基本技术动作，要求膝关节半蹲位的站立、屈伸、扭转和发力，不正确的训练负荷和方式会造成膝关节急慢性损伤。教练员应根据运动员的自身条件，了解各种技术动作在训练和比赛时易导致损伤的情形，运用系统先进的训练方案，将运动员的技术规范化，减少由于排球技术错误引发的受伤。运动员对战术的理解与执行能力训练可以帮助其在比赛中正确执行既定战术，节省体能，降低损伤风险。

此外，基础体能训练不足、运动员心理特征和智能水平、训练中运动负荷和／或局部负荷过重、准备活动不合理、带伤训练比赛、训练和比赛组织不合理、运动员临场状态不良、损伤防护和自我保护意识薄弱、身体过度疲劳以及运动环境等也是主要直接因素。在训练比赛中，树立"未伤先防"理念，对易伤部位和多发伤病进行针对性的防护，可以有效地减少伤病发生。

四、排球常见运动损伤与康复训练

（一）肩关节运动损伤

肩关节损伤是排球项目的高发伤，技术性很强的发球、扣球动作，独特的头顶移动，重复频率很高。触球冲击对肩部负荷及其累加是造成肩关节肌腱、关节囊等损伤的重要原因。

1. 肩袖损伤

肩袖是肩关节的动态稳定结构，由冈上肌、冈下肌、小圆肌和肩胛下肌的肌肉和肌腱组成，从肩关节前、上和后方依次包绕肱骨头，形成"肌腱袖"结构（图 8-2-1），共同维持肱骨头的稳定，协助肱骨旋转，维持肌群间肌力平衡。

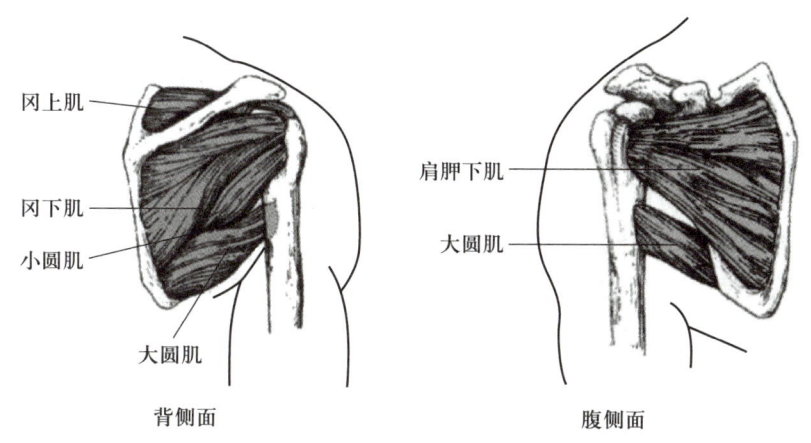

冈上肌
冈下肌
小圆肌
大圆肌
背侧面

肩胛下肌
大圆肌
腹侧面

图 8-2-1　肩袖肌

（1）损伤机制

急性创伤性的肩袖损伤不常见，但过度使用可导致损伤的发生。排球运动反复进行的扣球、大力发球训练，使肩关节发生过度外展外旋，内旋缺陷，进而出现肩袖肌腱撕裂。加之扣球时上肢动作僵硬、击球点不准确等技术动作问题，易加重肌腱的撕裂、出血、渗出、水肿，如不能及时修复，日久造成功能障碍。冈上肌肌腱损伤比较常见，手臂旋后、上抬、持续悬空的姿势容易损伤冈下肌和小圆肌。肩胛下肌损伤多因上肢突然内收、内旋而损伤，在发球和扣球减速过程中容易出现。

（2）症状体征

① 症状：肩关节疼痛是肩袖损伤的早期主要症状，夜间疼痛加重。疼痛部位以肩关节前方和三角肌区域多见，冈下肌和小圆肌损伤在冈下窝和肱骨大结节部位出现疼痛，肩胛下肌损伤时在肩关节内旋时手臂运动中出现疼痛。随着病程延长和肌腱损伤加重，可出现肩关节肌肉无力，以肩外展力弱最为明显，还可出现肩关节的弹响。

② 体征：肩袖肌群肌力下降是肩袖损伤的重要体征。常用的特殊检查包括：

Jobe 试验：受试者肩关节外展 90°，前屈 30°，内旋大拇指向下，双侧对比肌肉抗阻力试验。阳性表现为力弱或疼痛，表明冈上肌力量减弱。

落臂试验：检查者将受试者肩关节外展至 90° 以上，自行保持肩外展 90°～100° 的位置，患肩无力坠落者为阳性。特异性强，但阳性率不高，多见于冈上肌完全撕裂。

Lag 试验：受试者肘关节屈曲 90°，肩关节在肩胛骨平面外展 20°。检查者一手固定肘关节，另一手使肩关节外旋达最大限度，受试者自行保持最大外旋。外旋度数逐渐减少者为阳性。提示冈下肌、小圆肌损伤。

Lift-off 试验：受试者将手置于背部，掌心向后，将手抬离背部，检查者施加适当阻力。阳性表现为不能完成动作，提示肩胛下肌损伤。

（3）处理原则

① 非手术治疗：适用于肩袖不完全损伤。采用物理因子（超声、中频电等）、药物治疗，疼痛严重可口服非甾体抗炎药，局部封闭注射治疗。

② 手术治疗：诊断明确的肩袖完全断裂性损伤，早期手术，术后康复训练。

（4）损伤防护与康复训练

① 损伤防护：加强肩袖肌群的力量训练、运动前应用护具和肩关节保护性贴扎、充分而有效的准备活动、科学的局部训练负荷和正确的过肩排球技术动作等对预防肩袖损伤有效。针对盂肱关节、肩胛胸壁的稳定性与肌肉（手臂内旋、肩胛骨下回旋）之间的平衡存在的问题进行筛查，是预防肩袖损伤的重要手段。

② 康复训练：以维持肩袖肌群的力量与节律性启动为重点，冈上肌起始位置至外展 30° 范围内的激活训练、肩关节内旋和外旋力量训练，可以采用弹力带；肩袖肌群和肩胛骨稳定性训练可采用上肢支撑类练习或开链运动，常规的方法如上肢 T、W、Y 训练；前锯肌训练对增加肩胛骨稳定性有益。肩袖损伤术后康复须按照不同恢复时期系统进行康复训练。运动员还应进行综合的力量训练（有效负荷下即重复 6～10 次可致疲劳的负荷）、耐力训练（重复 20～25 次的负荷）和专项练习。

2. 肩峰撞击症

肩峰撞击症指肩部前屈、外展上举时，肩峰与肱骨头之间的软组织受到反复撞击，导致肩峰下滑囊炎、肩袖肌腱退变或撕裂，引起肩部疼痛和活动障碍。

（1）损伤机制

肩关节前屈、外展时，肱骨大结节与肩峰前 1/3、喙肩韧带和肩锁关节发生撞击，导致肩峰下滑囊炎甚至肩袖撕裂，称为外撞击；肩关节外展 90° 并极度外旋时，肩袖止点关节侧与后上盂唇发生撞击，导致两者损伤，称为内撞击。重复性过度使用或一次性的受力过大可引起肌腱损伤，如果冈上肌肌腱频繁超负荷，其下压肱骨头的作用减弱，在过肩运动时肱骨头上移，则冈上肌肌腱、滑囊和喙肩韧带易发生继发性撞击。排球的扣球、拦网、发球均手臂上举过头，扣球和发球阶段肩关节过度外旋，出现内撞击概率更高。

引起肩峰下撞击还与肩峰形态异常密切相关。Bigliani 解剖分型（图 8-2-2）的Ⅲ型肩峰末端向外向下弯曲，造成肩峰下间隙狭窄，更易引起肩峰撞击。

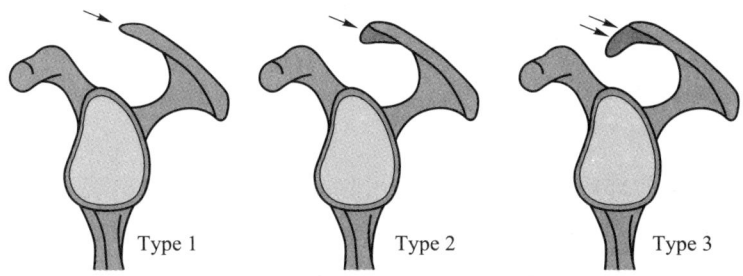

图 8-2-2　肩峰 Bigliani 解剖分型

（2）症状体征

① 症状：肩关节前外侧疼痛，可伴上臂和肘部放射痛。上臂外展、上举动作时诱发和加重疼痛，如排球运动员扣球、发球时。严重者肩关节活动受限，肌力减弱。

② 体征：常用的特殊检查包括：

痛弧试验：肩关节被动外展 60°～120° 范围时出现疼痛，60° 以内和 120° 以上，疼痛减轻。60°～120° 这个范围称为"疼痛弧"，提示冈上肌肌腱炎。

Neer 试验：检查者一手固定受试者肩胛骨，另一手使受试者上臂前屈保持肩关节内旋，然后使肩前屈过顶，诱发出疼痛为阳性，提示大结节与肩峰撞击。

Hawkins 试验：受试者肩关节内收 90°，肘关节屈曲 90°，前臂保持水平，检查者用力使受试者前臂向下致肩关节内旋，出现疼痛为阳性，肩前部疼痛提示撞击综合征。

（3）处理原则

① 非手术治疗：主要措施包括休息、物理因子治疗、口服非甾体抗炎药、局部封闭治疗等。大部分病例特别是结合了康复训练，增强肌肉功能，保守治疗疗效满意。

② 手术治疗：规范保守治疗持续 6 个月以上、症状持续存在的慢性肩峰下撞击综合征者需要手术治疗。术后早期康复训练有助于促进功能恢复。

（4）康复训练

① 损伤防护：同肩袖损伤部分。

② 康复训练：肩袖肌群和肩胛骨稳定性训练同肩袖损伤部分。肩峰撞击通常在肱骨内旋时发生，胸大肌等前侧肌肉的拉伸训练十分必要，同时加强外旋肌肉力量训练。

术后在疼痛允许范围内尽早进行康复训练，6 周开始逐步负重和牵伸练习。

3. 肱二头肌长头肌腱炎

肱二头肌长头肌腱炎是指肱二头肌长头肌腱在肱骨结节间沟内反复摩擦所致的无菌性炎症，引起肩关节疼痛、神经卡压等。

（1）损伤机制

排球运动的扣球、发球等超常范围转肩动作，使肱二头肌长头肌腱在结节间沟中横行或纵行滑动，与肱横韧带之间产生反复摩擦，导致肌腱和腱鞘充血、水肿、增厚和粘连，出现肩关节疼痛和功能障碍。肩部肌肉力量不足、技术动作错误、动作僵硬等是加重因素。

肱二头肌长头肌腱炎常常继发于肩袖损伤、肩峰下撞击症等。在肩过顶运动中由于肱二头肌长头肌腱牵拉会导致肩关节盂唇（SLAP）损伤。

（2）症状体征

① 症状：肩关节前部疼痛，上臂外展、上举和后伸运动时出现疼痛，疼痛因肩过顶动作或举重物而加重，可向远端放射到上臂中部。

② 体征：肱骨结节间沟处压痛，可触及局部条索，屈肘旋后动作时肱二头肌收缩诱发可加重疼痛。常用的特殊检查包括：

Speed 试验：受试者肩关节前屈，肘关节伸直，前臂旋后，抵抗检查者向下的阻力，出现结节间沟处疼痛为阳性。

Yergason 试验：受试者屈肘 90°，阻抗检查者施加的向下向内的阻力，结节间沟产生疼痛为阳性，提示肱二头肌腱鞘炎。

（3）处理原则

① 非手术治疗：首选保守治疗，急性期休息、制动，三角巾悬吊上肢，限制引起疼痛的活动；物理因子治疗如超声、中频电、热湿敷等；疼痛严重可口服非甾体抗炎药。

② 手术治疗：规范保守治疗持续 6 个月以上症状持续存在或进一步加重，可考虑手术治疗。

（4）康复训练

① 损伤防护：同肩袖损伤部分。

② 康复训练：肩袖肌群和肩胛骨稳定性训练同肩袖损伤部分。加强肩关节内旋肌肉力量训练，以维持肩关节前方稳定；术后需要佩戴颈腕吊带 4~6 周，尽早开始康复锻炼，1 周内进行肘腕和手部远端关节的主动活动及肩关节被动活动训练；术后第 8 周开始肱二头肌抗阻练习。

（二）腕关节及手部运动损伤

手腕部直接参与拦网、发球、接发球、扣球、传球和防守救球动作，触球冲击对手腕部及其累加是造成腕部和手指肌腱、韧带、软骨盘等软组织损伤的主要原因。

1. **手指挫伤**

（1）损伤机制

指间关节挫伤在拦网时最容易发生，防守、接发球等环节也可出现。多因受到侧方或扭转暴力，引起指间关节产生过度侧方运动或旋转而致伤。严重者引起指间关节脱位和撕脱性骨折。指间关节扭挫伤病理改变为侧副韧带或关节囊损伤、关节软骨损伤，甚至发生创伤性指间关节炎。急性损伤未经治疗或处理不当，可留有关节梭形肿胀和关节不稳等症状。

（2）症状体征

明显外伤史，指间关节周围肿胀，疼痛较为剧烈，局部压痛，关节屈伸活动受限。侧副韧带损伤时肿胀、压痛更为明显；如果韧带断裂则侧扳时有松弛感和开口感。关节脱位或指骨基底骨折可伴有畸形。

（3）处理原则

① 手法治疗：轻度扭伤关节稳定者，可采用指间关节微屈位牵引，沿着受伤韧带方向由近及远推压 2～3 遍的理筋手法治疗。需要注意的是急性期不宜过度按摩，以免加重局部组织损伤。根据病情需要可将受伤指间关节与邻近手指粘膏屈曲位固定，持续固定时间不应超过 3 周。

② 其他方法：局部外用药物有助于缓解症状，扶他林乳膏、外敷中药等均可适用；针灸可以消肿止痛。

（4）康复训练

① 损伤防护：训练和比赛中注意排球技术动作的要领，科学安排训练，特别是合理的训练负荷。充分热身，活动时指间关节佩戴护指或指间关节预防性贴扎。

② 康复训练：单纯指间关节挫伤，在粘膏支持带固定保护下，48 小时后开始无痛或微痛范围内的屈伸活动。

2. 腕关节软骨损伤

三角软骨盘是腕关节尺侧的软骨 – 韧带复合体结构，位于尺骨远端和尺侧腕骨之间，软骨盘形似三角，边缘较厚，中央较薄（图 8-2-3）。在前臂旋转时，软骨盘约束尺骨头，稳定远侧桡尺关节和尺侧腕骨，缓冲扭转暴力。

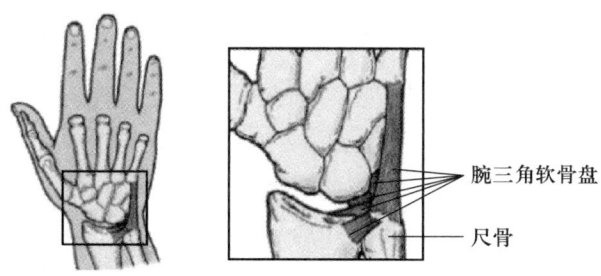

图 8-2-3　腕三角软骨盘

（1）损伤机制

腕三角软骨损伤分为急性和慢性损伤，急性损伤多发生于跌倒时，手掌撑地，腕关节过度背伸、前臂旋前或向尺侧偏斜等扭转挤压的暴力所伤；长期腕关节反复屈伸支撑下做旋转动作，使三角软骨受到磨损和牵拉，造成慢性损伤。排球运动员倒地救球或跌倒时，腕背伸手掌着地，也易引起成急性损伤。

（2）症状体征

① 症状：腕关节尺侧疼痛、无力、活动受限，前臂旋转或抗旋转运动时引起疼痛，旋后时疼痛加重。患腕持重物，做拧、扭转等动作明显受限。

② 体征：特异性压痛点在桡尺远侧关节掌侧和背侧，尺骨茎突桡侧背面和掌面。合并下桡尺关节分离时关节间隙压痛，尺骨小头较健侧突出。

软骨盘挤压试验：腕关节位于中立位或掌屈位，使腕关节被动向尺侧偏斜并纵向挤压，腕关节尺侧疼痛为阳性，提示腕三角软骨盘损伤。

（3）处理原则

① 非手术治疗：急性损伤予以冷敷、前臂中立位固定并限制腕和前臂的旋转活动；手法治疗在牵引下，按压痛点，将尺骨小头与桡骨远端尺侧缘复位；外用药、局部封闭和针灸治疗均有一定效果。

② 手术治疗：对于腕三角软骨盘撕裂、退化等可以依据伤情进行手术修复或清理。

（4）康复训练

① 损伤防护：合理安排腕部的局部负荷，加强前臂和手部力量及柔韧性训练，佩戴护腕或保护性贴扎，做好腕部准备活动。

② 康复训练：可采用腕关节肌肉拉伸和力量训练。

（三）膝关节运动损伤

膝关节损伤在排球项目中发病率很高，主攻、副攻和接应二传的膝关节损伤居各类损伤之首，其中劳损性膝伤较急性损伤更为常见。跳跃是排球最主要的技术动作，膝关节是下肢的枢纽，肌肉、韧带和软骨组织承受的各类负荷最大，损伤的类型最多。

1. 髌骨软化症

髌骨软化症是髌骨软骨的退行性改变，其发生与项目特点密切相关，排球运动员常常处于膝关节半蹲位移动、起跳和转向，产生对髌骨软骨面的反复摩擦。

（1）损伤机制

髌骨软化症产生与膝关节解剖、动力学特征和运动项目技术特点相关，是一种慢性累积性伤病。排球运动员半蹲位发力起跳扣球、拦网、跳传、救球等，此时侧副韧带和交叉韧带处于松弛状态，膝关节支撑保护减少，髌骨与股骨的关节面之间应力增加，屈膝10°~15°髌骨下极开始与股骨滑车接触，随着屈曲角度逐渐增大，髌骨软骨面承受的压力和磨损增大。当损伤超过了机体的修复能力时，则出现髌骨软化症。由于软骨组织缺乏血液供应，受损后再生能力差，日久关节软骨会变薄，缓冲能力下降，软骨下骨组织暴露引起骨关节炎，导致膝关节疼痛、肿胀、活动受限。髌骨软骨损伤的病理分为四期，Ⅰ期髌软骨表面略毛糙；Ⅱ期软骨变薄或轻度不规则；Ⅲ期软骨毛刷样变或明显变薄或软骨缺损；Ⅳ期软骨缺损并软骨下骨暴露（图8-2-4）。

此外，先天性髌骨位置异常、股骨髁大小异常或后天膝关节内外翻、胫骨外旋畸形等，会使得运动应力集中在某一点，更易引起髌骨软骨损伤。有研究认为，Q角（图 8-2-5）每增加 5°，髌股关节间压力增加 50%，大于 20° 髌股关节异常发生率明显增加。

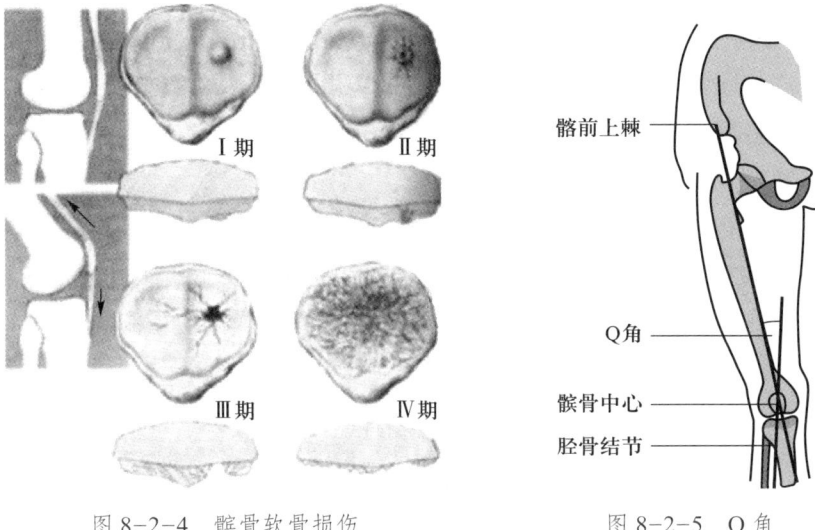

图 8-2-4　髌骨软骨损伤　　　　　　　　　　图 8-2-5　Q角

（2）症状体征

① 症状：典型的膝半蹲位一次或反复过劳的受伤史，膝痛或膝软，上下楼梯、慢跑或下蹲时膝酸痛或无力，休息后症状减轻或消失。可出现关节僵硬和髌骨软骨面不平"卡住"所致的假绞锁。

② 体征：半蹲位疼痛是其重要体征，膝痛位于髌股之间或髌骨周围，负重时主动用力、膝关节过伸时疼痛加重，但多数运动员主诉全蹲或完全将膝伸直时无疼痛。常用的特殊检查包括：

髌骨研磨试验：受试者膝关节屈曲 90°，检查者向下挤压其膝关节，进行旋转并伸直下肢，若出现疼痛即为阳性。

推髌伸膝抗阻试验：受试者仰卧屈膝，检查者将患侧髌骨推向内侧、外侧，同时伸膝抗阻，出现髌骨周围疼痛为阳性，提示可能存在髌骨软骨病变。

髌骨软骨损伤程度 CT 和 MRI 可以协助确诊。

（3）处理原则

以非手术治疗为主，制动保护、肌力训练、药物及物理因子治疗（超短波效果较好），可以改善髌骨软骨营养状况。

（4）康复训练

① 损伤防护：早期识别髌骨软骨的损伤风险是防护的重点，股四头肌萎缩、关节摩擦感和屈膝半蹲时出现疼痛是简便易行的筛查方法。训练负荷调整及肌肉力量训练可以实现早期康复。

② 康复训练：改善髌骨运动轨迹、增加膝关节稳定性。静蹲和股四头肌内侧头训练

十分重要，不产生疼痛为前提的不同角度练习，每次至少 30 min。辅以臀肌力量、下肢协调性训练和平衡训练，有助于促进髌骨在股骨滑车上的正常活动，减轻髌股关节软骨磨损。

2. 髌腱末端病

髌腱末端病是髌腱周围炎引起髌腱及其附着点和周围疼痛的创伤性病变，在排球等跳跃型运动项目中多见，又称为"跳跃膝"。

（1）损伤机制

跳跃时髌骨与髌腱承受很大牵拉力，由于慢性反复的髌腱牵拉受压引起髌骨－髌腱结合部的退行性病变，导致肌腱出现微小的撕裂、充血、渗出、水肿，形成粘连、增厚、纤维化、软骨化甚至钙化的病理改变，这种肌腱损伤持续数周以上时，即为肌腱病，会引起局部疼痛和功能障碍（图 8-2-6）。

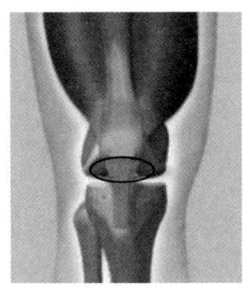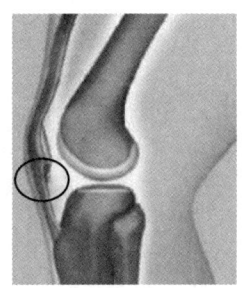

图 8-2-6　髌腱炎

（2）症状体征

膝关节疼痛，部位集中在膝关节下方髌骨－髌腱区，跳跃和移动时疼痛明显加重，严重者可有静息痛，影响正常训练。

髌尖区压痛、肿胀，股四头肌肌力减弱，病程长者有轻度肌肉萎缩。超声或 MRI 检查可协助诊断。

（3）处理原则

① 非手术治疗：休息、物理因子（超短波、蜡疗、中频电等）与以放松股四头肌为主的手法治疗等可减轻症状。

② 手术治疗：症状严重且保守治疗无效，可采用手术治疗，清理髌腱末端钙化组织或髌腱／止点的加强重建。

（4）康复训练

① 损伤防护：在硬质运动场地的训练负荷不应超过髌腱的再生能力，增强股四头肌力量与下肢协调性训练；改变跳跃技术以减少膝关节受到过度外翻应力，并在落地时将膝关节屈曲保持在最低限度，有助于降低髌腱应力负荷。有研究建议使用髌骨带。

② 康复训练：膝关节周围肌肉的力量训练（股四头肌、腘绳肌、臀中肌等），股四头

肌牵伸和肌肉力量练习是重点。研究表明离心训练方案（尤其使用下蹲方案）对治疗髌腱病有效，下肢协调性训练与核心肌肉力量训练可缓解膝关节前下方疼痛。

3. 半月板损伤

半月板是位于股骨髁和胫骨髁之间的纤维软骨，外侧半月板多呈环状形，内侧半月板多呈 C 形。半月板能分散应力，吸收震荡、稳定膝关节、保护关节软骨。排球运动中膝关节的半蹲姿势和突然暴力，容易造成半月板损伤磨损与退变（图 8-2-7）。

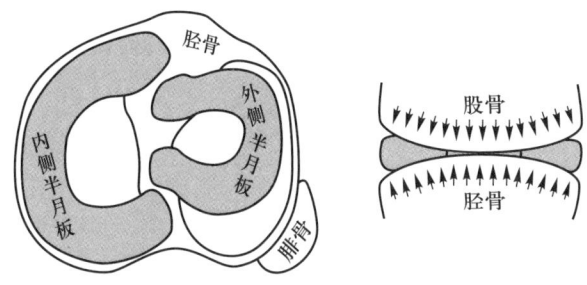

图 8-2-7　膝关节半月板

（1）损伤机制

研磨挤压力量是半月板损伤主要原因，排球运动员在半蹲位的起跳、移动等技术动作，长期重复膝关节屈曲、旋转和伸直动作，半月板多次被挤压和磨损而导致损伤。人体处于半蹲位时，足和小腿固定，大腿与躯干受到身体惯性力或侧方撞击力，内侧半月板被挤压在股胫关节之间，由于半月板在胫骨附着移动度较小，在股骨强力内旋、胫骨外旋挤压下，半月板易出现撕裂（图 8-2-8）；膝关节微屈股骨突然外旋，而膝关节突然伸直，导致外侧半月板损伤。除外力外，半月板自身退变也是损伤的原因之一。

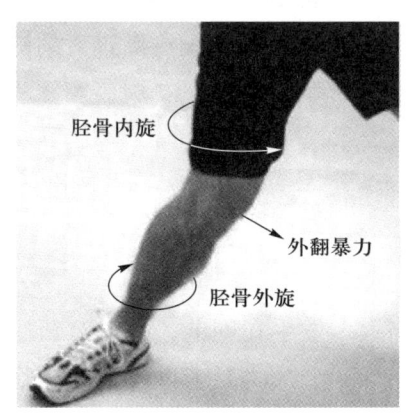
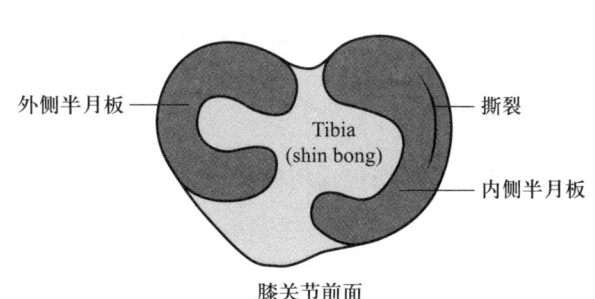

图 8-2-8　膝关节内侧半月板损伤

（2）症状体征

① 症状：急性期膝关节疼痛、肿胀，屈伸活动障碍，以伸直受限更为明显。慢性期肿胀消退，上下楼梯、蹲起、跑跳时膝关节疼痛明显，部分存在关节绞索和弹响。半月板

前角损伤在走路或膝关节伸直时疼痛加重，后角损伤在下蹲时出现疼痛居多。

② 体征：压痛部位即为病变部位，膝关节半屈位在膝内侧和外侧间隙，沿着半月板边缘处用拇指逐点按压，损伤处有固定压痛点。常用的特殊检查包括：

麦氏试验（Mc Murray）：受试者仰卧位，检查者一手按住膝部，另一手握住踝部，将膝完全屈曲，然后将小腿极度外展外旋或内收内旋，在保持应力下，逐渐伸直膝关节，伸直过程中若能听到或感到弹响，或出现疼痛为阳性，提示半月板损伤。

研磨试验：受试者俯卧，髋关节伸直，膝关节屈曲 90°，检查者双手握足，用力向下挤压并向内、外旋转，引起膝内疼痛为阳性，提示半月板损伤。

（3）处理原则

① 非手术治疗：休息、制动。对半月板边缘撕裂者，长腿石膏托或支具伸膝位固定 4~6 周，固定期间功能锻炼，去除外固定后 6~8 周内尽量避免挤压半月板的动作，如深蹲。

② 手术治疗：经保守治疗无效，经常性关节绞索、疼痛严重且诊断明确者，根据损伤部位和类型采用半月板缝合修复术、半月板全切或部分切除术及半月板置换术。

（4）康复训练

① 损伤防护：加强膝关节周围力量、下肢协调性训练、本体感觉训练以提高膝关节稳定性；训练前充分做好准备活动，控制膝关节局部合理训练负荷，训练比赛期间应用护具和保护性贴扎。

② 康复训练：半月板损伤后的康复训练应关注膝关节活动度、灵活性和力量训练，损伤后无论保守治疗的制动还是手术治疗，按照病程分阶段进行康复训练。

以术后康复为例，术后 1~2 周，消炎消肿，保持关节活动度。每 2~4 小时冰敷 15 分钟，无痛范围主动伸、90° 内屈膝，不负重；2~4 周，全范围活动关节，保持肌肉力量，逐渐部分负重。被动和主动的全范围膝关节活动，下肢肌肉等长收缩逐渐过渡到抗阻练习，拄拐行走；4~8 周，恢复腿部力量，关节全范围内抗阻练习；8~12 周，恢复两侧肌力平衡、神经控制与本体感觉训练。

（四）踝关节运动损伤

踝关节运动损伤包括急性和慢性损伤。

踝关节扭伤是排球运动中最常见的急性损伤，损伤大多发生在网前，踝关节跖屈位落地造成韧带扭伤。研究发现，排球运动员在初次扭伤后 6 个月内发生再次损伤风险高达 42%。

1. 急性踝关节扭伤

（1）损伤机制

扣球、拦网腾空后落地时或单足踩在其他队员脚上，踝关节受到大负荷冲力和自身重力的同时作用，而造成韧带损伤。踝关节内侧的三角韧带宽大，较外侧的三条副韧带更强韧，当运动员处于腾空阶段时，足有内收倾向，如果落地重心不稳，向一侧倾倒或踩脚，易造成内翻而损伤外侧韧带。

（2）症状体征

① 症状：踝关节局部疼痛、肿胀，伤及关节滑膜等其他组织可出现整个关节肿胀和皮下淤血。跛行，患侧足不敢负重或只能足外缘着地。韧带完全断裂或撕脱时，踝关节有不稳或松动感。

② 体征：压痛点明显，外侧韧带损伤压痛点多在外踝下方。常用的特殊检查包括：

踝关节前抽屉试验：受试者仰卧或坐位，检查者一手握住其足跟向前施力，另一手握住小腿下端向后施力，两手相互推挤。若出现疼痛，检查者感觉其踝关节向前移位的错动感为阳性，提示距腓前韧带损伤。

踝关节内翻应力试验：受试者仰卧，踝关节中立位。检查者一手固定其小腿，另一手将其足内翻，若出现疼痛，检查者感觉其距骨向外翻为阳性，提示跟腓韧带损伤。

（3）处理原则

① 非手术治疗：急性期休息、冰敷、加压包扎、抬高伤肢、无痛范围适量负荷的踝关节康复训练。韧带损伤程度较严重者需石膏或支具固定。

② 手术治疗：合并骨折或关节不稳后遗症时，可手术治疗。术后需及时进行系统康复训练。

（4）康复训练

① 损伤防护：通过专项准备活动来增加踝关节囊内滑液，以加大关节面的润滑度；加强足踝肌群及髋膝肌群的力量训练、本体感觉训练；保护性贴扎。已经损伤的踝关节应进行系统的康复训练，评估后重返赛场可有效预防再次损伤。

② 康复训练：保护受伤组织，减轻疼痛、肿胀，恢复关节活动度、灵活性及组织延展性，重建神经肌肉控制和本体感觉。

踝关节肌力训练；本体感觉及平衡功能的训练，从稳定平面逐步过渡到不稳定平面，睁眼及闭眼站立训练、平衡板睁眼、闭眼站立与配合摆臂动作训练等，平衡练习至少需要10周。在此基础上需要对伤情进行详细评定，制定个性化的训练方案。

2. 功能性踝关节不稳

功能性踝关节不稳（FAI）是指踝关节解剖结构和关节活动度正常，自觉踝关节有失控感，继而出现踝关节重复性扭伤。

（1）损伤机制

踝关节扭伤后，位于韧带和关节内的本体感受器受损，引起神经传导和反射功能异常，是踝关节不稳的重要因素；研究发现，FAI人群肌肉激活、神经肌肉控制前馈以及反馈机制均发生了改变，踝关节的稳定性降低，导致再次损伤的发生率上升；踝关节周围肌力不足或不平衡时，踝关节正常的运动模式改变，引起踝关节失控并导致损伤。

（2）症状体征

① 症状：自感不稳是 FAI 最主要的症状，在完成发球、扣球、拦网等技术动作的奔跑、跳跃落地时不稳定感觉更为明显，对即将发生崴脚时控制不住；有部分 FAI 人群会出现踝关节的疼痛。

② 体征：踝部肌群力量减弱、本体感觉功能下降、神经肌肉控制失常是 FAI 的主要体征。徒手肌力、等速肌力、平衡测试系统和神经肌肉测试系统可量化评估这些变化。

（3）处理原则

① 非手术治疗：主要采用保守治疗，通过物理因子治疗、康复训练、外敷药物等方法缓解踝关节反复扭伤后的肿胀和疼痛。

② 手术治疗：规范性保守治疗无效的踝关节不稳者，合并踝关节其他问题如关节内游离体等，可以采用手术治疗。

（4）康复训练

① 损伤防护：急性踝扭伤后的及时有效处理、系统全面的康复训练，是减少反复性扭伤和避免进展为 FAI 的重要手段。

② 康复训练：以恢复肌力、本体感觉和神经肌肉姿势控制能力为重点，采用弹力带进行踝关节肌力训练；平地到 Bosu 球、睁眼到闭眼过渡的平衡训练提高姿势控制能力、改善本体感觉；通过"8"字交叉跳（图 8-2-9）等训练提高踝关节的运动表现。

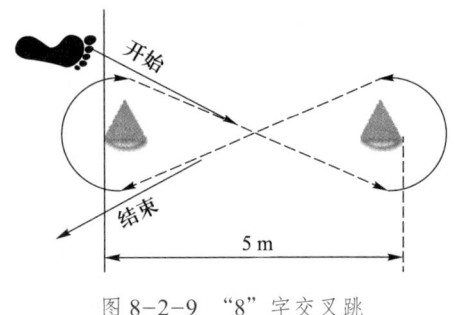

图 8-2-9 "8"字交叉跳

（五）腰部运动损伤

腰部损伤被认为是排球运动员第四常见损伤。半蹲位和髋关节过度屈曲的排球专项技术动作要求，使腰部肌肉、韧带和关节承受更大压力而损伤。

1. 腰肌劳损

腰肌劳损主要指腰骶部肌肉、筋膜等软组织的慢性损伤，造成核心肌群对脊柱稳定性控制不足，影响运动员的技术动作和水平的发挥。

（1）损伤机制

排球运动员腰肌劳损最常见的原因是稳定腰背肌肉的耐力不平衡。一切运动都需要核心肌群为腰背和脊柱提供稳定性，如果核心肌群存在不平衡，运动员在完成扣球和发球时出现脊柱的转向和侧弯增加。由脊柱稳定性降低引起的额外运动将导致脊柱下段关节压力增加，长期反复的压力导致腰部肌肉劳损而出现腰痛。臀肌具有防止躯干和髋部在跳跃着地时的过度前弯，如果臀肌不能发挥作用，将引起上身在跳跃落地时向前更多弯曲，脊柱稳定性下降，从而增加排球运动员腰痛风险。

（2）症状体征

腰骶部一侧或两侧酸痛，休息时减轻，劳累后加重。疼痛多位于竖脊肌、腰椎横突、骶骨嵴后或骶骨后腰背肌止点等处，压痛较广泛，可触及肌肉痉挛，但痛点不明显；可以出现腰脊柱侧弯、下肢牵扯疼痛。长期还可能伴有腰椎前移、腰椎小关节综合征。

X 线检查多无异常，少数可见腰骶部先天畸形。

（3）处理原则

① 非手术治疗：休息、物理因子治疗、手法治疗和药物治疗是常用的方法。物理因子治疗常用红外线、微波、蜡疗等；规范的推拿手法可以放松肌肉、矫正小关节紊乱、松解粘连、解痉止痛；针灸配合理疗有效；推荐使用腰围等护具。

② 手术治疗：规范治疗无效可进行手术剥离、切除、修补及松解等。

（4）康复训练

① 损伤防护：青少年排球运动员在脊柱生长发育高峰时期最容易发生损伤，应避免 18 岁前承受过高的负荷，注重负重训练和各种练习的正确技术；加强核心肌力的训练，有助于稳定脊柱下段；过头顶的动作（扣球、发球、传球）或落地前，收缩腹肌可以协助调整球员在落地时骨盆前倾，加强附着于骨盆并为脊柱提供稳定性的下肢肌群力量（如臀肌）的练习等，均可降低腰部劳损的风险。

② 康复训练：强化核心稳定性，可以在扣球和落地的时候减轻腰部的负担。稳定平面的核心力量训练逐步进阶为在不稳定平面上完成。注意多裂肌强化训练，较新的"Dead bug"训练方案推荐使用（图 8-2-10）。

图 8-2-10 核心 Dead bug 训练

臀肌训练可预防落地时的膝关节内扣，同时协助稳定脊柱。臀肌训练常用如后踢腿、深蹲、弓步蹲等。

胸椎灵活性训练，可以有效地减少腰椎的负担，例如四点跪位脊柱伸展等。

能够在每个姿势上保持 20~30 s，没有"颤动"或偏移时，就可以进入下一个水平的训练。

2. 腰椎间盘突出症

腰椎间盘突出症是指腰部椎间盘因退行性病变导致的髓核及纤维环突出压迫神经根或脊髓引起的临床综合征，腰 4～5，腰 5～骶 1 间隙发生率最高。腰突症是运动员腰痛的重要原因之一，排球项目常见。

（1）损伤机制

腰椎间盘退行性病变加外伤是腰突症的主要原因。排球运动技术中接球、垫球的姿势身体前屈，椎间盘向后压力增大；驼背的状态下身体向前屈时落地，腰椎间盘被向后挤压。突出的椎间盘向两侧压迫神经根，出现下肢放射性疼痛，向后突出压迫马尾神经引起括约肌障碍。

（2）症状体征

① 症状：腰痛伴下肢放射性疼痛是腰突症的典型症状，腰部活动受限以前屈和后伸明显。脊柱代偿保护性侧弯姿势异常，以减少突出的椎间盘对神经根的压迫。

② 体征：在突出的椎间盘处或附近椎体旁有明显压痛点，伴有沿坐骨神经走行的下肢放射痛。膝腱、跟腱反射减弱或亢进。间盘突出部位累及下肢区域感觉和肌力减退。

直腿抬高试验或直腿抬高加强试验：受试者仰卧，检查者抬起患侧下肢，直腿抬高受限，并出现小腿以下放射痛为阳性；在上述直腿抬高试验的同一高度或稍放低，再将踝关节用力被动背屈，放射痛加剧为阳性，提示神经根受压。

CT 和 MRI 检查可明确椎间盘突出位置及神经根或脊髓受压等情况。

（3）处理原则

① 非手术治疗：平卧硬板床休息是最基本的保守疗法；机械牵引治疗牵拉椎间隙，减轻压迫；物理因子、针灸推拿等可缓解症状；脱水剂、激素、非甾体抗炎药物等减轻疼痛和神经根水肿；佩戴腰围保护。

② 手术治疗：长期规范保守治疗无效，反复发作并加重，出现神经麻痹征象等，可选择间盘镜或开放性手术摘除间盘。

（4）康复训练

① 损伤防护：主要内容同腰肌劳损部分。

② 康复训练：主要内容同腰肌劳损部分。

⭐ 思考与实践

1. 肩袖损伤的表现与判断方法有哪些？

2. 排球运动员预防腰痛的康复训练包括哪些方面？

3. 踝关节急性扭伤处理原则与方法是什么？

4. 如何早期识别"跳跃膝"？关键的康复训练方法是什么？

第九章 排球产业概述与发展趋势

💬 **本章导言**

    体育产业高质量发展已经上升为国家战略。如何通过各运动项目产业化带动体育产业迅速发展成了关键性问题。排球在我国作为群众基础较为扎实、文化内涵较为丰富的运动项目，推动其产业化发展十分必要。目前排球产业结构中发展较为显著的有排球竞赛表演业、排球用品业和排球教育培训业。掌握排球产业的内涵、分类与特征，了解排球竞赛表演业、排球用品业和排球教育培训业的市场运作方式与途径，对促进排球运动项目产业化，大力促进排球产业发展具有十分重要的意义。

⚙️ **学习目标**

    1. 了解排球产业的概念、分类与特征；熟悉排球竞赛表演业、排球用品业和排球教育培训业的市场开发内容与开发方式；了解我国排球产业的发展规律与趋势。

    2. 掌握排球赛事市场开发与营销的方式；了解排球用品业的运营模式与市场定位；熟悉排球教育培训业的资源构成与市场开发模式。

    3. 通过本章的学习，使学生体会到排球产业所蕴含的巨大潜力。培养学生理论联系实际、运用排球产业基本理论与知识进一步指导排球产业发展的能力。

第一节　排球产业概述

一、排球产业的概念

（一）体育产业概念

排球产业
概述

随着社会生产分工的不断深化，国民经济许多细分的产业部门逐渐形成。传统的产业观念与范畴发生了显著变化。在产业发展演变的进程中，传统的产业结构不断变动，文化、娱乐、体育等都逐步被纳入产业体系。近年来体育产业快速发展，世界各国对体育产业的重视程度不断提升，体育产业成了支撑经济发展的支柱产业。

目前国内外学术界对体育产业的概念界定尚未形成统一的标准。有的学者从行业集合的视角认为，体育产业是指以体育服务业为主体的，是体育场馆服务、运动服务、体育表演、训练、群众体育指导等各种行业的集合。有的学者从市场资源配置的视角认为，体育产业是体育事业中可以由市场进行资源配置的领域，通过产业化的运作模式，实现体育服务覆盖面的提升。还有学者从行业关联性视角，将所有与体育功能相关的产业都称为体育产业，包含体育服务业、制造业、娱乐业以及其他的衍生产业。

国家统计局发布的《体育产业统计分类（2019）》中将体育产业定义为，为社会提供各种体育产业（货物和服务）和体育相关产品的生产活动的集合。

（二）排球产业概念

新中国成立以来，我国排球运动的发展发生了巨大的变化。在计划经济体制下，排球运动的发展依靠国家财政拨款，排球运动被视为公益性事业，忽视了对排球市场的培育，排球运动的经济功能受到了抑制。随着经济体制由计划经济向市场经济转变，排球运动的市场活力被逐渐激活，排球运动的市场化程度渐渐提升，排球产业化进程拉开了序幕。排球产业成了体育产业中的一部分。然而，目前针对排球产业没有形成单独的释义。

参照国内外学者对体育产业的概念界定，围绕排球产业的实际特征，可将排球产业概念分为广义和狭义两种。广义的排球产业是指为社会公众提供排球服务和产品的活动，以及与这些活动有关联的其他活动的集合。狭义的排球产业是指为社会提供各种排球劳务的有关部门。

二、排球产业的分类

（一）根据排球产品的形态构成进行分类

1. 实物型排球产业

实物型排球产业指以物质实体形式存在的排球产业，包括排球用品及相关产品制造，排球用品及相关产品销售、出租与贸易代理等。

2. 服务型排球产业

服务型排球产业指生产者通过由人力、物力和环境所组成的结构系统来生产、销售和交付的与排球运动相关的，能够被消费者购买、接收、消费的功能与作用，包括排球健身休闲活动、排球竞赛表演、排球经纪与代理、广告与会展、表演与设计服务、排球教育培训、排球传媒与信息服务等。

（二）根据排球产业的市场构成进行分类

1. 排球主体产业

排球主体产业指利用排球自身特征进行生产和服务的部门的集合，包括排球健身休闲娱乐业和排球竞赛表演业等。

2. 排球相关产业

排球相关产业指为人们进行排球活动提供相关物质资源（消费品）的生产、销售和服务的企业的集合，包括排球教育培训业，排球用品及相关产品制造，排球用品及相关产品销售、出租与贸易代理等。

3. 排球边缘产业

排球边缘产业指以排球为服务对象或内容的其他产业部门的集合，包括排球经纪与代理、广告与会展、表演与设计服务以及排球传媒与信息服务等。

（三）根据排球产品和劳务生产方式进行分类

1. 经营型排球产业

经营型排球产业主要指由排球社团、企业、个人举办的以盈利为目的的，以休闲、娱乐类排球项目为经营对象的产业部门，包括排球竞赛表演、排球教育培训等。

2. 半经营型排球产业

半经营型排球产业主要指政府举办或资助的带有公益性的排球服务，包括排球场馆运营、承办重大国际排球赛事、主办全国或区域性排球竞赛。

3. 非经营型排球产业

非经营型排球产业主要指由政府、排球社团、企事业单位和学校等出资举办的排球培训、排球竞赛等体育活动。其经费由社会和企业提供，并不需要通过自身获得经济收入。

三、排球产业的特征

排球产业作为体育产业的一部分，既具有与其他部分相同的共性，也具有不同于其他部分的特性。

（一）排球产业的一般特征

1. 产业融合性

排球产业是体育产业的重要组成部分。2021 年全球排球市场总规模达到 19.17 亿元，我国排球市场规模达到 5.8 亿元，占全球排球市场总份额的 30.26%。且随着排球运动的不断普及与推广，排球市场规模将进一步增长，排球产业增加值在体育产业增加值中的比重将不断提升。排球产业与其他产业的关联度较高。排球产业与旅游业、物流业、商贸业和休闲服务业等产业均具有融合性。同时，排球产业中的排球竞赛表演业、排球健身娱乐业、排球经纪与代理业、排球用品业、排球服装与鞋帽制造业等相互之间也具有较强的融合性。

2. 时空依存性

排球产业对空间布局的要求较高，排球产业需要考虑到区位特色、消费人群空间需求。应根据人口密度、经常参与排球运动人数等，对排球产业所涉及的项目与内容进行布局。同时，排球产业的消费还具有明显的时间分段特征，经常参与排球运动的人群需要具备一定的前提条件，即必须拥有充足的时间，才能进行排球的相关消费。因此，空间和时间是排球产业发展的重要保障。

3. 体验消费性

排球产业的发展要求其必须能够为消费者提供优质的服务，才能够引导和满足消费者的消费需求，使得消费者拥有较强的排球消费动力。排球消费是体育消费的一部分，与体育消费相同，具有层次化特征，不同消费群体其消费能力存在差异。排球产业的发展目标在于增强全社会的排球消费，满足不同层次消费水平人群的排球消费需求。排球产业提供的产品和服务本质上是消费者对其体验与感受，消费者体验是否流畅，消费是否满意，是排球产品和服务质量的直接体现。

（二）排球产业的差异特征

1. 竞技排球社会化

竞技排球社会化是在继续保持或加大国家对竞技排球投入的同时，努力鼓励、引导、拓宽、调控社会和个人办竞技排球的积极性和潜力，并使其从中获得收益，形成国家投入、社会和个人参与的多方位、多渠道共同促进竞技排球发展的良好局面，使竞技排球能从社会受益，并服务于社会。2019 年中国排球协会宣布将与中体产业集团合作共建中国男排，这是竞技排球社会化的一次尝试，在这次尝试中将充分发挥中体产业集团在男排资源配置和无形资产开发中的优势，加大对于男排的市场推广。

2. 大众排球新颖化

随着我国排球运动普及力度的不断提升，越来越多的排球爱好者走进球场，参与丰富多彩的大众排球赛事和活动。原本被视为阳春白雪的排球运动，在大众健身活动中发挥着积极的作用。近年来大众排球的种类在不断更新，如气排球和4人制排球得到大众广泛认可。气排球自2010年起就被福建省列为省运会的正式比赛项目；湖南省有11个地市州开展了气排球比赛；广西壮族自治区有500万~600万的气排球人口。上述数据证明大众排球在发展过程中已经取得了较为显著的成绩，但在后续推广过程中应进一步创新种类与内容，吸引更多的大众参与，同时也吸收更多的社会资源。

3. 技术手段数智化

在传统经济社会中，土地、劳动力、资本和技术是主要的生产要素。而在数字经济时代，数据成为新的生产要素。在数据和数字技术的作用下，由这些新生产要素所构成的新生产力，推动人类社会进入到数智化新时代。5G、人工智能、大数据等技术已经逐步应用到排球赛事运营、排球用品制造、排球教育培训以及排球赛事转播与直播等领域，但是应用的广度与深度仍然存在可以拓展的空间。随着新基建不断推进，5G、物联网、云计算、人工智能等新型基础设施建设力度持续加大，将为排球产业数智化提供重要支撑。

4. 文化传承特色化

我国各体育项目产业化过程中同质性现象较为严重，各部分之间的特色定位还不够清晰。排球产业若要实现可持续性发展，需定位自身的产业特色，突显出与篮球产业、足球产业等其他产业之间的差异。排球产业有着自身的优势，即排球运动有着深厚的文化内涵。若将"女排精神"注入排球产业的经济活动中，使排球产品和服务人格化，是创造排球产业财富的有效途径。打造排球产业文化，需要具备排球产业与女排精神融合的理念与意识；还要选取排球产业与女排精神融合的方式与渠道；同时还要做好排球产业文化的宣传与展示工作。

四、我国排球产业发展现状与趋势

（一）我国排球产业发展现状

1. 排球产业相关政策法规有待完善

目前，我国关于排球产业的政策法规还不够完善，政策阐述较为笼统与宏观。如《体育强国建设纲要》中提出要积极探索中国特色"三大球"发展道路，构建政府主导、部门协同、社会力量积极参与的"三大球"治理体系。《"十四五"体育发展规划》中提出了"三大球"振兴工程，其中针对排球强调要理顺联赛的管理体制和运行机制，培育具有独立法人资格的职业俱乐部。但是这些政策中对于排球产业如何通过企业化管理与市场化运作，广泛吸纳民间资本参与并优化调节产业资本自由组合缺少相应的标准与规范。同时排球产业中产品和服务的价格、财税和金融等经济政策也还不完善，导致排球产业发展的创新驱动不足，内生动力尚未被充分激活。

2. 排球产业市场开发程度不够深入

当前我国排球产业管理体制仍然存在一些不合理之处。虽然三大球进行了管办分离一系列改革，但是目前在对排球产业进行分配与再分配的过程中，市场没有充分发挥作用，排球产业市场化程度依然较低。同时，排球产业规模较为有限，市场运作还不太规范，排球技术市场、劳务市场和经济市场缺少活力且竞争力不强。此外，我国排球用品制造业在排球产业中占据较高比例，且主要生产低附加值的原料加工产品与劳动密集型产品，缺少科技创新能力与技术开发能力，缺乏具有品牌效应的本土产品。

3. 排球产业结构布局进程较为缓慢

按照经济学中"消费决定论"的观点，排球消费决定了排球市场，排球市场决定了排球产业，排球产业影响体育产业，体育产业进而影响社会经济。社会经济不断发展变化又会导致社会公众对排球消费不断更新，排球市场逐渐多元，排球产业不断丰富。完善的排球产业体系应包含排球主体产业、相关产业和边缘产业三个层次。而目前作为带动排球产业升级转型的主体产业还缺少核心竞争力，其中排球竞赛表演业尚未形成完整的竞赛体系，排球健身娱乐业市场消费潜力有待进一步提升；相关产业中的排球用品制造业还缺少自主品牌定位；边缘产业中的体育经纪业市场活力尚未激活。因此，各层次的结构优势还未形成。

4. 排球产业专业人才培养较为匮乏

排球产业的发展需要有专业人才作为人力资源保障，这类专业人才需要既懂排球运动又懂经营管理。目前国内外这类复合型人才无论在数量上还是在质量上都是十分匮乏的，出现了懂排球运动不懂经营管理和懂经营管理不懂排球运动的两种情况，导致人才在职位晋升与未来发展中存在一定的瓶颈，因此也出现了一些人才流失情况。

（二）我国排球产业发展趋势

1. 排球产业发展的政策环境将不断优化

随着"放管服"改革的不断持续深入推进，大力发展运动项目产业将成为体育产业发展的新方向。将制定出台排球产业发展规划，就如何促进排球资源市场化配置，如何促进"排球+"和"+排球"发展，如何吸引社会资本、壮大市场主体等问题进行战略规划。同时，排球产业发展需要以市场为导向，在这一过程中政府部门要做好自身的职能定位，即维护社会公众的利益，尊重市场主体在资源配置中的应有位置，采取合理的措施来促进排球市场的公平竞争、等价交换等。因此，要制定公平公开的竞争政策、价格政策等作为排球产业发展的制度支撑与保障。

2. 排球产业体系的内部布局将逐渐清晰

排球赛事将引领排球产业发展。长期以来，以体育赛事为核心产品的竞赛表演业一直是体育产业中的龙头，引领和带动其他业态发展。因此，对排球产业而言，也将优先发展排球竞赛表演业。将不断扩充群众性排球赛事的规模与质量，同时，将进一步提升职业排球赛事的市场化与商业化程度。排球用品制造业将逐渐缩小与世界强国之间的差距，在开发新材料与新技术上不断发力，向科技含量高、智能化方向不断迭代。排球用品销售将不断拓展线上市场，与线上销售平台合作进行网络销售。此外，将不断扩大排球消费市场，通过供给侧结构改革丰富排球供给产品和服务，培育排球消费并促进消费升级。

3. 排球产业将不断涌现新产品与新服务

在全球新一代信息技术革命和新产业革命融合对接的背景下，以市场为导向的，以技术、应用和模式创新为内核并相互融合的新型经济形态将不断取得发展，并助推我国经济发展方式转变和能级提升。排球产业作为新兴产业门类，其后发优势较为明显。未来一段时间，随着我国休闲时代的到来，社会公众多样化的排球消费需求将被进一步激发，再加上我国体育产业领域创新创业的不断深入推进，以及"互联网＋体育"的快速发展，排球产业将不断涌现出新的消费需求。因此排球产业将迎来前所未有的发展空间，不断涌现出新产品与新服务。

4. 金融和科技将促进排球产业提质增速

股权投资、债券投资、融资租赁、众筹、保险等金融工具和产品将不断被应用在排球产业领域。针对排球健身休闲、排球竞赛表演等的金融业务将不断创新，成为助力排球产业发展的关键性要素，为排球产业的资金来源拓宽渠道。同时，互联网＋、物联网、VR/AR技术、机器人等现代技术成果和信息技术将向排球产业领域进行转移与应用，将加快推进排球产业创新。

第二节　排球竞赛表演业

一、排球赛事的概念与分类

（一）排球赛事的概念

体育赛事是指提供赛事产品或者其他服务产品的特定活动。体育赛事的组织结构与组织形式受赛事规则、传统习俗等多种要素的影响，具备项目管理功能、组织文化背景与市场潜力，可以满足活动主体分享经验的需要，实现多种目的和任务，对社会、人文、

自然、政治、经贸和旅游等产生冲击影响，能够形成重要的社会效益、经济效益和综合效益。

因此，排球赛事是指以排球为主要内容，并提供与排球有关的赛事产品和服务产品。排球赛事可以促进举办地旅游业的发展，也可以提高举办地的知名度，提高城市的形象，同时对举办地的经济、社会、环境等方面产生一定的影响。

（二）排球赛事的分类

1. 按照举办地的空间划分

可以将排球赛事划分为室内排球赛事和室外排球赛事，如中国排球超级联赛（室内）、全国沙滩排球巡回赛（室外）等。

2. 按照参赛人群的实质划分

可以将排球赛事划分为竞技排球赛事、职业排球赛事、职业表演赛事、大众排球赛事、企业排球比赛等。

3. 按照参赛运动员的竞技水平以及等级划分

可以将排球赛事划分为职业排球赛事和业余排球赛事。

4. 按照比赛的等级划分

可以将排球赛事划分为基层赛事、区域赛事、全国性赛事、洲际赛事和国际性赛事等。

5. 按照赛事的规模划分

可以将排球赛事划分为中小型排球赛事、大型排球赛事和标志性排球赛事等。

6. 按照对市场的开发程度划分

可以将排球赛事划分为商业化的职业性排球赛事（大奖赛、巡回赛以及明星赛等）以及半职业化的商业排球赛事（排球锦标赛等）。

二、排球赛事的运营模式

（一）运营理念

排球赛事市场化运营模式是指在市场经济环境下，根据市场经济规律和排球产业的发展特点，排球赛事的管理部门、赞助企业、运动员、传媒、中介机构等相关主体在产业运营中形成一定的连接关系。通过赛事管理机构，遵照共同的发展理念，按照市场制度规范进行赛事市场化运营，最大程度获取相应的社会效益和经济利益回报。

为提高排球赛事运作的效益和效果，应遵循以下几点的赛事运营理念（表9-2-1）。

表 9-2-1　排球赛事的运营理念

运营理念	基本要求
创新	根据排球赛事的举办目的，创新组织形式和运作方式，确保赛事实施顺畅与成功
特色	结合举办方的实际情况，寻求新的运作模式，为排球赛事提供区别于其他赛事的不同点
细节	赛事运作管理者在赛事运作过程中，认真落实工作细节，做到各项工作之间无缝对接
规范	针对排球赛事周期中的准备、运作、服务与监督保障等工作制定工作规范与标准，按照规定的标准执行
服务	排球赛事运作的最终目标就是为社会呈现一场成功的赛事，并提供赛事产品和服务来满足消费者的需求。赛事运作者要本着服务至上的理念，自觉做好排球赛事服务工作
合作	排球赛事是由众多利益相关者共同合作的过程，包括主办方、举办方、赞助方、民众参与方等。在运作过程中要满足不同利益相关者的诉求，保证社会效益和经济效益的共赢，达到多元目标实现

（二）运营主体和运营方式

排球赛事存在多种形式的运营模式，根据赛事运营主体的不同，将其运营方式分为 4 类（表 9-2-2）。

表 9-2-2　体育赛事的运营主体和运营模式

运营主体	运营模式
政府	政府主导型
体育中介公司、体育文化广告传播公司等商业性组织	商业组织型
生产企业	生产企业型
政府、体育中介公司、体育文化传播公司、生产企业	混合型

1. 政府主导型

政府是体育赛事的主要运营主体，政府通过自身的行政力量、资金积累、制度建设、社会信誉等资源要素，保证赛事顺利进行。政府在经营活动中，往往把比赛的社会效益放在首位，兼顾赛事的经济效益。例如，2022 年全国女子排球锦标赛在漳州体育训练基地举行，该赛事由国家体育总局排球运动管理中心主办，福建省体育局承办，漳州市体育局、福建省漳州体育训练基地协办。

2. 商业组织型

体育中介机构、体育文化广告传播媒公司等商业型组织是排球赛事的主要运营主体。这类体育赛事是一种以获取利润为目标的排球赛事。因其拥有人才、信息等资源要素，具备良好的经营管理经验和能力，在经营活动中，往往把比赛的经济效益放在首位，兼顾赛事的社会效益。例如，VAL2021 第四届排球联赛由姚明集团独家冠名，惠动乐（厦门）体育文化有限公司主办，厦门市排球协会协办，获得国家体育总局文化发展中心、国际排联的大力支持。从 2018 年至今，该赛事已成为中国排坛的一项盛事。联赛旨在打造标准化、规范化的业余排球赛事，集合排球专业人士和业余爱好者相互切磋交流，通过竞赛的方式为广大排球爱好者提供一个展示竞技风采的新平台，推动我国排球运动的发展。

3. 生产企业型

生产企业由于资金实力雄厚，成为排球赛事的运营主体。现如今，产品的竞争激烈，企业亟须进行产品的品牌推广。通过排球赛事推广产品、进行产品营销等活动，越来越多地成了生产企业自我推广的重要途径。在经营活动中，他们通常会把比赛的长远效益放在首位，兼顾赛事的当前效益。例如，敦化林业有限责任公司在 2021 年举办的第五届"清风杯"职工排球比赛是公司创建"红色基因满敦林、薪火相传塑廉洁"品牌文化的重要载体，以此传递廉洁正能量，提升广大职工的廉洁文化素养和身体素质，激发党员干部和职工爱党爱国爱企的深厚情感，促进企业绿色转型发展。

4. 混合型

举办地政府、体育中介机构、文化传播公司、生产企业等多元主体共同作为赛事运营主体，共担风险，共享赛事效益。在经营活动中，他们通常把比赛的当前效益放在首位，兼顾赛事的长远效益。例如，"大洋湾杯"2021 全国沙滩排球锦标赛由国家体育总局排球运动管理中心、排球协会、江苏省体育局、盐城市人民政府主办。由江苏省体育竞赛管理中心、盐城市体育局、盐城市亭湖区人民政府、盐城市城市资产投资集团有限公司承办。赛事运营单位包括中视体育娱乐有限公司、盐城大洋湾生态旅游景区有限公司、盐城市体育产业集团有限公司。此次赛事与青年文化的融合，使大洋湾景区形象更加年轻化，为景区带来更多的流量，促进了沙滩排球的推广，充分展现了"东方湿地、水绿盐城"的城市特色。

三、排球赛事的市场开发与营销

（一）排球赛事的市场开发

1. 排球赛事赞助

（1）排球赛事赞助概念

赞助既是一种商业行为，也是一种营销手段。赞助是赞助双方共同的事业，以"共同利益"作为前提，以"支持"和"回报"之间的等价交换为中心，"平等合作"是对赞助者和被赞助者双方地位和关系的界定。在此基础上，排球赛事赞助是以排球赛事为题材，以支持和回报为内容，以利益交换为行为，以达成各自目标为目的的一种特殊商业行为。

（2）排球赛事赞助方式

现代排球赛事已经形成赛事冠名权、称号使用权、会徽使用权、吉祥物以及标志使用权、各类广告权、赛事现场及周边特定范围公关活动权、赛场产品专卖权、媒体曝光权、赛事活动礼遇权等系列赞助受体体系。其中，购买赛事冠名权、赛事称号使用权和广告权已经成为排球赛事赞助的主要方式。

① 购买赛事冠名权在某种程度上将企业或产品同赛事紧密联系在一起。在确定赞助关系、取得赛事冠名权后，赛事主题活动、推介宣传活动、媒体报道等均会不同程度地对企业或产品进行曝光和推介。

② 赛事称号使用权即获得赛事赞助商、赛事制定产品商、赛事装备商、赛事供应商等称号的使用权。

③ 赛事广告权是在比赛场地周围围墙、挡板、比赛场地地面、通道、外墙、电子告示牌、工作人员服装等位置放置广告牌。

目前排球职业联赛市场化的趋势在赞助商中不断地体现出来，在新赛季的赞助中主办方借鉴奥运会的赞助模式，采取不冠名赞助，将赞助等级细化为三种：官方联合创始合作伙伴、官方赞助商和官方供应商。不同的赞助级别享有不同的商业权益，这是市场经济下排球职业联赛市场化的新尝试。

（3）排球赛事赞助困境与对策

随着我国排球赛事数量的增多以及赛事市场化程度的提高，排球赛事赞助规模在逐渐扩大，且赛事赞助组织逐渐规范。但是在实际赞助过程中还存在一定的问题，主要表现在：

① 赞助商过于追求短期收益，缺乏战略眼光。很多赞助商只关注一场赛事所带来的实际收益，赞助行为缺少连续性和长期性，在赞助排球赛事之后并没有开展系统、配套的营销活动。

② 对品牌与排球赛事之间的关联度缺少一定的思考。赞助商应选择与产品文化、企业内涵相一致的赛事进行赞助，以保证产品品牌与排球运动之间的流畅衔接。但部分企业对于这一点缺少思考。

③ 赞助商相应的权益得不到有效保障。赞助商与被赞助方本应是互利共赢的关系，但是被赞助方往往仅重视赞助费，对赞助商的权益未能充分进行保障，二者之间处于不平等状态。

④ 赞助商违约现象时有出现。赞助商在签署赞助协议之后，却不按照协议规定履行相应责任，出现赞助不能准时到位的现象。

针对上述问题，我国排球赛事赞助应努力做到以下几点。

① 赞助商要对赞助行为进行系统规划，保证赞助行为的系统性和长期性，在赞助排球赛事之后应积极开展相应的营销活动，保障其市场影响力。

② 赞助商在决定赞助排球赛事之前，应将自身的企业文化与产品属性同排球运动的内涵之间的关联程度进行测算。

③ 赞助方与被赞助方之间的关系要进一步优化，被赞助方应充分保障赞助方在排球赛事中的合法权益，赞助方应严格按照赞助协议开展赞助活动。

2. 排球赛事门票

（1）排球赛事门票市场开发

排球赛事门票是持有者能够进入指定排球场馆观看排球竞赛表演的有效凭证。排球赛事门票市场开发是运用现代体育市场营销的理论与方法，在整合排球赛事门票资源的基础上，针对不同的排球赛事消费群体，指定不同的排球赛事门票营销方案，谋划不同的排球赛事门票推广路径，以提升排球赛事门票的销售量和销售额度。可以说门票收入是排球赛事的主要收入来源之一，也是人们对排球赛事关注度的一种集中体现。

（2）排球赛事门票类型

排球赛事门票类型由于划分依据不同所划分的类别也不尽相同。

① 根据门票消费对象可以分为普通票、贵宾票、企业礼仪票、学生票、老年人优惠票、军人优惠票、残疾人优惠票等。

② 根据门票销售方式可以分为套票、联票、零售票、团体票等。

③ 根据门票制作形式可以分为纸质门票、电子门票等。

④ 根据出票形式可以分为内部赠票和公开售票等。

排球赛事门票可以作为赛事赞助的回报，作为赛事广告的媒介，作为赛事彩票抽奖兑奖的凭证，作为区域旅游优惠的凭证，作为免费领取相关物品的凭证，作为享有赛场内医疗救助的凭证，也可以作为赛事收藏品。

（3）排球赛事门票市场困境与对策

目前我国排球赛事门票市场已经初具规模，社会公众对排球关注度的提升和消费水平的提高为排球赛事门票市场奠定了坚实基础，但是与国际大型体育赛事门票的市场开发相对，我国的排球赛事门票的市场开发还存在一定不足。

① 排球赛事门票市场开发的意识不强，有部分比赛的门票不对观众销售，门票仅提供给政府部门和赞助商等相关利益主体，对票务工作宣传不到位。

② 排球赛事门票的规划不合理，对赛事门票销售渠道的管理还不到位，导致非官方渠道购买门票现象时常发生。

③ 对排球赛事门票的市场营销力度不够，主要依靠价格营销策略，营销方式较为单一。

④ 对排球赛事门票衍生市场资源开发程度不高，导致赛事门票的附加值较低，门票不能充分体现赛事价值。

针对上述问题，我国排球赛事门票市场开发应从以下几个方面进行优化。

① 要充分认识到门票在排球竞赛表演业中的重要作用，要形成赛事门票市场开发的意识，加大对排球赛事票务工作的宣传力度。

② 对排球赛事门票市场开发进行系统、全面、科学的规划，积极拓宽赛事门票的销售渠道，加大对赛事门票销售渠道的监管。

③ 加强对排球赛事门票的市场营销力度，结合排球赛事级别与规模制定可行的组合营销策略，特别是对门票价格营销策略要进一步规范化。

④ 重视排球赛事门票衍生市场资源，加大对其市场开发力度，不断提升排球赛事门票的附加值。

3. 排球赛事无形资产

（1）排球赛事无形资产概念

无形资产与有形资产相比，是一种没有固定物质形式的资产或经济资源。排球赛事无形资产是一种以排球赛事为基础的无形资产，其具有体育属性、受特定主体支配、没有实物形态、能够持续为所有者经营和创造经济效益。

（2）排球赛事无形资产类型

从不同的角度来看，可以把排球赛事无形资产分成很多种，按无形资产的性质，可以分为知识型无形资产（排球产品的驰名商标等）、权利型无形资产（排球场馆使用权、广告开发权等）、资源型无形资产（商誉、排球明星等）；按无形资产是否确指，可以分为可确指无形资产（专利权）和不可确指无形资产；按无形资产是否受法律保护，可以分为有确定法律保护形态的无形资产（经营开发权、电视转播权、新媒体转播权）和非法定的无形资产（排球专有技术）；按无形资产是否有期限，可以分为有期限无形资产（会徽、吉祥物标志的使用权，大型排球赛事的冠名权等）和无期限无形资产（赛事品牌、赛事组织名称等）。

中国排球联赛中开发的无形资产主要有电视转播权、新媒体转播权、冠名权、广告开发权以及体育明星无形资产 5 个方面。

① 电视转播权，即排球赛事的主办方允许他人对正在举行的排球赛事或者排球表演进行电视转播，而主办方有权得到相应报酬的权利。排球联赛电视转播权，是排球赛事中重要的一环，央视与中国女排在近十年合作中建立了紧密合作关系。观众和球迷能够通过电视转播欣赏到精彩而激烈的比赛，更好地了解中国女排运动员，此外也可以通过电视转播了解到不同球队面对困难时所表现出不放弃、敢拼搏、永不言败的精神状态。

② 新媒体转播权，同电视转播权一样，是一种民事权利，即通过新媒体渠道转播排球赛事的权利。新媒体的出现，可以从一定意义上弥补以往人们只能通过电视媒体来观看体育赛事的单一性。排球赛事的新媒体转播中，网络视频平台是一个重要的媒介，网络视频平台中拥有转播权且已经盈利的平台包括腾讯体育、新浪体育等。网络视频在中国已经发展了近 10 年时间，在 2011 年进入高速发展阶段，近几年各大直播网站和门户网站纷纷

加入排球直播队伍，在新媒体方面取得了不错的成绩。如2022年8月8日，中国排协发布公告，自8月1日起授权中体集团北京中体经纪管理有限公司为中国女排、中国男排和中国沙排的独家商务开发机构，新设中国男排、中国沙排官方微博账号，中体传播集团携手中国排球协会，共同打造新媒体宣发阵地，开发排球国家队的商业价值。

③ 冠名权指企业或组织为体育活动、场馆或体育组织提供的服务、资产或赞助，取得用自己商标或品牌为活动、资产及组织命名的权利。冠名权是体育资产的一种形式，其价值大小取决于一定时期内这些体育资产与社会公众的关系，当一项体育赛事的冠名权为其所属社会公众所拥有，则该冠名权就具有了经济价值。排球赛事的冠名权由赞助商提供，国际排联也会与各国家的排协签订协议，以保证国际排球联合会及全球各国家排协有稳定的权益。

④ 广告开发权，排球赛事的广告开发权是排球赛事的重要组成部分，也是最重要的收入来源。

⑤ 排球明星无形资产，是指排球明星个人所拥有的，没有物质形式，但能够不断地创造经济利益的资产。主要包括知识产权、人力资本和人格标示。知识产权是指运动员运用自己的资源所取得的成果；人力资本指运动员本身具有的专业竞技能力；人格标示是指一种可以用于商业用途的个性标志，即体育明星的肖像。

（3）排球赛事无形资产困境与对策

排球赛事无形资产在排球竞赛表演业乃至排球产业中均发挥着至关重要的作用。作为排球产业的重要组成部分，排球赛事无形资产的市场开发已经产生了巨大的经济价值和社会价值。但是针对排球赛事无形资产的开发还存在如下问题。

① 关于排球赛事无形资产市场开发的政策法规还不健全。目前针对体育赛事无形资产的开发内容、开发程序、开发责任等内容缺少专门的政策法规，针对排球赛事的相关政策更是空白，这严重影响了排球赛事无形资产开发的积极性。

② 排球赛事主办方对赛事无形资产的整体认识还不充足。赛事主办方更加关注有形资产的流失，对无形资产的浪费缺乏足够的认识。

③ 排球赛事无形资产的开发深度不够，经营效益不佳。转播情况不容乐观，媒体对排球赛事的关注度不高，排球明星资源严重浪费。

针对上述问题，排球赛事无形资产在开发过程中应关注以下几个方面。

① 应重视对赛事转播权的市场开发。遵循公平合理的原则对排球赛事转播权进行出售或转让，打破单一主体垄断的局面，允许不同转播主体参与到排球赛事的转播竞争体系中来。

② 应加强与媒体、赞助商和球迷等不同利益主体之间的沟通。赛事主办方应主动与媒体特别是新媒体建立起合作伙伴关系，争取媒体对赛事的关注程度；可以采用公开招标等方式吸引更多的赞助商加入到赛事赞助竞争中来；加强排球运动员与球迷之间的互动，给球迷提供更多接触明星运动员的机会。

③ 充分发挥明星球员的价值，加大对排球赛事的宣传与推广。

4. 排球赛事特许产品

（1）排球赛事特许产品概念

排球赛事特许产品是指经过赛事组委会授权的企业，生产或销售带有赛事标志、赛事会徽、吉祥物等赛事知识产权的产品。传统的排球赛事特许产品主要包括纪念币、纪念章、T恤衫、棒球帽等具有庆祝和纪念意义的产品；而现今的特许产品包括服装服饰、日用品、邮品、工艺品、文体用品、玩具饰品、珠宝首饰、贵金属制品等一系列门类丰富、品种齐全的产品，如2016年巴西里约奥运会女排夺金夺冠纪念邮折、荣耀·中国女排世界冠军纪念金章、中国女排·十冠王金银纪念球等。

（2）排球赛事特许产品困境与对策

排球赛事特许产品作为赛事品牌形象和办赛理念的载体备受赛会组织和市场消费者的关注。近些年赛事组织方不断加强和提高排球赛事特许产品的开发能力和管理水平，但依然存在以下几点问题。

① 对排球赛事特许产品市场开发投入的关注度不高。在排球赛事特许产品开发机构设置与资源配置上较为粗犷，在开发方式上侧重于依赖企业自身力量，在市场操作中更追求稳定且低风险的收益。

② 排球赛事特许产品的市场开发缺少统一的品牌定位。排球赛事特许产品的品牌附加值和市场价值依托于赛事品牌效应，而目前国内众多排球赛事缺少赛事品牌定位，这对赛事特许产品开发造成较大影响。

③ 排球赛事特许产品市场开发的人才与经验存在短板。没有充足的赛事特许产品开发人员与开发经验是排球赛事特许产品市场开发面临的最为关键的难题，该难题导致对排球赛事特许产品市场需求的价值分析、占有范围与程度等认识不充分，特许经营权估值产生偏离。

针对上述问题，排球赛事特许产品市场开发应关注以下几方面。

① 赛事组织方对排球赛事特许产品的市场开发应投入足够的时间与精力，做好特许产品市场开发方案，使得特许产品市场开发工作更具体、更规范、更合理。

② 各级各类排球赛事应进一步明确自身的赛事品牌定位，以期为赛事特许产品市场开发提供必要条件与前提保障。

③ 各高等院校、科研院所应加强该类专业人才的培养，不断优化人才培养方案，进行培养方式创新与改革，培养更多专业性人才投入到该领域开展工作。

（二）排球赛事的市场营销

1. 市场分析

狭义的市场分析是指市场调查研究，通过科学的方式收集有关消费者购买和使用商品的事实、观点、动机等相关资料，并加以研究和分析。

广义的市场分析是指系统地收集、记录、整理和分析从生产到消费和使用的整个业务活动的情报和数据，以便理解产品的实际市场和潜在市场。

所以，市场分析不仅是单纯地分析消费者的心理与行为，还将不同的营销活动的各个阶段都纳入研究之中。因此，排球赛事的市场分析是指对消费者心理、行为以及排球竞赛表演业的各个营销环节进行的综合研究。

2. 目标定位

市场定位是指在目标市场中，公司基于客户对某一特定特性或属性的关注，在一定程度上为公司的产品塑造出鲜明的个性，并向客户传达信息，从而获得客户的认可。

对于排球赛事这样的特殊商品，市场定位是为了让潜在的参与者能够准确地了解这项赛事不同于其他活动的特点，从而在他们的心中建立起独特的地位。因此，对排球赛事的目标市场进行定位，其实质就是要发掘自身的竞争优势，选择竞争优势，展现竞争优势，从而使自己与竞争对手区分开来。排球赛事的举办方在进行目标市场定位时应注意以下5个基本问题（表9-2-3）。

表 9-2-3　排球赛事目标定位的注意事项

基本问题	具体内容
市场的规模	即目标市场的数量是否可以满足赛事目标
目标市场的空间特征	即市场所在的地点位置和所分布的空间范围及其分布特征。 这一特点会直接关系到是否有利于或适合产品和服务的流通，也会影响产品或服务的流通以及市场的管理
市场的需求与利益诉求	即赛事所提供的产品与服务是否是符合目标市场的需要和需求，包括给消费者（市场）带来的有形和无形利益
目标市场与赛事形象的契合问题	组织者要在目标市场消费者的心目中为活动创造一定的特色与个性特征，赋予活动一定的鲜明形象，以便消费者和社会公众识别
目标市场需符合组织者的目标	组织者选择目标市场必须具备开发该市场所需的人力、财力、物力等资源条件，同时还必须符合活动的最终发展目标

3. 营销策略

（1）排球赛事营销策略概念

著名的营销专家菲利普·科特勒指出，市场营销是一种社会管理的过程，它是个体或团体通过与他人或团体之间的商品和价值进行交易，从而达到自己的需要和愿望的过程。

由此定义出发，体育赛事营销是指体育赛事经营者通过创造、提供体育赛事产品和服务同赛事消费者交换产品、服务和价值，以获取所需的一种运作管理过程。

排球赛事营销是指由城市政府、生产企业、体育中介机构、体育文化广告传播公司等根据有关排球赛事的利益个人或群体的需求，通过创造和提供排球赛事的产品、服务等同排球

赛事的消费者进行价值交换，最终实现排球赛事的社会及经济效益的一种运作管理过程。

（2）排球赛事营销策略类型

① 整合营销策略：是指以排球赛事为中心，综合多种市场营销方式，促进多种营销方式相互配合，以实现排球赛事的最佳推广，实现社会经济利益最大化。例如，武汉网球公开赛从 2013 年成立并被列入"超级五大"之列以来，就以网球作为武汉的名片，肩负着推广网球、推广武汉的责任。武汉网球公开赛在赛事营销方面，一直在大力推进"整合营销策略"。其中"整合"是营销传播的核心，包括整合营销传播内容、整合营销传播工具、整合接触点、整合各种目标受众的信息传达。在营销过程中，根据市场细分人群的不同提供差异化服务，但同时也要确保整体上的目标一致。

② 品牌营销策略：与新媒体合作，对顶级排球赛事来说，媒体平台尤为重要。例如，CCTV 作为奥运、世界杯等顶级比赛的版权商，拥有全媒体转播权，是所有比赛节目的源头，也是最大的流量来源。通过与 CCTV 联合，一方面可以获取大量的流量收入，提高品牌知名度，另一方面也可以借助央视的平台优势，提高消费者对品牌的信任度，最大化品牌传播效果，并为企业带来实际转化。

③ 互动营销策略：指以具有传播能力的话题设定为基础，与目标消费者进行深入的互动交流，使受众自发地参与，形成较强的声望。互动能让观众参与到故事中来，让更多观众自发地去传播，形成具有共鸣的热点话题。顶尖排球比赛是载体，也是热点事件的发源地，它可以借助比赛，通过互动将话题进行传播和扩展，达到市场营销的目的。

四、我国排球竞赛表演业发展特点与趋势

（一）排球竞赛表演业相关政策体系将进一步完善

随着运动项目产业的深入推进，国家将进一步出台各运动项目产业发展规划，《排球产业发展规划》的制定与出台也指日可待，排球竞赛表演业作为排球产业中的主体产业，其相关政策法规也将进一步完善。在国家政策的支持下，各地方将结合各地实际情况，出台有利于排球竞赛表演业发展的政策，明确排球竞赛表演业发展的方向，为排球竞赛表演业高质量发展提供制度保障。各地将结合自身实际情况积极与外界进行合作交流，学习排球赛事市场开发的先进理念，梳理排球竞赛表演业的管理体制与运行机制。通过政策引领推动各高等院校、科研院所加大排球竞赛表演业专业人才的培养。

（二）排球竞赛表演业市场化运作程度将进一步提升

随着排球赛事数量的不断增多，市场化运作将成为排球竞赛表演业的必要选择。政府将有目的、有计划地扶持排球赛事相关企业，并在数量和质量上提出相关要求，逐步规范和扩大市场需求。政府和体育职能部门将联合其他部门强化排球赛事的包装、宣传与推广，吸引更多的企业和社会公众对排球赛事的关注，扩大赛事的影响力，提升社会各界对

赛事的参与度。大型排球场馆也将实行管理体制和运行机制改革，将场馆运营权推向市场，使得大型排球场馆赛事闲置问题得到缓解，避免一定程度上的资源浪费。

（三）排球赛事的品牌定位将进一步清晰

各地区将根据各自区域的综合条件与资源优势，对排球竞赛表演业进行合理规划，开发具有广泛影响力和参与主体并具有较好市场前景的排球赛事。各地方政府将在排球赛事的数量与规模等方面进行合理控制，确保竞技排球赛事与大众排球赛事协调发展，保持国际赛事与本土赛事合理布局，保证固定赛事与临时赛事的比例配置；对赛时分布进行合理干预与调控。以各地区排球赛事蓬勃发展为基础支撑我国排球竞赛表演业快速发展。

（四）排球赛事消费潜力将进一步激活

排球竞赛表演业将围绕消费群体的实际需求，进一步提升服务意识，将赛场内服务逐渐延伸到赛场外，举办以品牌赛事为主题的排球嘉年华、排球狂欢节等活动，使消费者在成为赛场内观众的同时，也能成为赛场外的参与者。切实做到以消费者为中心，为其提供全方位的赛事服务，使消费者形成美好且深刻的观赛与参与体验。同时要有计划地将排球赛事与区域的吃、住、行、游、购、娱结合起来，形成以排球赛事为主题、多项消费于一体的互动消费体验，进而满足消费者差异化的消费需求，进一步拓宽排球竞赛表演业的服务体系，提升服务水平，提高排球赛事的正外部性。

第三节　排球用品业

一、排球用品业的概念与分类

（一）排球用品业概念

体育用品是体育活动中适用的各种专门物品的总称，具有体育性、消费性、专门性等特点。体育用品业指生产体育活动中适用的专门物品的企业集合，既包括体育器材、运动服装、运动鞋等体育用品制造业，也包括体育用品销售业，是体育产业的一个重要分支和支柱性行业。体育用品是指体育消费活动中的具体物质产品，而体育用品业则是面向消费市场的合集。

故排球用品是与排球相关的消费活动中的具体物质产品，排球用品业指生产与排球相关的体育活动中适用的专门物品的企业集合。

（二）排球用品业的分类

排球用品业可分为排球用品及相关产品制造，排球用品及相关产品销售、出租与贸易两大类。

排球用品及相关产品制造包括排球用品及器材制造（排球制造，排球比赛和训练用器材和用品、排球场地器材设施生产，排球运动防护用具制造），排球相关材料制造（排球运动用地面材料制造，排球用新材料制造），排球相关用品和设备制造（排球运动服装制造，排球运动鞋帽制造，排球场馆用设备制造，排球智能与可穿戴装备制造，运动饮料与运动营养品生产，排球其他相关用品制造）。

排球用品及相关产品销售、出租与贸易包括排球及相关产品销售（排球用品及器材销售，排球服装销售，排球鞋帽销售，运动饮料与运动营养品销售，排球相关出版物销售，排球用品及相关产品综合销售，排球用品及相关产品互联网销售），排球用品设备出租、排球用品及相关产品贸易代理。

二、排球用品业的运营模式

（一）运营模式含义

工商管理学认为企业运营模式最基本最主要的职能是财务会计、技术、生产运营、市场营销和人力资源管理，企业的经营活动是这五大职能有机联系的一个循环往复的过程，企业为了达到自身的经营目的，必须对上述五大职能进行统筹管理，这种管理就是运营模式。排球用品业运营模式即排球用品生产企业为了达到既定目标，实现财务、技术、生产、市场开发和人力资源统筹管理的模式。

（二）排球用品业主要经营形态

1. 排球用品专卖店

指经营某一品牌排球用品或某类排球用品的专营零售店，是排球用品生产者或经营者建立企业和品牌形象的有利场所，是企业利润与信息的源头、员工培训的基地以及企业与消费者沟通的平台。排球用品专卖店运作系统包括管理系统、信息系统和物流系统等。

2. 体育用品零售超市

集中各类体育用品的大型体育用品专卖商场和一般超市的体育用品专卖部，其中不仅包括排球体育用品，还囊括其他各类体育用品。

3. 排球用品连锁店

在集团公司的统一经营方针指导下，各连锁店分散经营的一种经营模式，通常包括直营连锁、特许连锁、自由连锁三种。

4. 品牌授权经营

品牌授权又称品牌许可，指品牌拥有者在商定条款的基础上，允许被授权商使用授权商品牌生产销售某种产品或提供某种服务，并向品牌授权商支付商定数额的权利金的经营方式。

5. 网络零售

交易双方以互联网为媒介进行的商品交易活动，实现有形商品和无形商品所有权的转移或服务的消费，包括 B2C 和 C2C 两种形式。

6. 新零售

新零售模式将实现线上线下的融合，未来排球用品零售业发展可将线上、线下与物流有机融合起来，通过大数据、云计算、人工智能等技术，把人、货、物等传统商业要素进行重构，使消费者既能享受到线下体验优势，又能享受到线上价格优势。同时线上线下深度融合，借助现代物流的库存管理，降低排球用品生产厂商的生产成本和库存风险。

三、排球用品业的市场结构与定位

（一）排球用品业的市场结构

1. 市场结构含义

市场结构（Market structure）有狭义和广义之分，狭义指买方构成市场，卖方构成行业。广义是指一个行业内部买方和卖方的数量及其规模分布、产品差别的程度和新企业进入该行业的难易程度的综合状态，也可以说是某一市场中各种要素之间的内在联系及其特征，包括市场供给者之间、需求者之间、供给和需求者之间以及市场上现有的供给者、需求者与正在进入该市场的供给者、需求者之间的关系。市场结构由市场主体、市场格局、市场集中度三部分组成。

2. 市场主体

市场主体是市场上从事排球用品交易活动的组织和个人，既包括自然人，也包括以一定组织形式出现的法人；既包括营利性机构，也包括非营利性机构，如工厂、商超、公司、店铺等各类型大中型和中小微企业及个体户等，因此企业、居民和其他非营利性机构构成了市场主体的诸要素。排球用品业的市场主体可分为投资者、经营者、劳动者及消费者、企业、受益者，其具有盈利性、自主性、能动性的特点。

3. 市场格局

市场格局是指在市场经济条件下，市场上买卖双方在交换活动中所处的地位和相互关系。这种地位和关系的出现，取决于市场上商品的供给与需求状况。

市场格局可分为均衡格局与非均衡格局。均衡格局指当市场上的排球用品较长时期供给与需求基本平衡时，买卖双方在交换活动中，处于同等地位；非均衡格局指当市场上的排球用品较长时期供给与需求不平衡，供不应求或供大于求，从而使得买卖双方在交换活动中处于不同等的地位。商品供给与需求基本平衡，供给略大于需求是比较理想的市场格局。

4. 市场集中度

又指行业集中率，是指某行业的相关市场内前 N 家最大的企业所占市场份额（产值、产量、销售额、销售量、职工人数、资产总额等）的总和，是对整个行业的市场结构集中程度的测量指标，用来衡量企业的数目和相对规模的差异，是市场势力的重要量化指标。

（二）排球用品业的品牌定位

1. 品牌定位含义

品牌定位是企业在市场定位和产品定位的基础上，对特定的品牌在文化取向及个性差异上的商业性决策，它是建立一个与目标市场有关的品牌形象的过程和结果。品牌定位维度有市场定位、价格定位、形象定位、地理定位、人群定位、渠道定位等。品牌定位能够为排球用品企业建立一个与目标市场相关的独特品牌形象，从而在消费者心目中留下深刻的印象，使消费者以此来区别其他品牌。

2. 品牌定位方式

① 市场定位：是企业及产品确定在目标市场上所处的位置。指企业根据竞争者现有排球用品在市场上所处的位置，针对顾客对该类产品某些特征或属性的重视程度，为此企业排球用品塑造与众不同的，给人印象鲜明的形象，并将这种形象生动地传递给顾客，从而使该排球用品在市场上确定适当的位置。

市场定位的实质是使此企业与其他企业严格区分开来，使顾客明显感觉和认识到这种差别，从而在顾客心目中占有特殊的位置。市场定位的目的是使企业的排球用品和形象在目标顾客的心理上占据一个独特、有价值的位置。市场定位可分为对现有排球用品的再定位和对潜在排球用品的预定位。

② 价格定位：是营销者把产品、服务的价格定在一个合适的水平上，这个水平是与竞争者相比较而言的。价格定位一般有三种情况：一是高价定位，即把不低于竞争者产品质量水平的产品价格定在竞争者产品价格之上。这种定位一般都是借助良好的品牌优势、质量优势和售后服务优势。二是低价定位，即把产品价格定得远远低于竞争者价格。这种定位的产品质量和售后服务并非都不如竞争者，有的可能比竞争者更好。之所以能采用低价，是由于该企业要么具有绝对的低成本优势，要么是企业形象好、产品销量大，要么是出于抑制竞争对手、树立品牌形象等战略性考虑。三是市场平均价格定位，即把价格定在市场同类产品的平均水平上。

③ 人群定位：找出最合适、与企业资源状况最匹配的消费群体，集中运作去满足这部分消费者的需求。消费者的需求随着社会发展、物质生活的改变而发生变化，企业针对

这些变化在产品或服务上进行更新和满足。

人群定位的步骤：第一步先按年龄、职业、性别等不同的维度，把人群进行划分，从不同的维度中选出大概的排球用品消费的目标人群；第二步从选定的目标人群中，再分析消费者画像，从中挑出共同特征的人群最终作为核心的目标人群。

四、我国排球用品业的发展特点与趋势

（一）排球用品业市场化程度将逐渐提升

排球用品业市场化程度逐渐完善。从上游供应到投入市场完全由市场配置；企业之间经常通过资本市场实现兼并、破产和重组；产业布局呈现资源（资金、技术、人才）向东南部演化集中和转移的趋势，中国排球行业协会作用逐渐呈现优势。排球用品业产业配套紧密。从行业结构看，我国排球用品业有众多子行业，产业链体系较为完整；从产业分布看，大型企业集中于重点城市，而中小型企业在县、乡、镇形成产业集群，基本上形成相互协调配套的格局。

（二）排球用品业产品与服务质量将全面提高

排球用品相关企业创新能力不断提升。随着现代技术的渗透与融合，如果没有核心竞争力，就无法打造属于自己的品牌，我国体育用品业采用的是低廉价的加工策略，《国务院关于加快发展体育产业促进体育消费的若干意见》明确指出，"积极支持体育用品制造业创新发展，采用新工艺、新材料、新技术，提升传统体育用品的质量水平，提高产品科技含量。"排球企业中的中高档体育品牌将不断涌现。随着人们收入水平的提高，不少人追求高品质的生活，注重品牌效应，中高档的排球品牌能展现自己的个性和地位。

（三）排球用品业市场监管程度将明显加强

全民健身已上升为国家战略，体育产业的快速发展带动着体育用品业的发展，近年来自媒体、线上直播带货平台的兴起，进一步拓宽了排球产品的消费渠道，在这种新消费趋势的背景下，高仿假冒品、不合格产品层出不穷，这证明国家的监管力度还存在不足，对排球用品业的监督和管理还需要调整与规范。

（四）排球用品业专业人才培养力度将显著增强

排球用品企业要提高员工的综合素质，需从经营、管理、营销、技术创新等方面培养排球用品专业人才，特别是高科技和创新人才的培养，针对排球用品企业缺乏高科技人才的问题，可以采取相应的政策，增加优秀人才的引进。国家和有关部门还应采取多种方式和渠道，加快排球专业人才的培养，促进我国排球用品产业的健康快速发展。

第四节　排球教育培训业

一、排球教育培训业的概念

教育有广义和狭义之分，广义的教育是指人类社会的一切增进人的知识、技能，影响人的思想、观念，增强人的体质的活动。狭义的教育通常指学校教育。培训是培养和训练的总和，是通过培养加训练使受训者掌握某项技能的方式，即对某项技能的教学服务。

体育教育与培训是指向受教育者传授体育和与其相关的知识和技术的活动过程，包括公益性体育教育培训和营利性体育教育培训两大部分。体育教育培训业是体育产业的重要组成部分。

排球教育培训是以排球为主题、附加其他特色活动的体育培训活动。通常排球教育培训由排球教练进行排球基本知识、排球基本技术、排球比赛常识、技战术训练和指导，使学生能够更准确、更迅速、更扎实地掌握排球技术要领，并受到更正规、更专业的排球训练。

二、排球教育培训主体

排球教育培训是指以传授和提升排球相关技能为目的主要面向 7~16 岁青少年开展的课外排球运动指导、培养和训练活动。课外体育培训主体包括：青少年体育俱乐部、青少年体育培训机构、体育运动学校、学校体育社团等。

（一）青少年排球俱乐部

青少年排球俱乐部是增强广大青少年体质的重要载体，是发展排球事业的一种有效组织形式。这些俱乐部的设立为青少年提供各种排球运动场所，推动了青少年排球运动的发展。青少年排球俱乐部属于体育类民办非企业单位，是体育非营利组织的一种，旨在培养青少年排球运动兴趣、爱好和终身参与的习惯，增强青少年排球运动技能。

（二）青少年体育培训机构

青少年体育培训机构是为了满足家庭、个人对青少年体育发展的需求，更好地开展青少年体育运动建立的青少年体育教育培训机构，也是为国家发现、培训体育后备人才的机构。青少年排球培训机构分为两类，一类是在市场监管部门登记注册的排球培训机构，一类是在属地教育部门取得办学许可证的校外排球培训机构。

（三）体育运动学校

体育运动学校是指在对学生进行体育专业教育的同时，进行系统的竞技运动训练，读训并重的中等专业学校。体育运动学校的主要任务是为国家培养和输送德、智、体全面发展的高水平体育运动后备人才和合格的中等体育专业人才。排球运动学校根据排球运动的项目特点和训练需要，招收义务教育阶段的适龄儿童、少年，并依法实施九年义务教育。

（四）学校排球社团

当前，在全面推进素质教育改革中，建立学校排球社团是开拓青少年身体素质潜能一个重大举措。学校排球社团是在学校领导组织下，具有自觉性、自主性、多样性、持久性的业余排球运动的团体。它是由具有排球运动兴趣与爱好的学生，为了更好地掌握排球运动技能，遵守一定的宗旨与原则，在教师的组织与管理下，自愿加入组成的拥有相对固定成员和特定活动范围的学生组织。

三、排球教育培训的资源与市场开发

（一）排球教育培训的市场运营

目前我国排球教育培训机构的运营模式主要有三种：企业自营模式、校企联合模式、政企合作模式。

1. 企业自营模式

绝大多数的排球培训机构都采用以营利性为目的的企业运营模式，该类培训根据市场的需要来调整培训的内容、培训的地点以及培训的方式。

2. 校企联合模式

排球教育培训机构与学校合作，经营者是培训机构，学校负责提供排球场地、器材等相关便利，培训机构负责课程的安排以及培训质量监控。

3. 政企合作模式

该种模式的排球培训机构是由政府设立的，直接接受政府领导，具有较强的稳定性和抗风险能力，同时制度建设相对更为严密。

（二）排球教育培训的资源管理

1. 人力资源

人力资源指发展经济和社会事业所需要的具有必要劳动能力的人口。排球教育培训的人力资源可以分为教学类、销售类和管理类三大部分。教学类人群是一个体育培训机构最为重要的也是最普遍的人力资源，作为教练员不仅需要专业知识和较高的水平，还需要有较高水平的教学手段和方法。销售类人群是体育产品售卖最重要的组成部分，销售顾问是客户了解产品和购买产品最直接的接触者，不仅需要了解产品，还需要有良好的销售技巧以及个人的综合素质。管理类人群主要对公司的日常工作进行规划管理，是整个公司分布在各个部门岗位上的管理者，他们分别组织管理公司的日常工作。

2. 资金来源

排球教育培训机构的主要资金来源有三大类，分别是学员缴费、产品消费和融资。学员缴费：是大部分排球教育培训机构最主要的收入来源，这是大量的课程服务和市场推广的结果。产品消费：也是排球教育培训机构的资金收入来源之一，每年会有很多产品。例如，在寒暑假会推出的假期封闭训练营、亲子游学营等。融资：获得融资是排球教育培训机构提升课程质量、完善服务体系的必不可少的因素，也是最重要的资金收入来源。政府资金：据不完全统计，除北京、青海和江苏外，包括福建、云南、广西、浙江、山东、天津、广东、海南、河北、四川等10多个省、自治区、直辖市，都设立了省级体育产业发展引导资金。截至目前，这些省区市已经投入超过50亿元资金资助和补贴体育产业发展，拉动上百亿元社会投资，为各地体育产业发展作出了重要贡献。

3. 物力资源

《2021年全国体育场地统计调查数据》显示，至2021年底，全国排球场地共有9.68万个，场地面积达0.31亿平方米。其中，室外排球场9.32万个，占96.28%；室内排球场0.36万个，占3.72%。我国排球场地绝大部分为室外场地，室内排球场地数量匮乏。沙滩排球场地数量较多，场地面积较大，但较为集中在东部等沿海经济发达地区。排球项目自身特点以及排球器材受自然条件和气候条件影响较大，所以目前我国排球场地类型结构不够合理，有待进一步优化。

4. 信息资源

排球教育培训市场信息传递渠道不畅，竞争不规范、不充分，社会公众很难获得必要的信息服务。特别是供需信息的欠缺，使得排球教育培训还不能很好地适应和满足消费者的需求，也不能很好地适应和满足体育劳务市场、体育人才市场的需求。

（三）排球教育培训的服务设计

1. 产品

产品概念表示的是满足消费者和顾客消费体验和价值的整体，可以概括为4个层次。

（1）核心产品：消费者追求的核心利益和服务。如排球培训机构的训练质量，主要表现为排球技能的提升。

（2）期望产品：和普通产品之间相互影响，构成购买的基本条件。消费者在购买与排球相关的产品时，除了学习到技能技巧之外，还可以享受到其他的器材器械以及环境舒适的排球场馆等。

（3）增值产品：与其他同类型的产品附加类型存在很大的差异性，包括训练服、纪念品和免费教材等。

（4）潜在产品：是通过消费者已消费产品的潜在利益来体现，比如排球培训的模式能够增强身体素质和身体协调性，培养人的意志品质等。

2. 服务

对排球教育培训机构而言，无论规模大小都应该具备完整的课程体系与框架，以此给学员提供更优质的课程服务。服务内容包括课前内容预告服务、体质测评服务、亲子运动会服务、学员水平测试、课后评价及课后作业、运动安全保护等。

（四）排球教育培训的市场开发

1. 开发理念

体育参与的驱动力是乐趣。排球教育培训机构要选择青少年喜欢的方式使其感受体育运动所带来的乐趣，辅助青少年建立起科学、健康的运动方式。青少年排球培训过程中更要加强排球文化的浸润，注重排球运动精神传播及推广，激发青少年学习排球的热情，引导青少年自愿持续性地参与排球运动。排球培训应以现代信息化技术及大数据背景等各类平台作为媒介，彰显排球的育人功能，引导青少年树立正确的体育观及人生观，促进青少年体育精神的养成。

2. 开发模式

市场开发是指在营销中使用营销策略和技术来推广产品和提供服务。排球教育培训机构的市场开发模式主要有以下三种：

（1）市场推广的开发模式：员工市场推广、电话销售和家长的转介绍。

（2）活动开发模式：排球教育培训机构通过举办大型社会活动，快速提高企业品牌的知名度以及影响力，从而进一步促进产品销售。

（3）网络开发模式：指运用互联网进行产品推广，如网站宣传、广告投放、微信推广等。

3. 市场定位

市场定位是指让商品在目标消费者心中相对于竞争产品而言占据清晰、特别和理想的位置而进行安排。排球教育培训机构目标市场的选择与定位应分三步进行。第一步，细分市场；第二步，选择目标市场并进行评估，从中选择一个或若干个细分市场，并针对所选择的目标市场开发排球产品与提高服务；第三步，根据产品特色定位，与其他培训排球机构划分出明显的区别，通过定位来满足目标市场，并制定相应的营销策略。

4. 营销策略

（1）用户需求策略：排球教育培训机构在制定营销策略时，要根据目标市场的实际需求来决定主要提供怎样的培训服务，根据市场需求制定不同的服务内容。

（2）优化价格策略：排球培训的定价要根据市场上客户的多方面需求，结合教练员的教学水平和管理人员服务水平进行定价。可以将培训课程分为普通课程和高级课程，以不同定价满足客户的不同需求。

（3）交通便利策略：便利性也是消费者选择培训机构的重要因素之一，因此排球教育

培训机构应该重视这方面的改善。

四、我国排球教育培训业发展特点与趋势

（一）打造规模化的排球教育培训体系

排球教育培训体系的重中之重在于体育教育培训课程体系的建设。是否具备完善的课程体系是排球教育培训行业是否成熟的重要标志，系统化、规模化的课程体系是其区别同类体育教育培训的差异化体现。重视引流课程。引流课程是排球教育培训机构口碑传播的重要载体，保证引流课师资的配备及其教学水平。强化核心课程。核心课程是课程延续的重要保障，将"常规训练、竞技比赛、专项技能、阶段测试"等重点环节融入整个课程体系当中。改进升级排球课程。有针对性地对体育课程进行优化与改进，在每个培训课程结业单元中融入不同阶段的测试目标。

（二）提高排球教育培训机构的运营与管理效率

要合理设计培训组织结构体系和薪酬体系，对排球教育培训市场进行实时性和精准性的把控。要制订合理有效的工作计划，按照以始为终、动态掌控、具备可行性和易操作性等原则来提供管理类的目标实施解决方案。排球教育培训机构可以视情况配合其他教育培训机构进行市场宣传工作，并且通过公益入校、口碑宣传、合作办学、形象打造等形式来开展校企合作。

（三）数字经济与排球教育培训业深度融合

排球教育培训业发展过程中要与数字经济深度融合，实现体育人才培育体系与现代化教育资源的高度整合。融合线上线下教学渠道，创新服务供给形式。设立教学数字化分享平台。排球教育培训机构可通过虚拟社区、新媒体直播等形式搭建融合运动健身、休闲娱乐、教育培训为一体的网络分享平台。利用数字化运动设备监控、反馈训练数据，科学评估教学效果。

思考与实践

1. 阐述排球产业的概念与分类。
2. 结合实际分析排球赛事赞助的方式与存在的困境。
3. 结合实际分析排球赛事无形资产市场开发的途径。
4. 阐述我国排球竞赛表演业的发展趋势。
5. 结合实际分析排球用品业的市场定位方式与方法。
6. 阐述我国排球用品业的发展趋势。

参考文献 »»»

参考文献

郑重声明

读者意见反馈

为收集对教材的意见建议，进一步完善教材编写并做好服务工作，读者可将对本教材的意见建议通过如下渠道反馈至我社。

咨询电话 400-810-0598

反馈邮箱 gjdzfwb@pub.hep.cn

通信地址 北京市朝阳区惠新东街 4 号富盛大厦 1 座

高等教育出版社总编辑办公室

邮政编码 100029

防伪查询说明

用户购书后刮开封底防伪涂层，使用手机微信等软件扫描二维码，会跳转至防伪查询网页，获得所购图书详细信息。

防伪客服电话 （010）58582300